LE BRUISSEMENT DES FEUILLES

Née à Melbourne, Karen Viggers est vétérinaire, spécialiste de la faune sauvage. Elle exerce dans divers milieux naturels, y compris l'Antarctique. Elle est l'auteure de *La Mémoire des embruns*, *La Maison des hautes falaises*, *Le Murmure du vent* et *Le Bruissement des feuilles*, tous best-sellers, et a vendu plus de 600 000 exemplaires en France. Elle vit aujourd'hui à Canberra, où elle partage son temps entre son cabinet et l'écriture.

Paru au Livre de Poche :

LA MAISON DES HAUTES FALAISES

LA MÉMOIRE DES EMBRUNS

LE MURMURE DU VENT

KAREN VIGGERS

Le Bruissement des feuilles

TRADUIT DE L'ANGLAIS (AUSTRALIE) PAR AUDE CARLIER

LES ESCALES

Titre original :

THE ORCHARDIST'S DAUGHTER

ISBN : 978-2-253-10173-4 – 1re publication LGF

Pour David, qui a dévoué sa vie professionnelle
à l'étude des Eucalyptus regnans *de l'État du Victoria*

et

Pour ma sœur Fiona,
qui comprend où réside le cœur
dans l'histoire de la vie.

Seule la forêt sauvage abrite ce silence qui nous unit au divin. Et seuls les animaux de la forêt saisissent que vivre l'instant, c'est vivre vraiment.

Jane BAKER, « Église » (inédit)

Nous dansons sur les échos de nos propres dieux.

Johan Karl STROKES,
« A river in the dark », Chant n° 6,
Eau du fleuve :
Huit chants du fleuve Clyde

Prologue

Elle dormait, au moment du drame. Elle n'entendit pas les braises se répandre lorsque la bûche roula de la cheminée au sol. Elle rêvait de s'échapper : d'arracher son tablier et de courir pieds nus sur la longue allée parsemée de nids-de-poule, filant devant les rangées de pommiers noueux jusqu'à la route de gravier qui partait de là. Au cours de ses seize années de vie, elle n'avait emprunté cette route qu'une seule fois. Elle savait qu'elle menait à un autre monde, où Dieu était peut-être plus clément et où quelqu'un d'autre s'occupait des corvées.

Comme sa famille dormait aussi, personne n'entendit le portant à vêtements se renverser sur la bûche. Personne ne remarqua les flammes qui léchaient les habits froissés, les caressaient de leurs doigts liquides, grillaient les fibres. Personne ne vit le feu se propager et atteindre le tapis décoloré et les meubles usés et bancals, le prie-Dieu où était posée la bible reliée en cuir de Père.

Dans ses rêves, elle marchait vers un autre horizon. Un tapis d'arbres. Un jeu d'ombre et de lumière.

Une voix l'enveloppa, plus ou moins forte par moments, déformée, désintégrée. Elle lutta pour comprendre les mots.

Ensuite, la voix se fit plus claire. Son frère hurlait : « Lève-toi ! »

Quelque chose s'effondra dans sa chambre et elle ouvrit les yeux. De la fumée se propageait comme un épais brouillard et une quinte de toux lui comprima les poumons. Son frère se pencha sur elle, imposant, ses mains rugueuses sur ses épaules pour la secouer, l'encourager à bouger. Mais elle n'arrivait plus à respirer. Elle était déroutée par la fumée. Inerte comme une poupée de chiffon.

Un bruit insistant grondait dans la maison, vibrant, rugissant ; elle le sentait sur sa peau, dans ses os, tout fredonnait pour suivre ce rythme. La fumée s'était en partie dissipée et la lumière était surnaturelle. Orange. Vacillante.

Quand son frère la tira du lit, elle tomba par terre. Autour d'elle, soufflante et crépitante, une chaleur infernale venue de la porte. Était-elle en enfer ? Est-ce que Dieu était venu la punir ?

Son frère la traîna à travers la pièce, ouvrit la fenêtre à la volée et la jeta dehors, dans les massifs de rosiers. Elle atterrit à quatre pattes, le souffle coupé, la poitrine lacérée par la fumée, les poumons privés d'air. Les épines lui éraflèrent la peau et lui agrippèrent les cheveux lorsqu'elle voulut s'extirper de là.

Elle gagna l'allée en rampant et se recroquevilla au sol, luttant contre l'étourdissement jusqu'à ce que sa gorge se desserre et qu'elle puisse inspirer une goulée d'air qui lui donna l'impression qu'on lui raclait l'intérieur du corps des pieds à la tête.

La maison brûlait. De la fumée s'échappait de sous les gouttières et les flammes griffaient le ciel. Elle vit de ses yeux une flammèche serpenter jusqu'au pin près de sa chambre, cavaler en crépitant le long du tronc, des branches, à travers les aiguilles. Stupéfaite, elle resta accroupie, fascinée, terrifiée, tandis que l'arbre entier s'embrasait.

Mais où était son frère ? Ses parents ?

Elle se leva tant bien que mal et courut autour de la maison dans l'allée circulaire, le gravier crissant sous ses orteils.

Personne.

Impossible de retourner à l'intérieur. La maison flambait de tous côtés. Elle la regarda brûler, impuissante. Des flammes dans le salon, la chambre de leurs parents, derrière les fenêtres. Quelque part, le tintement du verre. Des morceaux de plafond tombèrent comme des pierres. Son frère mettait trop de temps.

Alors que la maison était devenue à ses yeux un enfer où tout le monde avait dû périr, il sauta soudain d'une fenêtre. Des flammes dansaient sur son dos. Il se laissa tomber et se roula frénétiquement au sol avant de déchirer son pull en laine pour le jeter au loin.

Dans la lumière flamboyante du brasier, il tituba vers elle, noir de suie, suffocant, les sourcils brûlés.

Il serrait quelque chose contre lui : le porte-documents en cuir noir de Père.

Elle le regarda droit dans les yeux et comprit que leurs parents étaient morts.

PARTIE I

Graines

1

Leon arriva en ville par un beau samedi d'automne. Ciel bleu, feuilles tirant vers le doré, une légère odeur de fumée dans l'air. Il se sentait optimiste. Nouvelle maison, nouveau travail, nouvelle vie – il allait tout faire pour que ça marche. Il avait vécu de trop longues années sur l'île Bruny, chez ses parents. Même s'il avait eu ses raisons d'y rester, le temps était venu de tourner la page. C'était un nouveau départ et, quoi qu'en disait son père, Leon était prêt. Être garde forestier dans une ville de bûcherons ne serait pas une mince affaire, mais il y aurait forcément un moyen d'y faire sa place – à lui de le trouver.

L'île lui manquerait, pas de doute là-dessus. Il adorait ses plages sauvages, ses hautes falaises et les caprices du vent. La mer écumant sur la côte. Les eaux calmes du canal avec ses cygnes noirs au cou en crochet et au bec rouge. Les balades en kayak dans des vasières grouillant d'oiseaux marins et de crabes fuyards. Mais il avait renoncé à tout cela pour venir ici. Au moins, il avait pu trouver un poste dans le sud de la Tasmanie, afin de travailler dans les forêts, au milieu des arbres – il avait ça dans la peau.

Presque toutes ses possessions tenaient dans sa vieille voiture rouge. Le kayak sur la galerie. Des cartons de livres à l'arrière. Quelques chaises pliantes. Une valise remplie de vêtements élimés. Des chaussures de randonnée. Le duvet en plumes qu'il avait acheté pendant ses études à Hobart. Oh, les voyages qu'il avait prévus à l'époque… des randonnées de plusieurs jours dans le Sud qui n'avaient jamais eu lieu car il avait dû rentrer au bercail. Une obligation – sa mère avait eu besoin de lui. Il ne pardonnerait jamais à son père d'avoir gâché sa vie et celle de sa mère au passage.

À présent, tout cela n'avait plus d'importance. Vingt-cinq ans, ce n'était pas trop tard pour recommencer, et il frémissait d'impatience. C'était la première fois de toute sa vie qu'il avait cette occasion.

Il remonta lentement la rue principale, surpris par le monde. Des parkings remplis de voitures. Des gamins en maillot de *footy*[1] couverts de boue. Des gens poussant des poussettes, traînant des sacs de courses. Un bus de touristes se déversant devant l'office de tourisme. Il jeta un œil aux boutiques : poste, pharmacie, boucherie, boulangerie, banque,

1. Le footy, ou football australien, ressemble au rugby. Il se joue avec un ballon ovale et les passes se font en frappant le ballon au pied ou au poing. *(Toutes les notes sont de la traductrice.)*

café, restaurant à côté du supermarché, quincaillerie en haut de la rue. Chez ses parents, à Adventure Bay, l'heure de pointe avait lieu deux fois par jour pendant soixante secondes lorsque le bus amenait les vacanciers venus profiter de la croisière le long de la côte. Les commerces se résumaient à une épicerie et un café, si bien que, en comparaison, cet endroit ressemblait à une métropole. Il y trouverait presque tout le nécessaire. Pour le reste, il irait vers le sud, à côté du bureau des parcs nationaux, dans la dernière ville qu'il avait traversée. Il aurait pu trouver une location plus près de son travail, mais il avait décidé de venir vivre ici, au pied des montagnes – le tremplin vers son nouvel avenir.

Il tourna dans une rue plus calme bordée de maisons en bois érodé : les fenêtres étaient blanches, des bûches avaient été empilées le long des clôtures, de la fumée s'échappait des cheminées. Après un virage, il s'engagea dans une montée, dépassa un cottage à moitié dissimulé par des rosiers, avec un grumier – un camion servant au transport des troncs – garé sur le trottoir, puis un terrain vide seulement occupé par un épouvantail veillant sur un potager envahi par la végétation, et enfin, une autre maison en bois flanquée d'une vieille voiture bleue posée sur des souches.

Plus haut dans la montée, son nouveau chez lui : une petite maison rose donnant sur le bush – il la reconnut d'après les photos du site internet. Sa propriétaire venait de décéder – le logement était à moitié meublé et le loyer bas. Avant de retourner vivre chez ses parents, il avait logé dans une résidence universitaire à Hobart avec pour tout mobilier quelques vieux fauteuils décrépits et un canapé taché, rien qui aurait valu la peine d'être conservé.

Il s'arrêta dans l'allée gravillonnée et inspecta les lieux. L'agent lui avait dit que la maison avait été occupée jusqu'à récemment, mais elle semblait négligée et fermée depuis longtemps. L'herbe était haute. Pas de clôture, pas de jardin. Derrière la maison, la limite avec le bush tenait à cinq fils barbelés et des piles de bois de chauffage soutenaient la basse palissade qui le séparait de ses voisins.

Il sortit dans l'air frais, où se mêlaient une forte odeur de fumée et celle, plus douce, des vaches dans le pâturage, de l'autre côté de la rue. Chez ses voisins, un chien de berger roux – une femelle pleine aux mamelles tombantes – trotta jusqu'à la palissade pour lui aboyer dessus – le comité d'accueil. Leon gravit les marches de la porte d'entrée et introduisit la clé dans la serrure. Elle était grippée et la porte refusa de céder, si bien qu'il dut lui donner un coup d'épaule pour l'ouvrir.

La maison était presque vide. Rien dans le salon à part un tas d'ordures dans la cheminée. Des stores vénitiens tordus aux fenêtres. Le manteau de la cheminée était recouvert de poussière et de crottes d'opossum. Dans la chambre, un lit grinçant. Il s'assit sur le sommier et des ressorts lui rentrèrent dans les fesses. En dessous, sur le parquet, il découvrit un pot de chambre rouillé. La vieille dame qui avait vécu là était sans doute incontinente. Le lit lui sembla soudain encore moins accueillant.

Il poursuivit sa visite. Dans la cuisine, deux chaises en skaï recrachaient leur rembourrage par les coutures… sans parler des crottes d'opossum qu'il trouvait partout. Il fronça le nez. Qu'était-il arrivé à « la maison libérée récemment » et « partiellement meublée » ? Il n'avait pas signé pour ça. Il envisagea d'appeler l'agence immobilière pour leur passer un savon. Puis il soupira. Il voulait se réinventer ici, devenir le genre d'homme qui ne se mettait pas en colère, contrairement à son père. Il pouvait encore arranger les choses. Il lui restait quelques jours pour faire le ménage avant de commencer à travailler. Le lendemain, il piocherait dans ses économies pour acheter un nouveau matelas, ensuite il trouverait peut-être des meubles bon marché dans des vide-greniers. Mais l'état de la maison était tout de même honteux. L'ironie de la situation le fit presque sourire. Trois ans à gérer le désordre émotionnel chez ses parents et maintenant, ça. Même si la crasse était écœurante, ce serait toujours plus facile de s'en débarrasser que de veiller sur sa mère quand son père était ivre.

Dehors, il détacha le kayak du toit de sa voiture et le rangea le long de la maison. Puis il déchargea ses affaires et les laissa toutes à terre. Par où commencer ? La cheminée, parce que, à tous les coups, la maison n'était pas isolée et il gèlerait cette nuit s'il ne pouvait pas faire de feu… si tant est qu'il y ait du bois quelque part.

Après vérification, il n'y en avait pas.

Dans un placard, il découvrit un vieux radiateur, qu'il brancha aussitôt. La puanteur de la poussière brûlée envahit le salon et les plombs sautèrent. Le radiateur avait provoqué un court-circuit. Il alla examiner le compteur et remit le courant en sachant désormais qu'il ne pourrait pas se chauffer avant d'avoir commandé des bûches. Il trouva un numéro sur un magnet collé au frigo et demanda une livraison pour l'après-midi.

Après avoir porté les ordures dans la poubelle, il nettoya le manteau de la cheminée avec un vieux chiffon trouvé dans la voiture et gratta les taches d'urine d'opossum collante et de crottes desséchées. Ensuite, il y rangea ses livres : des guides et des ouvrages d'histoire, puis ses romans préférés, qui se passaient tous en Tasmanie, dont *À contre-courant,* de Richard Flanagan. Bizarrement, il se sentit davantage chez lui avec ces livres dans la maison. Ils faisaient partie de lui et leur présence l'encouragea à s'attaquer au reste des corvées. Chaque fois qu'il passait devant, il s'imaginait lisant au coin du feu lors des nuits froides à venir – cela lui mettait du baume au cœur. Mais le ménage n'avançait pas vite. Le chiffon humide n'était pas à la hauteur de la tâche, si bien qu'il fit un saut au supermarché pour acheter seau et serpillière, javel, chiffons jetables, brosse à récurer. Une fois de retour chez lui, il se mit à balayer, à laver et à essuyer avec son nouvel équipement. Pour nettoyer la maison entière, il aurait besoin d'une bonne dose d'huile de coude. Surtout pour les W.-C. couverts de taches d'algues.

Sa mère lui téléphona alors qu'il vidait un seau d'eau dégoûtante sur la pelouse.

— Leon, fit-elle comme s'ils ne s'étaient pas parlé depuis des mois. Comment vas-tu ? C'est bien calme, ici, sans toi.

Il l'imagina près des rideaux de tulle, regardant le jardin, puis la rue. Oui, ce devait être calme, là-bas. Pendant la semaine, elle travaillerait au camping, où elle nettoierait les bungalows. Les week-ends, par contre, elle se retrouverait coincée à la maison avec son père et sa pension d'invalidité. À l'heure qu'il était, Minnie, la chatte, devait être lovée sur le canapé ou occupée à se frotter aux jambes de sa mère. Dans la chambre parentale, son père était sans doute en train de regarder la télé, surélevé par des coussins : un match de footy, ou peut-être un tournoi de golf. De l'autre côté de la rue, de petites vagues s'écrasaient certainement sur le sable et remontaient sur la plage en grésillant. Leon regarda sa montre – le bateau de touristes du matin serait bientôt de retour.

— Comment est la maison ? lui demanda sa mère.

Il ne pouvait pas lui répondre sincèrement, sinon elle débarquerait dès le lendemain pour tout arranger, quitte à appeler une amie afin de lui trouver des meubles.

— Parfaite. Tout va bien.

— Oh, tant mieux, fit-elle, soulagée. J'espère que

tout ira bien au travail, lundi. Et n'oublie pas d'aller voir ton grand-père. Je lui ai dit que tu passerais, alors ne tarde pas trop.

Trois années s'étaient écoulées depuis sa dernière visite. Débarquer maintenant serait donc un peu gênant. Leon se sentait coupable. Il était facile d'oublier des proches en maison de retraite, facile de se convaincre qu'ils avaient tout ce dont ils avaient besoin : de la nourriture, de l'assistance, d'autres amis du même âge. Mais il avait appris pas mal de choses sur les seniors au cours de l'année passée. Il s'était lié d'amitié avec une vieille dame sur l'île : il était allé la voir tous les jours pour lui apporter des courses et lui faire parfois la conversation – un petit engagement qu'il avait pu respecter. C'était une dame intéressante, pleine d'histoires du passé, d'anecdotes liées au phare de l'île. Et il avait pris conscience que les personnes âgées avaient des choses à raconter. Il pourrait peut-être faire parler son grand-père. Qui savait quels squelettes le vieil homme pouvait bien avoir dans son placard ? Et il pourrait peut-être aussi l'aider à comprendre pourquoi le père de Leon – son fils – avait si mal tourné. Les deux hommes ne s'aimaient pas. Le père de Leon n'avait jamais passé un coup de fil au vieillard. Une autre relation père-fils tendue, brisée. Le monde en était tout sali.

— N'oublie pas de te nourrir correctement, disait sa mère. Et tu devras trouver une laverie. Pense à te changer tous les jours.

— Maman, ne t'inquiète pas. Il y en a une en ville.

— Tu me manques, Leon. Reviens nous voir bientôt.

Quatre heures qu'il était parti, et elle l'invitait déjà à rentrer.

— Je viendrai quand je pourrai. Mais pas avant quelques semaines. J'ai beaucoup de démarches à faire.

— Entendu. J'imagine que je ferais mieux de te laisser tranquille. N'oublie pas ton déjeuner.

Elle lui avait préparé des sandwiches Vegemite[1]-fromage, comme quand il était petit.

— À plus tard, maman.

Il alla chercher son pique-nique et s'assit sur les marches du perron. La chienne des voisins s'approcha de la palissade en se faufilant entre les vélos et les ballons qui jonchaient la pelouse. Elle lui grogna dessus, les oreilles dressées, les poils hérissés. Dans le jardin, une femme aux cheveux blonds étendait du linge et, au fond, dans le garage à porte automatique, un homme menu, dont le jean laissait voir le haut de ses fesses, s'acharnait sur un objet posé sur son établi tandis qu'une radio braillait des commentaires d'avant-match. Leon les entendait parler malgré le raffut : la femme accablait le mari.

— Qu'est-ce que tu fais avec cette tronçonneuse, Shane ? Tu lui fais l'amour ou quoi ? Tu t'es acharné dessus toute la journée.

1. Pâte à tartiner salée et noire à base de levure de bière, de consommation courante en Australie.

— La chaîne est foutue, alors que je l'ai réglée mardi.

— Rachètes-en une, va. Ça doit pas coûter bien cher, si ? Chaîne ou clopes, à toi de voir.

— Clopes. Je peux pas m'en passer.

— Tu peux pas te passer d'une chaîne non plus, pas vrai ? Si ça continue, on n'aura plus de fric du tout.

— Je vais d'abord essayer de régler celle-là.

Un garçon débraillé en maillot de footy grimpa la montée à vélo, sans casque, et entra par le portail voisin. Il lâcha son vélo sur la pelouse avant de courir chez lui et de réapparaître peu après, un paquet de chips dans une main, un iPhone dans l'autre, la chienne haletant sur ses talons. Il s'approcha de la palissade et posa les yeux sur Leon. C'était un gamin maigrelet avec une tignasse châtain clair, les joues creuses, la peau blême.

— Salut, lança Leon. Comment ça va ?

— Bien. Vous êtes qui ?

— Je m'appelle Leon.

Le garçon ouvrit le paquet de chips, en prit une poignée qu'il se fourra dans la bouche pendant que la chienne le scrutait, pleine d'espoir.

— Et toi ?

— Max.

— T'as un gentil chien.

L'animal retroussa les babines et grogna.

— Elle s'appelle Rosie, lui apprit le garçon en la caressant. Elle est à mon père, pas à moi. Il l'emmène dans la forêt pour qu'elle protège son 4 × 4 des écolos. Il voulait un mâle mais maman a dit que ce devait être une femelle parce que les mâles pissent partout.

— Tu aimes les chiens, pas vrai ?

— J'imagine.

Max passa la main sur la tête de Rosie pendant qu'elle le fixait, la langue pendante.

— Elle t'apprécie.

— C'est parce que je lui donne des chips.

— Qu'est-ce qu'elle a, aux mamelles ?

— Elle a déjà eu des chiots. Sauf qu'elle les a mangés.

Voilà qui semblait peu probable. Le gamin se payait-il sa tête ?

— Pourquoi vous ne la faites pas stériliser si c'est une mauvaise mère ?

— C'est trop cher.

Leon se demanda combien de portées elle avait mis au monde. Plus d'une, à en juger par ses mamelles. Étant donné la taille de son ventre, une autre était vraisemblablement en route.

— Tu as quel âge ?

— Dix ans.

— T'es grand pour ton âge.

Le gamin se redressa un peu plus.

— Et je vois que tu joues au footy, ajouta Leon en pointant son maillot du doigt. Comment s'appelle ton équipe ?

— Les Diables.

— Ça a donné quoi, votre match, aujourd'hui ?

— On a perdu.
— Dommage. Vous gagnerez une autre fois.
— On perd *toujours.*
— Ça, c'est pas de chance, pas vrai ?
— Papa dit que ça n'a rien à voir avec la chance. Il dit que c'est parce qu'on joue comme des pieds.
— Personne ne joue bien à dix ans.
— Jaden, le frère de Callum, il est trop fort.
— Il a dix ans ?
— Non, douze.
— Il te reste deux ans pour devenir bon, alors.
— Aucune chance, soupira le gamin en secouant la tête.
— Pourquoi ?
— Je suis lamentable.

Ça, c'était l'avis du père de Max, Leon en était certain. Il pouvait presque l'entendre crier ce genre d'inepties dans le jardin. Ça lui rappelait l'époque où il jouait à la balle sur la plage avec son propre père. Il lui hurlait dessus dès que la balle rebondissait dans l'eau. *Va la chercher ! T'es pas foutu de viser droit ?* mais, la plupart du temps, ils s'amusaient bien à taper dans la balle – c'était comme ça qu'ils s'étaient rapprochés, quand Leon était petit. La pêche avait été un échec parce qu'il n'arrêtait pas d'emmêler la ligne et de perdre son appât dans les rochers, si bien que le footy leur avait offert leurs meilleurs moments de complicité. Dommage que ça n'ait pas duré.

— Je suis pas trop mauvais, au footy, apprit-il à

Max. Je t'aiderai, si tu veux. Un peu d'entraînement, et tu t'amélioreras en un rien de temps.

Max haussa les épaules et posa son téléphone sur un poteau pour reprendre une poignée de chips.

— Vous allez vivre ici ?

— Ouais. Je suis arrivé tout à l'heure.

— Cette maison est hantée, vous savez. Mme Westbury est morte là-dedans. Quelqu'un devait venir voir si elle allait bien, mais on l'a oubliée. Mon père a remarqué l'odeur et appelé la police. On dit qu'elle était toute moisie. Comme de la soupe.

Leon imagina cette vieille femme morte dans son lit. Arrêt cardiaque au milieu de la nuit ? Ou avait-elle décliné doucement, attendant de l'aide ? Quelle tristesse que personne ne soit venu veiller sur elle. Il valait peut-être mieux finir en maison de retraite, comme papy. Et encore, Leon détestait l'atmosphère d'hôpital de ces endroits. Mme Westbury avait peut-être préféré mourir dans son propre lit.

Une petite fille sortit de la maison de Max, un poupon dans les bras, et traversa la pelouse en se dirigeant vers eux. Yeux marron, cheveux bruns et la goutte au nez, surplombé par une frange en escalier faite maison. Pour couronner le tout, elle s'était fourré un doigt dans une narine. À l'évidence, c'était la petite sœur de Max : même forme de visage, même mâchoire.

— C'est Suzie, lâcha Max en tapant la main de la petite pour l'écarter de son visage. Arrête de te curer le nez.

La blonde les observait depuis la corde à linge – elle avait dû les entendre discuter.

Leon la salua d'un geste de la main en souriant.

— Bonjour, je m'appelle Leon. Je fais juste connaissance avec vos enfants.

Elle alluma une cigarette et s'approcha à son tour. De près, Leon vit qu'elle était plus jeune qu'il le pensait, à peine plus âgée que lui, mais elle avait dû avoir une vie plus difficile que lui, sans parler des enfants. Avec ses cheveux blonds et ses yeux bleus, elle était plutôt jolie, en fait, même si elle avait l'air épuisée.

— Je m'appelle Wendy, dit-elle à travers une volute de fumée, les yeux plissés. Vous emménagez, non ?

— Ouais. Un bail de six mois. Je viens d'avoir un nouveau boulot.

— Bûcheron ?

— Non. Garde forestier. Pour les parcs nationaux.

Court silence. Wendy pinça les lèvres.

— Mon mari est bûcheron. Il abat des arbres sur les pentes où les machines ne peuvent pas aller.

Ça expliquait la tronçonneuse…

— C'est une espèce rare, alors. Il n'y a plus beaucoup de gars qui travaillent à la tronçonneuse.

— Vous vous y connaissez ? demanda-t-elle avec un sourire en coin.

— Une affaire de famille. Ça remonte à loin. Mon grand-père était bûcheron sur l'île Bruny, et son père avant lui aussi, etc. Mon père a travaillé à la scierie jusqu'à ce qu'il ait manqué d'y laisser une main.

— La poisse.

— Ouais. Une sacrée épreuve pour lui. Et pour ma mère aussi. Mon père déteste être un assisté sous pension. Il préférerait être capable de gagner sa vie.

Leon n'arrivait pas à croire qu'il lui racontait tout ça. Et pourquoi défendait-il son père ?

— Bref, reprit-il. Ici, je m'occuperai de nettoyer les toilettes et de vider les poubelles.

Wendy détourna les yeux et caressa la tête de sa fille.

— Je ferais mieux de rentrer faire à manger. Et tu dois ranger ta chambre, Max.

Alors qu'elle s'éloignait avec ses enfants, Leon remarqua le téléphone de Max, toujours posé sur le poteau.

— Max ! Tu as oublié ton portable. Tu ferais mieux de le récupérer, au cas où il pleuvrait.

Wendy donna une tape sur le bras de son fils.

— Si tu ne fais pas attention à ce téléphone, je te le reprends.

Le garçon revint d'un pas traînant à la palissade et récupéra son bien.

— Il va pas pleuvoir, de toute façon, grommela-t-il.

Leon eut pitié de lui.

— Apporte un ballon un de ces quatre, on se fera des passes.

Le gamin hocha la tête.

Wendy l'observait depuis son perron, et Leon crut voir un éclair de surprise dans ses yeux. Elle mit son bras autour des épaules de son fils et le fit rentrer dans la maison. Leon l'entendit dire :

— Qu'est-ce que t'en penses, Max ? On pourrait demander à papa de regonfler ton ballon.

Une fois qu'ils eurent refermé la porte, Leon se retrouva seul – si l'on exceptait le chien, qui le fixait en remuant la queue. Il ne lui faisait pas confiance. Leon ne s'y connaissait pas trop, en chiens, mais il savait une chose : même s'ils semblaient amicaux, ils pouvaient finir par vous arracher une main.

2

Max ne voulait pas ranger sa chambre, parce que c'était barbant. Quel intérêt, puisqu'il allait remettre du bazar ensuite ? Sa mère ne le lâchait pas avec ça, comme si c'était important, alors que le reste de la maison était loin d'être impeccable. Contrairement à chez Robbo, en bas de la rue. Sa femme, Trudi, gardait tout en ordre. « On dirait une maison de catalogue », disait toujours sa mère. Elle pensait que Trudi n'avait rien d'autre à faire car elle n'avait pas d'enfants et ne travaillait qu'à mi-temps. Mais sa mère à lui ne travaillait pas du tout, elle devrait donc avoir largement le temps. Max se demandait parfois ce qu'elle faisait de ses journées. Suzie et lui n'étaient pas embêtants, alors pourquoi ne pouvait-elle pas ranger sa chambre à sa place ? Max avait d'autres choses à faire. Comme aller promener le chien.

Le week-end, il aimait partir en balade avec Rosie pour échapper à sa mère. Il en avait marre des corvées. *Ramasse ton vélo. Range tes ballons. Vide le lave-vaisselle. Sors les poubelles.* Ça, c'était le boulot de son père, Shane, sauf qu'il ne le faisait jamais. Et pourquoi est-ce que Suzie ne pouvait pas ranger les ballons ? C'était facile. Et pourquoi devait-il ramasser son vélo, s'il le reprenait le lendemain ?

Il alla dans le garage chercher la laisse de Rosie.

Son père, qui bricolait toujours sa tronçonneuse, avait l'air de mauvaise humeur.

— On peut savoir où tu vas comme ça ? lança-t-il, une cigarette oscillant entre ses lèvres.

— Me promener avec Rosie.

— Pas question. Il est presque midi, on va manger.

Max laissa tomber la laisse par terre. Rosie allait être déçue ; elle l'observait déjà en agitant la queue, la langue pendant joyeusement.

— Tout à l'heure, la consola-t-il. Papa dit qu'on peut pas tout de suite.

Shane lui jeta un regard noir mais Max l'ignora et retourna à la maison d'un pas traînant.

Dans le salon, la télé était allumée, comme d'habitude – sa mère ne l'éteignait jamais. Elle disait que les voix lui tenaient compagnie quand personne d'autre ne voulait lui parler. Max ne la comprenait pas. Elle passait son temps à envoyer des messages sur l'appli Facebook de son téléphone. Ça ne revenait pas au même ? Son père, lui, travaillait en forêt toute la journée, alors il ne pouvait évidemment pas lui faire la conversation. Et Max était la plupart du temps à l'école. Quand il était à la maison, elle n'arrêtait pas de lui donner des corvées à faire, si bien qu'il n'avait pas non plus le temps de discuter. Et Suzie était trop petite, elle ne faisait que gémir et pleurer. Qu'espérait donc sa mère ? Elle devrait s'adresser à Rosie. On peut dire ce qu'on veut aux chiens, ils nous écoutent toujours.

Il se jeta sur le canapé mais il n'y avait que des trucs ennuyeux à la télé. Des courses de voitures ou d'autres sports. Sa mère faisait un concert d'assiettes et de casseroles dans la cuisine pour préparer des saucisses : Max en reconnaissait l'odeur. Elle passa la tête par la porte :

— Tu es prêt à manger ? Va chercher ton père et Suzie.

Max soupira. Elle n'avait pas vu qu'il venait seulement de s'asseoir ? Il était fatigué. Il avait trop couru lors du match, ce matin-là. D'un bout à l'autre du terrain. Sans jamais toucher la balle. Sans jamais marquer. Il en avait ras le bol. Les adultes disaient que l'important n'était pas de gagner, mais Max savait que l'important était surtout de ne pas perdre. Il le voyait à la façon dont son père se détournait après le match. Les perdants ne l'intéressaient pas.

Au début, le déjeuner se passa en silence. Son père se servit en premier car c'était l'homme de la maison. Puis sa mère prépara un hot-dog pour Suzie, et Max dut attendre son tour alors qu'il mourait de faim. Quand sa mère lui fit signe, il attrapa un morceau de pain, une saucisse et arrosa le tout de sauce tomate.

— Doucement, lui dit sa mère. Tu n'as pas besoin d'en mettre autant.

— Max, qui paie pour cette sauce, à ton avis ? renchérit son père, sourcils froncés.

Shane s'enfila quatre saucisses, quand Max cala au bout de deux. Ensuite, son père lui demanda d'aller lui chercher une bière dans le frigo. D'un ton autoritaire, comme si Max était son esclave. Le garçon se leva lentement pour lui apporter une canette de Cascade. Shane l'ouvrit et en prit une gorgée.

— C'est qui, ce nouveau type, à côté ?

— Il s'appelle Leon, lui répondit maman.

— C'est quoi, son boulot ?

— Garde forestier.

— Quelle connerie, grogna son père. J'ai pas besoin d'un voisin de ce genre. Qu'il s'attende pas à ce que je sois gentil avec lui.

Max n'était pas certain de comprendre l'idée que son père se faisait de Leon. Il ne lui avait même pas encore parlé.

— Il a l'air fiable, répondit sa mère. Il a proposé à Max de l'entraîner au footy… Pas vrai, Max ?

— Ouais.

Max était surpris que sa mère défende Leon. Elle ne s'était pas montrée très gentille avec lui et ne l'avait même pas regardé en face. Pourtant, c'est ce qu'elle conseillait toujours à Max : *Quand on parle à quelqu'un, on le regarde dans les yeux.* Mais elle ne l'avait pas fait avec Leon.

Son père agita un doigt sous le nez de Max.

— Je t'interdis de parler aux inconnus.

Qu'est-ce qu'il voulait dire ? Leon n'allait pas le kidnapper ni rien. Et il était plus intéressant que la vieille Westbury.

— N'écoute pas ton père, lui dit sa mère. Leon est réglo. Tu devrais aller le voir demain. Prends un ballon. Tu peux lui en regonfler un ? demanda-t-elle à son mari.

— Si j'arrive à mettre la main dessus. On retrouve rien, l'herbe est trop haute.

Son père se prépara un autre hot-dog. Il le noya sous la sauce.

— Tu fais quoi après manger ? l'interrogea Wendy.

— Je répare ma tronçonneuse, ensuite je vais au match.

— Tu disais que tu allais tondre la pelouse.

— Pas aujourd'hui. J'ai pas le temps. Max peut le faire.

— Je vais promener Rosie, moi. Et je ne sais pas démarrer la tondeuse.

— Je la démarrerai pour toi, rétorqua son père. Tu pourras sortir Rosie plus tard.

Plus tard, plus tard… Max en avait marre. Il détestait tondre la pelouse – ça voulait dire qu'il devait ramasser les vélos, les trottinettes et les ballons. À moins qu'il ne les contourne avec la tondeuse ? Ça suffirait peut-être.

Son père se leva et sa mère lança :

— Et toutes les autres choses que tu devais faire ce week-end ?

— Demain.

— Tu devais réparer la fuite de l'évier et m'aider à faire les courses. Et la chasse d'eau ne fonctionne pas correctement.

— Les petits mettent trop de papier.

— Il faut la réparer.

— Appelle un plombier.

— Et je le paie comment ?

Shane se dirigea vers la porte.

— Si tu ne veux rien faire, je ne cuisinerai pas ce soir, insista sa mère, un ton au-dessus. Je me mets en grève. Tu devras faire à manger toi-même.

— Je passerai au fast-food, cria-t-il après que la porte eut claqué derrière lui.

— Pour faire des économies, tu pourrais te mettre à la cuisine.

— Je fais des économies en réparant la tronçonneuse.

— J'imagine que tu n'auras pas fini de la réparer demain ! hurla sa mère, et Max se boucha les oreilles.

Il haïssait leurs disputes. C'était toujours pour des questions d'argent. Voilà pourquoi Max adorait traîner dehors avec Rosie. Les chiens ne donnent pas de corvées, ne crient pas, ne nous disent pas ce qu'on doit faire. Ils sont chaleureux, joyeux et drôles. Plus il y pensait, plus il préférait les chiens aux hommes.

— Votre père n'est qu'un bon à rien. Il remet toujours tout au lendemain, marmonna sa mère avant de lever un doigt vers Max. Ne t'avise pas de devenir comme lui en grandissant.

— J'ai pas envie de tondre la pelouse, gémit Max.

S'il semblait suffisamment triste, sa mère le ferait peut-être à sa place.

— Il faut bien que quelqu'un le fasse, répondit-elle dans un haussement d'épaules. Tu ferais mieux de ramasser les vélos, d'abord. Je ne veux pas que tu bâcles ça comme la dernière fois. Et n'oublie pas de ranger ta chambre.

Max termina son hot-dog et fila à l'étage. Il fourra son pyjama sous son oreiller puis jeta quelques jouets dans le placard et ferma la porte. Avec un peu de chance, sa mère ne regarderait pas à l'intérieur. Si le sol était dégagé, ça pourrait lui suffire. Il prit de l'argent de poche dans son tiroir avant d'aller chercher la laisse de Rosie. Il l'emmènerait en ville pour acheter des bonbons. Ça lui remonterait le moral.

Mais dehors, il vit que son père avait sorti la tondeuse et vérifiait le niveau d'essence.

— Elle est à sec.

Il sortit le jerricane de l'étagère et le secoua. Vide, lui aussi. Il le fourra dans les bras de Max.

— Va le remplir à la station-service.

— C'est trop lourd, protesta Max.

— Prends la poussette de Suzie. Tu pourras poser le jerricane dessus pour le rapporter.

— Papa, s'te plaît, tu peux pas le remplir ? Les enfants n'ont pas le droit de le faire.

Max ne voulait pas qu'on le voie avec la poussette de sa sœur. Tout le monde se moquerait de lui. Suzie ne devrait même plus en avoir, en plus – elle était assez grande pour marcher.

Son père ouvrit son paquet de cigarettes et en sortit une.

— J'ai pas le temps d'y aller aujourd'hui. On le fera demain.

Bonne nouvelle. Ça ne plairait certainement pas à sa mère, mais Max espérait que son père oublierait et qu'il ne serait ainsi plus obligé de tondre la pelouse. Il montra la laisse à Rosie, qui trottina vers lui, prête à partir, et l'accrocha à son collier.

— Qu'est-ce que tu fais ? lâcha son père.

— Je vais promener Rosie.

— T'as intérêt à être rentré à l'heure pour le match.

— Je veux pas y aller.

— Pas de chance. T'iras quand même. T'apprendras peut-être quelque chose en regardant jouer les adultes.

3

À dix-sept heures, dans le restaurant de la rue principale, Miki changea de tablier pour se préparer au rush du samedi soir. Cet après-midi, entre deux clients, elle avait balayé et lavé le sol, essuyé les bancs, gratté le gril, repêché les morceaux de panure brûlés dans la friteuse, rempli les réfrigérateurs et les étagères, et regarni les bacs à crudités. Maintenant, il ne restait plus qu'à attendre. Elle s'adossa au comptoir et regarda les gens passer dans la rue à travers la vitrine.

Kurt, son frère, était dans l'arrière-boutique, où ils vivaient tous les deux. Il faisait la comptabilité de leur établissement. Ils auraient dû payer leurs charges à la fin du mois précédent mais il était lent quand il s'agissait de s'occuper de l'administratif. Miki lui avait proposé de s'en charger – après tant d'années passées à faire des maths à la table de la cuisine avec sa mère, elle était bonne en calcul. Kurt avait rétorqué que c'était son boulot à lui, qu'il était là pour veiller sur elle, et qu'ici, les hommes et les femmes avaient chacun leur rôle, comme dans leur ancienne ferme. Miki devait ruser pour surveiller leurs finances. Quand ils travaillaient ensemble dans leur petit restaurant, elle calculait les revenus dans sa tête pendant que Kurt s'occupait de la caisse et comptait les billets.

Depuis qu'elle était petite, Miki travaillait. À la ferme, sa mère et elle s'étaient partagé les tâches ménagères. Puis l'arthrite de sa mère avait empiré, ses membres étaient devenus lourds et lents, ses articulations si douloureuses qu'il lui était difficile de s'agenouiller pour prier, et elle était sans cesse fatiguée. Malgré une souffrance permanente, elle n'avait jamais manqué de lui faire faire ses leçons durant la semaine, et elle s'était toujours plu à détricoter des problèmes de maths compliqués.

Entre ses cours, Miki s'occupait de ses corvées : la cuisine, le ménage, la traite des vaches, la lessive, l'entretien du potager, la préparation du feu, le nourrissage des poules, le ratissage des feuilles… elle avait l'habitude de travailler dur.

Mais, à présent, elle avait presque dix-huit ans et leur modeste commerce était trop petit pour elle. Elle aspirait à davantage de responsabilités, de libertés, seulement Kurt avait construit tout un échafaudage de règles autour d'elle. Elle devait limiter au minimum ses échanges avec les clients. Éviter de les regarder dans les yeux. Garder la tête basse sans cesser de travailler. Il s'assurait qu'elle était toujours occupée, si bien qu'elle ne pouvait souffler que lorsqu'il quittait la pièce. Avec ses dix ans de plus qu'elle, il était son tuteur, et c'était lui qui commandait.

La plupart du temps, travailler au restaurant ne dérangeait pas Miki – elle avait appris à l'accepter. C'était difficile, au début – elle se sentait bien plus confinée que dans la ferme, en manque d'air et de lumière, et elle avait souvent l'impression d'être oppressée.

À la ferme, elle n'avait vécu que pour les dimanches. Après les besognes, elle troquait sa jupe pour une salopette et elle filait derrière le verger, dans la forêt, où elle se sentait pousser des ailes. Kurt l'accompagnait toujours. Chaussés de bottes en caoutchouc, ils dépassaient le hangar où se trouvaient le tracteur et les outils, la chambre froide, le potager qui subvenait à leurs besoins presque toute l'année, le tas de compost constitué de restes végétaux – qui nourrissait les animaux sauvages du coin –, avant d'atteindre le verger où de vieux pommiers tendaient leurs branches noueuses vers le ciel et où poussait une herbe luxuriante. Ils s'éloignaient jusqu'à la clôture qui les séparait de la forêt : sombre, secrète, irrésistible. Miki se glissait entre les barbelés tandis que Kurt sautait par-dessus un poteau. Ils empruntaient un sentier à peine visible qui passait devant les ruches puis entre les eucalyptus à l'écorce grise. À mesure que le bush se refermait sur eux, Miki éprouvait une légèreté nouvelle, un sentiment de bonheur qui semblait caresser sa peau. Elle adorait écouter le bruissement des feuilles, le grincement du bois, le murmure du vent dans la canopée, le craquement des brindilles sous ses pieds, l'odeur mentholée des buissons. Dans le bush, elle avait l'impression d'être plus vivante, plus réelle. La semaine s'effaçait et les règles sévères de son père disparaissaient. Elle était quelqu'un. Elle-même. Une jeune femme pleine d'espoir en l'avenir.

Ils marchaient à flanc de colline jusqu'à leur vallée préférée, crapahutant par-dessus des troncs tombés recouverts de mousse, traversant un ruisseau où les fougères déployaient leurs frondes et où de larges souches en décomposition se transformaient en bancs humides. Bien souvent, le calme régnait. Des rhipidures gris carillonnaient. Le temps et l'espace s'élargissaient. Là, pendant quelques heures, Kurt et elle devenaient égaux. Miki lui posait des questions. Toujours les mêmes, chaque semaine.

— Comment est papa ?

Elle espérait des réponses sensées mais, avec Kurt, on ne savait jamais à quoi s'attendre. Il haussait ses larges épaules.

— Autoritaire, répondait-il. Avec lui, pas de discussion possible.

Miki pensait souvent à l'allée qui partait de la ferme, elle l'imaginait rejoindre d'autres chemins puis la route qui conduisait à Hobart. Elle ne l'avait empruntée qu'une fois, quand elle avait sept ans, le matin où son père avait perdu ses doigts. Elle avait toujours su qu'un jour elle partirait de la ferme pour ne jamais revenir. Mais elle ne s'était pas attendue à ce que cela arrive si vite.

Parfois, Kurt et elle évoquaient l'arthrite de leur mère.

— Je m'inquiète, disait Miki. Les gestes de maman sont de plus en plus lents. Tu crois qu'elle a besoin d'un traitement ?

Kurt haussait les sourcils.

— Tu sais comme elle est. Pour elle, les médicaments, c'est du poison. Elle préfère vivre avec la douleur.

Mais cette douleur liait Miki à sa mère aussi sûrement qu'une corde. Une corde qui s'enroulait encore et encore autour de son avenir et l'attachait pour toujours à la ferme.

Pour Kurt, c'était différent. Les règles étaient plus souples parce que c'était un garçon. Alors que Miki avait été scolarisée à domicile, lui avait été à l'école jusqu'à ses dix ans. Il avait toujours eu plus de liberté ; il pouvait aller en ville en voiture pour acheter des provisions, rencontrer des gens. Mais Miki, elle, n'avait jamais eu le droit de quitter la ferme, car Père et Mère disaient que le monde était dangereux pour les femmes. Ils lui avaient parlé de junkies et de voleurs, de gens immoraux et impies, d'hommes qui violentaient les femmes, de riches qui volaient les pauvres, de femmes trop dénudées. Des suppôts du diable, tous autant qu'ils étaient.

À présent, Miki n'était plus dupe. Kurt pouvait bien prétendre que les habitants du coin et les touristes étaient mauvais, elle avait observé leurs vies. Même si elle n'avait pas le droit de sortir du restaurant, le monde venait à elle. Elle apprenait en écoutant les clients, en lisant sur leurs visages, en absorbant leurs paroles. Elle observait leurs mouvements et leurs interactions. Et elle reconnaissait même les habitués à leur odeur. La ferme sentait le foin, la boue et le fumier, l'arôme boisé des arbres. Ici, tout était plus complexe, superposé. Sueur. Parfum. Fumée de cigarette et nourriture.

Malgré tout, Miki n'aspirait qu'à s'échapper. Marcher là où elle le voulait. Parler à des gens. Aller au lycée. Mais Kurt ne le lui permettait pas. Dès qu'il sortait, il l'enfermait. Selon lui, les femmes avaient besoin d'être protégées et il veillait à sa sécurité. *C'est ce que Père et Mère auraient voulu*, insistait-il. Pareil pour le lycée. Il considérait que les filles n'avaient pas besoin d'être instruites. Que c'était une perte de temps. Comment Miki aurait-elle pu lui expliquer que ses leçons avec leur mère lui manquaient parce qu'elle adorait réfléchir ?

Dix-huit mois étaient passés depuis l'incendie, et pas un jour ne s'écoulait sans que Miki y repense. Tout était parti en fumée en l'espace d'une nuit : ses parents, sa maison, sa vie. Sa famille avait travaillé dur pour servir Dieu, alors il aurait tout de même pu leur donner un genre d'avertissement. Elle s'était repassé le jour de l'incendie des milliers de fois dans sa tête sans découvrir le moindre signe annonciateur de la catastrophe à venir. Pour Kurt, c'était la preuve que Dieu n'existait pas. Sinon, il les aurait protégés. Après ça, son frère avait tourné le dos à la religion. Et, même si Miki s'était d'abord sentie perdue sans Dieu, une petite voix en elle approuva son frère. Toutes ces heures de prière n'avaient donc servi à rien ? Cela n'avait pas de sens. Si l'incendie était censé éprouver sa foi, c'était trop lui demander.

Comment se remettait-on d'un deuil si énorme qu'on arrivait à peine à y croire ? La douleur sourdait lors de moments calmes et la submergeait comme une rivière en crue. Sa mère, si patiente et si douce, si différente de son père, lui manquait. Lui, il avait toujours été dur et impitoyable, mais il l'avait aimée à sa façon et il lui manquait aussi. La nuit, elle imaginait ses parents dans leur chambre en feu. Son père tentant d'aider sa mère à sortir du lit. Le plafond qui s'effondrait. La chemise de nuit de sa mère qui s'embrasait. Leurs appels à l'aide noyés sous le bruit des flammes.

Le lendemain matin, après l'incendie, tandis que les poules picoraient sur la pelouse, Miki et Kurt avaient attendu que la police s'en aille avant de se mettre à inspecter les ruines de la ferme à la recherche d'éventuels objets récupérables. Sauf qu'il ne restait plus rien. La cheminée carbonisée. Des monticules de fer tordu. Des blocs de béton. Des morceaux de métal fondu. Du verre, fondu et lisse. Parmi les décombres, Miki avait retrouvé le cadran terni de la pendule posée sur le manteau de la cheminée, la main d'une poupée, des pièces déformées, bosselées. Ces petites choses serrées dans ses mains couvertes de suie, elle avait pleuré. Elle avait peut-être même foulé les os de ses parents.

Cet incendie l'avait détruite, mais la vie persistait. Dans le lit de cendres laissées derrière elle, une petite graine avait germé et les frondes fragiles d'un nouveau départ avaient commencé à se déployer. Miki se comparait à un arbrisseau, qui tendait ses rameaux vers la lumière. Au cours des premiers jours après le drame, Kurt et elle avaient vécu dans le hangar, à manger des œufs et des haricots blancs en boîte, réchauffés dans une casserole sur la gazinière que les hommes utilisaient pour faire fondre la cire nécessaire aux boutures dans le verger. Une ou deux fois, Miki avait aperçu une voiture passer lentement devant la ferme, peut-être des voisins. Mais personne ne s'était arrêté. À la ferme, les visites n'avaient jamais été encouragées.

Le troisième jour, tandis que Miki était blottie dans des couvertures, Kurt avait étudié les papiers du porte-documents en cuir noir qu'il avait sauvé des flammes. Lorsqu'elle avait demandé à les voir, il l'avait repoussée d'un geste de la main en disant qu'elle n'avait pas à s'en soucier. Qu'il s'en chargerait. Elle ne cessait de penser à son père et à ce porte-documents, à quel point il avait été important pour lui, à la façon dont il le tenait avec autant de respect que la bible. Il ne le laissait jamais traîner, et elle n'avait jamais su où il le rangeait – alors comment Kurt avait-il pu le trouver ?

Ici aussi, dans le restaurant, Kurt le cachait, sans doute dans la pièce fermée à clé au sous-sol où ils entreposaient les sodas et où il aimait se retirer. Kurt disait que ce porte-documents était leur ticket pour l'avenir et qu'il devait veiller sur lui. Miki n'arrivait pas à imaginer ce qu'il pouvait contenir – son chéquier, peut-être, et le bail de leur local. Que pouvait-il y avoir d'autre ? Après l'incendie, Kurt avait voulu rester dans la ferme. Il avait prévu de transformer le hangar en maison et avait compté sur l'aide de Miki pour exploiter le verger, mais le domaine était si endetté qu'ils avaient été obligés de vendre. Une fois les dettes remboursées, il leur resta seulement de quoi financer un bail commercial. Depuis, ils travaillaient cinq jours par semaine, de sept heures à vingt heures trente. Leur petit restaurant avait le double avantage de leur assurer une source de revenus, ce dont ils avaient besoin, et d'être proche de la forêt, qu'ils adoraient. Et ils prospéraient. Avec leurs bénéfices, Kurt avait acheté des meubles, une grande télé, un nouveau 4 × 4, du matériel de musculation. Il lui assurait qu'ils avaient des économies et qu'ils auraient bientôt l'apport nécessaire pour acheter leur propre ferme. Elle savait qu'il avait été dévasté par la perte de la propriété familiale et qu'il mourait d'impatience de retrouver ce qui avait jadis été à eux.

Ce soir-là, il sortit de l'arrière-boutique lorsque les premiers clients arrivèrent : Toby, un grand chauve tatoué qui travaillait à la scierie, et ses quatre enfants. Avec sa barbe broussailleuse, Toby avait l'air d'avoir du lichen collé au menton. En semaine, il sentait la sciure et la sueur, mais le week-end, il mettait de l'après-rasage à l'orange qui rappelait à Miki le produit nettoyant qu'elle utilisait pour le sol. Au signal de Kurt – un signe de tête –, elle baissa les yeux et s'écarta pour qu'il prenne la commande.

— Vous voulez quoi ? demanda-t-il d'un ton bourru.

Miki, elle, s'y serait prise différemment.

Toby ne s'embarrassa pas de politesses non plus.

— Un pack familial de *fish and chips* et douze galettes de pommes de terre.

Puis il fronça les sourcils et demanda :

— Ça fait combien de filets, déjà ?

— Cinq. Comme toujours.

— Mais on est six. Steph, moi et les gosses.

— J'ajoute un filet, alors ?

— Ça va me coûter combien en plus ?

— Les prix sont sur le panneau.

Miki aurait ajouté un filet sans faire d'histoires. C'était leur querelle hebdomadaire, à tous les deux. Les hommes montraient les crocs comme des chiens qui se croiseraient dans la rue, même s'il n'y avait pas d'os en jeu. Kurt fit payer six filets à Toby pendant que Miki en mettait un septième et plongeait le panier à frire dans l'huile. Quand Kurt eut le dos tourné, Toby lui adressa un clin d'œil. Il savait qu'elle était neutre.

Miki l'aimait bien car, malgré son air féroce, il se montrait gentil avec ses enfants. Il portait des T-shirts même en hiver, pour montrer ses tatouages. Un serpent en encre traversait ses épaules d'un bras à l'autre. Miki l'avait vu en entier un jour de canicule où il était entré torse nu. Il avait aussi un tigre sur une de ses cuisses musclées, un diable rouge sur l'autre, d'autres tatouages remplissaient les blancs entre les deux. En attendant sa commande, il feuilletait des magazines sur le présentoir pendant que ses enfants dévoraient les bonbons des yeux et que Kurt les foudroyait du regard.

Miki dissimula son sourire en se tournant vers le poisson pané et les galettes de pommes de terre en train de frire ; les bulles montaient à la surface dans un léger grésillement d'huile bouillante. Elle fredonnait en rythme avec le bourdonnement des hottes. Une fois la pâte bien dorée, elle déposa la commande sur du papier, l'arrosa de sel et l'enveloppa en vitesse pour que Kurt ne remarque pas la part supplémentaire. Puis elle donna le paquet à Kurt, qui le tendit à Toby.

Il était facile, pour Miki, de tromper son frère ainsi. Quand Kurt était dans la boutique, il prenait les commandes et les paiements au comptoir, afin de lui éviter de fréquenter les clients. Comme il lui tournait le dos la plupart du temps, ce n'était pas compliqué de modifier les commandes. Elle le faisait pour compenser la façon dont il traitait les gens. Ses petits cadeaux étaient sans doute l'une des raisons pour lesquelles ils revenaient toujours.

Le client suivant était Mooney, le blondinet, avec ses deux filles. Il dégageait une odeur forte qu'aucun déodorant ne pouvait masquer. Miki ne comprenait pas qu'on puisse avoir l'air si faussement angélique. Que cet homme si beau, avec sa peau lisse et bronzée et ses yeux bleus, puisse battre sa femme, Liz, alors que Toby, avec son air de délinquant, était doux et prévenant, n'avait aucun sens. Miki avait entendu les femmes en discuter en prenant leur café du matin après avoir déposé les enfants à l'école. *Mooney est retombé dans ses vieux travers. T'as vu cette pauvre Liz ? Un œil au beurre noir, barbouillé de maquillage. La dernière fois, c'était des bleus dans son cou. Je les ai vus sous son foulard.* Miki ne donnait jamais d'extras à Mooney, mais à Liz oui, quand elle était seule avec les filles.

Elle venait de plonger la commande de Mooney dans la friteuse lorsque d'autres clients entrèrent, annonçant le début du rush du samedi soir. Ils discutaient du match de footy et de la météo. *T'as vu l'arrêt de volée de Toby ? Incroyable. Et ce but de Mooney, juste avant la mi-temps ? Cet homme est un champion.*

Le samedi soir était connu comme la Soirée des Mamans, ce qui voulait dire que les hommes devaient acheter des plats à emporter. La plupart commandaient des *fish and chips* ou des burgers, mais certains demandaient aussi des crudités. De temps à autre, des inconnus entraient d'un pas lourd, des couples ou des groupes en polaires et bonnets, des gens venus faire une randonnée dans le parc national. Ils étaient plus aimables que les habitués parce qu'ils ne connaissaient pas Kurt. Ce dernier les traitait avec sa mauvaise humeur légendaire et, ils s'enfuyaient avec leur commande. Miki savait alors qu'ils ne reviendraient pas. Voilà pourquoi elle amadouait les habitués avec des extras. Heureusement, leur petit restau n'avait pas de concurrents – s'ils ne venaient pas là, les clients devaient conduire vingt-cinq minutes jusqu'à la ville suivante. Or, le samedi soir, la plupart des hommes buvaient quelques bières et préféraient éviter de conduire pour ne pas risquer de se faire prendre. Miki avait entendu les femmes discuter de la façon dont « le ver entrait dans le fruit » après un match. Parfois, ça commençait dans le stade, parfois dans le jardin de quelqu'un, parfois au pub. Les policiers municipaux n'étaient pas très sévères – tout le monde savait que leurs avertissements n'allaient jamais plus loin. Les policiers aussi devaient vivre en ville, alors souvent, ils laissaient couler, même quand Mooney s'en prenait à Liz. Miki regrettait qu'ils ne fassent rien. Mais Liz était douée pour dissimuler les preuves. Et les policiers n'entendaient peut-être pas les ragots. Dans un sens, ils étaient eux aussi des intrus, ici.

Comme pour faire écho à ses pensées, un des policiers du coin entra : Fergus Connolly, avec ses fils, Jaden et Callum. Même s'il était en civil, le silence se fit dans le restaurant. Il salua l'assemblée d'une voix forte et tout le monde s'écarta pour le laisser passer. En semaine, il sentait la mousse à raser et le savon ; le week-end, en revanche, Miki détectait toujours une odeur de bière dans son haleine. D'habitude, il se montrait strict avec ses garçons mais, après quelques bières, il ne faisait plus attention à leur comportement et l'aîné, Jaden, devenait souvent ingérable. Miki n'aimait pas la façon dont il pinçait et embêtait sans cesse son petit frère.

Un nouveau venu arriva en pleine heure de pointe – Miki le remarqua parce que les touristes ne débarquaient jamais aussi tard, mais plutôt en milieu d'après-midi. Il devait avoir vingt-cinq ans environ, il était mince et musclé, avec des cheveux roux en bataille, la peau pâle, le nez retroussé et des ridules aux coins des yeux. Elle le vit saluer d'un signe de tête Shane et Max, qui attendaient leur menu familial du samedi soir. Max lui offrit un bonbon, ce qui était étonnant – ce gamin tenait à ses friandises. Pendant qu'elle préparait des portions de frites et roulait des filets de poisson dans la pâte, Miki entendit l'inconnu commander un burger complet sans ananas[1]. Elle posa alors le steak haché sur le gril avant même que Kurt ne lui ait transmis la commande. Elle était fière de son efficacité et aimait être organisée. Mais elle s'ennuyait souvent, au restaurant. Cinq longues journées par semaine passées à cuisiner et à faire le ménage. Elle ne sortait que le lundi, quand Kurt et elle partaient en forêt. Le mardi, alors qu'il se rendait à Hobart, elle restait seule. Sans personne à qui parler.

Tandis qu'elle faisait cuire les commandes, les emballait et les tendait à Kurt, Miki remarqua les regards en biais que les hommes décochaient au rouquin avant de le contourner. Même en plein milieu du restaurant bondé, il semblait souffrir de solitude. Elle compatissait, si bien qu'elle mit un soin tout par-

1. Recette typique du burger australien : steak haché, cheddar, bacon et tranche d'ananas.

ticulier à la préparation de son burger et lui glissa un chocolat Freddo Frog dans son sac. Avec un peu de chance, il ne fondrait pas. Ce serait une jolie surprise lorsqu'il déballerait son repas.

À vingt heures trente, une fois les derniers clients servis, Kurt ferma la porte d'entrée et commença à faire les comptes. C'était le signal pour que Miki se mette au nettoyage. Elle éteignait les friteuses, les hottes, recouvrait les salades composées de film transparent et les glissait dans les frigos, lavait le sol, essuyait le comptoir et le réapprovisionnait en boissons en se servant dans les caisses empilées dans la cuisine. Puis elle préparait des sandwiches au rosbif froid et ils dînaient à l'une des tables du restaurant.

C'était leur routine du samedi soir. Après manger, ils allaient à la décharge. Les ordures ne pouvaient pas attendre jusqu'au lundi ; ils avaient besoin de place dans les conteneurs pour le lendemain, quand les touristes du dimanche débarqueraient en ville.

Pendant que Kurt jetait les poubelles à l'arrière de son 4 × 4, Miki ramassa les bouts de viande qu'elle avait mis de côté tout au long de la journée et les plaça dans un sachet en plastique. Puis elle enfila une salopette et glissa le sachet dans sa poche.

La décharge se trouvait au bout d'une route secondaire gravillonnée que Kurt empruntait toujours trop vite. Ce soir-là, il passa le portail à toute allure et fonça jusqu'à leur coin habituel, sous un lampadaire aveuglant, près d'un immense tas d'ordures. Il s'arrêta si brusquement que Miki décolla de son siège. Kurt descendit d'un bond en riant puis déchargea les sacs-poubelle avant de les jeter sur le tas où ils se déchirèrent et répandirent des restes, des canettes, des bouteilles, des emballages.

— Trop drôle, dit-il. T'aurais dû voir ta tête quand t'essayais de te cramponner.

Ça n'avait pas fait rire Miki, mais elle sourit tout de même. Depuis l'incendie, Kurt était rarement de bonne humeur, alors il fallait en profiter. Ça aidait Miki à survivre aux moments plus sombres.

Elle grimpa à l'arrière du 4×4 avec un balai afin de se débarrasser du reste des ordures, pendant que Kurt s'isolait en grimpant sur un monticule de poubelles pour passer des coups de fil. Comme tous les samedis soir. Il restait presque une heure, perché là-haut, à s'occuper de son affaire à Hobart. Elle essayait souvent d'épier ses conversations, mais il parlait à voix basse et fronçait les sourcils d'un air irrité si elle s'approchait trop près. Les investissements et les prises de décision étaient un truc d'hommes, disait-il. Les femmes n'étaient bonnes qu'à servir.

Miki s'occupait en explorant les environs. Une fois qu'elle avait fini de balayer, elle prenait la lampe torche du 4×4 et partait à l'aventure au milieu des déchets. L'odeur était pestilentielle mais elle s'en moquait. Elle était dehors, loin du restaurant, et les restes de nourriture de la décharge attiraient de nombreux animaux sauvages. Venir ici était le meilleur moment de sa semaine.

Alors qu'elle s'éloignait de la voiture, ses yeux

s'ajustèrent à la pénombre et elle commença à apercevoir des petites créatures détaler dans les poubelles. Quand elle entendit un raclement, elle braqua sa lampe torche vers un dasyure tacheté – connu aussi sous le nom de chat marsupial – qui traînait un morceau de papier dans sa gueule. Il se figea dans la lumière, les yeux écarquillés. Doucement, Miki sortit un morceau de viande du sac plastique qu'elle avait glissé dans sa poche et le jeta en cloche vers l'animal, mais il s'enfuit, ombre glissant sur le monticule. Puis il revint, saisit le bout de viande, l'avala goulûment et jeta un bref coup d'œil à Miki avant de détaler de nouveau.

À la ferme, des dasyures s'introduisaient souvent dans le poulailler, où ils tuaient les poules et mangeaient les œufs, si bien que Père et Kurt leur tiraient dessus. Miki ne supportait pas que les dasyures tuent les poules en éparpillant leurs restes dans la cour, mais abattre ces animaux ne réglait rien – eux aussi avaient besoin de manger. Après que Kurt eut tué et accroché à la clôture le quatrième dasyure, Miki avait passé quelques après-midis à installer discrètement un grillage au-dessus du poulailler. Elle avait aussi colmaté les trous sous la clôture avec des pierres. Ainsi, plus de poulets ni de dasyures morts.

Elle aimait bien ces chats marsupiaux avec leur pelage tacheté, mais elle préférait les diables de Tasmanie. Eux aussi pénétraient dans la ferme. Elle les entendait, la nuit, hurlant et grognant comme des monstres près du hangar et au loin, dans la forêt. Le père de Miki se plaignait sans cesse du bazar qu'ils mettaient dans le tas de compost. Au raffut qu'ils faisaient, Miki les avait imaginés comme de grandes bêtes effrayantes. Mais quand elle en avait vu pour la première fois, elle avait été surprise par leur taille de petit chien. Elle les aimait bien car ils étaient fougueux. Leur fourrure était noire, leur truffe bulbeuse, leurs oreilles roses et leur museau orné de moustaches. Une famille vivait ici, dans la décharge : deux adultes et trois petits. Il y en avait plus, avant, mais l'année précédente, Miki avait vu des plaies se développer sur le museau des deux autres adultes avant qu'ils ne disparaissent. Elle s'était persuadée qu'ils s'étaient enfuis, mais elle avait peur qu'ils soient morts.

Près du repaire des diables, elle s'accroupit et aligna des morceaux de viande sur le sol avant d'éteindre sa lampe torche. Si les diables sortaient, sa joie serait telle qu'elle aurait le cœur léger toute la semaine.

Au bout d'un moment, des ombres remuèrent et une silhouette noire apparut. C'était la femelle ; Miki reconnaissait le croissant blanc sur son poitrail. Le diable accourut avant de s'immobiliser, une patte en l'air, pour humer l'air et bâiller, mâchoires béantes et crocs blancs. Trois petites formes noires se hâtèrent de la rejoindre, se jetèrent sur la viande en reniflant et la dévorèrent tout en crachant et en grognant.

Assise en tailleur, Miki alluma sa lampe torche. Les diables reculèrent un peu, puis la mère se coucha et les petits se mirent à jouer autour d'elle comme des chiots – ils lui grimpaient sur le dos, lui mordaient le museau en ignorant ses mises en garde. On aurait dit les gamins qui fréquentaient parfois le restaurant, songea Miki, qui se battaient pour des bonbons, frappaient leurs frères et sœurs, tiraient leur mère par la main. La maman diable grognait sur ses bébés, mais elle tolérait leurs coups de crocs, leurs morsures et leurs disputes. Sa patience lui rappela sa propre mère – Miki et elle s'entendaient bien, elles travaillaient souvent ensemble dans la cuisine, à pétrir le pain, battre le beurre, préparer des gâteaux. Le soir, elles s'asseyaient près du feu pour tricoter pendant que son père lisait la Bible à haute voix et que Kurt sculptait un bout de bois ramassé dans la forêt.

Miki et sa mère étaient amies, contrairement à Kurt et son père, qui se disputaient au sujet de tout : des techniques agricoles, des décisions à prendre, et même des opérations mineures dans le verger. Ils se ressemblaient trop, se disait Miki. Ils voulaient tous les deux le pouvoir.

Un claquement dans les ordures annonça la sortie du diable mâle. Il fit une arrivée fracassante, comme la plupart des hommes que Miki connaissait. Il cracha bruyamment en la voyant mais il s'enhardit vite et rejoignit les autres, râlant et grommelant. La femelle rentra la tête et sembla lui crier dessus, comme les mères après leur mari. Le mâle répliqua en hurlant si fort qu'il fit peur aux petits. Il était comme Père et Kurt. Autoritaire et dominateur. *Pas de discussion possible.*

La femelle partit avec sa portée vers le fond de

la décharge pendant que le mâle reniflait le sol à la lumière de la lampe torche. Miki vit des griffures sur son museau et ses oreilles, ainsi qu'une petite plaie sur une de ses babines – les diables se battaient tout le temps. Au bout d'un moment, il détala et elle entendit bientôt de nouveaux cris lorsqu'il rattrapa les autres dans les immondices. On aurait dit une dispute familiale et Miki ne put s'empêcher de sourire. C'était peut-être ainsi que fonctionnaient tous les animaux.

4

Lorsque Leon ouvrit sa porte le dimanche matin, il trouva Max sur le seuil, un ballon ovale sous le bras. Leon n'avait pas fini son ménage, cela ne l'arrangeait donc pas. Et, vu l'attitude avachie du garçon, Max ne semblait pas plus emballé que lui – Wendy avait dû le forcer à venir. Mais puisqu'il était là, Leon n'allait pas l'esquiver, et il avait même intérêt à ce qu'ils s'amusent. C'était lui, après tout, qui l'avait invité.

— Bien, fit-il. Devant ou derrière chez moi ?

Max haussa les épaules.

— Là où mon père ne peut pas nous voir.

Leon estima alors qu'il valait mieux jouer devant. Même si le terrain en pente ne leur faciliterait pas la tâche, ils seraient moins visibles depuis la remise de Shane. S'il se plaçait du côté descendant, il pourrait empêcher le ballon de rebondir sur la route. De toute façon, il n'y avait pas beaucoup de circulation : après la maison de Leon, la route devenait un chemin de terre.

Ils trouvèrent un coin approprié dans l'allée, à côté

de la pile de bois qui avait été livré la veille. Leon allait shooter dans la balle lorsque son téléphone sonna. Il posa le ballon en articulant un « désolé » au gamin et sortit son portable de sa poche. C'était sa mère.

— Bonjour, maman. Tout va bien à la maison ?

— Ça va, ça va, répondit-elle dans un petit rire.

— Bien.

Silence.

— En fait, je voulais te demander quelque chose : sais-tu où est rangée la mort-aux-rats dans le garage ? Il m'a semblé entendre un grattement dans le grenier, hier soir. J'imagine que je vais devoir mettre du poison dans le faux plafond.

Leon s'en voulut. D'habitude, c'était lui qui s'en chargeait.

— Il y en a une boîte dans le placard du garage. Tu crois que papa pourrait t'aider ?

— Il n'a pas la force de sortir du lit.

— Désolé de ne pas être là pour le faire à ta place.

— Ne t'inquiète pas, Leon. Je peux me débrouiller. Je ne suis pas impotente, tu sais.

Leon sourit.

— Tu voulais me demander autre chose ?

— Non, c'est tout.

— D'accord, je te laisse, alors. Je joue au footy avec le fils des voisins.

Il rangea son téléphone et ramassa le ballon.

— On va d'abord travailler la réception, dit-il en envoyant le ballon à Max.

Le garçon parvint à l'attraper mais son attitude révéla qu'il manquait de confiance en lui et Leon comprit qu'il faudrait du temps pour qu'il gagne en assurance. Du poing, il lui fit une autre passe mais, cette fois-ci, Max la manqua et fit tomber le ballon, ce qui le découragea aussitôt.

— Vous voyez… Je suis trop nul.

— Pas du tout. Tu devrais mieux placer tes mains pour attraper la balle. Comme ça. Maintenant, réessaie.

Il resta près de lui et lui fit des passes courtes, faciles à rattraper.

Après quelques échanges réussis, le visage de Max s'illumina. Puis il échoua de nouveau et shoota dans l'herbe.

— Fichu ballon. C'est vraiment nul, cette forme ovale.

— C'est vrai. Mais on n'y peut rien, alors il faut faire avec. Quand le ballon heurte le sol, tu dois deviner de quel côté il va rebondir – c'est en partie ce qui fait l'intérêt du jeu. Parfois, on y arrive. Parfois, non. Et quand on se trompe, il faut simplement en rire. Maintenant repasse-moi le ballon.

D'un coup de poing, Max l'envoya haut dans le ciel et Leon fit exprès de ne pas réussir à le rattraper. Il le laissa rebondir puis plongea du mauvais côté, tandis que le ballon dévalait la pente. Ensuite il se releva, se lança à sa poursuite, le ramassa et le renvoya très haut vers Max, qui riait.

— Place-toi dessous, lança Leon. C'est bien. Si tu prépares tes bras à le recevoir, ça ne te fera pas mal.

Le garçon fut lui-même surpris de recevoir le ballon contre son torse.

— Tu vois ? fit Leon. Quand tes mains sont bien positionnées et que tu te mets sous la balle, ce n'est pas si difficile.

Ils travaillèrent les passes un moment. Leon augmentait progressivement la distance qui les séparait et la difficulté des lancers, si bien que Max en rattrapait la plupart. Ensuite, ils s'attaquèrent au jeu au pied. D'un coup de pied, Leon lui envoya une balle courte que Max rattrapa sans mal. Puis le gamin brandit le ballon, grimaça et frappa dedans de toutes ses forces, l'envoyant complètement sur le côté en pirouettant. Leon voulut remonter le moral de Max en faisant une nouvelle fois le clown pour récupérer le ballon, mais en vain. Sa fierté avait été blessée par ce mauvais lancer et Leon comprit que Max était prêt à rentrer chez lui.

— Attends. On ne va pas finir là-dessus.

Il récupéra la balle et lui indiqua la meilleure façon de la tenir, les mains autour des contours, les doigts écartés.

— Je vais te montrer quelques trucs. Si tu es motivé pour qu'on s'entraîne un peu tous les jours, tu progresseras vite.

— Vite comment ? demanda Max en affichant une moue boudeuse.

— En deux ou trois semaines.

— Et si je ne peux pas venir tous les jours ?

— Alors ce sera un peu plus long.

Le garçon hocha la tête.

— Montrez-moi encore une fois et je réessaierai.

Leon obtempéra et Max, d'un coup de pied, fit passer le ballon par-dessus la clôture et courut jusque chez lui, content d'être libéré.

Une fois ses devoirs de bon voisin accomplis, Leon descendit la rue pour s'acheter à déjeuner. Le hamburger de la veille avait été savoureux, et il avait même eu droit à un chocolat Freddo Frog – il n'en avait plus mangé depuis son enfance. L'homme au comptoir n'avait pas été aimable, c'était donc certainement un cadeau de la fille. Ou alors une erreur ?

Le petit restaurant se trouvait au milieu de la rue, entre le supermarché et la banque. *Mullers Takeaway* s'affichait en capitales jaunes sur la vitrine et, en dessous, « Fast-food de qualité ». L'intérieur était très ordinaire. Bain-marie et comptoir haut. Bar à crudités. Friteuses en inox et hottes. Quelques tables et chaises. Des armoires réfrigérées remplies de boissons. L'étagère obligatoire de chips, chocolats et bonbons. Mais l'ordinaire s'arrêtait là, pour laisser place à l'inhabituel. Au-dessus des magazines, on trouvait des pots de miel et des tricots soigneusement exposés, chacun portant un prix : bonnets, couvre-théières, chaussettes, chaussons pour bébé, napperons, layettes, des robes et des pulls minuscules, des doudous ; tout à fait ce que sa grand-mère aurait pu réaliser de son vivant. Leon avait déjà vu ce genre d'artisanat à vendre dans des boutiques de campagne, mais jamais dans un fast-food.

Il scruta l'ardoise où le menu était écrit pour s'assurer qu'il n'avait rien omis la veille. Non, c'était bien les produits habituels : *fish and chips*, burgers, sandwiches au rosbif froid, tourtes et hot-dogs. Côté traiteur : des tranches d'ananas en beignets, des bâtonnets au crabe, des galettes de pommes de terre, des Chiko Rolls – sorte de rouleaux de printemps. Des salades de crudités à six dollars la barquette de taille moyenne, neuf dollars la grande. Derrière le comptoir, la jeune fille de la veille l'observait effrontément de ses grands yeux bleus. Leon se sentit mal à l'aise. Elle avait l'air très jeune – une ado – et ne savait apparemment pas vraiment se comporter en société. Elle portait une longue jupe vieillotte très épaisse et un chemisier rose informe rentré à l'intérieur. On aurait dit une survivante d'une époque révolue, avec ses nattes remontées au sommet de son crâne comme une auréole de sainte.

— Qui a tricoté tout ça ? demanda-t-il, le doigt pointé vers les étagères.

— Moi.

Étrange. La plupart des jeunes s'intéressaient aux téléphones, pas aux aiguilles à tricoter.

— Que puis-je faire pour toi ? lança-t-elle en s'essuyant les mains sur le tablier noué autour de sa taille fine.

— Je voudrais un *fish and chips*. Qu'est-ce que tu as comme poisson ?

Elle désigna l'ardoise.

— Du requin, de la rouffe antarctique, du poisson-crocodile.

— Ils sont frais du jour ?
— Non, mais le requin est bon.
— Je ne veux pas manger de requin. Il est surexploité. Je ne veux pas soutenir ça.
Elle écarquilla les yeux.
— Tu devrais peut-être essayer le poisson-crocodile, il est souvent apprécié.
— D'accord. Je te fais confiance.
Elle prit une portion de frites et trempa le poisson dans la pâte avant de le plonger dans la friteuse.
— Tu es déjà venu hier soir, n'est-ce pas ? s'enquit-elle en se retournant vers lui.
— Oui, le burger était excellent. Oh, et merci pour le Freddo.
— Le chocolat a fondu ? s'inquiéta-t-elle.
— Non, c'était parfait.
— Tant mieux.
— Tu en distribues à tout le monde ?
— Quelquefois, dit-elle avec un haussement d'épaules.
— Eh bien, puisque j'ai droit aux grenouilles au chocolat, autant que je me présente. Je m'appelle Leon. Je viens d'emménager.
— Moi, c'est Mikaela. Mais tu peux m'appeler Miki.
— Bonjour, Miki, ravi de faire ta connaissance.
Elle lui adressa un petit sourire et se tourna pour surveiller le poisson et les frites.
— C'est comment, la vie, dans le coin ? l'interrogea-t-il.

Elle jeta un coup d'œil vers l'arrière-boutique, comme si elle attendait quelqu'un.

— Moi, j'aime bien, répondit-elle à voix basse. La forêt est belle. Et il paraît que la passerelle qui la surplombe est incroyable.

— Tu n'y es jamais allée ? Ce n'est pas censé être l'attraction principale de la région ?

— Mon frère ne m'y a pas encore emmenée. Un jour, peut-être.

Elle se retourna de nouveau vers la friteuse et secoua le panier.

— Le type d'hier, c'est ton frère ?

— Oui. Kurt.

— Qu'est-ce que tu fais quand tu ne travailles pas ? Tu vas encore au lycée ?

— Non.

— Ça alors, tu as l'air jeune pour avoir passé le bac.

— Je ne l'ai pas passé. J'ai été scolarisée à domicile.

Leon n'arrivait pas à le croire.

— Tout le cursus ?

— J'ai arrêté à seize ans, quand nous sommes arrivés ici.

Elle rougit, et Leon se demanda s'il n'avait pas été trop intrusif.

— Désolé, je ne voulais pas être indiscret.

Elle égoutta le panier à friture et renversa son *fish and chips* sur du papier.

— Du sel ?

— Oui, s'il te plaît.

Elle saupoudra le tout, ajouta quelques tranches de citron puis emballa la commande avec des gestes expérimentés. Lorsqu'un bruit retentit dans le fond du restaurant, elle jeta un coup d'œil inquiet vers la porte, d'où sortit son frère. La veille, Leon n'avait pas remarqué sa carrure impressionnante : il était grand au point d'être intimidant, avec ses cheveux coupés court et ses yeux écartés. Il était musclé – il s'entraînait peut-être régulièrement – et visiblement contrarié. Il foudroya sa sœur du regard, et Miki baissa les yeux avant d'attraper un torchon pour essuyer le plan de travail. Leon se sentit examiné, lui aussi. Il savait qu'on le jaugeait, et qu'on ne le trouvait pas à la hauteur. Malgré tout, il soutint le regard de l'homme.

— Dépêche, tu veux ? grogna Kurt à Miki. Tu prends trois plombes.

— C'est bon, fit Leon. On a fini. Je m'en allais.

Miki l'encaissa tandis que son frère la scrutait comme un faucon protégeant son gibier. C'était déroutant. Leon empocha sa monnaie et sourit à Miki comme si de rien n'était.

— Merci, dit-il. À bientôt.

La pauvre. Son frère ne la laissait pas beaucoup respirer.

Il mangea son *fish and chips* sur un banc plus bas dans la rue, et fut surpris de découvrir que Miki lui avait donné deux filets de poisson alors qu'il n'en avait payé qu'un. Il fut incapable de deviner à quel moment elle avait pu l'ajouter. Est-ce qu'il ne l'avait pas regardée tremper le poisson dans la pâte ? Il était certain de ne pas l'avoir quittée des yeux.

Alors qu'il finissait son repas, il aperçut Max descendre la rue avec Rosie, dont le ventre semblait encore plus gros que la veille. Le garçon attacha le chien devant le restaurant, entra et ressortit peu après avec un sac rempli de bonbons. Leon lui fit signe mais Max ne le vit pas – il était trop occupé à plonger la main dans le sac pour en sortir une friandise.

Deux garçons arrivèrent pendant que Max détachait le chien : un gamin maigrelet comme Max et un autre plus âgé, au visage boutonneux. Lorsque le plus grand tapota l'épaule de Max, ce dernier lui donna une poignée de bonbons, tapa dans la main de l'autre garçon et rebroussa chemin avec son chien.

Max était parti dans une telle précipitation… Il ne devait certainement pas apprécier le grand garçon. En voyant son air satisfait, Leon décida qu'il ne l'aimait pas non plus.

5

La maison de retraite où vivait le grand-père de Leon se trouvait au bord de l'eau, à quinze minutes de chez lui. C'était un bâtiment imposant qui dominait le large fleuve argenté : une vue dont ne profitait sans doute pas une bonne partie de ses résidents. Leon s'en voulut de ne pas être venu le voir pendant des années, mais il haïssait cet endroit. Surtout son odeur. Lorsqu'il ouvrit la porte, cela le frappa aussitôt : la puanteur du désinfectant, les vêtements qui sentent le renfermé, la peau négligée, exactement comme la dernière fois. Il détestait aussi la décoration : les efforts pour rendre l'atmosphère joyeuse étaient trop évidents pour être crédibles. Au contraire, ils rendaient le lieu presque aussi déprimant qu'un hôpital.

Dans le hall, il se rendit compte qu'il ne se souvenait plus du chemin jusqu'à la chambre de son grand-père, si bien qu'il dut s'informer à la réception. L'hôtesse – la cinquantaine, bien en chair, la bouche barbouillée de rouge à lèvres – s'appelait Maryanne, d'après son badge. Elle l'escorta tout sourire le long du couloir. Leon laissa sa main glisser sur la rampe prévue pour aider les vieux loups de mer n'ayant plus le pied marin à ne pas chavirer. Les murs étaient blancs, et il régnait un silence de mort. Est-ce qu'il restait encore quelqu'un en vie, par ici ? Ils dormaient peut-être tous. C'était probablement l'heure de la sieste.

Maryanne lui indiqua la chambre de son grand-père avant de rebrousser chemin.

— Il va être tellement content de vous voir ! lança-t-elle en lui adressant un sourire qui creusa davantage ses fossettes.

Leon frappa à la porte. Pas de réponse. Il frappa plus fort ; son grand-père était un peu sourd. Toujours pas de réponse. Il ouvrit la porte et jeta un coup d'œil à l'intérieur. Le vieil homme était là, plus maigre que dans son souvenir, recroquevillé dans un grand fauteuil, une couverture en laine à carreaux sur les genoux. Son regard s'illumina quand il remarqua son visiteur.

— Il me semblait bien avoir entendu quelque chose. C'est toi, Leon ?

— Oui, c'est moi, papy.

— Entre donc.

La chambre était aussi impersonnelle que celle d'un hôtel bas de gamme. Leon espérait ne jamais finir dans un endroit pareil, mais son grand-père ne semblait pas mal le vivre. Après la mort de sa femme, des années plus tôt, il n'avait pas réussi à se débrouiller seul alors il avait emménagé ici où on lui servait ses repas, lui faisait sa lessive et lui garantissait de lui prodiguer tous les soins dont il pourrait avoir besoin. Cela lui convenait sans doute.

Son grand-père, qui était sincèrement ravi de le voir, n'arrêtait pas de secouer la tête.

— Ça faisait longtemps. Approche, mon garçon. Laisse-moi te regarder.

Il l'examina à travers les verres épais de ses lunettes.

— Tu n'as pas grandi.

Leon sourit.

— Toi non plus, tu n'as jamais été très grand.

— Non, et maintenant je rapetisse. Tu verras. Ça t'attend au tournant, dit-il en reniflant. T'es toujours bien roux.

— Ouais. Un Walker jusqu'au bout des cheveux.

Une fois l'inspection finie, le vieil homme plissa les yeux.

— Qu'est-ce que tu viens faire ici ? Quelqu'un est mort ?

— Non. Je voulais juste te voir.

— Pourquoi ? Tu veux parler de mon testament ?

— C'est une simple visite de courtoisie.

— Ah ! s'exclama son grand-père. Personne ne vient jamais par simple courtoisie.

— Moi, si. Je tourne la page. À partir d'aujourd'hui.

— T'es venu voir comment j'allais, pas vrai ? grommela le vieillard. Ta mère m'a dit que tu t'intéressais aux vieux, ces derniers temps. C'est pas trop tôt. Je sais même plus quand je t'ai vu pour la dernière fois.

Leon s'assit au bord du lit.

— Oui, je suis désolé. J'ai été négligent.

— Il paraît que t'as un nouveau travail. Tu fais le bûcheron ? fais attention. C'est dangereux.

— Tu l'as fait pendant des années, et tu y as survécu.

— J'ai eu de la chance. Plusieurs fois, ce n'est pas passé loin. Ton père n'a pas été aussi chanceux. S'il ne s'était pas blessé à la main, il travaillerait encore… Tu veux un thé ?

— Oui, pourquoi pas.

Le visage de son grand-père se fendit d'un sourire.

— Bien. Tu peux te le faire tout seul. La bouilloire est dans la salle de bains et les sachets de thé sur la commode. Et j'en prendrai un aussi. Le thé, c'est toujours meilleur préparé par quelqu'un d'autre.

La salle de bains empestait le désinfectant et le désodorisant bas de gamme. Leon remplit la bouilloire au lavabo, dans lequel traînaient quelques poils de moustache et un reste de dentifrice. Il brancha la bouilloire puis nettoya le lavabo, arrangea la serviette et ramassa le tapis de bain laissé négligemment par terre. C'était plus fort que lui. Quand il était ado, sa mère insistait toujours sur l'importance du rangement. Elle disait qu'elle l'entraînait pour qu'il soit un bon mari, un jour.

— Parle-moi de ton travail, lança son grand-père depuis son fauteuil.

— Je ne suis pas bûcheron, le corrigea-t-il tandis qu'il le rejoignait. Mais garde forestier.

— Ah ! Et qu'en pense ton père ?

— Il est ravi, répondit Leon en se rasseyant sur le lit.

— Je ne te crois pas. Le connaissant, il doit te seriner que tu ferais mieux d'abattre des arbres plutôt que de les enfermer.

— Exactement. C'est sa rengaine.

— Mais le parc se situe dans les hauteurs, alors qu'est-ce que ça peut lui faire ? Il n'y a que du vent et des corbacs, là-haut. Rien qui vaille la peine d'être coupé.

— Je romps avec la tradition familiale, papy. Selon lui, je devrais tenir une tronçonneuse entre mes mains.

Son grand-père secoua la tête.

— On ne se sert plus de tronçonneuse, de nos jours. Que de machines.

— Qui t'a raconté ça ? demanda Leon, étonné – ce vieux bonhomme n'était sans doute pas allé en forêt depuis des années.

— J'ai un ami qui se tient au courant. Il est un peu plus mobile que moi et il se rend sur place une fois par mois, puis il m'appelle pour me raconter les nouvelles.

Il secoua la tête.

— Je ne voudrais plus exercer ce métier, même pour tout l'or du monde. Trop de choses ont changé. C'est du vandalisme, si tu veux mon avis. Mon ami est d'accord avec moi. La forêt est surexploitée, c'est certain. Les jeunes ne savent pas comment c'était avant, alors ils ne comprennent pas ce qu'ils sont en train de faire. S'ils nous demandaient à nous, les vieux, on leur dirait d'arrêter. Ils vont trop loin.

— Ils pourraient peut-être passer au reboisement.

— Ils pourraient. Mais ils ne le feront pas.

— Pourquoi ?

— Question d'idéologie.

— C'est politique, alors ?

— L'industrie du bois, c'est politique. De mon temps, c'était juste un boulot.

La bouilloire se mit à bouillir et à cracher de l'eau partout sur le lavabo. Leon courut l'éteindre.

— Il te faut une meilleure bouilloire.

— Ça coûterait de l'argent. Tant qu'elle fonctionne à peu près, ils ne la remplaceront pas. Ce serait une « dépense inutile ».

— Dans ce cas, je t'en offrirai une. La prochaine fois que je viendrai.

Son grand-père pouffa.

— Tu ne reviendras pas.

Leon versa l'eau chaude dans les tasses.

— Tu crois ? Eh bien, prépare-toi. Je vis tout près et je vais devenir ton nouveau meilleur ami. Je pourrais même t'emmener là-haut, en forêt, un de ces jours.

L'homme s'anima à l'idée d'une sortie.

— Ça me plairait bien. Je ne sors presque jamais. Ta mère avait l'habitude de m'emmener faire un tour de temps en temps. Je ne peux pas en dire autant de ton père.

Après un court silence, Leon l'interrogea :

— Tu as eu de ses nouvelles, récemment ?

— Non, fit-il, déconfit. C'est souvent ta mère qui appelle.

— Elle m'appelle aussi, répondit Leon, souriant. Parfois, j'aimerais qu'elle s'abstienne.

— Elle n'a toujours pas coupé le cordon ?

— Pas complètement, admit Leon en sirotant son thé.

Il décida de changer de sujet.

— Tu vis ici depuis combien de temps ?

— Presque une décennie. J'ai vu quelques codétenus aller et venir.

— Codétenus ? Ce n'est pas censé être une prison.

— En théorie, pourtant ça l'est. Ils ferment les portes pour que les vieux gâteux ne s'échappent pas.

— Fais attention, tu pourrais en devenir un.

— Si c'est le cas, tu devras m'achever.

— Et passer le reste de ma vie en prison pour meurtre ?

— C'est ça, ou tu risques de finir ta vie avec une femme. T'as une copine en ce moment ?

— Oui, Minnie, le chat de maman.

Leon avait voulu faire une plaisanterie, mais c'était plus pitoyable que drôle.

— Je parlais des femelles de l'espèce humaine.

Leon fit non de la tête.

— Moi, je suis à l'affût, lui apprit le vieil homme. Ici, il y a l'embarras du choix.

— Et mamie ? s'indigna Leon.

— Elle est morte depuis longtemps. Je ne pense pas que ça la dérangerait.

— Je te souhaite bonne chance, alors.

Son grand-père se mit à l'observer attentivement.

— Que vas-tu faire si tu ne comptes pas te trouver une copine ? Comment vas-tu t'amuser ?

— Il faut que j'y réfléchisse. Je ferais peut-être de la randonnée dans le bush.

— Et le footy ? Tu pourrais t'inscrire au club et te faire quelques amis. T'étais bon, dans le temps. Ton père disait que t'étais doué, comme ailier.

Leon haussa les épaules.

— Comment va ton père, d'ailleurs ?

Leon n'était pas sûr de ce que son grand-père savait à ce sujet.

— Son foie est fichu, tu sais.

— Oui. Une infection. Ta mère m'a prévenu. Un genre de virus.

Leon hésita. À l'évidence, sa mère ne lui avait pas dit toute la vérité.

— En fait, je pense que c'est plus compliqué.

Le vieil homme le regarda avec intérêt.

— Ah ?

— Il boit depuis des années, papy. Il a une cirrhose.

— Mmm. Je m'en doutais, fit-il en s'adoucissant. C'est tout ce que tu as à me dire ?

Leon n'était pas certain de devoir révéler le reste. Pas durant sa première visite, en tout cas.

— Oui, c'est tout.

Mais son grand-père était perspicace.

— Ce n'est pas tout, n'est-ce pas ?

Leon soupira.

— À quel point connais-tu ton fils ?

— Pas si bien que ça, ces derniers temps. Il ne me parle jamais. Il doit être allergique au téléphone.

— Il est allergique à bien d'autres choses.

— Au ménage ? Ça ne m'étonnerait pas.

— Non. Il est allergique à la gentillesse. Au respect.

— Envers toi ou ta mère ?

— Les deux. Je me fiche de savoir comment il me traite. Mais je ne supporte pas qu'il se comporte comme un salaud avec maman. J'ai vécu un moment avec eux, pour faire tampon.

Son grand-père haussa les sourcils.

— Est-ce qu'il fait du mal à ta mère ?

Le silence de Leon fut éloquent et son grand-père pinça les lèvres.

— Eh bien, cette histoire de foie n'est pas une si mauvaise nouvelle, alors. On dirait qu'il le mérite... C'est donc pour ça que tu es retourné vivre aussi longtemps avec eux. J'aurais dû le deviner. Je trouvais ça étrange.

Il secoua la tête et reprit :

— Je n'aurais jamais cru qu'un de mes enfants tournerait ainsi. Et laisse-moi te dire une chose, mon garçon, ça ne vient pas de moi. J'étais fougueux, quand j'étais jeune, et j'ai fait des erreurs, mais je n'ai jamais touché à un seul cheveu de ta grand-mère. Je ne sais pas d'où ton père tient cette saloperie. Je l'ai frappé une ou deux fois, quand il était gamin. C'était juste une tape sur les fesses. Pas de la maltraitance.

Leon s'était justement souvent demandé quelle était la source de la violence de son père et si c'était génétique. Et, pendant des années, il avait redouté d'en avoir hérité. On pouvait ignorer qu'une bête sommeillait en nous jusqu'à ce qu'elle se réveille. Leon l'avait souvent vue surgir de nulle part puis disparaître. La faiblesse de son père, c'était de refuser de la reconnaître, parce que cela lui évitait d'en prendre la responsabilité. Ou ce n'était peut-être pas tout à fait ça. Par le passé, son père s'était excusé auprès de sa mère, la suppliant de lui pardonner et lui promettant que cela ne se reproduirait plus jamais. Mais il avait menti et c'était ce que Leon craignait le plus : craquer une fois et ne plus pouvoir s'arrêter, comme son père. Si cela lui arrivait un jour, il ne pourrait jamais se le pardonner. Voilà pourquoi il ne buvait pas une goutte d'alcool, une décision qu'il avait prise des années plus tôt.

Il sirotait son thé en silence, content que son grand-père le laisse à ses réflexions. Avec lui, il se sentait à l'aise. Il reviendrait lui rendre visite, une fois par semaine peut-être, en rentrant du travail. Ils réapprendraient à se connaître.

Une sonnerie retentit dans le couloir.

— Le dîner est servi dans dix minutes, lui apprit son grand-père. Tu vas devoir partir. Je ne peux pas rater mon cake aux fruits.

— Je comprends. Comment est la nourriture, ici ?

— Bonne, si on n'a pas de dents. Ils passent tout à la moulinette. Sauf le cake.

Leon sourit.

— Il te reste des dents ?

— Ouais… et même quelques-unes d'origine.

Le vieil homme fit glisser sa langue et sortit un dentier de sa bouche.

— C'est dégoûtant.

— On verra combien il t'en restera quand t'auras quatre-vingt-six ans !

La sonnerie retentit de nouveau et Leon se leva.

— Ça marche. On se revoit la semaine prochaine.

Les lèvres de son grand-père remuèrent et son visage se crispa un peu.

— Ne te sens pas obligé de revenir, mon grand.

— Peut-être que j'en ai envie.

Leon lui tapota le bras mais son grand-père le chassa d'un geste de la main.

— Allez, va-t'en, sinon je vais être en retard pour mon cake.

Son ton était bourru mais, lorsque Leon se retourna sur le seuil, il remarqua des larmes dans ses yeux.

6

Le lundi, ils passaient la journée en forêt. Miki se réveilla en frémissant d'impatience. Comme Kurt voulait vérifier l'état des ruches, ils prirent la route de bonne heure dans le 4×4. Miki était en salopette, Kurt en tenue de chasse : pull en laine vert foncé, pantalon kaki, bonnet noir enfoncé jusqu'aux oreilles, la carabine rangée à l'arrière de la voiture pour qu'il puisse aller chasser plus tard.

Ils se dirigèrent vers l'école et dépassèrent un groupe de garçons encombrés de cartables. Miki reconnut Max parmi eux. Il marchait à côté du fils cadet du policier, Callum. Quand la voiture de Kurt les doubla en rugissant, Max leva la tête vers Miki et la salua d'un signe de la main. Jaden, le grand frère de Callum, marchait derrière eux. Il donna un coup de pied dans le cartable de Max, qui rebondit sur sa nuque et faillit le faire trébucher. Miki n'aimait pas que Jaden s'en prenne aux plus petits. Il le faisait sans cesse, au restaurant, profitant de sa grande taille pour s'imposer. Son père devrait faire quelque chose pour le garder sur le droit chemin.

Ils sortirent de la ville et roulèrent dans la campagne verte et vallonnée, passant des fermes, puis la scierie. Là, le grondement des machines et l'odeur de sciure imprégnaient l'air, et les voitures des ouvriers s'entassaient près du hangar en tôle. Miki détestait la scierie parce qu'elle dévorait les arbres. Chaque jour, des camions chargés de grumes émergeaient de la forêt. Ils transportaient surtout des troncs fins destinés à la fabrication du papier, mais aussi beaucoup d'arbres anciens aux larges fûts – de vieux eucalyptus âgés de plusieurs siècles. Miki ne comprenait pas pourquoi les bûcherons continuaient à abattre des arbres alors que d'immenses piles de bûches attendaient d'être emportées à la scierie. Au cours des semaines et des mois passés, elle avait vu ces piles virer progressivement du noir à l'argenté.

La forêt était toute proche de la ville, non loin de la scierie et, lorsqu'ils pénétrèrent dans son ombre vaporeuse, Miki descendit la vitre pour aérer la voiture. De l'eau grésillait sous les pneus et les arbres humides dégageaient un parfum mentholé, frais. Elle était heureuse d'avoir pu sortir ce jour-là. Kurt avait été maussade toute la matinée et parfois, quand il était de mauvaise humeur, il la forçait à rester à la maison. Elle se demandait ce qui avait bien pu le mettre dans cet état. La veille, il avait travaillé jusque tard à la comptabilité du restaurant et cet après-midi, il irait à Hobart pour ses affaires, ce qui le rendait toujours nerveux. Mais cette fois, il était particulièrement morose – d'habitude, leur expédition en forêt le réjouissait. Quelque chose le contrariait. Ou il se calmerait tout seul, ou il exploserait comme un orage de printemps. Miki savait qu'il valait mieux le laisser tranquille, quand il était comme ça. Elle avait appris à se faire toute petite.

Il était penché sur le volant, les sourcils froncés.

— C'était qui, le type à qui tu parlais, hier, au restau ? grogna-t-il. Le rouquin, à l'heure du déjeuner.

Voilà ce qui expliquait sa colère.

— Je ne sais pas. Je crois qu'il vient d'arriver en ville.

— Tu voulais qu'il se sente bien accueilli, pas vrai ? Tu lui as fait la conversation ?

Miki se tendit.

— C'est lui qui parlait. Je me suis juste montrée polie.

— La politesse, tu l'oublies. T'aurais dû m'appeler. Pourquoi tu l'as pas fait ?

— Tu étais occupé avec la comptabilité.

La dernière fois qu'elle l'avait dérangé, elle s'en était mordu les doigts.

— Je ne veux pas que tu parles à des sales types, alors évite.

Il la foudroya du regard et elle se sentit rapetisser. Son pouls s'accéléra et ses mains devinrent moites.

— La prochaine fois, je t'appellerai, promit-elle.

Elle retint son souffle et attendit. Cela pouvait se terminer de deux façons. Soit il hurlerait, soit il passerait à autre chose.

Au bout de quelques instants, elle comprit qu'il était passé à autre chose.

Ils bifurquèrent sur une route de gravier qui serpentait dans une forêt reboisée débordant de maigres arbustes. Les nids-de-poule secouaient la voiture et, malgré la ceinture de sécurité qui la maintenait, Miki dut se cramponner pour ne pas voler de son siège. Les arbres embrassaient le bord de la route, rideau dense et impénétrable. Elle imaginait sans mal qu'on pouvait s'y perdre… et ne jamais retrouver son chemin.

Ils parvinrent à une ancienne zone de la forêt où poussaient des arbres gigantesques. Là, les sous-bois s'ouvraient et la forêt s'offrait, majestueuse. Miki adorait les eucalyptus qui s'élançaient jusqu'au ciel. Les arbres agitaient leur ramure. Des futaies de hêtres commençaient tout juste à virer au doré – les seuls arbres à feuilles caduques de la forêt. Au cours des semaines à venir, ils deviendraient jaunes puis se dénuderaient. L'automne était bel et bien là.

Plus loin, elle baissa entièrement sa vitre et se pencha à l'extérieur pour apercevoir le nid des aigles d'Australie, tout là-haut. Selon Kurt, il n'y avait plus beaucoup d'aigles en Tasmanie, si bien que ce nid était spécial. Miki trouvait ces rapaces magnifiques, avec leur port de tête altier et leur bec crochu. La vue depuis l'arbre où ils s'étaient installés devait être incroyable : la forêt s'étendait dans toutes les directions, complexe, stratifiée, comme la vie. Au printemps, les aigles avaient élevé un aiglon ; Miki avait aperçu sa tête hésitante, au bord du nid, jetant un coup d'œil sur le monde. Les adultes étaient libres et sauvages mais l'aiglon lui ressemblait : il observait le monde du haut de son nid, incapable de s'envoler tant que ses ailes ne s'étaient pas suffisamment développées.

En traversant la forêt, ils parvinrent à une autre zone d'arbres anciens, où les larges troncs s'élevaient à une hauteur vertigineuse et disparaissaient dans les nuages.

— Ils doivent avoir des centaines d'années, déclara Miki.

Kurt renifla.

— Et il ne faut que quelques minutes pour les abattre.

— J'aimerais être assez riche pour acheter toute la forêt et empêcher les gens d'y pénétrer, afin que les arbres puissent vivre leur vie et grandir au soleil, répondit-elle, en proie à un élan passionné. Plus personne ne les abattrait. Ainsi les choses pourraient redevenir comme elles étaient avant l'arrivée de l'homme blanc.

— La terre est là pour subvenir à nos besoins.

— Mais pas pour que nous la massacrions. Regarde ça !

Ils avaient franchi une frontière et se trouvaient dans une zone ravagée, récemment déboisée. Il y avait plus d'un an que les bûcherons avaient terminé leur travail mais tout était encore dans un état épouvantable. Il n'y avait presque plus un arbre debout. Seulement quelques spécimens chétifs et des fougères arborescentes. Des piles d'écorces et de branches, attendant d'être brûlées. Cet endroit marquait le paysage comme une cicatrice. Et il était silencieux, tellement silencieux… Alors que de jeunes plants avaient commencé à sortir de terre, il n'y avait pas un oiseau en vue.

Ils traversèrent le territoire déboisé puis se retrouvèrent de nouveau dans la forêt, où le sentier rétrécissait afin de n'être plus qu'un chemin de terre. Miki se détendit. C'était là que Kurt et elle aimaient venir : un endroit qui lui parlait, un jardin secret d'arbres séculaires. Leur petit coin de forêt à eux seuls.

Kurt s'arrêta près d'un bosquet où ils avaient dissimulé les ruches. Dans l'ancienne ferme, les abeilles leur servaient à polliniser les pommiers : leur père avait ainsi empilé les ruches près du bush. Il avait parfois laissé Miki l'aider à récolter le miel, qu'ils vendaient dans des pots en verre recyclés sur leur étal près du portail, au bord de la route. Là, dans la forêt, le miel le plus doux venait des eucryphias et Kurt savait où trouver les meilleurs taillis. D'après lui, les abeilles avaient leur propre langage, leur propre façon de communiquer. Une abeille pouvait, par sa danse, expliquer aux autres où trouver de la nourriture. Tout ce que Kurt avait donc à faire, c'était poser les ruches près des fleurs, et les abeilles se chargeaient du reste. Il admirait l'ingéniosité avec laquelle elles fabriquaient leur miel à partir du nectar et du pollen, et il aimait la hiérarchie qui organisait la colonie. Chaque abeille tenait un rôle spécifique.

Miki, elle, les aimait pour différentes raisons – elles formaient une grande famille et veillaient les unes sur les autres, partageant le travail et nourrissant leurs petits.

Kurt s'extirpa du 4 × 4 et enfila la tenue d'apiculteur. Puisqu'ils n'en avaient qu'une, Miki devait souvent rester dans la voiture. Parfois, Kurt la laissait faire et elle pouvait à son tour enfiler la combinaison et glisser ses mains dans les gants. Elle aimait être proche des abeilles, écouter le bourdonnement de la ruche, sentir son énergie. Elle adorait le moment de soulever les châssis pour observer toute cette activité, ces abeilles qui vibraient en chœur.

— Je peux le faire ? demanda-t-elle.

Kurt secoua la tête en ajustant la combinaison, qu'il remonta jusqu'à ses épaules.

— Pas aujourd'hui. C'est presque la fin de la saison et les abeilles seront peut-être nerveuses.

— Je ne risquerai rien dans la combinaison.

— Je ne veux pas les déranger. Elles risquent de se regrouper et de partir.

Durant l'hiver, Kurt laissait les ruches pleines de miel, et les abeilles s'y réfugiaient car elles détestaient le froid. Miki le vit s'éloigner dans le bush comme un astronaute partant en mission. Il tenait une grande boîte en plastique dans laquelle il rapporterait des cadres couverts de miel. Elle l'imaginait soulevant un châssis et le secouant pour écarter les abeilles, ce qu'elles n'apprécieraient jamais. Elles se mettraient à lui tourner autour comme de petits satellites bourdonnant, jusqu'à ce qu'elles finissent par se remettre au travail dans la ruche. Une fois de retour à la maison, Kurt gratterait précautionneusement la cire qui scellait les rayons, puis glisserait les cadres dans l'extracteur et en récolterait le miel. Miki repêcherait les morceaux de cire qui y flotteraient et verserait le miel dans des pots qu'ils vendraient ensuite dans leur boutique.

Elle attendit dans le 4 × 4 en regrettant de ne pas avoir apporté de quoi lire – ses trois livres préférés étaient restés sur sa table de nuit. Kurt et elle les avaient trouvés en fouillant les caisses dans le hangar après l'incendie, au cas où leurs parents y auraient laissé quelque chose d'utile. Ils avaient surtout déniché de la vieille vaisselle : des assiettes fêlées et des couverts ternis, des salières et des poivriers, des vases, du linge de maison usé. Miki avait ouvert une caisse en s'attendant à découvrir d'autres rebuts de ce genre mais, sous de vieux déshabillés, des collants de soie et un jean décoloré, étaient cachés trois livres : *Jane Eyre*, *Les Hauts de Hurlevent* et *Tess d'Urberville.* Elle les avait sortis puis en avait feuilleté les pages jaunies. Le nom de jeune fille de sa mère, Heather Jones, était écrit à l'intérieur. Kurt avait voulu les jeter mais Miki l'avait supplié de ne pas le faire et, finalement, il lui avait permis de les garder. À la ferme, elle avait grandi en ne lisant que la Bible, si bien que ces trois livres lui paraissaient excitants. Ils venaient d'une autre époque de la vie de sa mère et la rendaient encore plus mystérieuse. Miki se demandait pourquoi elle ne les avait pas gardés dans la maison. Et qu'est-ce qui avait pu la convaincre de les abandonner pour la bible ? Avait-elle lu d'autres livres ? Elle avait dû renoncer à ces trois-là, mais pourquoi les avoir conservés ? Les avait-elle mis de côté pour les donner à sa fille ?

Miki adorait ses trois romans. Les héroïnes étaient toutes différentes. Elle les aimait chacune à leur façon et leur enviait leur vie fascinante et compliquée. Elle admirait l'intégrité et l'audace de Jane Eyre, la douceur de Tess, la passion de Cathy pour la lande audessus des Hauts de Hurlevent – semblable à celle de Miki pour les forêts. Chaque protagoniste possédait certaines forces qui lui inspiraient le respect. Elles prenaient des risques et s'aventuraient dans le monde. Elles relevaient de nouveaux défis, qu'elles réussissaient ou non. Elles aimaient, se faisaient des amis, vivaient : toutes ces choses auxquelles Miki aspirait. Elle enviait à Jane Eyre sa liberté d'aller à l'école et sa carrière de professeure. Elle mourait d'envie d'avoir de longues conversations comme celles que Jane avait avec M. Rochester. Elle aurait aimé pouvoir poser des questions, chercher des réponses, se forger ses propres opinions et avoir le droit de ne pas être d'accord. Tout comme Jane. Elle voulait commettre des erreurs, comme Tess. Voir le monde, rencontrer des gens, trouver l'amour, peut-être, comme Tess avec Angel. Elle voulait éprouver des émotions aussi fortes que Cathy – et ne plus devoir faire attention en permanence auprès de Kurt.

Elle pensait toujours à ses livres quand il revint,

la caisse en plastique dans les bras. Remarquant plusieurs abeilles accrochées à ses manches, il les chassa d'un revers de main avant d'enlever la combinaison. Le 4 × 4 bascula lorsqu'il hissa la caisse sur le plateau. Désormais, Miki pouvait sortir sans danger. Pendant que Kurt récupérait sa carabine dans le coffre verrouillé derrière son siège, elle se glissa dehors et enfila son manteau.

— C'est toi qui porte la carabine, déclara-t-il en la lui fourrant dans les bras.

— Non, merci, fit-elle en reculant.

Il fronça les sourcils.

— J'ai besoin d'aide, tu pourrais au moins faire ça.

Elle prit l'arme et la tint prudemment, comme si le coup risquait de partir tout seul. Elle était lourde, le canon de métal froid et poli. Elle espérait que Kurt la reprendrait mais ce dernier rangea du matériel dans son sac à dos et s'engagea sur le sentier. Elle se résolut donc à le suivre après avoir délicatement passé la carabine sur son épaule. Il ne tuait que des animaux qui endommageaient la forêt, comme les wallabies qui dévoraient les jeunes pousses et les oiseaux-lyres, qui avaient été introduits en Tasmanie et n'avaient donc rien à y faire. Malgré tout, Miki haïssait la chasse. À la ferme, Kurt avait l'habitude de tirer sur des lapins parce qu'ils grignotaient le pied des pommiers. Leur mère en faisait du ragoût, et cela ne gênait pas Miki de les manger, mais abattre des animaux et se contenter de les abandonner sur place lui semblait un énorme gâchis.

Ils progressaient le long du sentier envahi d'herbes hautes dans la forêt humide et suintante. Après le virage, son arbre favori apparaissait droit devant : un énorme eucalyptus, large de quinze pas et haut de quatre-vingt-dix mètres, la cime perdue dans les nuages. Son tronc s'élançait telle une vaste autoroute et, à mi-hauteur, des rameaux se dressaient comme des bois de cerf. Kurt s'arrêta au pied de l'arbre et alluma une cigarette. Il posa son sac sur une racine arc-boutée de la taille d'une patte d'éléphant et s'adossa au tronc en exhalant de la fumée. Miki fit glisser la carabine de son épaule mais avait trop peur de la poser par terre. Elle savait à quel point Kurt était paranoïaque quand il était question d'humidité et de rouille. Chez eux, Kurt avait l'habitude de nettoyer sa carabine dans une pièce fermée à clé sous la boutique mais parfois, il s'installait à la table de la cuisine. Là, elle avait vu comme il la manipulait avec précaution, telle une mère tenant un nouveau-né.

Il baissa les yeux vers elle et gloussa.

— Allez, donne-moi ça. Le coup ne risque pas de partir, tu sais. Elle n'est pas chargée.

Soulagée, elle lui rendit l'arme et fit le tour du tronc, sa main effleurant l'écorce duveteuse, attentive au murmure du vent dans les feuilles. De l'autre côté, le tronc était marqué par une cicatrice provoquée lors d'un incendie ayant creusé un gouffre dans le duramen – le cœur du tronc –, une ouverture si grande qu'un être humain pouvait y tenir debout. Cet arbre lui rappelait les excursions dominicales dans le bush qu'elle faisait avec Kurt quand elle était enfant. Au-delà de la clôture, derrière la ferme, se dressait un arbre immense entouré de fougères et tout aussi balafré. Miki y jouait avec son frère, ils interprétaient des scènes de la Bible. Une fois, ils s'étaient pris pour Samson et Dalila, même si Miki craignait que ce ne fût un péché. Kurt avait coopéré jusqu'à ce qu'elle brandît une paire de ciseaux et lui coupât une mèche avant qu'il n'eût le temps de comprendre ce qui lui arrivait. Il s'était libéré des cordes qu'elle avait mollement nouées autour de lui en hurlant, lui avait pris les ciseaux des mains et les avait jetés dans le bush. Elle se souvenait de son expression horrifiée, qui la faisait encore sourire. Ils avaient passé des heures à chercher les ciseaux et étaient rentrés tard chez eux, couverts de boue et de feuilles. Leur père avait été furieux.

Tout à ses pensées, elle posa une main sur le bord incurvé de la cavité et se glissa à l'intérieur. Là, l'obscurité et le silence régnaient, et une douce odeur de bois pourrissant imprégnait l'air. Les pieds de Miki s'enfonçaient dans un tapis moelleux d'humus et, lorsqu'elle leva la tête, elle aperçut un petit cercle de lumière, là où la cime de l'arbre avait explosé. Si loin, là-haut. Elle ferma les yeux et perçut un doux murmure : l'arbre chuchotant des secrets, soufflant des histoires d'époques révolues, de vent et d'intempéries, de femmes et d'hommes noirs traversant le bush. Si elle retenait son souffle, elle entendait battre le cœur du monde.

Dehors, un rhipidure à collier se posa au sol, si près

qu'elle distingua ses sourcils blancs. Quand l'oiseau l'aperçut, il déploya sa queue en éventail avant de l'incliner d'un côté puis de l'autre en gazouillant. Miki adorait les arbres et les oiseaux mais, ce qu'elle préférait le plus au monde était invisible : c'était ce qu'elle ressentait dans la forêt. L'odeur du bush après la pluie. Le craquement de l'écorce. Le grincement des branches. L'impression de quiétude et d'intemporalité, la croissance et le renouveau. L'aura des arbres. Le sentiment que tout est connecté. À sa place. Elle aurait pu rester là toute la journée, à respirer en rythme avec l'arbre, à inspirer la vie qu'il insufflait.

Mais elle entendit la voix étouffée de Kurt qui l'appelait.

Lorsqu'elle le rejoignit, il n'avait pas bougé.

— Tu faisais quoi ?

— J'étais juste dans le tronc.

Il secoua la tête comme s'il la pensait folle, pourtant elle savait qu'il partageait son attachement particulier à la forêt. C'était leur seul lien – pas les longues heures dans le restaurant ni les soirées interminables devant la télé, pas même ses petits plats maison ni leurs chambres confortables et proprettes dans l'arrière-boutique, mais cela : ce temps passé dans leur monde, à l'abri des arbres. Alors qu'ils partageaient un moment de silence serein, une bourrasque secoua la canopée et fit frémir les feuilles comme des bancs de poissons s'échappant vers le ciel. Ils levèrent la tête pour regarder filer les nuages.

— C'est beau, non ? fit Miki.

La longue expiration de Kurt lui indiqua qu'il se détendait enfin.

— Bon. Je suis de bonne humeur. Pose-moi des questions.

De temps en temps, quand Kurt était d'humeur généreuse, il partageait ses souvenirs avec elle. Ces occasions étaient rares, si bien que Miki mettait ses questions de côté pendant des semaines pour en profiter. C'était sa seule façon d'apprendre quelle vie ils menaient avant sa naissance et d'exhumer son histoire pour découvrir qui elle était vraiment, d'où venaient ses parents. Elle avait soif de savoir, un savoir que Kurt gardait strictement sous clé. Elle devait poser ses questions prudemment. Il pouvait facilement passer de la bienveillance à la colère.

— Dis-moi comment tu faisais pour te rendre à l'école.

Il tira sur sa cigarette en souriant.

— C'est drôle que tu veuilles savoir toutes ces choses. Mais j'imagine que c'est agréable de regarder en arrière… Père m'emmenait en voiture.

La forêt s'effaça dans l'esprit de Miki alors qu'elle essayait d'imaginer l'école de Kurt. Elle se figura un petit bâtiment blanc avec des touches de vert, une cour ombragée, des eucalyptus en arrière-plan.

— Qu'est-ce que tu mangeais, le midi ? demanda-t-elle, avide de détails.

— Des sandwiches au fromage dans du pain fait maison.

— Qui étaient tes amis ?

Il souffla un nuage de fumée et leva les yeux vers les arbres.

— Un gars appelé Chris et une fille, Cherry. Des jumeaux.

— Vous jouiez à quels jeux ?

— On creusait des routes et des sillons dans la terre pour canaliser l'eau de pluie.

— Et tu faisais quoi, en classe ?

— On lisait des livres, on chantait des chansons et on apprenait à écrire.

— Comment s'appelaient tes maîtresses ?

Miki connaissait déjà leurs noms mais elle aimait les entendre. Sa seule maîtresse avait été sa mère. Elle aurait aimé être allée à l'école. D'ailleurs, elle le souhaitait toujours.

Elle hésita avant son ultime question, parce qu'elle ne l'avait encore jamais posée. Comment réagirait Kurt ? Si elle allait trop loin, la journée serait gâchée. Elle sentit la forêt respirer autour d'elle. Cela lui donna du courage.

— Pourquoi as-tu arrêté l'école ?

— Parce que tu es arrivée.

— Quel est le rapport ?

— C'est à ce moment-là que Père et Mère ont décidé de se retirer en habitant la ferme. Ils en avaient assez, de l'Église. Ils voulaient vivre de leur côté. À leur manière. Selon leurs propres règles.

Miki était déroutée. N'avaient-ils pas toujours obéi aux lois de Dieu ? Elle n'avait jamais imaginé que ces règles pouvaient donner lieu à des interprétations différentes.

— Je ne vois pas ce que je viens faire là-dedans.

— Question de timing, j'imagine.

— Pourquoi est-ce que je ne pouvais pas aller à l'école ?

— Parce que tu es une fille et qu'ils voulaient te protéger.

Il écrasa son mégot sur le tronc de l'arbre et le jeta dans une flaque où il grésilla. Puis il se redressa et saisit son sac à dos. Miki sentait qu'elle approchait de quelque chose d'important, alors elle insista.

— Pourquoi est-ce qu'on n'avait jamais de visites ? Et pourquoi n'a-t-on pas de famille ? Est-ce qu'ils sont tous morts ?

Kurt détourna les yeux et hissa son sac sur son dos.

— J'en ai assez, de tes questions.

— S'il te plaît ?

Miki restait sur sa faim. Pourquoi ne voulait-il pas répondre ?

Le visage de Kurt s'assombrit et il se détourna.

— J'y vais. Surtout, ne t'éloigne pas de l'arbre.

Il s'engagea sur le sentier avant de faire demi-tour pour lui lancer les clés du 4 × 4.

— Mets-toi à l'abri s'il pleut. Je serai de retour dans une heure.

Elle le regarda disparaître dans la forêt : son pas lourd sur le sentier, les frémissements et les craquements des branches tandis qu'il se frayait un passage dans les taillis. Comme elle savait qu'il pouvait jeter un coup d'œil en arrière à tout moment, elle resta impassible alors que ses questions se bousculaient et tournoyaient dans son esprit telles des feuilles malmenées par le vent.

Elle resta un moment près de l'arbre à ressasser ses interrogations tandis que les nuages s'amoncelaient et que le ciel s'assombrissait. Puis un fin crachin se mit à tomber et elle battit en retraite vers la voiture. Elle ne cessait de retourner ses questions dans sa tête, pour le jour où Kurt la traiterait comme une adulte et s'ouvrirait franchement à elle, même si cela lui paraissait impossible.

Pourquoi sa famille ne recevait-elle jamais d'amis à la ferme ? Où étaient leurs parents éloignés ? N'avaient-ils pas de grands-pères, de grands-mères ? D'oncles ou de tantes ? Que dissimulait le porte-documents en cuir noir de leur père ? Pourquoi Kurt refusait-il de le lui montrer ? De la laisser descendre dans la réserve, sous la boutique ? De la laisser sortir seule ? Dans combien de temps auraient-ils assez d'argent pour acheter leur propre ferme ?

Ses questionnements la rongeaient, et elle se rendit compte que son ruminement lui avait gâché le plaisir de la sortie. Pour se changer les idées, elle ouvrit la boîte à gants en espérant y trouver de la lecture. Parfois, Kurt y rangeait des coupures de presse : des annonces pour un nouveau 4 × 4 ou des appareils de musculation. Mais il n'y avait que des manuels de conduite. Miki était déçue – même un atlas routier l'aurait intéressée.

Elle se mit à fouiller dans l'habitacle et ouvrit le

cendrier en pensant qu'il serait vide et y découvrit plusieurs clés argentées. Elle n'avait jamais pensé à chercher à cet endroit avant car Kurt ne s'en servait pas – lorsqu'il fumait, il faisait tomber la cendre de sa cigarette par la fenêtre et jetait le mégot sur la route. Elle se demandait à présent si ces clés avaient toujours été là. Elle en prit une, la soupesa, puis en posa une autre à côté, sur sa paume, pour comparer les dents. C'étaient les mêmes. Elle sortit les autres clés. Toutes parfaitement identiques. Mais différentes de la clé de voiture. Pourquoi Kurt possédait-il tant de doubles ? Les avait-il fait faire pour une raison particulière ? Ou était-il inquiet de les perdre ? Elle visualisa les serrures dans la maison : porte d'entrée, porte arrière, armoire de classement de Kurt, porte du sous-sol, casier à fusil dans la voiture, casier à munitions, caisse métallique. Elle fit tinter les clés. Puisqu'elles étaient toutes identiques, est-ce que Kurt le remarquerait si elle en prenait une ?

Son cœur palpita à l'idée de tromper son frère. Devait-elle le faire ? Était-ce mal ? Elle resta un long moment à contempler les clés. Elle se demanda ce que Jane Eyre aurait fait. Si Jane était téméraire, elle était aussi maligne, et elle avait le courage de vivre selon ses convictions. Serait-ce aller contre ses principes de prendre une clé ? Miki repensa à Jane Eyre à Thornfield Hall, qu'elle explorait de nuit pour élucider le mystère des bruits étranges qu'elle entendait. Mme Fairfax lui avait demandé de ne jamais sortir de sa chambre, cependant, si elle avait obéi, M. Rochester serait mort lorsque son lit avait pris feu. Kurt l'enfermait quand il la laissait seule à la maison, mais elle aussi pouvait avoir besoin de s'aventurer à l'extérieur.

Il y avait tant de clés ! Kurt ne pouvait pas avoir besoin de chacune d'elles.

Avant qu'elle ne change d'avis, elle en glissa une dans la poche de sa salopette et remonta la fermeture Éclair. Puis elle replaça les autres dans le cendrier, qu'elle referma.

7

Les bureaux des parcs nationaux de la région se trouvaient à vingt minutes en voiture de la nouvelle résidence de Leon, dans la rue principale, entre le coiffeur et l'agence immobilière. Leon se gara devant la porte et resta un instant dans le véhicule, à regarder la pluie ruisseler sur le pare-brise. Il était nerveux. Il lui faudrait du temps pour s'habituer à son nouveau poste mais il avait hâte de travailler en équipe et de se faire des amis, de connaître d'autres personnes qui partageaient sa passion des endroits sauvages et du grand air. Il consulta sa montre. Neuf heures moins dix. Pile à l'heure.

Une sonnette retentit lorsqu'il entra dans le bâtiment, où il n'y avait personne pour l'accueillir. Il entendit des murmures et le cliquètement des touches d'un clavier d'ordinateur provenant de l'autre côté d'une grande cloison opaque. Il prit quelques instants pour examiner les lieux : des étagères étaient garnies de livres et de cartes à vendre, des cartes postales et des peluches étaient proposées sur un tourniquet. Il s'approcha ensuite du comptoir – un plateau en verre recouvrant une carte. Il fit sonner une clochette, provoquant l'arrivée d'un homme grand et longiligne. Il avait les cheveux bruns et courts, le nez pointu, une barbe naissante et des yeux marron.

— Bonjour. Je peux vous renseigner ? demanda-t-il à Leon avec un regard inquisiteur.

— Je suis Leon Walker, répondit Leon en lui tendant la main. Je commence à travailler ici aujourd'hui.

— Moi, c'est Terry. Ravi de faire votre connaissance.

Il conduisit Leon derrière la cloison et le présenta à Brian, le patron : un homme imposant penché sur un petit bureau dans une pièce minuscule. Brian était concentré sur un écran d'ordinateur entouré d'une montagne de papiers et de plusieurs tasses à café sales. En observant sa silhouette ronde et son double voire triple menton, Leon en conclut qu'il ne devait pas souvent se rendre dans les parcs nationaux – une tâche qu'il déléguait sans doute aux jeunes employés comme Leon. Cependant, quand ils se serrèrent la main, sa poigne fut ferme, comme on l'attendrait de celle d'un manager.

— Asseyez-vous, lui dit Brian en lui désignant une chaise.

Leon s'exécuta.

— Alors comme ça, vous venez de l'île Bruny. Il y avait du boulot, là-bas ?

— Oui. J'étais seul, c'était épuisant.

— Vous avez l'habitude de travailler seul ?

— Oui. L'autre garde forestier n'a pas été remplacé après son départ à la retraite. Le budget ne le permettait pas.

— Je comprends. Les cordons sont serrés ici aussi. Pas de moyens. La réalité, c'est que nous sommes en sous-effectif et que vous serez aussi occupé que sur Bruny.

— C'est pas un problème. Je suis travailleur.

— Bien. J'apprécie l'enthousiasme. Vous aurez beaucoup à faire. Et pas toujours au grand air. Ces temps-ci, nous ne sommes sur le terrain que trois jours par semaine, et nous n'envoyons généralement qu'un seul garde forestier parce que le travail administratif nous accapare : il faut une personne à l'accueil pour répondre aux questions des touristes, ce genre de choses. Vous avez des spécialités ?

— J'aime parler aux gens, donc si l'occasion se présente, j'aimerais animer des randonnées et proposer des programmes d'interprétation de la nature. Des sorties scolaires aussi, peut-être. Quand j'étais à Bruny, je m'occupais des scouts.

— Ça a l'air génial, mais pour commencer, vous vous chargerez de l'entretien des toilettes et des sentiers, et de vider les poubelles. Désolé, c'est comme ça que ça marche. Une fois que vous aurez pris vos marques, nous en reparlerons.

Leon dissimula sa déception. Après avoir passé des années à nettoyer des W.-C. et des sentiers, il aspirait à autre chose.

Brian était déjà repassé à son ordinateur. Il jeta un coup d'œil à Leon sous ses sourcils broussailleux.

— Terry va vous trouver un ordinateur et un uniforme, puis il vous conduira au parc.

La conversation était terminée.

Ils quittaient la ville dans une Toyota Land Cruiser blanche lorsque le téléphone de Leon sonna. Prendre un appel personnel dès son premier jour de travail ne ferait pas bonne impression, pourtant il n'osa pas l'ignorer.

— Désolé, dit-il à Terry. C'est ma mère… elle a peut-être besoin de quelque chose.

Il plaqua le téléphone à son oreille et répondit à voix basse.

— Bonjour, maman. Quoi de neuf ? Je n'ai pas beaucoup de temps. Je suis avec un collègue.

— Stan est là, murmura-t-elle d'un ton pressant.

Stan était le compagnon de beuverie de son père, qui l'abreuvait d'alcool quitte à endommager davantage son foie. Stan n'aurait jamais osé venir chez ses parents si Leon y vivait encore : la nouvelle de son départ avait dû se répandre.

— Qu'est-ce qu'il fait ? demanda Leon.

— Il est à la porte.

— Ne le laisse pas entrer.

— La voiture est dans le garage. Je ne peux pas prétendre que nous ne sommes pas là.

Elle semblait paniquer. Même au téléphone, Leon entendait Stan marteler à la porte. Que fabriquait-il ? Il tentait de la défoncer ?

— Dis-lui d'aller se faire voir.

La voix de son père résonna au loin, étouffée.

— Sylvia ! il y a quelqu'un à la porte !

— N'y va pas, insista Leon.

— Je n'ai pas le choix. Ton père me crie dessus.

— Ne fais pas ça. Tu sais ce qui va se passer.

Silence sur la ligne. Elle avait raccroché.

Leon eut l'impression d'être suspendu au-dessus d'un précipice. Il estimait son père trop affaibli pour entreprendre quoi que ce soit – c'était pour cela qu'il pensait sa mère en sécurité. Mais son plan n'était peut-être que de l'aveuglement. Si stan arrivait à enivrer son père, tout pouvait arriver.

— Ça va ? demanda Terry.

— Oui, oui. Ça ira.

Terry secoua la tête, compatissant.

— Ah, la famille…

Ils longèrent le fleuve argenté, filant devant des fermes et des vergers en dormance. Leon s'efforçait de ne pas penser à ses parents. D'ici, il ne pouvait rien faire, il était donc inutile de gaspiller son énergie à s'inquiéter. Pourtant, des images le hantaient. Son père, entrant d'un pas titubant dans la cuisine et giflant sa mère de sa large main velue. Sa mère avec un œil au beurre noir, comme le jour où Leon avait découvert que son père la battait. Il n'oublierait jamais son air triste tandis qu'il avait essayé de la convaincre de partir. Il n'avait pas compris lorsqu'elle lui avait répondu qu'elle aimait son père et qu'elle ne pourrait jamais le quitter. Une telle dévotion lui échappait.

Était-ce ainsi que des femmes se retrouvaient piégées dans des situations inextricables ? Il haïssait son père d'avoir un tel pouvoir sur sa mère.

Comme Terry tentait de lui faire la conversation, Leon s'efforça de l'écouter.

— Je vous ai entendu parler au chef malgré moi, disait-il. Les temps sont durs pour les gardes forestiers des parcs nationaux. Il n'y a pas beaucoup d'opportunités. Je suis d'accord avec vous concernant les initiatives envers le public. J'aimerais qu'il y en ait davantage. Mais le chef s'inquiète du budget – il est trop juste.

— Comme partout. C'est un vrai problème.

— Il y a tout de même des actions positives sur le terrain, si on sait en tirer profit. Je peux vous mettre en contact avec des scientifiques qui font des recherches dans la région, si vous voulez. Un type de Canberra étudie les perruches de Latham de nos forêts. Et un mec de l'université bosse sur les diables de Tasmanie. Bien sûr, on n'est pas payé plus pour les accompagner. Mais enfin… ça pourrait vous apporter ce que vous cherchez. C'est un peu plus stimulant que le boulot habituel.

Leon lui en fut reconnaissant. Parfois, il regrettait de ne pas être devenu lui-même chercheur scientifique, mais le travail de garde forestier lui convenait car il aimait se retrouver au grand air. Il ne pouvait pas s'imaginer enchaîné à un bureau.

Après le virage menant au parc, la route se détériorait pour se changer en chemin de terre jonché de nids-de-poule et Terry dut ralentir pour manœuvrer le véhicule dans un tronçon aux ornières particulièrement profondes.

— Les services de voirie ne nivellent cette route que deux ou trois fois par an, grommela-t-il. Ils n'ont pas les moyens de la bitumer. Il n'y a pas assez de circulation pour justifier une telle dépense.

La route montait peu à peu et la forêt laissa bientôt place à la lande, ponctuée d'arbrisseaux chétifs et de contreforts montagneux. Des bancs de brume s'accrochaient au sommet dans une lumière grise et diffuse. Le paysage était d'une beauté saisissante.

Au bout de la piste, Terry s'arrêta dans un parking circulaire d'où partaient les sentiers de randonnée. Leon était impatient. À cet endroit, la lumière semblait recouvrir la lande d'un éclat bleu.

— Est-ce qu'on peut marcher jusqu'au col ? demanda-t-il. Je n'aurais rien contre admirer le paysage.

— Une autre fois, d'accord ? Il fait sacrément froid aujourd'hui et il y aura un vent à écorner les bœufs, là-haut.

Terry l'entraîna sur la promenade menant à un large abri pour touristes. À l'intérieur, il lui montra le livret des randonneurs.

— Quand tu es en service, tu dois consulter ce bouquin pour t'assurer que personne n'a disparu. Des randonneurs du dimanche vont marcher même par temps de brouillard épais et ne suivent pas le sentier balisé. Dans ce cas, c'est à nous de les retrouver – de faire des battues et de les secourir si besoin. Certains d'entre eux se promènent en t-shirt et en tongs. Bien dommage qu'on soit obligés de sauver ces crétins.

Même sur l'île Bruny, Leon avait dû prendre part à ce genre de recherches. Parfois, ils retrouvaient les égarés. D'autres fois, le mystère restait entier. Une jeune femme était montée jusqu'à Fluted Cape et n'en était jamais revenue. Au terme d'une semaine de recherches, ils avaient conclu qu'elle avait dû chuter des falaises. Leon n'aimait pas l'imaginer s'écrasant sur la plate-forme rocheuse en dessous. Il avait passé son enfance à explorer ces falaises. Il avait même perdu sa virginité à leur sommet, avec une fille qui passait ses vacances d'été au camping. Et il avait eu l'habitude de nourrir les wallabies blancs qui broutaient l'herbe drue au pied du sentier. Ce paysage de son enfance faisait partie de lui. Et ce nouveau paysage deviendrait peut-être un jour une autre part de lui-même.

Après avoir nettoyé les toilettes et changé les rouleaux de papier, Terry était prêt à rentrer au bureau.

— Inutile de traîner dehors par un froid pareil. Il n'y a personne sauf nous, et nous n'y pouvons rien.

Ils roulaient à vive allure dans la forêt en direction de la ville lorsque Leon vit un animal au bord de la route : un chien de berger roux aux mamelles tombantes. Ce devait être Rosie, le chien de ses voisins. Il demanda à Terry de s'arrêter.

— Je le connais. Il est à mes voisins. On devrait le ramener chez lui.

Lorsque Terry s'arrêta, Leon remarqua une entaille sur le flanc de Rosie. Il se demanda comment elle s'était retrouvée là, toute seule. S'était-elle enfuie ? Ou bien était-elle tombée du 4 × 4 de Shane ? Il n'avait pas oublié la façon dont elle lui avait grogné dessus, chez lui. Leon ne savait pas si la chienne essaierait de le mordre, mais il ne pouvait pas l'abandonner là – sa blessure saignait abondamment.

Il l'approcha en lui parlant doucement. Elle haletait… la douleur, sans doute.

— Vous avez une corde, dans la voiture ? demanda-t-il à Terry. Quelque chose que je pourrais lui attacher autour du cou ?

Son collègue lui jeta une longueur de corde que Leon passa autour du cou du chien. Rosie était docile – elle sentait peut-être qu'il voulait l'aider. Il l'amadoua afin qu'elle s'approche du 4 × 4, puis tapota la banquette arrière pour qu'elle y prenne place. Lorsqu'elle tenta de sauter, elle gémit, alors Leon la prit dans ses bras pour la déposer dans la voiture. Il sentit sur sa peau le poids de ses lourdes mamelles, l'humidité du sang. Tant pis pour le nouvel uniforme – ses mains et ses habits étaient écarlates.

Quand ils arrivèrent chez Leon, ses voisins n'étaient pas rentrés.

— Il va falloir l'emmener chez le véto, déclara Terry. Le cabinet le plus proche se trouve à côté de nos bureaux.

À la clinique vétérinaire, une sonnerie retentit au moment où Leon entra en tirant sur la corde pour que Rosie le suive à l'intérieur. Il fut frappé par l'odeur de désinfectant et par le bruit de ses chaussures de marche qui résonnaient sur le sol. Il entraîna le chien jusqu'à une chaise en plastique près de la vitrine et s'assit. Il n'y avait personne à l'accueil, mais quelqu'un avait bien dû entendre la sonnerie – elle était suffisamment bruyante. Posée sur le bureau, une pancarte indiquait en lettres capitales noires que la maison ne faisait pas crédit et que la consultation devait être réglée en totalité le jour même. Leon s'était résigné à payer la facture : il n'avait aucune garantie que Wendy et Shane accepteraient de le faire.

Une dame d'une cinquantaine d'années aux cheveux châtains coupés court sortit d'une pièce au fond et jaugea Leon et Rosie. Sur son badge, on pouvait lire « Frances ».

— Mmm… fit-elle. Cette blessure n'est pas jolie à voir.

— Vous êtes la vétérinaire ?

— Je suis auxiliaire vétérinaire et réceptionniste. Nous devons être polyvalents, dans le coin… Vous êtes déjà venu ?

— Non. J'ai trouvé cette chienne dans la forêt.

— Elle n'est pas à vous ?

— Non, mais je paierai pour faire le nécessaire. Je crois qu'elle a besoin d'être soignée.

— Je ne vous le fais pas dire. Je vais chercher la vétérinaire.

Frances se tourna vers le fond du hall et cria :

— Hé, Kate ! t'as une seconde ? Tu veux bien venir voir ce chien ?

Une jeune femme en jean, bottines Blundstone et blouse vert canard apparut. Sa silhouette était fine, ses yeux pétillants, ses cheveux blonds remontés en queue-de-cheval et ses mains dissimulées par des gants chirurgicaux. Elle jeta un coup d'œil par-dessus le comptoir et Leon fit déplacer le chien pour que sa blessure soit visible.

— Elle a vraiment besoin d'être recousue, déclara-t-elle.

Qu'est-ce qui s'est passé ?

— Comme je le disais, je l'ai trouvée dans la forêt. C'est le chien de mes voisins mais ils n'étaient pas chez eux. Je n'ai pas eu le cœur de la laisser. Je paierai volontiers – je ne suis pas sûr que ses propriétaires aient les moyens.

— C'est gentil de votre part, répondit-elle avec un sourire chaleureux.

— Est-ce qu'on peut la stériliser en même temps ?

Le front de Kate se plissa lorsqu'elle avisa les mamelles et le ventre de Rosie.

— Bonne idée, sauf que nous ne pouvons pas le faire sans le consentement de son propriétaire, surtout à un stade aussi avancé de la grossesse.

— C'est dommage… Le fils de mes voisins m'a dit qu'elle avait mangé ses autres chiots.

— Vraiment ?

— Je me demande plutôt si le père ne les a pas noyés.

— C'est épouvantable, lâcha-t-elle, dégoûtée. Ce genre de personnes ne devrait pas avoir le droit de posséder des animaux.

Leon opina.

— Écoutez, je suis désolé, mais est-ce que je peux vous régler tout de suite et filer au travail ? C'est mon premier jour et si je n'y retourne pas rapidement, je risque de me faire virer. Et là, je ne pourrai plus payer.

Une fois sa journée terminée, Leon alla récupérer Rosie à la clinique ; elle était parfaitement recousue. Elle avait l'air dépitée avec ses points de suture sur le flanc et une collerette en plastique autour du cou, accrochée à son collier.

— La collerette de la honte, soupira Frances en lui tendant la corde qui lui avait servi de laisse improvisée. Si elle mordille ses points, il faudra lui refaire. Je suis certaine que vous ne voulez pas payer deux fois.

Leon n'était pas sûr que ses voisins lui laisseraient la collerette. Mais si les sutures avaient besoin d'être refaites, ce serait à eux de payer.

Il regagna sa voiture et voulut déposer la chienne sur la banquette arrière mais elle se fraya un passage jusqu'à l'avant, malgré la collerette envahissante. Il tenta de la faire bouger, mais elle se recroquevilla, les griffes plantées dans le siège. Est-ce qu'elle le testait ou est-ce qu'elle était habituée à n'en faire qu'à sa tête ? Il doutait que Shane soit très tolérant, cependant, les gens traitaient parfois leurs animaux de façon surprenante. Shane était peut-être un dur en public et un cœur tendre en privé.

Leon s'apprêtait à partir lorsqu'il remarqua qu'il avait manqué un texto de sa mère. *Peux-tu passer voir papy en rentrant chez toi ? Il a quelque chose pour toi.* Il poussa un soupir de soulagement – elle allait bien. Elle ne mentionnait ni Stan ni son père, les choses avaient donc dû rentrer dans l'ordre. Quant à son grand-père, il pouvait sans doute attendre le lendemain. Il était déjà tard et il l'avait vu la veille. Néanmoins, il ne voulait pas le décevoir… Il pouvait bien laisser le chien quelques minutes seul dans la voiture pour lui rendre une visite rapide.

C'était compter sans la détermination de Rosie qui, sur le parking de la maison de retraite, refusa de le laisser partir. Elle bondit sur ses genoux, lui mit sa collerette dans la figure et lui griffa les cuisses. Leon tenta de la calmer mais elle jappait frénétiquement et il était incapable de la repousser. Lorsqu'il ouvrit la portière, elle bondit et il eut toutes les peines du monde à la retenir. La collerette la gênait visiblement, si bien qu'il la lui enleva en maintenant la corde enroulée autour de son poignet pour l'empêcher de s'échapper. Il essaya de l'amadouer afin qu'elle remonte en voiture, en vain : elle l'esquivait, bondissant de-ci de-là, avant de se tapir au sol. Leon avait peur de la contraindre et que sa blessure ne se rouvre. Il n'avait plus qu'à trouver un endroit où la laisser pendant sa visite. Il pensa à l'attacher dehors mais elle pourrait facilement se libérer. Il ne manquerait plus qu'elle se fasse renverser par une voiture ! Lorsqu'il se résolut à demander à la réceptionniste si elle voulait bien sortir pour la tenir en laisse quelques minutes, il vit qu'il n'y avait personne à l'accueil.

Exaspéré, il attendit devant les portes coulissantes que quelqu'un se manifeste. Cinq minutes s'écoulèrent. Assise, la chienne haletait gaiement vers lui – elle n'était plus la même, sans la collerette. De guerre lasse, il entra avec elle. Le hall et le bureau d'accueil étaient déserts – c'était sans doute l'heure du dîner. En se dépêchant, il arriverait peut-être jusqu'à la chambre de son grand-père pour récupérer le mystérieux objet qu'il tenait tant à lui donner sans se faire remarquer. Avec un peu de chance, personne ne le verrait.

Tout alla bien jusqu'à ce qu'il découvre la chambre vide. Soit Leon partait à la recherche du vieil homme, soit il abandonnait. Mais après tant d'efforts, il eut l'audace de continuer. Rosie trottant à ses côtés, il fila vers le salon où plusieurs pensionnaires, vautrés dans d'énormes fauteuils, somnolaient. Dès que l'un d'eux remarqua Rosie, la pièce s'anima.

— Regardez ça ! fit une voix éraillée. Un chien !

Alors que Leon cherchait à battre en retraite, les visages parcheminés des pensionnaires s'illuminèrent et leurs lèvres fines s'étirèrent en sourires édentés. Impossible de fuir. Rosie faisait son show.

— Tu peux l'approcher un peu, fiston ? lança une vieille dame toute ridée.

Leon raccourcit la corde et fit avancer Rosie sur la moquette. Il espérait qu'elle ne mordrait personne. Elle tira sur la laisse de fortune et ne s'arrêta qu'une fois sa tête sous la main de la vieille dame. Leon regarda ses doigts osseux et raides saisir un peu brusquement l'encolure du chien. Il remarqua l'expression de pur bonheur de la pensionnaire et l'air joyeux de Rosie. Les yeux de la femme pétillèrent.

— Oh, c'est un bon chienchien, ça, pas vrai, fiston ? Ses oreilles sont douces comme du velours.

Leon s'étonna qu'elle puisse sentir quoi que ce soit avec ses mains noueuses.

— Comment elle s'appelle ?

— Rosie.

— Bonjour, Rosie. Tu es un bon chien, pas vrai ? Tu as illuminé ma journée.

— Et nous, alors ? lança une voix bourrue.

C'était un petit bout d'homme bossu assis dans un fauteuil roulant à l'autre bout de la pièce.

— Nous aussi, on veut le caresser, reprit-il. Tu n'es pas la seule à vouloir t'amuser, Glenys.

La vieille dame s'exclama :

— Vous autres, vous pouvez attendre. Rosie et moi, on est déjà amies.

— Très bien, pesta l'homme en fauteuil. Si tu ne vas pas à la montagne, la montagne vient à toi.

Il tira sur le levier du frein de son fauteuil et entreprit de traverser la pièce.

— Bon Dieu, Duncan, jura quelqu'un. Qu'est-ce que tu fiches ? Tu sais que tu dois attendre une infirmière pour te déplacer.

— Pas de bol. J'ai envie de caresser ce chien.

En voyant le fauteuil approcher, Leon se rendit compte que son propriétaire ne le contrôlait pas très bien. Les bras grêles de l'homme peinaient à maîtriser les roues et le fauteuil se mit à dévier dangereusement.

Pour éviter une collision, Leon retint l'engin par l'accoudoir tout en passant son bras autour de l'homme afin qu'il ne glisse pas au sol. Il réussit de justesse, mais ni Glenys ni Duncan ne semblèrent le remarquer. Ils s'émerveillaient devant le chien, leurs visages émaciés illuminés, leurs sourires, presque entièrement édentés, semblables à des grottes sombres.

— Qu'est-ce qui se passe ici ? tonna une voix, bien plus jeune et autoritaire.

L'excitation resta comme en suspens dans la pièce et Leon leva la tête. La voix était celle de Maryanne, la réceptionniste, qui pinçait ses lèvres rouges.

— Désolé, s'excusa Leon, penaud. Je cherche mon grand-père, Thomas Walker.

Maryanne avait un don pour se montrer hautaine, ce qu'elle fit avec brio.

— Que fait ce chien à l'intérieur ? Est-il propre au moins ? Et vermifugé ? Est-il enregistré en temps qu'animal d'assistance ?

— Oui, oui et oui, mentit Leon pour s'en sortir rapidement. Et regardez comme il apporte de la joie aux pensionnaires. Tout le monde s'est réveillé !

Maryanne scruta la pièce tel un radar et ses traits s'adoucirent. Les vieux pensionnaires n'étaient plus des coques vides. Ils tendaient tous les mains pour toucher le chien. Heureusement, Rosie resta coopérative. Sous la supervision de Maryanne, Leon fit le tour de la pièce avec le chien pour saluer tout le monde.

— N'oublie pas Hector, lui conseilla Glenys en lui

montrant du doigt un vieil homme tordu dans un coin de la pièce, si bossu qu'il ne pouvait plus lever la tête.

Leon conduisit Rosie vers lui. La chienne semblait se délecter de son rôle. Elle fila droit vers Hector et posa la tête sur ses genoux. Leon attendit qu'il dise quelque chose mais seul un filet de bave sortit de sa bouche. Pendant un court instant, rien ne bougea. Le corps contrefait resta immobile. Puis le chien leva ses yeux jaunes vers Hector et ce dernier lui caressa gentiment la tête de sa main tremblante constellée de taches violettes. Le silence se fit dans la pièce. Tout le monde regardait Hector créer un lien avec Rosie. Seul Leon vit les gouttes tomber sur la truffe du chien. En regardant de plus près, il comprit que ce n'était pas de la salive, mais des larmes.

Une fois que tout le monde eut dit bonjour et au revoir à Rosie, Leon demanda où il pouvait trouver son grand-père.

— Il est à la bibliothèque, lui apprit Maryanne. Vous pensez que vous pourrez de nouveau ramener Rosie, un jour ? Elle s'est avérée un bon remède pour tout le monde.

Leon était pris à son propre piège.

— Ah, oui, peut-être. Je vous appellerai pour fixer une date.

— Ce serait merveilleux. Et, la prochaine fois, pourriez-vous apporter ses papiers de chien d'assistance, s'il vous plaît ? Je devrai faire des photocopies.

— Bien sûr.

Leon, un peu ennuyé par tous ces mensonges, la

salua d'un geste de la main avant d'entraîner le chien au bout du couloir. Tant pis, il y a un temps pour tout, et l'honnêteté n'était pas à l'ordre du jour.

Il trouva son grand-père seul dans la bibliothèque, assis à une grande table en bois, penché sur un livre. Leon annonça sa présence en se raclant la gorge. Thomas Walker leva la tête et son regard s'anima dès qu'il le vit.

— Encore toi, s'étonna-t-il.

— Maman m'a dit que tu voulais me voir. Alors me voilà. Et j'ai amené une amie.

Le vieil homme fronça les sourcils en avisant le chien, puis sourit.

— Je ne savais pas que tu avais un animal de compagnie.

— Je n'en ai pas. Elle est à mes voisins.

— On dirait bien qu'elle va avoir des petits. C'est quoi, sur son flanc ? Des points de suture ?

— Tu es le premier à le remarquer. À croire que tu es le seul à y voir clair, ici.

— Ma vue est plutôt bonne, pour mon âge, répondit-il en remontant ses lunettes sur son front. Comment t'as réussi à faire entrer un chien ? Maryanne t'y a autorisé ?

— Elle n'était pas à son poste.

Son grand-père ricana.

— C'est bon à savoir, ça, qu'on peut la berner. Ce genre d'information peut être utile.

D'un signe de la main, il invita Leon à se rapprocher.

— Je voulais te montrer ce livre. C'est sur l'histoire de l'industrie du bois dans la région. C'est un ami à moi, de l'île Bruny, qui l'a écrit. Je crois qu'il peut t'intéresser.

Leon se pencha à son tour au-dessus du livre. La couverture montrait la photo d'un énorme tronc posé sur un vieux char à plateau, sur lequel trônaient deux hommes. Son grand-père ouvrit le livre à une page contenant la photo en noir et blanc de quatre bûcherons perchés sur des planches fichées à la base d'un arbre colossal.

— Ça, c'est l'île Bruny au milieu du siècle dernier, lui dit-il. Et ça, c'est mon arrière-arrière-grand-père, William Walker.

Il lui désigna un homme barbu à peine visible derrière l'énorme bille de bois. Son visage était obscurci par un chapeau en feutre élimé mais Leon reconnaissait le nez des Walker, sans aucun doute. Son grand-père humecta son index et feuilleta l'ouvrage.

— Je me disais que tu voudrais peut-être emporter ce livre chez toi, pour le lire. Il y a beaucoup d'anecdotes historiques dedans, et ta mère m'a dit que cela te passionnait. Un chapitre est consacré à l'île Bruny et un autre aux incendies dans le bush. Tu y découvriras peut-être quelque chose d'intéressant, si tu sais lire entre les lignes.

Il gagna le chapitre sur les feux et tapota la page.

Que voulait-il dire ? Qu'il y avait un genre de secret ?

— Très bien, je le lirai.

— Si tu as des questions, tu pourras me les poser plus tard, ajouta son grand-père.

Il commençait à s'agiter.

— Est-ce que ce livre parle de toi ? lui demanda Leon.

Son grand-père évita de croiser son regard. Au lieu de quoi, il se pencha vers Rosie qui, d'un pas chassé, se rapprocha pour se faire caresser.

— J'avais un chien comme ça, dit-il. Un berger australien qui s'appelait Fred. Il s'est fait renverser sur la route d'Adventure Bay. Incroyable. Il ne passait qu'une voiture par heure, à l'époque, et ce foutu chien a réussi à se faire tuer. C'est le meilleur cabot que j'aie jamais eu. Et j'en ai collectionné quelques-uns, au fil des ans. Tu es sûr qu'il n'est pas à toi ? Les chiens font de bons animaux de compagnie.

— Non, je dois la ramener chez elle tout de suite. Son propriétaire doit se demander où elle est.

— File, dans ce cas, dit son grand-père en refermant le livre et en le tendant à Leon.

Il était plus de dix-huit heures trente quand Leon arriva devant chez lui. Il raccrocha la collerette autour du cou de Rosie puis la laissa sortir de voiture. Elle l'entraîna dans le jardin et poussa un gémissement excité lorsqu'il frappa à la porte de ses maîtres. Il entendit des pas rapides dans l'entrée, puis Max ouvrit la porte à la volée. Son visage s'éclaira aussitôt.

— Hé, maman ! C'est Rosie ! Elle porte un truc trop bizarre autour de la tête.

Il tomba à genoux et passa ses bras autour du cou de la bête, les yeux rivés aux points de suture.

Leon remarqua l'expression d'abord surprise puis contrariée de Wendy lorsqu'elle les rejoignit.

— Qu'est-ce qui s'est passé ? demanda-t-elle.

— Je l'ai trouvée sur la route, dans la forêt, avec une grosse coupure au flanc, alors je l'ai emmenée chez le vétérinaire.

La jeune femme fronça les sourcils.

— Pourquoi vous n'êtes pas venus ici d'abord ?

— C'est ce que j'ai fait, mais il n'y avait personne.

Son regard allait et venait du chien à l'enfant.

— Elle a des tonnes de points de suture, déclara Max. Vingt-deux.

Leon sentait le poids de la question silencieuse de Wendy.

— J'ai tout arrangé, dit-il. C'était la moindre des choses.

— C'est quoi ce machin, sur sa tête ?

— Une collerette pour l'empêcher de mordiller ses points de suture.

— Cool. Elle a l'air d'une extraterrestre.

Au même instant, le 4 × 4 de Shane surgit en rugissant et ses phares se braquèrent vers la maison, les éclairant tous les trois. Impuissant, Leon regarda Shane remonter l'allée à grands pas et examiner le chien.

— Qu'est-ce qui se passe, bordel ?

— Elle est encore tombée de ta voiture, Shane, rétorqua Wendy. Et regarde ce qui lui est arrivé.

— Elle va bien, maintenant, ne put s'empêcher de préciser Leon.

Shane le fixa, les yeux plissés.

— Vous êtes mêlé à ça ?

C'était une accusation, pas un remerciement. Avant même que Leon puisse répondre, Max cria :

— Leon a sauvé Rosie, papa. Regarde comme le trou était grand. Et Leon l'a fait soigner. Elle aurait pu mourir, mais il l'a sauvée !

Apparemment, c'était facile de passer pour un héros auprès d'un enfant.

— Elle aurait mieux fait de crever, marmonna Shane. Ça aurait coûté moins cher.

— Ne vous inquiétez pas, le rassura Leon. Je me suis occupé de tout. La vétérinaire a voulu la soigner sur-le-champ, alors j'ai payé. Je ne pouvais pas la laisser comme ça.

Profitant d'un moment de confusion, il rebroussa chemin.

Shane avait beau se renfrogner, Max était rayonnant de bonheur et Wendy semblait approuver silencieusement. Au moins, elle comprenait qu'il avait agi par compassion pour le chien, même si Shane n'appréciait pas sa prévenance.

Plus tard ce soir-là, Leon s'assit par terre devant la cheminée, le livre de son grand-père sur les genoux. C'était un grand format, avec une couverture rigide : un traité historique relatant l'histoire des principales scieries qui avaient existé dans le sud de la Tasmanie.

Il le feuilleta. Le texte était détaillé et contenait des anecdotes et des faits historiques sur l'exploitation du bois, remontant aussi loin que 1800. Mais c'était surtout les photographies qui retenaient l'attention de Leon – les gens lui paraissaient vivants, et ces clichés racontaient l'histoire des anciens bûcherons et des vieux chariots mieux que ne le pouvaient toutes les histoires du monde.

La plupart des photos étaient en noir et blanc. Avec le temps, certaines s'étaient abîmées et décolorées. D'autres étaient si nettes qu'on aurait pu croire qu'elles eussent été prises la veille – jusqu'à ce qu'on observe les gens et leurs habits, leurs activités, les voitures et les camions qu'ils conduisaient. Certains clichés montraient comment on fabriquait des voies en bois pour le tramway hippomobile. Des chevaux qui attendaient patiemment de commencer à tirer une bille sur ce genre de voies. Des locomotives à vapeur tractant des grumes. De vieux villages de bûcherons. Des bateaux à vapeur emportant de la sciure vers l'étranger. Des bûcherons avec femmes et enfants. Des scieries, et des ponts en pleine construction.

Leon étudia les visages des ouvriers : ils paraissaient tous très sérieux. Personne ne souriait à l'appareil photo – ce devait être l'usage à l'époque – ou bien ils avaient tous des vies difficiles. La plupart arboraient moustaches et chapeaux, pantalons sombres et vestons par-dessus des chemises claires. Leon remarqua leur allure, bras croisés ou poings sur les hanches, comme si on leur avait soigneusement expliqué la façon de poser – il imaginait sans mal qu'on en prenait peu, à l'époque, alors chaque cliché était important.

Il avait lu un ouvrage sur l'industrie forestière de l'île Bruny, dans la région d'Adventure Bay, quand il était plus jeune. Il racontait la découverte et la colonisation de l'île – ce qu'il connaissait déjà. Dans son enfance, il avait été abreuvé d'histoires et de noms d'explorateurs. Il trouvait intéressant d'en apprendre davantage sur les scieries de l'île, même si peu de noms étaient mentionnés et que cela n'avait qu'un lointain rapport avec sa famille.

Il finit par plonger dans le chapitre que lui avait recommandé son grand-père, à propos des feux de forêt et des incendies dans les scieries, et de leur impact sur l'industrie. Mais il ne voyait pas ce que le vieil homme avait voulu qu'il déduise de ces informations. La gêne de Thomas demeurait mystérieuse. Leon se disait que la vérité lui serait révélée en temps et en heure – il attendrait le bon moment pour l'interroger. Il avait bon espoir, pour sa relation avec son grand-père. Ses visites hebdomadaires à la maison de retraite promettaient d'être passionnantes.

8

Pour Miki, le mardi était le jour où la solitude lui pesait le plus : Kurt l'enfermait pendant qu'il se rendait à Hobart. Il s'absentait dès le lundi après-midi, ce qui ne la gênait pas car elle passait la soirée à tricoter ou à lire. Les mardis, en revanche, lui semblaient interminables.

Une fois encore, elle se retrouvait perchée sur une chaise, devant la fenêtre de leur petit restaurant désert, à regarder la vie défiler sous ses yeux.

Kurt s'était montré maussade avant de partir – il devenait toujours nerveux quand il devait se rendre dans la capitale. D'habitude, Miki ne s'inquiétait pas de ses humeurs mais, depuis qu'elle avait dérobé une de ses clés la veille, elle était tendue, se demandant sans cesse si son frère avait remarqué son larcin, et comment il la punirait lorsqu'il s'en rendrait compte. Mais il n'avait rien dit, alors son secret n'avait pas dû être découvert.

Ce matin-là, elle s'était levée tôt et avait effectué

ses corvées les unes après les autres : passer l'aspirateur dans toutes les pièces, faire la lessive, laver les sols, nettoyer les friteuses. D'habitude, Kurt et elle s'occupaient ensemble de changer l'huile. Elle détestait le faire seule : vidanger l'huile sale dans des boîtes de conserve, gratter les morceaux de pâte calcinés, ramasser le dépôt et récurer le fond des friteuses. Après les avoir remplies d'huile fraîche, elle s'était douchée pour se débarrasser de la graisse. À présent, elle regardait les enfants aller à l'école. Elle vit passer les fils du policier : Jaden, qui poussait Callum et lui pinçait le bras. Puis Max, qui les suivait d'un pas traînant, captivé par son téléphone. Il leva la tête, jeta un coup d'œil dans la boutique et la salua de la main – il était le seul à l'avoir vue de toute la matinée. Pour tous les autres, elle était invisible.

Un grumier remonta la rue en grondant si fort que les vitres vibrèrent lorsqu'il s'arrêta en face, en faisant rugir ses freins à air. C'était Robbo, au volant de son vieux camion bleu Kenworth, avec son nom écrit en lettres cursives argentées sur sa portière. Sa cargaison de troncs fins était sans doute destinée à l'usine de pâte à papier. La plupart des arbres coupés semblaient voués à devenir des particules de bois : il s'agissait souvent d'arbres élancés, trop jeunes pour être débités.

Robbo descendit de sa cabine, remonta son jean et traversa la rue jusqu'à la boulangerie. Il n'avait pas le droit de garer son camion dans l'artère principale mais il se plaçait au-dessus des lois et, étant donné que sa femme, Trudi, travaillait à mi-temps à la boulangerie, il devait se dire qu'il avait une excuse. Trudi était gentille. Miki la servait souvent au restaurant, et elle la remerciait toujours en souriant. Miki avait entendu dire que Trudi ne travaillait qu'à mi-temps afin de livrer bénévolement des repas à domicile chez les personnes âgées qui ne pouvaient plus cuisiner. Trudi participait aussi à l'aide aux devoirs à l'école, car elle aimait bien la compagnie des enfants. D'après la rumeur, elle ne pouvait pas en avoir, et les clientes disaient aussi qu'elle avait des problèmes de dépression. Miki n'y connaissait pas grand-chose mais elle voyait bien une lueur triste dans son regard. Heureusement, elle avait Robbo : la jeune fille devinait qu'il aimait sa femme à la façon tendre dont il la regardait. Pas comme d'autres hommes en ville. L'expression de Mooney, par exemple, était toujours dure lorsqu'il posait les yeux sur la pauvre Liz.

Robbo ressortit de la boulangerie avec un beignet à la crème et un café à emporter. Pas le genre de choses qu'il devrait manger : il était petit et enveloppé. Les gens plaisantaient en disant qu'il portait la roue de secours de son camion autour de sa taille.

Miki l'aimait bien. Il la saluait toujours d'un signe de tête quand Kurt avait le dos tourné. Aujourd'hui, cependant, il ne la remarqua pas. Lorsque la boutique était fermée, c'était comme si elle n'existait plus.

Trois adolescentes défilèrent en parlant et en riant. Grandes, élégantes, avec leurs longues chevelures qui voletaient sur leurs épaules tel un voile de brume. Miki consulta la pendule : neuf heures. Elles allaient être en retard en cours et ne semblaient pas s'en soucier. Elles se promenaient bras dessus bras dessous, les visages rapprochés. Miki aurait tout donné pour avoir des amies et aller au lycée, comme elles. Elle avait presque dix-huit ans. Kurt devrait lui faire confiance.

Après leur passage, la rue demeura déserte. Des feuilles mortes tourbillonnaient dans le caniveau et quelques emballages froissés virevoltaient dans le vent. Miki alla chercher *Jane Eyre* dans sa chambre et lut la scène où la cruelle tante de Jane l'enferme dans la chambre rouge et refuse de la laisser sortir, pas même lorsqu'elle fait une crise de panique. La pauvre Jane avait tant souffert d'être persécutée. À l'école, le principal, M. Brocklehurst, l'avait accusée d'être une menteuse, mais elle avait encaissé l'insulte avec une résilience admirable. Si Jane avait pu vaincre l'oppression et l'injustice pour trouver sa propre voie dans la vie, alors Miki le pouvait aussi. Mais pour l'instant, elle se sentait captive, comme Jane dans la chambre rouge.

Elle repensait à la clé qu'elle avait prise dans le 4 × 4, la veille. Le moment était peut-être venu de l'utiliser. Lundi soir, elle était sortie de son lit pour la retirer de sa salopette. Puis elle avait pris un couteau pointu dans la cuisine, pratiqué une petite incision dans son matelas pour dissimuler la clé là où Kurt ne pourrait jamais la trouver. Elle alla la récupérer et la serra dans sa main. Le métal se réchauffa vite dans sa paume brûlante. Nerveuse, elle inséra la clé dans la serrure de la porte d'entrée et la tourna d'une main tremblante. Et si elle ne marchait pas ? Mais le verrou céda en douceur et la porte s'ouvrit.

Miki s'immobilisa, respirant l'air frais. Elle ne savait pas quoi faire, elle n'avait pas préparé de plan. Elle pouvait sortir dans la rue, sauf que personne ne l'avait vue seule auparavant… et si quelqu'un lui parlait ? Cela risquait de remonter aux oreilles de Kurt : *J'ai vu ta sœur hier.* Que ferait-elle, alors ?

Elle s'était demandé ce que Jane Eyre aurait choisi mais, cette fois-ci, cela ne l'aida pas. Elle devrait se décider seule.

Chancelante, elle alla chercher dans la buanderie le nécessaire pour laver les vitres. Puis, sur des jambes vacillantes, elle ouvrit la porte et posa le tout sur le seuil. Son cœur battait à tout rompre dans sa poitrine et ses mains tremblaient tant qu'elle parvenait à peine à essorer l'éponge. Elle inspira profondément et s'efforça de se concentrer sur la vitrine. Avec un peu de chance, si elle travaillait, personne ne la remarquerait.

Les vitres étaient vraiment sales. Pendant la semaine, les enfants collaient leurs mains poisseuses dessus pour faire des grimaces à leurs amis. Miki commença à nettoyer la vitrine d'un côté. Quelle sensation étrange d'être dehors alors qu'elle n'était pas censée l'être ! Elle fourmillait d'excitation, comme si le monde entier l'observait, alors qu'il n'y avait personne dans la rue.

Après avoir terminé un panneau, elle déplaça

son échelle au moment où Wendy s'approchait avec la petite Suzie. Wendy avait toujours l'air épuisée et fumait sans cesse – ne pensait-elle donc pas à ses enfants, qui inhalaient toute cette fumée ? C'était une belle femme ; ce jour-là, elle portait un jean moulant et une veste assortie sur un haut ajusté. Chaque fois qu'elle entrait dans la boutique, les hommes la remarquaient et Miki était certaine que Wendy en avait conscience – sans doute parce que la blonde ramenait ses épaules en arrière pour mettre en valeur sa poitrine. Wendy s'arrêta à son niveau et la regarda travailler, un sourire en coin sur les lèvres. Miki sentit son parfum, léger et sucré comme des freesias, mais l'odeur âcre de la fumée était toujours perceptible, juste en dessous.

— Tu peux venir faire mes carreaux ensuite, si tu veux, lui lança-t-elle avec un grand sourire.

Elle tenait la petite fille par la main, et celle-ci inspectait Miki de ses grands yeux marron, qui avaient la même forme que ceux de sa mère.

— Je peux essayer ? demanda Suzie.

— Bien sûr.

Miki trempa l'éponge dans le seau et l'essora avant de la tendre à Suzie, qui se mit à frotter au hasard la section que Miki venait juste de terminer.

— Kurt t'a laissée sortir, aujourd'hui ? demanda sèchement Wendy en haussant un sourcil. Si j'étais toi, j'en profiterais pour m'enfuir. Je prendrais la tangente sans un regard en arrière. Ton frère, c'est qu'un connard tyrannique. Il ne te laisse vraiment aucune liberté.

Miki se sentit mal à l'aise. Elle se doutait que les gens discutaient de Kurt et elle, mais on ne lui avait jamais parlé aussi franchement et, comme elle ne savait pas quoi répondre, elle esquiva le regard de Wendy.

— Désolée, je suis plutôt franche et directe, déclara Wendy. J'ai toujours été comme ça. Je dis ce que je pense.

Suzie frottait la vitrine avec enthousiasme. De l'eau coulait le long de son petit bras potelé, jusque sur ses vêtements.

— Où est Kurt, aujourd'hui ?

— Il fait les comptes, dans l'arrière-boutique.

Wendy tira sur sa cigarette et souffla un petit nuage de fumée.

— Il se frotte les mains devant ses bénéfices, je parie. Tu devrais lui demander de t'acheter des vêtements neufs pour remplacer cette vieille jupe. Il a les moyens. Cet endroit a du succès, pour un fast-food. *Trop* de succès, si tu veux mon avis.

Miki n'était pas certaine de comprendre. Est-ce que Wendy trouvait leurs tarifs trop élevés ?

— Suzie est toute mouillée, déclara-t-elle pour changer de sujet.

— Oh, ça ne fait rien. Elle se change quatre fois par jour. C'est bien une petite fille, hein ? On a toutes été comme ça un jour.

Wendy sourit à Suzie avec indulgence, comme si être une fille expliquait tout. Mais Miki ne s'était jamais changée quatre fois par jour. Elle n'avait d'ailleurs jamais possédé quatre tenues différentes et, même dans ce cas, sa mère ne le lui aurait jamais permis.

Wendy jaugea Miki avant de l'interroger :

— T'as quel âge maintenant, ma belle ?

— Presque dix-huit ans.

— Bientôt majeure ? Eh ben ! J'étais enceinte, à ton âge. Une fois que tu auras dix-huit ans, Kurt n'aura plus aucun pouvoir sur toi. Tu pourras partir, tu sais.

Non, Miki ne le savait pas. Kurt lui avait affirmé qu'ils devraient travailler ensemble jusqu'à ses vingt et un ans. Et la ferme pour laquelle ils économisaient ? Ce serait une affaire de famille.

— Tu devrais t'assurer que votre petite entreprise est aussi à ton nom, poursuivit Wendy. Sinon, rien ne t'appartient. Connaissant ton frère, ça ne m'étonnerait pas qu'il veuille tout garder pour lui. Désolée, mais je me méfie de lui comme de la peste.

Miki ne savait plus où se mettre et elle aurait voulu que Wendy s'en aille. À l'évidence, cette femme ne comprenait pas Kurt. D'accord, il était imprévisible et Miki n'appréciait pas les restrictions qu'il lui imposait mais, parfois, il pouvait se montrer prévenant.

Elle fut sauvée par Suzie. La petite fille s'accroupit pour tremper l'éponge dans le seau et trébucha, le renversa dans sa chute, provoquant une petite rivière sur le trottoir qui emporta le seau au loin. Miki allait le rattraper lorsque le visage de Suzie se déforma avant qu'un hurlement assassin ne s'échappe de sa bouche, arrosé d'une bonne dose de larmes. Exaspérée,

Wendy aida sa fille à se relever en soupirant et tendit l'éponge à Miki.

— Désolée, souffla Miki. Je pensais que ça l'amuserait.

Wendy haussa les épaules.

— C'est toujours amusant jusqu'à ce que quelqu'un perde un œil.

— Elle s'est fait mal à l'œil ? demanda Miki, paniquée.

— Mais non, s'exclama Wendy. Tu prends tout au pied de la lettre, on dirait !

Elle essuya les joues de sa fille et l'aida à se moucher.

— J'ai bobo aux genoux, dit Suzie, boudeuse. Et mes collants sont troués.

Wendy jeta un coup d'œil à ses jambes et planta un bisou sur sa tignasse châtain. Puis elle lui prit la main.

— Et si on allait acheter un beignet à la boulangerie ? Ça ira mieux ?

Suzie hocha la tête.

Wendy fit un clin d'œil à Miki et entraîna sa fille au loin. Miki les regarda partir et remarqua que leur démarche, la ligne de leurs épaules et le balancement de leurs hanches étaient identiques. Alors qu'elle avait souhaité les voir partir, maintenant elle se sentait seule. Elle était émue par la relation intime entre une mère et sa fille. La tendresse de Wendy, ces petites choses que les mères partagent avec leurs enfants. Sa mère lui manquait.

Elle se tourna de nouveau vers la vitrine et se mit à nettoyer les traces savonneuses de Suzie.

Une fois les carreaux bien propres, Miki referma la porte d'entrée et alla suspendre les chiffons mouillés dans la buanderie. Elle avait toute la journée devant elle, et les possibilités de se distraire n'étaient pas très nombreuses. Kurt avait éteint la télé et caché les télécommandes pour l'empêcher de la regarder sans lui. Tout ce qu'elle pouvait faire, c'était tricoter ou lire. Mais, à présent qu'elle était sortie, qu'elle avait goûté à la liberté, elle voulait recommencer.

Cette fois-ci, elle se faufila par la porte arrière sans la verrouiller. Elle n'en aurait pas pour longtemps.

Sur les marches, elle hésita, la clé dans la main. Devait-elle essayer d'ouvrir le cadenas qui fermait la réserve, au sous-sol ? Allez. Elle retint son souffle en y glissant la clé. Ce n'était pas la bonne. Kurt devait avoir un trousseau spécial pour son repaire secret.

Dans la rue, elle s'immobilisa, sans savoir où aller. Elle vit son reflet dans la fenêtre et écarquilla les yeux. Là, dehors, elle devenait quelqu'un d'autre, quelqu'un de brave et d'intéressant ; elle se reconnaissait à peine. Elle ne pouvait pas rester là toute la journée, à traîner devant sa propre boutique – elle allait attirer l'attention. Alors, prenant son courage à deux mains, elle descendit la colline, ses bottines frappant le bitume.

Elle n'était pas seule : un homme portant un pardessus fluorescent avançait vers elle. Elle voulait absolument l'éviter, alors elle ouvrit les doubles portes de l'office de tourisme et se précipita à l'intérieur.

Elle n'y était jamais entrée. Elle s'arrêta sur le seuil

pour balayer l'endroit du regard – elle se sentit submergée en voyant toutes ces choses nouvelles. Comme une bourrasque souffla quelques feuilles mortes contre ses jambes, elle fit un pas de plus et laissa les portes se refermer derrière elle. Elle se trouvait dans un vaste espace où le moindre bruit résonnait. Sur le côté se trouvaient un comptoir en bois servant de réception et de nombreux présentoirs. Il faisait chaud, à l'intérieur. Au milieu de la pièce, un poêle à bois diffusait une douce chaleur et, au fond, était installée une cabine de grumier argent dans laquelle les enfants pouvaient grimper. Un garçon et une fille étaient en train d'y jouer : le garçon était suspendu à la portière et appelait sa mère en hurlant pour qu'elle vienne le voir, pendant que la fille sautait sur le siège.

Miki fit le tour de l'office en s'efforçant de paraître calme tandis qu'elle regardait les présentoirs, mais elle était trop agitée pour saisir autre chose qu'une impression superficielle. Il y avait tant d'éléments à examiner : des posters et des photos, des paysages peints, une vue en coupe immense d'un vieux tronc d'arbre, des scies à grumes rouillées, des vieilles cartes, des bouteilles en verre et d'anciennes boîtes en bois. Près du comptoir, une série d'étagères présentaient des livres à vendre, des pièces de bois tourné poli, des cartes postales, des peluches. C'était très bien rangé. Miki imaginait qu'ici aussi, il devait y avoir des périodes calmes, comme au restaurant. Elle savait que, dans ces moments-là, on pouvait se mettre à ranger encore et encore, juste pour éviter de s'endormir.

L'hôtesse d'accueil – la cinquantaine, cheveux gris coupés au bol – était assise derrière le comptoir. Son expression était douce. Elle sourit à Miki, en plissant les yeux en demi-lune et en relevant haut les commissures de ses lèvres. Elle semblait gentille mais Miki était trop nerveuse pour lui parler. Elle préféra se glisser derrière un rideau de velours bleu qui dissimulait une petite salle où une vidéo passait devant une assemblée de chaises vides en plastique jaune. Miki s'assit. Elle se sentait davantage en sécurité derrière le rideau, où personne ne pouvait la voir.

À l'écran, un homme bedonnant à la barbe broussailleuse parlait des diables de Tasmanie. Brandissant une affiche, il expliquait le programme de reproduction de son parc animalier privé. Il évoquait une maladie, « une tumeur faciale transmissible », qui affectait les diables. Pendant qu'il parlait, la caméra se tourna vers des diables aux museaux déformés par des blessures boursoufflées et rougeâtres. Parfois, les tumeurs avaient tant rongé la chair que les pauvres créatures ressemblaient à des monstres. Miki en eut la nausée. L'homme racontait à quel point il aimait les diables, à quel point il voulait les sauver. Il expliquait que ces tumeurs se transmettaient par morsure. Or, les diables passaient leur temps à se mordre les uns les autres. Miki savait comment une querelle pour un peu de nourriture pouvait vite virer au combat. Prise de panique, elle se demanda soudain si cette maladie avait tué les deux autres diables qui vivaient à la décharge l'année précédente. Elle avait remarqué leurs plaies. Selon l'homme de la vidéo, les diables étaient en danger d'extinction – plus de quatre-vingt-dix pour cent de la population avaient déjà péri. Il évoquait le risque que l'espèce disparaisse pour toujours. Miki en fut si affectée qu'elle ne put écouter la suite. Elle regagna la pièce principale en trébuchant et, sonnée, alla regarder les vitrines.

— Tout va bien ? demanda la dame de l'accueil, l'air inquiet. Tu sembles bouleversée.

Miki hésita. Pouvait-elle faire confiance à cette femme ?

— J'ai vu le reportage sur les diables, rapporta-t-elle, désespérée. J'ignorais qu'ils étaient malades.

La femme soupira de sympathie.

— Oui, je sais. C'est abominable, n'est-ce pas ?

Miki s'approcha du comptoir. Le sourire de la femme était doux et dessinait des rides aux coins de ses yeux. Le badge accroché sur son opulente poitrine indiquait « Geraldine ». Devant elle, un gros livre était ouvert sur le comptoir.

— Je crois que j'ai vu des diables affectés par cette maladie, lui confia Miki.

— Par ici ? s'étonna Geraldine.

— Oui. À la décharge. Certains d'entre eux ont disparu.

L'inquiétude déforma le visage de la dame.

— Nous devons prévenir quelqu'un. Les diables sont un symbole de notre île. Nous craignons qu'ils ne s'éteignent, comme les tigres de Tasmanie.

Elle marqua une pause.

— Je m'appelle Geraldine, au fait.

— Je sais, répondit Miki, le doigt tendu vers le badge.

La dame sourit.

— Et toi, tu es Miki, n'est-ce pas ? Tu travailles au restaurant.

Miki fut surprise que cette femme sache son prénom. Était-il possible qu'en ville, tout le monde connaisse tout le monde à part elle ? Qu'ignorait-elle encore ?

— Je suis désolée de ne pas venir chez vous, reprit la femme avant de tapoter le bourrelet à sa taille. J'essaie de faire attention.

Elle ouvrit un ordinateur portable sur son bureau et fit cliqueter ses ongles sur le clavier.

— Il y a un scientifique, à Hobart, qui travaille sur cette maladie, lui apprit-elle. Il s'appelle Dale, et il demandait justement si quelqu'un avait vu des diables autour de la ville. Que dirais-tu de lui parler ?

— Il pourra peut-être les trouver tout seul, suggéra Miki, sachant que Kurt ne voudrait pas qu'elle discute avec des inconnus.

Geraldine fit non de la tête.

— Je suis certaine qu'il voudra en discuter avec toi. Il voudra tout savoir, surtout ce que tu pourras lui dire sur les diables disparus. Et si je lui demandais quand il doit repasser par ici ? Il pourrait faire le déplacement pour l'occasion.

Miki fit mine de contempler les cartes postales pendant que Geraldine tapait sur son clavier. Elle voulait partir, mais ce serait mal élevé. Elle n'aurait pas dû venir. Elle avait perdu le contrôle de la situation.

— Voilà, fit l'hôtesse en souriant. Je lui ai envoyé un e-mail.

Miki sentit ses jambes se dérober sous elle. Elle posa une main sur le comptoir pour se stabiliser. Près du livre de Geraldine. Le regard de Miki fut attiré par la couverture : *Les Luminaires*, d'Eleanor Catton.

— Il est bien, votre livre ?

— Très bien. Il a remporté le Booker Prize, tu sais.

— Le quoi ?

— C'est un prix international qui récompense chaque année le meilleur roman.

— Ah, bien sûr, fit Miki, en tentant de dissimuler sa gêne.

— Tu aimes lire ?

— J'adore.

Le sourire de Geraldine s'élargit un peu plus.

— C'est formidable. Moi aussi. Quel genre de livres lis-tu ?

— J'aime les classiques, répondit-elle, soulagée d'aller sur un terrain où elle se sentait plus à l'aise.

— Moi aussi.

Le visage de Geraldine s'illumina.

— C'est merveilleux, reprit-elle. Nous pouvons discuter littérature – il n'y a pas beaucoup d'occasions de le faire, par ici.

Miki pointa du doigt *Les Luminaires*.

— Votre livre est presque aussi gros que la Bible.

— La Bible est un livre énorme.

— Je l'ai lue quasiment en entier.

— Vraiment ?

L'hôtesse haussa tant les sourcils qu'ils se perdirent sous sa frange.

— Ce n'est pas rien, ajouta-t-elle.

— C'est le seul livre que j'avais, quand j'étais petite.

Geraldine soupira.

— Tout le monde devrait grandir dans une maison *pleine* de livres. Tu en as combien, maintenant ?

— Juste quelques-uns, mais je les relis sans cesse.

— Tu devrais t'inscrire à la bibliothèque. On peut emprunter jusqu'à dix livres à chaque fois et, s'ils n'ont pas celui qu'on cherche, on peut remplir une demande spéciale et ils le font venir d'une autre bibliothèque.

— Je ne pense pas que ce sera possible, répondit Miki, sachant que Kurt refuserait.

— Quels livres as-tu ? demanda Geraldine en fronçant les sourcils.

— *Jane Eyre*, *Les Hauts de Hurlevent* et *Tess d'Urberville.*

— Tu as bon goût. Ce sont des livres formidables. Avant, j'étais professeure de littérature et j'adorais enseigner les grands classiques romantiques. De nos jours, il n'y a que des livres de littérature contemporaine au programme. Quelle honte ! s'indigna-t-elle. J'ai dû renoncer à l'enseignement quand j'ai emménagé ici. Il n'y a pas beaucoup de travail au lycée du coin et je n'aime pas conduire, alors je fais quelque chose de plus facile maintenant, en travaillant ici…

même si parfois, ce n'est pas si évident… surtout quand les enfants hurlent et que le public est embêtant. Les livres me sauvent, conclut-elle en souriant. Je lis dès que j'en ai l'occasion.

Les livres avaient sauvé Miki aussi.

— Ce que j'aime dans la littérature, reprit Geraldine, c'est qu'elle nous apprend à vivre. On tombe amoureux des personnages et on voit le monde à travers leurs yeux. Puis on découvre que des pans de leur vie ressemblent à la nôtre. Le lieu et l'endroit diffèrent, mais les problèmes sont les mêmes. Il faut être assez intelligent pour le voir. Est-ce que c'est pareil pour toi ?

— Oui, confirma Miki.

N'avait-elle pas justement pensé ainsi à Jane Eyre le matin même ?

Geraldine prit *Les Luminaires*, et y inséra un marque-page.

— Je suis triste que tu n'aies que trois livres – ce n'est pas beaucoup. En fait, j'ai trop de livres chez moi alors, la prochaine fois que tu viendras, je t'en prêterai un. D'accord ?

Miki ne sut que répondre. Un nouveau livre lui ferait plaisir, mais comment le cacherait-elle à Kurt ?

— Quel genre de livres aimerais-tu ? Par où devrions-nous commencer ? Un autre classique, peut-être ?

Miki acquiesça. Ce serait plus prudent, avec Kurt.

— Bien. J'apporterai quelque chose demain… Oh, regarde ! Dale m'a déjà répondu. Il dit qu'il peut venir dans deux semaines. Quel jour t'arrangerait le plus ? Tu peux choisir.

Miki se sentit paralysée. Kurt ne le lui permettrait jamais. Et s'il découvrait, pour la clé ? Elle ne pourrait plus sortir.

— Que dirais-tu de dix-neuf heures, le lundi ? demanda Geraldine avec insistance. Ce serait possible ?

— Je ne sais pas.

— Tout va bien ? s'inquiéta Geraldine, avec douceur.

Miki déglutit.

— Le lundi, c'est bon mais, si je ne suis pas là, vous devrez y aller sans moi.

Geraldine sourit.

— Marché conclu. Dale viendra dans une camionnette pleine de pièges, et tu pourras lui montrer la décharge. Et si je venais aussi ? suggéra-t-elle en souriant davantage. Ce sera amusant. J'adorerais voir un diable de Tasmanie en pleine nature.

PARTIE II

Germination

9

Max était pressé que Rosie ait ses chiots. Chaque jour, son ventre était un peu plus gros et, un matin, il avait même remarqué une goutte de lait sur une mamelle. Depuis qu'elle était allée chez le vétérinaire avec Leon deux semaines plus tôt, Max avait veillé sur elle. Il lui avait installé un lit dans la remise et il lui apportait à manger tous les soirs : deux tasses de croquettes. Les chiots ne mettraient plus très longtemps à arriver et, cette fois-ci, il ne manquerait ça pour rien au monde.

— Hé, maman, dit-il. On peut pas mettre une muselière à Rosie pour éviter qu'elle mange ses petits ?

C'était juste avant l'heure du dîner. Sa mère découpait des pommes de terre sur le plan de travail. Elle fronça les sourcils.

— Si j'étais toi, je ne m'inquiéterais pas pour ça.

— Mais elle l'a déjà fait. C'est papa qui me l'a dit.

Wendy s'arrêta pour regarder dehors. Il faisait sombre. Max ne voyait pas ce qu'elle pouvait bien surveiller.

Elle soupira, sans répondre.

— Maman, s'il te plaît. Je veux voir les chiots, cette fois.

Elle fit glisser des cubes de pommes de terre dans une casserole qu'elle remplit à moitié d'eau et posa sur la gazinière.

— Et si elle accouchait dans la forêt ? demanda Max, inquiet.

— Effectivement, dit-elle. Ce serait un problème.

— Je veux qu'elle les ait à la maison.

Sa mère soupira de nouveau.

— Bon, je dirai à papa de la laisser là au lieu de l'emmener au travail.

Mais son père se fâcha ce soir-là lorsque Wendy lui fit cette suggestion.

— La chienne garde le 4 × 4, grogna-t-il. Elle m'accompagne toujours au boulot.

— Eh bien, elle ne devrait peut-être pas. Ce n'est pas comme si tu transportais quoi que ce soit qui risque d'être volé. Regarde ce qui lui est arrivé, la dernière fois.

— C'était pas ma faute.

— Bien sûr que si. Si tu l'avais attachée correctement, elle ne serait pas tombée et elle ne se serait pas blessée.

Shane n'eut rien à répondre. Max savait qu'il en voulait toujours à Leon de l'avoir fait recoudre.

— Si tu la laisses à la maison, je pourrai veiller sur elle, proposa Max.

— Vous vous liguez contre moi, tous les deux ? pesta son père, en fronçant les sourcils.

— On n'oserait pas, s'exclama Wendy, le sourire aux lèvres.

— Quand est-ce qu'il faut lui enlever ses points de suture ? grommela Shane. Je refuse de payer la facture.

— Leon a dit qu'il s'en était occupé, de la facture, répondit Wendy.

— Est-ce qu'il faudra la ramener chez le véto ?

— Leon l'emmènera, lui apprit Max. Et il ne pourra pas le faire si elle est là-haut, dans la forêt.

Son père se mit aussitôt en colère. De son pas lourd, il fit des allers-retours dans la maison en râlant contre Leon.

— Si j'avais voulu qu'il emmène mon chien chez le véto, je le lui aurais demandé.

— Tu ne l'aurais jamais fait toi-même, rétorqua Wendy.

— Je ne veux pas lui devoir quoi que ce soit.

— C'est une dette facile à régler, répondit Wendy. Il nous a demandé si nous connaissions quelqu'un de l'équipe de footy. Il voudrait jouer. Tu pourrais peut-être glisser un mot à Robbo pour le recommander.

Shane la foudroya du regard.

— Pourquoi tu discutais encore avec lui ?

— Il jouait au footy avec Max.

— Tu t'es trouvé un nouveau coach, pas vrai ? lança Shane à son fils, qui ne put s'empêcher de se tortiller.

— Il est plus patient que toi, lâcha Wendy.

— Mais bien moins bon, se hâta d'ajouter Max.

Sa mère allait tout faire rater. Elle énervait son père encore plus.

Shane sourit à Max et lui passa une main dans les cheveux.

— Ça, c'est mon fils.

— Alors, tu vas parler à Robbo ? demanda Wendy.

— Et Rosie peut rester à la maison ? ajouta Max.

— Je vais y réfléchir, temporisa Shane en ouvrant une bière.

Le lendemain matin, quand Shane partit travailler, il laissa Rosie à la maison. Max fonça chez Leon et frappa à la porte.

— Rosie peut se faire enlever ses points de suture aujourd'hui, annonça-t-il.

— Oh, j'avais oublié cette histoire, avoua Leon.

— Vous pouvez l'emmener ?

— Je ne sais pas trop… Je ne peux pas la laisser dans ma voiture toute la journée. Et si j'appelais pour demander à la clinique de la garder pendant que je suis au travail ?

— Et si les chiots naissaient là-bas ? demanda Max. Le vétérinaire aura le droit de les garder ?

— Non. Les chiots vous appartiennent.

Max s'affala sur le seuil pendant que Leon téléphonait.

— C'était qui ? voulut savoir le garçon.

— L'assistante. Elle s'était montrée très gentille avec Rosie.

— Et le véto aussi, il est gentil ? C'est un type bien ?

— Ce n'est pas un type. C'est une dame qui s'appelle Kate. Et oui, elle très gentille aussi.

Lorsque Leon ramena Rosie chez elle cet après-midi-là, Max inspecta sa blessure pour s'assurer que tous les fils avaient été enlevés.

— Est-ce qu'ils vous ont fait payer quelque chose ? demanda Max, parce que sa mère ne parlait que de ça depuis qu'il était rentré de l'école.

Leon lui répondit par la négative, mais il affichait l'expression typique des adultes qui mentent.

Max emmena Rosie dans la remise. Après avoir mangé, elle s'agita : elle fouillait ses couvertures, traînait dans le jardin, la truffe au sol, comme si elle cherchait un os. Elle était peut-être contrariée d'avoir dû passer la journée assise dans une cage. Max ne lui en voulait pas ; ce devait être comme passer la journée assis en classe.

Son père rentra à la tombée de la nuit et Wendy appela Max à table. C'était encore un plat de viande accompagné de trois légumes : côtelettes grillées, pommes de terre à l'eau, carottes et petits pois. Suzie donnait des coups de fourchette dans ses petits pois comme si c'était du poison, mais leurs parents l'ignorèrent. Si Max avait joué comme ça avec sa nourriture, il aurait eu des ennuis. Puisque personne ne parlait, il se dit qu'il devait combler le silence. Il n'aimait pas quand ses parents se taisaient, parce que ça voulait sans doute dire qu'une dispute couvait.

— Les fils de Rosie ont été retirés, dit-il en cognant son assiette avec sa fourchette, ce qui fit lever la tête de son père.

— Pourquoi tu tiens ta fourchette de la mauvaise main ? lui lança Shane. Si tu comptes manger comme un animal, tu peux aller dehors avec le chien.

Ce n'était pas une si mauvaise idée. Max n'aurait rien eu contre. Au moins, dehors, c'était calme. Pas de dispute. Et personne ne lui disait ce qu'il devait faire. Il prit son assiette et sa fourchette, mais son père lui ordonna de se rasseoir. Max secoua la tête – il ne pouvait pas gagner.

— Ça a coûté quelque chose d'enlever les fils ? s'informa Shane.

— Non. Leon m'a dit que c'était gratuit.

— Heureusement, et c'est normal. Surtout quand j'ai rien demandé.

— La cicatrice est belle. D'après Leon.

Shane foudroya Max du regard.

— Qu'est-ce qu'il en sait ? C'est qu'un foutu *Parkie.*

— Qu'est-ce que c'est, un *Parkie* ? demanda Max.

— Quelqu'un qui travaille dans un parc national, lui expliqua sa mère. Un garde forestier.

— Un Parkie, c'est un type qui enferme les arbres

et qui vole le boulot des autres, cracha son père en se penchant vers Max par-dessus la table. Ne t'avise pas de l'oublier.

— C'est vraiment ce que fait Leon ? demanda le garçon à sa mère sachant que, parfois, son père s'énervait pour des choses qui n'étaient même pas vraies.

— Il vide les poubelles et entretient les sentiers.

— C'est qu'un foutu écolo, voilà ce qu'il est, insista son père.

— Ils étaient tous bûcherons dans sa famille, lui apprit Wendy.

— Quelle connerie. Et tu le crois ?

— Oui, je le crois.

— Alors t'es aussi stupide que lui.

Max baissa la tête et continua à manger. Plus vite il aurait fini, plus vite il pourrait sortir.

Après dîner, il trouva Rosie dans la remise, assise dans une drôle de position, en train de pousser avec son ventre. Max se demanda si elle s'était coincé un os dans l'estomac, avant de comprendre qu'elle devait être en train d'expulser un chiot. Il fila chercher une lampe torche dans la maison pour mieux voir. Lorsqu'il revint, Rosie avait expulsé quelque chose sur les couvertures et mangeait un bout de viande rouge caoutchouteux. Est-ce qu'elle dévorait son petit ?

Max lui cria dessus et tendit le bras pour saisir le morceau rose de sa gueule, mais il glissait et Rosie grogna. Elle engloutit le dernier bout et se tourna vers les couvertures en reniflant ce qu'elle y avait déposé.

Elle sortit la langue. Max crut d'abord qu'elle allait continuer son repas mais, à y regarder de plus près, il faillit exploser de joie. Rosie était en train de nettoyer un petit chiot blanc. Ce n'était pas une si mauvaise mère, après tout.

Accroupi, il l'observa. Elle poussait le chiot çà et là, et sa petite tête ne cessait de se lever et de se baisser. Il fermait les yeux et ses oreilles ressemblaient à deux drôles de rabats de peau noire.

Rosie reprit sa position initiale et expulsa un autre chiot. Elle le nettoya, puis un troisième arriva. Alors elle se coucha sur le flanc et les chiots rampèrent jusqu'à son ventre pour essayer d'attraper une mamelle. Deux d'entre eux y parvinrent assez vite mais le dernier partit dans le mauvais sens et finit sous la truffe de Rosie.

Max ne pouvait le regarder sans rien faire – à quatre pattes, il prit doucement le chiot et le tourna vers l'une des mamelles de Rosie. Heureusement, la chienne ne le prit pas mal. Elle resta allongée pendant que Max aidait le petit à s'accrocher. Il se sentait bien, à observer ces chiots téter.

En voyant Rosie, on aurait pu croire qu'elle l'avait déjà fait. Et quand Wendy les rejoignit, six chiots étaient blottis contre la chienne.

Wendy s'assit à côté de son fils en souriant.

— Elle est très douée pour s'occuper d'eux, murmura-t-il. J'étais là dès le début et elle n'a pas eu de problème.

Le sourire de sa mère s'estompa un peu.

— Regarde comme elle les lèche, dit-il à voix basse. Elle leur fait leur toilette. Elle est maligne, hein ? Qu'est-ce qui s'est passé, la dernière fois ? Elle ne savait pas comment faire ?

— Je ne sais pas, Max, dit-elle en soupirant, le visage froissé.

— C'est quoi le morceau rose qui sort avec les chiots ?

— Le placenta.

— C'est dégueu. Pourquoi est-ce qu'elle le mange ?

— Pour faire le ménage, j'imagine. Comme toutes les mères.

Cette idée horrifia Max.

— Tu n'as pas mangé ton placenta, pas vrai ?

Le fou rire de sa mère fut tel qu'elle dut s'allonger à côté de la couche de Rosie.

— Oh, Max, hoqueta-t-elle. T'es tellement drôle ! Évidemment que je n'ai pas mangé le placenta ! Seuls les animaux le font.

Max la regarda droit dans les yeux, surpris. Ne savait-elle donc pas que les humains étaient aussi des animaux ?

— En fait, certaines personnes le mangent, corrigea-t-elle sans cesser de rire. Il paraît qu'on peut en faire des lasagnes, ajouta-t-elle. Imagine un peu. Ça nous couperait l'envie de manger des lasagnes jusqu'à la fin de nos jours !

Max ne l'avait jamais vue rire autant. D'un côté, il voulait qu'elle s'arrête, mais de l'autre, c'était drôle de la voir si joyeuse.

— Je suis content que tu ne l'aies pas fait. Et, s'il te plaît, ne fais pas de lasagnes cette semaine.

Ils rirent si fort que Rosie se mit à grogner et Max dut dire à sa mère de se calmer. Parfois, les parents pouvaient se laisser aller et oublier d'être raisonnables.

10

Mardi soir, pour l'entraînement de footy, Leon s'arrêta devant le terrain ovale et se gara sous les eucalyptus. Shane lui avait dit que l'entraîneur voulait bien lui laisser sa chance mais, soudain, l'idée ne lui sembla plus si bonne. Le temps était épouvantable et le terrain, une mare de boue. Mais c'était ça, le footy, non ? Qu'il pleuve ou qu'il vente, il fallait y aller.

Autour du terrain, d'autres membres de l'équipe sortaient de voiture : que des 4 × 4 double cabine aux antennes immenses, c'était apparemment le modèle de base dans le coin. Leon enfila les crampons qu'il avait achetés l'après-midi même. Le magasin de chaussures de la ville n'avait pas beaucoup de choix, une chance qu'ils aient eu à peu près sa taille. Alors qu'il s'accroupissait pour faire ses lacets, quelques joueurs entrèrent sur le terrain en trottinant. Leon se rappela que ce n'était qu'une petite ville, il devrait donc être capable de faire bonne impression. Quand il était enfant, il n'avait pas joué en minimes car l'île Bruny était trop petite pour organiser des matchs de cette catégorie, mais il avait joué au lycée puis à l'université et, comme ailier, il était assez bon. Il était rapide, et sa technique, solide. À présent, il sentait l'adrénaline monter. Il était impatient de retaper dans une balle. Il n'avait pas peur de se faire un peu malmener. Et il y avait quelque chose de thérapeutique à tester ses limites. Il se glissa sous la barrière et traversa le terrain pour rejoindre les autres.

Shane fumait à l'écart. En pantalon de jogging et parka noir, il n'était pas habillé pour jouer. Il se détourna dès qu'il vit Leon mais ce dernier comptait sur lui pour faire les présentations, alors il s'approcha de lui pour lui tendre la main. Shane l'inspecta longuement avant de la serrer dans la sienne.

— Merci d'avoir glissé un mot pour moi… Je vous revaudrai ça, dit Leon en ignorant son mépris.

Shane renifla et Leon comprit que Wendy avait dû lui forcer la main pour qu'il le présente à l'équipe.

— Vous ne jouez pas ? lui demanda-t-il.

— Non. Je me suis cassé le genou y a des années. Je fais de la course à pied, maintenant. Et je file un coup de main à l'entraîneur.

— Dommage, pour le genou. C'est pas opérable ?

— J'ai pas les moyens. Je peux me payer que des médicaments.

— J'ai eu de la chance, niveau blessures. Quelques coups sur la tête, rien de sérieux.

— Traumatismes crâniens ? suggéra Shane avec un sourire en coin. Tout s'explique.

Leon sourit aussi.

— Comment se porte l'équipe ? Où se situe-t-elle dans le classement ?

— Vers le bas du tableau. La compétition est difficile, cette année. Y a du niveau.

— Je peux peut-être vous aider.

Shane lui jeta un coup d'œil avant de cracher par terre.

— Tu te prends au sérieux, toi, pas vrai ?

— Non. Mais je courrai comme un fou. Et je marquerai peut-être quelques buts.

— Peut-être ? fit Shane en secouant la tête. Finissons-en avec les présentations, qu'on puisse commencer l'entraînement.

Le coach était un homme barbu trapu doté d'un énorme ventre et d'une voix plus imposante encore.

— Allez les gars ! hurlait-il. Magnez-vous le cul, un peu. Vous comptez vous échauffer ou quoi ?

— Hé, Robbo, lança Shane. Voilà le type dont je t'ai parlé, Leon Walker. Il veut faire un essai pour entrer dans l'équipe.

Robbo jaugea Leon comme un morceau de viande.

— T'es pas bien grand, pas vrai ?

— Non, mais je cours vite.

— T'as intérêt, si tu veux pas finir écrasé.

Leon faillit éclater de rire. Robbo ressemblait à une boule de bowling croisée avec un donut – qu'est-ce qu'il y connaissait, en rapidité ? Shane lui avait appris que c'était Robbo qui conduisait le camion qu'il avait souvent vu dans la rue : le gros Kenworth bleu. Voilà ce qu'on gagnait à trop conduire – une bedaine digne du bonhomme Michelin.

Robbo rassembla l'équipe et les autres fixèrent Leon. C'était un groupe hétérogène : deux hommes dans la trentaine qui tentaient de rester dans le coup, les autres dans la vingtaine, comme Leon. Les barbes étaient à la mode et la plupart portait des tatouages. À côté d'eux, Leon avait l'impression d'être un bourgeois trop propre sur lui.

— OK, les gars, fit Robbo. Voilà le programme : Walker ici présent va faire une séance d'essai et s'il est pas trop empoté, on le prendra. On a eu des blessés au cours de la saison, alors un autre remplaçant sur le banc ne sera pas de trop.

Les hommes affichaient un visage dur. Leon les entendit murmurer « Parkie » et il se demanda s'ils étaient tous bûcherons. Robbo fit la sourde oreille, Shane ne dit rien non plus. Leon comprit alors qu'il allait vraiment devoir faire ses preuves. Puis la pluie se mit à tomber en trombe sur le terrain ovale.

Leon avait beau être habitué au mauvais temps, l'entraînement ne serait pas une partie de plaisir.

Pour l'échauffement, Robbo les envoya courir autour du terrain ; ils se mirent en mouvement en chahutant, crachant et envoyant des blagues, le visage criblé de gouttes de pluie. Leon tenta de rester en marge du groupe pour se faire oublier, mais il n'allait pas s'en tirer à si bon compte. Un grand chauve appelé Toby le percuta et faillit le faire tomber.

— Ah, désolé, mec. Je t'avais pas vu.

Les bras et les jambes de Toby étaient tapissés de tatouages.

— Tu soutiens qui, comme équipe ? lui demanda-t-il.

— Carlton.

Leon avait choisi les Bleus dès son enfance, même si la plupart de ses amis soutenaient plutôt la ville d'Hawthorn. Il ne savait pas du tout ce qui avait guidé son choix, peut-être juste l'envie de se différencier. Toby éclata d'un rire tonitruant et Leon comprit qu'il était fichu.

— Vous avez entendu ça ? cria Toby. C'est un foutu fan des Bleus. Enfoiré de bobo.

Les membres de l'équipe ricanèrent.

Le ton était donné pour le reste de l'entraînement – aucune chance de gagner leur faveur maintenant. Leon travailla pourtant dur, mais personne ne lui fit de passe au pied. Ils le rudoyaient, lui donnaient des coups de coude, le percutaient et ne lui faisaient jamais de passe à la main non plus, même s'il était à côté d'eux. Un type blond appelé Mooney le prit en grippe et le poussa dans la boue à la moindre occasion. L'attitude de Mooney inspira les autres et Leon termina l'entraînement couvert de bleus et contrarié. L'un des joueurs proposa une visite au pub, mais à la façon dont tous évitèrent de le regarder, Leon comprit qu'il n'était pas invité. Ce n'était pas plus mal, parce qu'admettre qu'il ne buvait pas aurait été du suicide.

Après leur départ, Leon s'attarda pour échanger

deux mots avec Robbo, qui le foudroya de ses petits yeux porcins, sans esquisser le moindre sourire.

— Je suis pris ? lui demanda Leon.

Robbo haussa les épaules.

— J'imagine. On a besoin de toi pour être au complet.

Ce n'était pas exactement un compliment, mais Leon décida que c'était mieux que rien. Il ferait ses preuves sur le terrain.

— T'es comment, niveau forme physique ? lui demanda le coach.

— Pas trop mal. Je passe une partie de mon temps à porter des poteaux en bois, là-haut, dans le parc. Ils sont extrêmement lourds.

— Tu comprendras que les autres seront prioritaires. Ils se sont entraînés toute la saison, alors tu passeras pas mal de temps sur le banc. Les gars aiment gagner. Ils le prennent assez mal, quand la balle est perdue.

C'était un peu dur à entendre, étant donné que personne ne lui avait fait de passe, ce soir.

— Bien sûr, je comprends. J'espère juste que vous me donnerez une chance.

Robbo ne lui fit aucune promesse.

— On verra comment ça se passe. Tu peux venir au match, samedi ?

— J'y serai.

Leon lui serra la main et partit. Mais une surprise l'attendait sur le parking. Pendant qu'il discutait avec Robbo, les autres avaient dégonflé ses pneus. Heureusement, il avait une pompe à pied à l'arrière de la voiture. Il prit conscience qu'il devait apprendre à ne compter que sur lui-même, dans le coin.

Sa mère l'appela pendant qu'il s'occupait de regonfler ses roues.

— Comment s'est passé l'entraînement ? s'enquit-elle.

— Bien, grogna-t-il en pompant avec son pied.

— C'est formidable, Leon. Je suis vraiment fière de toi, tu fais ton trou, petit à petit.

À sa voix, il devinait son sourire.

— Stan est repassé ?

L'influence que l'ancien compagnon de beuverie de son père pouvait avoir l'inquiétait. Comme elle ne répondait pas, il sentit l'anxiété l'envahir telle une marée montante.

— Qu'est-ce qui se passe, maman ? Papa a repris ses mauvaises habitudes ?

— Non, fit-elle. Tout va bien.

Leon crut distinguer de la tension dans sa voix. Il n'en aurait le cœur net que lorsqu'il la verrait en personne.

— Je suis content que tout aille bien, maman. Je ferais mieux d'y aller. Il pleut, et je dois rentrer chez moi prendre une douche.

Le samedi, lorsque Leon arriva au stade pour son premier match, les spectateurs installaient des sièges pliants autour de la clôture pour avoir une meilleure vue de l'action. Il resta assis un moment dans sa voiture afin de se mettre en condition. Le grand chauve tatoué – Toby – traversait le terrain avec une femme – la sienne, sans doute – tandis que quatre enfants gambadaient autour d'eux comme un petit troupeau de chèvres. L'insupportable Mooney était déjà là, lui aussi, et se disputait avec une femme blonde mince, sous les yeux de deux petites filles. À la façon dont il se comportait avec sa femme, Leon comprit que le traitement qu'il lui avait réservé était loin d'être inhabituel. Ce type était une ordure. Leon ferait de son mieux pour l'esquiver. Il n'avait pas peur, il voulait seulement éviter les ennuis.

L'attitude de Mooney l'irrita tellement que son appréhension se mua en détermination farouche. Cependant, lorsqu'il rejoignit l'équipe, les autres le regardèrent d'un air détaché, lui faisant bien comprendre qu'ils ne voulaient pas de lui. Pendant une microseconde, il envisagea de faire demi-tour, avant de se reprendre. Il refusait d'abandonner. C'était son nouveau départ. Hors de question qu'il quitte l'équipe. Son père ne manquerait pas de lui lancer un « Je te l'avais bien dit », ce que Leon voulait éviter à tout prix.

Après le tour de chauffe habituel autour du terrain, ils s'étirèrent et piquèrent des petits sprints. Robbo était un superviseur exigeant. Il hurlait, frappait dans ses mains et insultait les joueurs, surtout Leon. Tandis que ce dernier faisait des tours de terrain avec les autres, il comprit que ce n'était qu'une façade. Cette prétendue dureté servait à impressionner les spectateurs qui les regardaient depuis les limites du terrain. Wendy était là, accoudée à la rambarde, avec Max et Suzie. La petite fille traînait sa poupée au sol et Max était scotché à son téléphone. Lorsque l'équipe passa devant eux, Max leva la tête et salua Leon de la main.

— Rosie a eu ses chiots ! cria-t-il. Je les ai vus naître.

— Combien ? demanda Leon après avoir levé les pouces en signe d'approbation.

— Six. Et elle n'en a mangé aucun.

Le garçon n'avait pas encore compris que Rosie avait toujours été une bonne mère.

— Venez les voir cet après-midi, hurla Max.

— D'accord !

Juste avant le coup d'envoi, les joueurs firent leurs derniers étirements. Puis l'arbitre pénétra sur le terrain et Leon fut relégué sur la touche. D'habitude, il y avait dix-huit joueurs titulaires et quatre remplaçants, afin que les gars puissent souffler à tour de rôle. Or, ce jour-là, Leon était seul sur le banc. Ils étaient donc franchement en sous-effectif et avaient besoin de lui bien plus qu'ils ne l'admettaient. Assis là, seul, sur une chaise en plastique, il se dit que le sport était le meilleur moyen de faire sa place dans une ville comme celle-ci. Le problème, c'était qu'il risquait de passer tout le match comme ça. Robbo ne ferait appel à lui qu'en cas de situation désespérée. Et, s'il le laissait entrer sur le terrain, Leon devrait leur offrir une action spectaculaire, comme marcher sur l'eau. Mais il y était prêt. Il devait juste tenir bon.

La sirène retentit, l'arbitre fit rebondir le ballon et le match débuta. Ce fut aussitôt brutal, chaque équipe fonçant sur l'autre. Robbo hurla et jura depuis la ligne, le poing brandi face aux adversaires, à l'arbitre et même à sa propre équipe. Des corps se percutaient, s'entrechoquaient, les hommes en sueur crachaient des gros mots, et tous rampaient par terre pour attraper ce fichu ballon boueux et glissant. Même si le terrain ressemblait à un champ de bataille, Leon trépignait d'impatience tant il voulait y aller. Mais, à mesure que les minutes s'égrenaient et que ses muscles refroidissaient, il se rendit compte qu'il n'était qu'un spectateur parmi les autres. Il tenta de se consoler en se persuadant que ce n'était pas un grand match – ça ressemblait plus à du rugby qu'à du footy –, une forme de massacre légalisé. Il ne voulait ni se faire réduire en bouillie, ni finir en fauteuil roulant, ni se faire tuer. Pourtant, les excuses ne lui remontaient pas le moral. Il n'y avait aucune gloire à cirer un banc.

Au premier quart-temps, les joueurs se regroupèrent sur le terrain, pliés en deux, les mains sur les genoux, pendant que Robbo leur hurlait dessus. Ils tétaient des bouteilles d'eau distribuées par Shane, délogeaient leurs protège-dents et crachaient au sol. Leon alla s'étirer à côté d'eux mais il se sentait trop propre. Les hommes arboraient leurs traînées de boue et leurs égratignures comme autant de médailles.

Le deuxième quart-temps fut encore plus violent et, lorsque l'autre équipe marqua, les supporters du coin la huèrent. À la mi-temps, dans le vestiaire, Robbo rugit contre ses joueurs pour qu'ils commencent à marquer des buts. Ils foudroyèrent tous du regard Leon et son short bleu bien propre. Ils ne comprenaient pas à quel point il aurait tout donné pour se salir.

Peu après la mi-temps, Mooney se fit brutalement plaquer au sol. Depuis la ligne de touche, Leon l'entendit gémir bruyamment au moment où il percuta la pelouse. Outrés, les supporters hurlèrent et insultèrent l'arbitre pour demander que justice soit rendue, et Leon crut même qu'une bagarre allait éclater, voire deux – une sur le terrain, une autre parmi les spectateurs. L'arbitre finit par interrompre le match et Mooney fut évacué, le nez en sang, criant comme s'il était en train d'accoucher.

C'est là que Robbo se tourna vers Leon.

— À toi.

Leon devait jouer alors qu'il n'était plus échauffé, mais il n'allait pas rater sa chance. Il sautilla sur place, s'étira rapidement et entra en jeu. À voir les regards de ses coéquipiers, il n'était pas certain de savoir quelle équipe allait lui donner le plus de fil à retordre.

Sur le terrain, c'était la guerre. Rien à voir avec le footy d'écolier. Ni le footy à Hobart. Les deux camps voulaient sa peau. Tout le monde le percutait et chaque choc lui faisait mal. Personne ne le respectait. Personne ne lui faisait de passe, que ce soit au pied ou à la main.

Meurtri et couvert de bleus, il chargea droit devant, déterminé à se montrer utile. Lorsque la balle passa près de lui, il sprinta et s'en saisit sans s'arrêter de courir, mais elle lui échappa des mains. Pas grave. Il était démarqué. Il allait la récupérer.

Alors qu'il fonçait vers elle, il entendit un souffle rauque derrière lui. Sans quitter le ballon des yeux, il l'attrapa, leva la tête, cherchant à qui il pouvait faire une passe, et s'apprêta à le frapper du pied. Mais quelqu'un le percuta et il se retrouva face contre terre dans la boue. Le souffle coupé, il sentit un éclair de douleur le transpercer de part en part tandis que l'autre joueur reprenait sa course d'un pas si lourd que Leon en percevait les vibrations dans le sol. Tenace, il se releva d'un bond et se remit à courir. Il devait être fort : ils allaient juger sa réaction. Cependant, lorsqu'il prit appui de toutes ses forces sur l'avant du pied pour gagner en vitesse, le joueur devant lui se retourna, l'air renfrogné. Stupéfait, Leon s'aperçut que c'était Toby qui lui avait foncé dessus. Embrasé, il se lança à sa poursuite, si furieux qu'il avait l'impression de filer comme un missile. Mais, avant qu'il ne puisse s'approcher de lui, un joueur adverse saisit Toby par le cou, l'envoyant au sol, et prit possession de la balle. Tout portait à croire qu'il allait marquer un autre but… jusqu'à ce que Leon surgisse et s'empare du ballon.

Comme par miracle, il se retrouva soudain seul, démarqué. Il traversa le terrain à toute allure en faisant rebondir le ballon régulièrement. Les autres le coursaient, mais, dans la boue, ils n'arrivaient pas à prendre d'élan. Leon avait le ballon en sa possession. Il jaugea la zone de but, trouva son équilibre et lança le pied. Au point de contact critique entre sa chaussure et la balle, son pied d'appui dérapa un peu. C'était sans importance, il avait une bonne marge d'erreur. Le ballon fendit l'air, suivant une trajectoire victorieuse.

Puis il fut dévié par une bourrasque soudaine et frappa le poteau avant de retomber, ce qui leur valut un seul point au lieu de trois.

Leon en fut abattu, comme ses coéquipiers. Ils allaient lui en vouloir. Il avait presque réussi.

— C'est vraiment pas de chance, fit Toby. On aurait bien eu besoin d'un but.

Il renifla, cracha au sol avant d'ajouter, tout sourire :

— J'imagine que, venant d'un Parkie, on pouvait pas espérer mieux.

11

Le soir de la capture des diables, juste avant dix-neuf heures, Miki alla chercher sa clé et, les mains tremblantes, déverrouilla la porte arrière. Elle mourait d'impatience. Lorsqu'elle referma la porte et qu'elle pénétra dans la lumière bleutée du soir, un doux sentiment de liberté la fit frissonner de joie.

Elle avait l'impression d'avoir attendu ce jour toute sa vie : un rayon de soleil dans sa semaine ordinaire. Elle n'avait su qu'au dernier moment si elle pourrait s'échapper. Ce matin-là, Kurt et elle étaient allés en forêt, comme d'habitude mais, lorsqu'ils étaient rentrés chez eux, Kurt s'était retranché au sous-sol et y était resté des heures pendant que Miki s'affairait en cuisine, alignant les tasses dans le placard, rangeant les conserves dans le garde-manger. Elle l'avait entendu bricoler en bas et avait espéré qu'il partirait. Toute la journée, elle avait eu peur qu'il reste, qu'il contrecarre ses projets. Peut-être qu'il savait, pour la clé, et qu'il allait l'interroger. Mais il n'avait rien dit.

Quel soulagement lorsqu'il l'avait enfin enfermée à double tour pour se rendre à Hobart ! Depuis, elle était restée assise dans la cuisine, en salopette, attendant l'heure, le cœur battant à tout rompre.

Alors qu'elle marchait dans l'allée, elle glissa la clé dans sa poche et inspira profondément. Il faisait nuit et froid, et de la fumée de bois épaississait l'air. Là-haut, vers les montagnes, des étoiles argentées scintillaient dans un ciel bleu indigo. Elle fila droit dans l'allée, et croisa un chat tapi dans l'ombre qui l'inspecta de ses yeux verts avant de s'enfuir par-dessus le grillage. La rue principale était déserte – personne à l'horizon. Tout le monde dînait sans doute devant la télé.

Elle marchait d'un bon pas, impatiente. Mais l'office de tourisme semblait vide : la porte d'entrée était fermée et seules quelques veilleuses brillaient dans la vitrine. Le désespoir engloutit aussitôt Miki : peut-être que l'expédition avait été annulée. À l'arrière, une Toyota Land Cruiser blanche était garée sur le parking. La porte de service de l'office de tourisme était fermée aussi. Ne sachant que faire, elle attendit quelques minutes.

Elle allait renoncer et rentrer chez elle quand la porte de service s'ouvrit. Geraldine jeta un coup d'œil dehors et son visage s'illumina lorsqu'elle repéra Miki.

— Oh, parfait. Nous avions peur que tu ne puisses pas venir. Dale est là, avec un garde forestier. Il s'appelle Leon. Miki est arrivée ! lança-t-elle dans son dos.

Dale, le scientifique, évoquait à Miki un arbuste de reboisement : grand et mince, avec des joues ridées et une chevelure grise rebelle. Il portait lui aussi une salopette et il hocha la tête d'un air approbateur en avisant la tenue de Miki : pour une fois, elle portait l'uniforme adéquat. Elle accepta sa poignée de main tout en sachant que cela aurait déplu à Kurt.

Leon eut un large sourire lorsque Geraldine le présenta.

— On se connaît, dit-il. Miki fait un burger à tomber.

Miki remarqua des griffures sur son visage, une bosse au-dessus d'un œil – il s'était peut-être battu. Puis elle se souvint d'avoir entendu dire qu'il avait participé au match de samedi. Chaque semaine, les blessés se vantaient de leurs petits bobos dans son restaurant. À présent, Leon était l'un d'eux.

Dale et Leon s'installèrent à l'avant de la Toyota pendant que Miki et Geraldine prenaient place à l'arrière. Qu'il était étrange de se retrouver avec des inconnus ! Miki était si nerveuse qu'elle en oublia presque d'attacher sa ceinture. La voiture sentait le vinyle et le désinfectant. Derrière le grillage de protection se trouvaient des piles de matériel : des tuyaux blancs, des caisses en plastique et des packs de lait.

Arrivés à la décharge, ils descendirent tous de voiture. Il faisait froid et l'endroit était désert et malodorant. Les hommes se placèrent sous les néons, les mains dans les poches, pour surveiller la zone.

— Je n'aurais jamais deviné que des diables pouvaient traîner par là, fit remarquer Leon, étonné. Quel est leur habitat naturel ?

— La forêt sèche et les bois côtiers, mais les décharges leur plaisent aussi. On y trouve de la nourriture en abondance.

— Et des abris, ajouta Miki. Il y a de nombreuses cachettes.

Dale baissa les yeux vers elle lorsqu'elle sortit un sac de viande de sa poche.

— Vous les nourrissez ?

— Oui. Parfois, ils viennent me manger dans la main.

— Diablesse ! lança Dale en souriant.

— Ça me fait penser à une chanson de Cliff Richard, pas toi ? fit Geraldine.

Leon fredonna une mélodie mais Miki ne comprit pas du tout de quoi ils parlaient.

Dale souriait toujours quand il sortit une lampe torche de l'arrière de sa voiture.

— OK, Miki, pouvez-vous nous montrer où vous voyez ces diables, d'habitude, pour que nous puissions poser des pièges ?

Elle les entraîna à l'intérieur de la décharge. Maintenant qu'ils y étaient, elle se sentait nerveuse. Elle voulait aider les diables, pas qu'on leur fasse du mal. Les diables lui faisaient confiance et le lien spécial qui les unissait s'était tissé au fil du temps. Il était ténu. Si les diables étaient capturés, ce lien se briserait peut-être. Ils seraient relâchés, bien sûr, mais ils ne pourraient pas le savoir lorsqu'ils se retrouveraient pris au piège.

Des détritus cliquetèrent lorsque deux bêtes jaillirent d'un tas d'ordures.

— Hé ! des dasyures ! lança Dale.

Il braqua sa lampe vers eux mais Miki savait qu'ils avaient déjà disparu. Ces chats marsupiaux étaient très craintifs.

Elle progressa tant bien que mal entre les monticules vers le fond de la décharge.

— Si vous attendez ici, près de la pelleteuse, j'arriverai peut-être à amadouer les diables, dit-elle à Dale.

L'idée plut au scientifique.

Miki déposa plusieurs morceaux de viande au bout du terrain, puis recula de quelques pas avant de s'asseoir.

Au début, rien ne se produisit. Le vent faisait bouger des morceaux de plastique et de ferraille. Les ordures grinçaient et gémissaient. Miki commençait à croire qu'ils ne verraient rien ce soir-là, lorsqu'une silhouette noire apparut dans l'obscurité. C'était le mâle, et il était méfiant. Il s'immobilisa, la truffe en l'air, puis s'accroupit, feula, grogna – ces bruits montant de sa gorge comme ceux de la machine à expresso du restaurant. Il devait avoir compris qu'il y avait des intrus mais, attiré par l'odeur de la viande, il finit par s'approcher à petits pas pour s'en saisir.

Dale alluma le projecteur et le diable cessa de mâcher, les yeux plissés, aveuglé. La plaie sur ses babines avait beaucoup gonflé : rouge vif et grosse comme une pièce de cinquante cents. Dale fit signe à Miki et elle le rejoignit à tâtons.

— On dirait que ce diable est atteint de la maladie, murmura-t-il.

Elle eut l'impression d'avoir avalé une pierre.

— Ça ne peut pas être autre chose ?

— Je ne crois pas. En se battant, ils se blessent parfois grièvement mais, là, ça ressemble plus à une tumeur. Nous devons l'attraper pour faire un prélèvement.

Dale se dirigea vers la Toyota, tandis que Miki resta en arrière, inquiète à l'idée de se servir de pièges. Les diables ne comprendraient pas. Pour eux, ce serait une expérience terrifiante.

Leon attendit que Geraldine et elle le rejoignent.

— Vous êtes d'accord que nous l'attrapions ? l'interrogea-t-il.

Miki n'avait pas l'habitude qu'on lui demande son avis, cependant, si elle ne défendait pas les diables, qui d'autre le ferait ?

— Je préfère qu'on les laisse tranquilles.

— Dale a capturé de nombreux diables, intervint Geraldine. Il sait ce qu'il fait.

Miki imagina l'animal dans un piège, donnant de violents coups de tête contre les parois. Elle savait ce qu'on éprouvait en étant enfermé, le diable se sentirait perdu. Elle regrettait d'avoir amené ces gens ici.

Geraldine lui tapota le bras en la rassurant d'un sourire.

— Je suis sûre que tout ira bien pour ton diable. C'est un animal si vif. Tant de fougue pour une si petite bête !

Une fois à la voiture, Dale sortit une table pliante et la fit pivoter jusqu'à trouver un endroit stable. Alors qu'il installait son matériel avec enthousiasme, le ventre de Miki resta noué. Dale leur montra comment préparer les pièges Polypipe : il fallait attacher une aile de poulet comme appât à une ficelle reliée à une cale retenant la porte. Si un animal entrait et tirait sur l'appât, la cale libérait la porte, qui se refermait. Cela semblait simple mais, pour Miki, ces tubes paraissaient sombres et étroits, et ses doutes s'accentuèrent.

— Si on l'attrape, vous pourrez le soigner ? s'enquit-elle.

Dale la regarda droit dans les yeux.

— J'aimerais bien, dit-il.

Il soupira lentement, comme s'il cherchait les mots appropriés.

— Sauf que, s'il est infecté, son temps est compté.

— Il va mourir ? demanda Miki, la gorge serrée.

Leon l'observait. Sans qu'il ait besoin de parler, elle sentait qu'il comprenait ce qu'elle éprouvait.

— Je suis vraiment désolé mais, oui, confirma Dale. C'est incurable. Un vaccin est en développement, mais il n'est pas encore prêt.

— Si vous ne pouvez pas le soulager, quel est l'intérêt de l'attraper ?

Dale l'observa en silence et posa doucement son piège par terre. Puis il la regarda d'un air solennel.

— Je sais que c'est perturbant, alors je vais essayer de m'expliquer. La tumeur faciale est une menace sérieuse pour les diables, au point qu'elle risque de mener à leur extinction. Plusieurs scientifiques travaillent sur différents aspects de la maladie et mon job consiste à cartographier sa distribution et la manière dont elle se déploie, de façon à en apprendre le plus possible sur elle. Je ne peux pas sauver ton diable mais les informations que nous recueillerons sur lui pourraient améliorer nos connaissances, influencer nos projets, et aider d'autres diables. Nous ne saurons pas à quoi nous en tenir tant que je n'aurai pas fait de prélèvements.

Miki détourna le visage pour ne pas laisser voir à quel point elle était touchée.

— Je ne lui ferai pas de mal, précisa Dale. Manipuler des animaux sauvages est un privilège, et j'étudie ces petites bêtes parce qu'elles me sont chères. Au risque de te surprendre, ils se tiennent tranquilles, dans ces pièges. Et si on faisait un essai ? Les ailes de poulet sont dans la glacière. Les diables en raffolent.

Il tendit un piège à Miki et Leon l'aida à fixer une aile de poulet à l'intérieur. Puis ils disposèrent les pièges un peu partout dans la décharge. Ensuite, Miki alla s'asseoir dans la Toyota avec Geraldine pendant que les hommes discutaient dehors. L'hôtesse de l'office de tourisme déplia une couverture en laine à carreaux et la posa sur ses genoux, avant de se rapprocher de Miki et d'installer la couverture sur elle aussi.

— Il fait froid, dehors, non ? lui dit-elle.

Sa gentillesse rappela à Miki les fois où sa mère était revenue dans sa chambre, la nuit, pour la border et s'assurer qu'elle restât bien au chaud. C'était un comportement maternel : une prévenance envers les autres qui allait au-delà de soi. Son père ne l'avait jamais eue. Ni Kurt. Geraldine avait peut-être des enfants. Miki se rendit compte qu'elle connaissait vraiment peu de chose sur la femme assise près d'elle.

Cette dernière farfouilla un moment dans son sac à main puis en tira un livre qu'elle tendit à Miki.

— Je t'avais promis de t'en apporter un, tu te rappelles ?

C'était *Loin de la foule déchaînée*, de Thomas Hardy, l'auteur de *Tess d'Urberville*. Miki sentit son pouls s'accélérer et, l'espace d'un instant, elle oublia complètement les diables. Elle examina la couverture : l'image d'un petit troupeau de moutons à face noire guidé vers un portail en bois sur un chemin neigeux. Derrière eux, un border collie et la silhouette d'un homme. Des branches formant une voûte au-dessus du sentier. Une ferme recouverte de neige.

— J'adore prêter mes livres, lui apprit Geraldine. Et je sais que tu aimes *Tess,* mais je pense que cette histoire te plaira aussi. Quand tu l'auras lue, tu devras venir me voir. Je veux savoir ce que tu en penses.

Miki fit glisser son doigt sur la couverture. Elle avait du mal à croire que ce livre était à sa portée, toute une histoire attendant de voir ses pages tourner.

— Je ne sais pas quand je pourrai revenir.

Ses excursions prendraient fin si Kurt découvrait qu'elle avait pris une clé.

— Ce n'est pas grave, ma chérie. Tu viendras quand tu pourras.

Une heure plus tard, ils allèrent relever les pièges. Tout au fond de la décharge, l'un d'eux s'était refermé. Lorsque Leon le bougea, un couinement confirma qu'ils avaient attrapé un diable. Miki s'imagina l'animal, oppressé, épouvanté. Mais Dale semblait imperturbable. Avec des gestes professionnels, il recouvrit un côté du piège d'un sac de jute puis ouvrit la trappe et guida le diable à l'intérieur du sac. Il le passa ensuite à Miki, avec un sourire triomphant.

— Voilà ton diable. Tu peux le porter jusqu'à la voiture.

Dans le sac, l'animal resta tranquille.

— Il ne bouge pas, remarqua-t-elle. Est-ce qu'il pourrait être mort ?

— Il est bien vivant, ne t'inquiète pas. Mais surtout, ne le touche pas.

À la voiture, il lui reprit le sac et le plaça sur la table. Grâce à une balance spéciale, il enregistra son poids puis montra à Leon comment immobiliser l'animal dans le sac pour éviter de se faire mordre. Leon s'agenouilla et plaça la bête entre ses cuisses avant de localiser délicatement la tête et de se protéger en le prenant fermement par le museau. Dale ouvrit le sac et fit signe à Miki et Geraldine de s'approcher. Comme le sac était partiellement rabattu, Miki vit l'arrière-train noir du diable. Dale fit glisser sa main sur sa fourrure.

— Il est dans un état de santé convenable. Son pelage est assez épais sur ses côtes. Sa masse musculaire est correcte. Vous voulez le caresser ?

Geraldine garda ses distances.

— Il sent un peu mauvais, dit-elle, en fronçant le nez.

— C'est parce qu'il est stressé, expliqua Dale.

— Moi, j'aime bien son odeur, déclara Miki.

— Moi aussi, fit Leon.

Il se débrouillait bien pour maintenir l'animal. Il avait des mains fermes mais délicates, et Miki voyait qu'il aimait les animaux. Le cœur battant, elle glissa ses doigts dans le sac et les posa sur la fourrure de l'animal, elle était à la fois crépue et douce. Le regard de Dale brillait d'excitation. Il considérait visiblement que c'était un don du ciel de pouvoir toucher un diable ainsi, même si la créature n'avait aucune chance de s'échapper. Sauf que Miki avait déjà caressé la bête ici, toute seule. Le diable était alors libre, et il avait eu le choix de l'approcher. Le contact ne lui avait pas été imposé.

Pendant que Leon maintenait le museau de la bête fermé, Dale mesura son tour de tête et ses pattes arrière, avant de bouger le tissu pour que le diable se retrouve assis d'un côté. Il expliqua à Leon qu'il devait glisser la main dans le sac pour attraper le museau directement. Prenant soin de garder les yeux de l'animal couverts, Dale replia le sac jusqu'à ce que le museau pointe, les narines frémissantes, les moustaches tendues.

— Comment ça se présente ? interrogea Leon.

— Pas très bien, admit Dale.

Il mesura la grosseur, prit des photos et traça quelques croquis.

Miki n'avait pas besoin qu'on lui dise que c'était grave – la blessure n'était pas belle à voir.

— Je dois faire la biopsie maintenant, annonça Dale à voix basse. Ça ne devrait pas lui faire mal. La plupart de ces tumeurs ne sont pas beaucoup innervées.

Il adressa un signe de tête à Leon.

— Tenez-le fermement quand même, pour lui éviter de bouger.

Dale sortit de sa poche une grande seringue pourvue d'une pointe biseautée qu'il planta dans la grosseur. Il la fit tourner avant de la retirer. Des gouttes de sang tombèrent et Miki sentit son cœur s'emballer, mais très vite l'échantillon fut prélevé et l'examen presque terminé.

Dale déposa le prélèvement dans un tube tandis que Leon refermait le sac.

— Quand pourrons-nous le relâcher ? demanda Miki.

— Tout de suite, répondit Dale. Tu veux le faire ?

Elle porta le sac à l'endroit exact où le diable avait été attrapé. Accroupie, elle le tourna vers l'extérieur et l'ouvrit en s'attendant à ce que l'animal en jaillisse. Mais il ne bougea pas. Elle le sentait trembler. Il devait être épouvanté. Doucement, elle replia le sac jusqu'à ce que sa tête dépasse et qu'elle puisse apercevoir sa plaie rougeâtre, ses oreilles roses couturées et ses yeux noirs brillants. Il était magnifique.

— Pousse-le un peu, suggéra Dale.

Elle appuya doucement sur l'arrière-train de la

bête. Elle fredonnait – un chant religieux que sa mère lui chantait lorsque, petite, elle avait du mal à s'endormir. Les oreilles du diable pivotèrent comme s'il l'écoutait. Longtemps, il resta assis tandis que Miki chantonnait une mélodie dans la nuit, jusqu'à ce que soudain, un claquement retentît au milieu des détritus et le fît bondir hors du sac.

Miki rejoignit les autres. Ils souriaient.

— Il va bien, dit-elle.

— Il t'apprécie, remarqua Leon.

Dale jeta une aile de poulet dans les ordures et le diable réapparut pour s'en emparer, visiblement peu traumatisé par son expérience.

— Voilà comment on gagne le cœur d'un homme, commenta Geraldine en soupirant. Avec un bon bout de viande.

12

Max observait les chiots grandir avec bonheur, et ils changeaient très vite. Leurs yeux et leurs oreilles s'ouvrirent à onze jours et, au bout de quatre semaines, ils s'étaient transformés en jeunes chiens. Plus ils grandissaient, plus ils étaient drôles. Ils jappaient les uns après les autres. Se mordillaient avec leurs crocs pointus. Se donnaient des coups de patte dans le museau. Mâchouillaient la queue de leurs frères et sœurs. Ils étaient géniaux. Beaucoup mieux qu'un iPhone et même mieux qu'une Playstation.

Pourtant son père n'était pas de cet avis. Chaque fois qu'il voyait les chiots, il fronçait les sourcils et se plaignait du coût de leur nourriture. Ce qui n'avait aucun sens ; ils ne buvaient que le lait de Rosie.

Il y avait quatre mâles et deux femelles, et Max leur avait tous donné un nom : Bruiser, Footy, Diesel, Patch, Bonnie et Rosie Junior. Ils passèrent les premières semaines dans la remise, installés dans une caisse que Wendy avait fabriquée avec quelques planches de bois. Elle avait expliqué qu'elle ne voulait pas qu'ils se mettent sur le chemin de Shane, et Max avait approuvé. Lorsqu'il laissait sortir les chiots, ils le suivaient partout dans le jardin et Max prenait soin de ne pas leur marcher dessus.

Max les aimait tous, mais Bonnie était sa petite préférée. Elle fonçait toujours droit vers lui lorsqu'il rentrait à la maison et elle aimait lui aboyer dessus et mordiller sa manche. Elle ne bronchait pas quand il la glissait dans son sac à dos et qu'il la portait en lui tenant le ventre, si bien qu'il commença à la promener partout. Le samedi soir, il l'emmena au restaurant chercher des *fish and chips*, avec son père.

Miki la remarqua aussitôt.

— Waouh ! s'écria-t-elle. Quel chiot adorable !

Shane fronça les sourcils en secouant la tête mais Miki était si excitée de voir Bonnie qu'elle contourna le comptoir pour venir la caresser. Max ne l'avait jamais vue sortir de la cuisine avant. Elle était grande et fine comme un lévrier, et elle portait une robe longue à fleurs qui semblait sortir d'un vieux film.

— Quel âge elle a ? demanda-t-elle.

— Quatre semaines.

— Elle est superbe.

— Oui, je sais. C'est la meilleure.

— C'est une portée de combien ?

— Six.

— Vous allez la garder ?

— Aucune chance, grogna Shane.

Miki lui jeta un coup d'œil avant de chuchoter à Max :

— Tu ferais mieux de commencer à leur chercher des foyers. Tu pourrais peut-être les emmener à l'école. Et afficher une annonce sur notre vitrine si tu veux.

— Tu en veux un ? lui demanda Max, plein d'espoir.

— J'aimerais beaucoup, mais c'est impossible. Je n'ai pas de jardin.

— Tu pourrais le garder à l'intérieur.

Miki sourit et Max remarqua la tristesse dans ses grands yeux bleus.

— Kurt ne me laissera pas adopter un chien. Peut-être dans quelques années, quand nous aurons notre propre ferme...

Un claquement retentit dans l'arrière-boutique et Miki se hâta de retourner derrière le comptoir. Elle se lavait les mains à l'évier au moment où Kurt entra dans la salle. Le père de Max et lui se dévisagèrent. Puis Shane lança :

— Qu'est-ce qu'il faut faire pour se faire servir, dans ce restau ? Ça fait des heures que j'attends.

Kurt foudroya Miki du regard et Max en voulut à son père de lui attirer des ennuis. Même si Kurt ne dit rien, Max savait que Miki allait le payer. Il avait entendu ses parents discuter au sujet de Kurt, à la maison. Ils ne l'aimaient pas. Ils le trouvaient méchant avec Miki. *Je crois qu'il l'enferme*, avait dit sa mère. *Il la traite comme une esclave.* Son père avait répondu qu'il ferait peut-être bien d'aller acheter quelques verrous aussi, puis il avait ri comme si tout cela n'était qu'une plaisanterie. Pourtant, Max n'avait pas trouvé ça drôle – Miki était gentille et lui donnait toujours des bonbons en plus.

Sur le chemin du retour, Shane était de mauvaise humeur.

— Il faut que ces chiots aient quitté la maison dans deux semaines.

— Ils sont trop petits ! protesta Max en faisant glisser un doigt sur le crâne de Bonnie.

— Ils auront six semaines, ils seront prêts à partir.

Le lundi, Max parvint à convaincre sa mère de le laisser emmener les chiots à l'école pour qu'il puisse leur trouver un nouveau foyer. Il les posa dans la poussette, mais cela contraria Suzie.

— Non ! cria-t-elle en essayant de les enlever.

Max la repoussa.

— Tu vas devoir marcher, Suzie, déclara leur mère. C'est pour ça que tu as deux jambes.

Dans la rue, Max demanda à pousser les chiots.

— Je croyais que tu n'aimais pas te charger de la poussette ? s'étonna Wendy en haussant les sourcils.

Cette fois-ci, c'était différent : Max se sentait important. Les enfants accouraient pour voir les chiots et tout le monde voulait les caresser. Heureusement que la poussette avait des bords hauts. Les chiots n'arrêtaient pas de se dresser sur leurs pattes arrière, leurs pattes avant par-dessus bord, et Max devait sans cesse secouer la poussette pour les faire retomber et leur éviter de s'échapper. Lorsqu'il arriva à l'école, au moins dix camarades le suivaient et lui répétaient à quel point il avait de la chance. Même Lily Moon s'approcha.

— Ils sont trop cool, dit-elle. J'aimerais en avoir un.

— Ils sont gratuits, lui apprit Max en remarquant le reflet doré que le soleil matinal donnait à ses cheveux. Tu peux en prendre un, si tu veux.

— Je dois demander à mon père.

— Il aime les chiens ?

Max n'était pas certain qu'un chiot serait en sécurité avec Mooney. Il l'avait déjà vu se montrer méchant envers sa femme et ses enfants.

— Je ne sais pas. Mais, moi, je les aime bien.

Dans la classe, l'institutrice de Max, Mlle Myrtue la Tortue, écrivait au tableau. Elle sembla contrariée par l'arrivée des chiens jusqu'à ce que Wendy lui assure qu'elle les ramènerait après la présentation. Quand la sonnerie retentit, les enfants se précipitèrent à l'intérieur et Mlle Myrtue les fit asseoir en cercle par terre. Max sortit les chiots de la poussette un par un et les posa au sol.

— Parle-nous de tes chiots, Max, l'encouragea la maîtresse. Quel âge ont-ils ? Et que leur donnes-tu à manger ?

Max raconta tout ce qu'il savait à la classe. Qu'il avait assisté à leur naissance. Que Rosie avait mangé le placenta. Que le chien de Robbo était sans doute le père. Et que Shane lui avait dit qu'ils devraient être partis dans deux semaines.

— Nous les donnons à ceux qui pourraient leur offrir un bon foyer, ajouta Wendy.

Mlle Myrtue sourit.

— Est-ce que quelqu'un est intéressé ?

Toutes les mains se levèrent, Max était ravi. À part lui, il y avait vingt-quatre enfants dans sa classe. Ce qui faisait quatre maisons possibles pour chaque chiot – Max connaissait bien sa table de six.

Callum, l'ami de Max, n'avait pas pu voir les chiots, car il était arrivé en retard à l'école. Pour se rattraper, il passa chez Max dans l'après-midi. Seul problème : il vint avec son grand frère. Max n'aimait pas Jaden, mais que pouvait-il faire lorsque les deux frères arrivaient ensemble ? Il ne pouvait pas dire à Jaden de partir, alors il les fit tous les deux entrer et leur donna à chacun un paquet de chips pris dans le placard. Sa mère faisait les magasins en ville avec Suzie, elle ne vit donc pas Jaden se servir un deuxième paquet sans demander la permission, puis boire du lait à même la bouteille dans le réfrigérateur en collant ses lèvres roses et humides autour du goulot.

— Alors, ils sont où ces chiots ? demanda Jaden en s'essuyant la bouche sur sa manche avant de ranger le lait.

— Ils vivent dans la remise.

Max ne voulait pas les lui montrer. Il pourrait peut-être le convaincre de jouer à *Call of Duty*, à la place. Seulement Jaden sortait déjà par l'arrière. Max n'aimait pas la façon dont ce grand garçon traversait sa maison comme s'il était chez lui. Pour une fois, il regretta que son père ne soit pas là. Étant donné qu'il était dans la forêt, occupé à abattre des arbres, Max devait se débrouiller seul.

Il se hâta de dépasser Jaden et alla s'asseoir dans la remise, près des chiots, en prenant Bonnie sur ses genoux.

— Les voilà, dit-il. Vous pouvez les prendre, si vous faites attention.

Callum s'empara aussitôt de Rosie Junior, souriant et riant lorsqu'il la frotta contre sa joue.

— Oh, génial. Ils sont tout doux.

Jaden prit Bruiser, ce qui ne surprit pas Max car ils se ressemblaient, tous les deux. Bruiser était le plus grand et il repoussait toujours les autres pour pouvoir téter tant qu'il voulait.

— Ramenons celui-ci à la maison, Callum, dit Jaden.

— Tu ne peux pas, répondit Max. Il n'est pas encore sevré. Mais dans deux semaines, il lui faudra une nouvelle maison.

— Je ne veux pas lui donner une nouvelle maison, rétorqua Jaden. Je veux le donner à Prince, pour son petit déj'.

Prince était le chien des deux frères : un berger allemand osseux qui effrayait les petits chiens et mordait les enfants. Quand Bruiser serait grand, il serait de taille à affronter Prince mais pour l'instant, il était trop petit. Jaden le secoua si brusquement que le chiot piailla, puis il se mit à le jeter en l'air.

— Arrête, ordonna Max. Tu lui fais mal.

— Mais non. Je le ferai pas tomber.

Jaden lança le chiot encore plus haut.

— Arrête ! hurla Callum. C'est pas un ballon de footy !

— Tu dis ça parce que vous êtes deux nuls, sur le terrain.

Jaden continua, tant et si bien que Max en eut les larmes aux yeux.

— Oh le bébé, fit Jaden en lâchant le chiot à terre.

Rosie montra les crocs et grogna – elle était douée pour discerner les intentions des gens.

— Empêche ton chien de s'approcher de moi, dit Jaden. Ou je lui donne un coup de pied.

— Elle grogne parce que tu as fait mal à son petit, répliqua Max. C'est une bonne mère, c'est tout.

— C'est ça ! Ce n'est qu'une bâtarde.

Jaden sortit et, d'un coup de pied, envoya le ballon de footy de Max par-dessus la clôture, chez Leon. Puis il renversa le vélo de Max. Il allait réserver le même traitement à la trottinette lorsque Wendy arriva en voiture dans l'allée. Max l'aperçut à travers le pare-brise : elle foudroyait Jaden du regard. L'ado la fixa un instant avant de reposer la trottinette au sol. Wendy et Suzie les rejoignirent aussitôt.

— Je montrais juste les chiots à Callum et Jaden, expliqua Max en priant pour que sa mère voie à quel point il voulait que Jaden s'en aille.

Elle le regarda droit dans les yeux, alluma une cigarette puis se tourna vers Jaden. Il était adossé à la clôture, les mains dans les poches, les cheveux dans les yeux.

— Fini de rigoler, les garçons, dit-elle. Max a des corvées à faire. Il est temps de rentrer chez vous.

Max aurait voulu la serrer dans ses bras – elle avait parfaitement compris ce qui se passait.

Callum reposa doucement Rosie Junior et murmura à Max :

— Tes chiots sont trop cool… t'as vraiment de la chance.

Max aurait bien aimé inviter Callum à revenir les voir mais il ne voulait plus jamais que Jaden s'en approche. Il suivit son ami jusqu'au portail et le salua de la main. Jaden était déjà parti, traînant des pieds dans la rue. Lorsque Callum le rattrapa, Jaden se tourna et fit un doigt d'honneur à Max.

13

Le dimanche soir, après la fermeture du restaurant, Kurt annonça qu'il partait pour Hobart. Miki n'en crut pas ses oreilles. Changer ses habitudes ne lui ressemblait pas ; normalement, il partait le lundi, après leur virée en forêt.

— Pourquoi tu n'attends pas demain ?

Il resta évasif.

— J'ai une réunion de bonne heure, ensuite je rentrerai à la maison avec une surprise.

Miki ne savait pas comment le prendre. Depuis qu'elle avait volé la clé, elle se sentait nerveuse et se montrait prudente en sa présence, guettant le moindre signe prouvant qu'il savait qu'elle était sortie. Lorsqu'il était calme, elle se tendait ; s'il était de mauvaise humeur, elle était convaincue qu'il allait exploser. Là, dans le couloir, elle le regardait ranger son pyjama et un change dans son sac de sport. Il déverrouilla l'armoire de classement et en sortit le porte-documents en cuir noir, qu'il posa sur son jean de rechange. Pourquoi l'emportait-il avec lui ?

— Tu ne peux pas me dire tout de suite, pour la surprise ? demanda-t-elle.

Il lui jeta un regard en coin.

— Tu le sauras bien assez tôt.

Ses « surprises » n'étaient jamais pour elle. La dernière fois, c'étaient des appareils de musculation. La fois d'avant, une immense télévision LCD, qu'il contrôlait seul en sélectionnant des programmes qui n'intéressaient pas Miki : des rediffusions sportives, des émissions sur l'entreprenariat, des méthodes pour devenir riche. Quand il était de bonne humeur, il la laissait parfois regarder des DVD qu'il avait choisis pour elle : *La Petite Maison dans la prairie* et *Un amour de Coccinelle.* Mais, la plupart du temps, il restait assis seul, devant des programmes qui duraient jusque tard dans la nuit. De temps en temps, elle essayait d'ouvrir la porte pour apercevoir l'écran, mais Kurt avait un sixième sens et il la surprenait toujours. Elle avait beau tenter d'épier les dialogues à travers la porte, il mettait le son si bas que c'était peine perdue.

Quand elle l'entendit sortir de l'allée en marche arrière, elle alla s'asseoir dans la salle du restaurant pour regarder les feux de signalisation dans le noir. Un calme imposant remplit la pièce. Elle entendait seulement le ronronnement du réfrigérateur, le bourdonnement des néons, le tic-tac de la pendule. Le restaurant lui parut à la fois grand, vide et étouffant. Dans le noir, elle était un diable de Tasmanie au fond d'un piège Polypipe. Sa peau la démangea. Elle décida de sortir. Marcher dans la nuit n'était pas idéal mais, à présent qu'elle avait goûté à la liberté, elle en était toujours assoiffée.

Elle alla chercher sa clé et sortit dans l'humidité du soir. Il avait plu presque toute la journée et l'eau s'écoulait encore dans les caniveaux, l'air était frais, empreint de la forte odeur de l'herbe. Elle traîna dans les rues, évitant les flaques d'eau, espionnant les gens par leurs fenêtres. Elle avait commencé à découvrir où ils vivaient tous. Le grumier de Robbo lui avait facilité la tâche, et la famille de Max vivait dans la même rue. Le 4 × 4 rouillé de Shane et le chien de Max en attestaient. Leon habitait la maison voisine : la Toyota blanche garée devant portait le logo des parcs nationaux sur la portière.

Dans une autre rue, elle regarda la télévision à travers une fenêtre avant de comprendre qu'il était aussi triste d'observer les gens de l'extérieur que de l'intérieur. Tant qu'on n'interagissait pas avec d'autres personnes, on restait seul. Cette prise de conscience l'incita à rentrer chez elle. Elle n'avait pas seulement besoin de liberté, elle voulait aussi de la compagnie.

Dans le petit salon à l'arrière du restaurant, elle retapa les coussins et balaya quelques éclats de bois que Kurt avait laissé tomber par terre lorsqu'il avait rentré les bûches. Puis elle alluma un feu. Quand les braises rougeoyèrent et que la pièce fut réchauffée, elle alla tirer l'exemplaire de *Loin de la foule déchaînée* de sous la pile de pulls tricotés main dans son armoire. Il y avait plus d'une semaine que Geraldine le lui avait donné mais elle n'avait pas osé le lire en présence de Kurt. Le moment était venu.

Tandis qu'elle s'installait confortablement sur le canapé avec le roman, un frisson d'excitation la parcourut. C'était comme le jour où elle avait ouvert *Jane Eyre* pour la première fois : elle était émue de se savoir sur le seuil d'un nouveau monde. Miki se souvenait de sa colère en lisant la scène où Jane se faisait persécuter par les membres de sa famille et le principal de son école. De sa joie en découvrant son amitié avec Helen se développer. De sa tristesse à la mort de la pauvre Helen. Du plaisir d'assister au voyage jusqu'à Thornfield Hall lorsque Jane avait commencé à travailler comme préceptrice. Du bonheur éprouvé lorsqu'elle avait rencontré M. Rochester. Et lorsqu'elle était tombée amoureuse de lui au fil de leurs conversations. Miki avait été inspirée par la force de Jane, par la façon dont elle se défendait toute seule, par sa dignité, l'intégrité de ses croyances. Dévorant les pages, Miki avait suivi l'évolution de la relation de Jane avec M. Rochester, l'éveil de sa passion, son épouvante quand elle avait appris le secret de cet homme, son terrible périple pour s'enfuir dans la haute lande.

Miki s'apprêtait à présent à plonger dans une toute nouvelle histoire, avec de nouveaux personnages. De nouvelles idées. Son cœur bondit dans sa poitrine. Si Kurt pouvait la maintenir enfermée dans la boutique la majeure partie du temps, il ne pouvait pas contrôler où son esprit allait se perdre.

Elle ouvrit le livre et sauta l'introduction.

Chapitre un, première ligne. *Le fermier Oak était un jeune homme…*

Les murs de la pièce s'estompèrent tandis que l'histoire prenait vie.

Plus tard, elle se demanda où les heures avaient filé. C'était la magie des livres, de la découverte des secrets gardés entre leurs pages. Exactement comme Geraldine l'avait dit : *Loin de la foule déchaînée* était extraordinaire. Miki apprécia Gabriel Oak dès le début. Elle admirait sa stabilité, sa gentillesse et sa loyauté, et elle fut bouleversée lorsque son chien poussa ses moutons à se jeter de la falaise. Tout perdre l'avait privé de ressources ; Miki savait précisément ce que c'était.

Au début, elle ne sut quoi penser de Bathsheba. Elle paraissait fière et indépendante, pour une jeune fille. Miki fut déçue quand elle refusa d'épouser Gabriel. Elle avait pitié de lui parce que Bathsheba s'était montrée abrupte et insensible dans son refus. Mais Miki comprenait que c'était trop tôt – Bathsheba n'était pas prête pour le mariage. Elle était libre et indépendante, elle ne voulait pas être entravée. Elle lui paraissait si différente que Miki avait un peu de mal à s'identifier à elle. Mais, dans la suite du livre, Miki commença à comprendre que, même si leurs ambitions différaient, elles étaient, d'une certaine façon, semblables. Bathsheba voulait plus pour elle, comme Miki. Elle comprenait sa soif de liberté. Elle admirait la façon dont elle forçait les hommes à la considérer comme une égale. Lorsqu'elle hérita de la fortune et des terres familiales, elle voulut prouver qu'elle était assez intelligente pour diriger une ferme, chose que les femmes ne faisaient pas à l'époque. Miki était impressionnée par la ruse dont l'héroïne faisait preuve pour persuader les hommes de l'aider sans jamais plier devant eux, sans jamais se soumettre. C'était l'exact opposé de ce que Miki avait connu. Dans sa vie – à la ferme comme au restaurant – les hommes avaient toujours dominé les femmes. Bathsheba était la preuve vivante que ce n'était pas une fatalité. Les femmes de cette ville aussi défiaient leurs hommes – Miki l'avait remarqué lorsqu'ils venaient en couple au restaurant – elle savait que la plupart des hommes respectaient leurs femmes. Mais ce n'était pas comme ça chez Miki : Kurt s'assurait qu'elle sache rester à sa place.

Il y avait aussi le sergent Troy, l'amant de Bathsheba, et la scène dans la forêt où il faisait virevolter son sabre tout autour d'elle pendant qu'elle se tenait immobile. Miki ressentait la force, la tension des émotions de l'héroïne. Elle sentait le souffle du sabre qui fendait l'air tout près de sa peau. Le choc lorsque le sergent coupa une mèche de cheveux de Bathsheba avec son épée qu'il lui avait dit être émoussée. Bathsheba s'éveillait en tant que femme, ce qui émut et dérouta Miki. Elle aussi, elle était une femme. Pourtant, ses sentiments étaient enfermés au fond d'elle. Parfois, ils martelaient douloureusement contre sa poitrine.

Au fil des pages, Miki en vint à aimer Bathsheba et voulut devenir comme elle. Elle lut jusqu'à l'épuisement, jusqu'au tournis. Elle lut jusqu'à se sentir emplie de mots et d'idées, qui se bousculaient dans sa tête.

À la fin du livre, Miki comprit qu'elles avaient beaucoup en commun. Miki voulait elle aussi naître au monde et rencontrer des gens. Avoir une chance de faire leur connaissance. D'être indépendante. De tomber amoureuse. De se tromper. Mais elle ne voyait pas quand tout cela pourrait arriver. Pour l'instant, elle devrait trouver son bonheur dans les livres.

Le lendemain matin, Kurt arriva avec un nouveau 4 × 4 à double cabine. Il le gara dans l'allée à l'arrière du restaurant, et la peinture gris métallisé scintilla au soleil. Miki en resta stupéfaite. Ils n'avaient pas besoin d'une nouvelle voiture – l'ancienne, qui n'avait que deux ans, était toujours en bon état. *Je croyais qu'on épargnait pour acheter une ferme*, voulait-elle lui lancer, mais elle redoutait trop sa colère. Depuis la cuisine, elle le voyait s'escrimer pour nettoyer les traces laissées par quelques insectes écrasés sur le pare-brise. Le nouveau véhicule avait des phares antibrouillards jaunes et un pare-buffle presque aussi gros que celui d'un camion. Quel genre d'animal Kurt s'imaginait-il percuter avec ça ? Et combien ce 4 × 4 avait-il coûté ? Assez pour leur laisser de quoi obtenir un prêt pour acheter une ferme ?

Il avait hâte d'essayer sa nouvelle voiture dans la forêt, sur les chemins de terre, et Miki fut invitée parce qu'il n'avait personne d'autre auprès de qui frimer. Il conduisit vite, testant le volant et l'adhérence des pneus dans les virages, tandis qu'elle restait assise en silence, immobile sur le siège passager. Pendant qu'il criait en frappant le volant, elle souriait pour l'apaiser. Mais en son for intérieur, elle avait la nausée. Il n'aurait pas dû dépenser tout leur argent.

Alors qu'il venait d'obliquer sur la route secondaire habituelle, ils croisèrent bientôt une pancarte : *Opérations de déboisement.* Le cœur de Miki fit un bond dans sa poitrine. Droit devant, elle vit une étendue vide, avec plusieurs 4 × 4 garés sur le côté.

Kurt roula jusqu'au panneau et s'arrêta.

— C'est quoi ce bordel ?

Miki n'en croyait pas ses yeux. Derrière la pancarte, le paysage était méconnaissable. À croire qu'une bombe avait été lâchée sur la forêt. Les hauts arbres et les vastes fougères avaient disparu, il n'y avait plus que du vide sous le ciel blanc. Le sol était une décharge d'écorces arrachées et de branches brisées, de feuilles empilées en monticules. Un parfum d'eucalyptus écrasé et de terre fraîchement retournée flottait dans l'air.

Miki était bouleversée. La semaine précédente encore, tout était normal, et désormais son havre de paix était saccagé. À mi-pente, elle apercevait les coupables : deux énormes machines rugissantes qui rampaient en abattant les arbres. Elle vit de ses yeux une abatteuse saisir un arbre entre ses griffes mécaniques et découper le tronc de la même façon qu'un couteau trancherait du fromage. Miki eut l'impression qu'on la coupait en deux. Elle frémit lorsque l'arbre tomba lourdement au sol. La machine débita la cime et les racines, comme on le ferait d'une carotte, avant que le débusqueur ne prenne le relais, taillant les branches latérales puis traînant l'arbre au pied de la colline dans des grondements de moteur et des cliquetis métalliques. Elle était horriblement rapide : en quelques minutes, un arbre était devenu une grume. Les machines dévoreraient toute la forêt jusqu'à ce qu'il n'y ait plus rien.

Plus loin sur la route, Miki reconnut le camion de Robbo garé sur une zone récemment passée au bulldozer. Il surveillait le chargement de grumes sur son plateau. Plus haut, où le terrain devenait ardu, la forêt était intacte. Miki espérait que les machines n'arriveraient pas jusque-là.

Derrière le volant, Kurt faisait grise mine en observant le massacre.

— Salauds, bougonna-t-il.

— Que font-ils là ? demanda Miki, la gorge nouée.

— Un idiot dans un bureau a tracé une croix sur une carte, et c'est là qu'ils se rendent.

— Mais il y avait tellement d'arbres anciens ! Comment ont-ils pu faire ça ?

Elle voulait remonter le temps et ressusciter la forêt. C'était du vandalisme. Ce n'était pas les arbres qui manquaient dans la région – pourquoi les bûcherons ne pouvaient-ils pas aller ailleurs ? Elle pensa aux aigles ; l'arbre où ils nichaient n'était pas loin. Est-ce que les machines l'abattraient, lui aussi ?

Kurt contourna la pancarte, manœuvrant devant les véhicules des bûcherons. Dont le 4 × 4 rouillé de Shane. Il était là, casque sur la tête et gilet de sécurité jaune sur le dos, en train de se débattre avec une tronçonneuse à l'arrière de sa voiture, une cigarette entre les lèvres. Il les regarda passer en fronçant les sourcils – ils ne s'aimaient pas, ce n'était un secret pour personne –, et Kurt fronça les sourcils à son tour en marmonnant « connard ». Shane souleva sa tronçonneuse et gravit la colline en grimpant sur le maelström de branches tombées. Miki se souvint alors d'avoir entendu dire qu'il abattait les arbres sur les pentes, ce qui signifiait que les arbres n'étaient pas en sécurité là-haut non plus. Dans quelques semaines, toute la zone serait dévastée.

Kurt continua à conduire en silence, les mâchoires serrées, suivant le sentier qui traversait la clairière. La zone déboisée n'était qu'un grand vide : du ciel, des détritus de bois et de la terre. Plus bas, le squelette d'une fougère arborescente isolée agitait des frondes meurtries et trois arbres faméliques se dressaient tristement, comme s'ils se soutenaient, exposés au vent. Miki vit un strepera prendre son essor à l'orée de la forêt – il restait au moins une créature vivante. Ce qui ne lui remonta pas le moral pour autant.

Tandis qu'ils s'éloignaient du chantier, le hurlement des machines s'estompa peu à peu mais Miki se sentait blessée. Ce ne fut que lorsqu'ils s'enfoncèrent de nouveau dans la forêt qu'elle put se détendre. Ils dépassèrent l'arbre aux aigles, puis rejoignirent bientôt leur précieux recoin de forêt. Là, les troncs se rapprochaient et les buissons frôlaient les parois de la voiture sur leur passage. Kurt était toujours vert de rage. Quand ils s'arrêtèrent, il sauta de la voiture et claqua sa portière avant de sortir brusquement son fusil et de le charger d'une poignée de munitions.

— Salauds, cracha-t-il. Si seulement ils pouvaient se casser. Je parie qu'ils vont tout déboiser jusqu'ici.

Cette idée angoissa davantage Miki. Si les bûcherons venaient là, qu'arriverait-il à son arbre favori ? Pour ces hommes, une forêt n'était que des troncs à évacuer par camion. De l'argent en banque. De la nourriture pour remplir leurs estomacs. Une grande télévision. De l'essence dans le réservoir. Son arbre ne vaudrait rien parce que son cœur était pourri ; ils allaient le réduire en copeaux.

— Qu'est-ce qu'on peut faire ? demanda-t-elle à Kurt. Est-ce qu'on devrait déplacer les ruches ?

— Inutile de s'inquiéter pour le moment. Il leur faudra quelques semaines pour arriver là.

— On ne peut pas les arrêter, d'une façon ou d'une autre ?

Kurt glissa la crosse de son arme contre son épaule et la braqua dans la direction d'où ils étaient venus en plissant les yeux pour voir dans la lunette de visée.

— Je pourrais les descendre, dit-il.

À ces mots, Miki frissonna.

— Non, tu ne ferais pas une chose pareille.

Il abaissa son arme et l'inspecta de ses yeux froids.

— Bien sûr que non. On n'a pas travaillé si dur pour tout gâcher comme ça.

Et ton nouveau 4 × 4, songea-t-elle. *Ce n'est pas du gâchis ?*

Kurt s'attarda longtemps dans la forêt, ce matin-là, et Miki resta blottie dans la voiture, à s'inquiéter pour ses arbres. Autour d'elle, le bush s'agitait et murmurait comme si rien n'avait changé. Il était étrange que tout semblât normal ici alors que ce n'était franchement pas le cas.

Sur le chemin du retour, Kurt s'enferma dans un silence morose et refusa de discuter des bûcherons avec elle. Il disparut dans le sous-sol pendant une heure, avant de filer à Hobart, d'une humeur exécrable.

Dès qu'il partit, le nœud dans la poitrine de Miki se défit. Même si elle se sentait toujours triste, elle connaissait un moyen de se remonter le moral. Elle alla chercher sa clé, sortit et inspira une bonne goulée d'air frais en refermant la porte derrière elle. Pour une raison qui lui échappait, être dehors la délassait. Elle devait trouver un moyen d'action contre la déforestation et la meilleure façon d'y réfléchir était de marcher.

Ses pieds l'entraînèrent devant l'école primaire et sur la route menant à la forêt, et son pas s'accéléra lorsqu'elle sentit l'appel de la liberté. Marcher lui faisait du bien. Les voitures la dépassaient en trombe, leur souffle la fouettait, mais elle s'en moquait. Elle aimait le claquement de ses chaussures sur le sol, la chaleur qui la gagnait malgré le temps froid et humide, le fait que Kurt ignorait où elle se trouvait. Elle passa devant de petites fermes et des maisonnettes crachant de la fumée par leur cheminée. Des chiens fonçaient droit vers elle pour lui aboyer dessus, les poils hérissés. Elle évitait de croiser leur regard et poursuivait son chemin.

Au sommet de la colline, elle entendit une voiture approcher et, en jetant un coup d'œil en arrière, elle vit un gros 4 × 4 blanc foncer vers elle en rugissant. Au lieu de la dépasser, il ralentit et s'arrêta à son niveau. Miki reconnut le logo des parcs nationaux sur la portière.

Leon baissa la vitre.

— Salut ! Où vas-tu comme ça ?

— Nulle part en particulier. Je suis juste sortie me promener.

— Je monte au parc pour y laisser du matériel. Je te dépose ?

— Je ne vais pas si loin.

— Peu importe. Je t'emmène où tu veux.

Miki secoua la tête. Kurt serait fou de rage si elle acceptait.

— C'est bon, dit-elle. Tu as eu des nouvelles de Dale ? Les résultats des tests sur le diable sont arrivés ?

Le sourire de Leon s'effaça.

— Attends, je me gare.

Il la dépassa et alla stationner plus loin avant de

revenir vers elle à pied, les mains dans les poches, les sourcils froncés.

À sa mine, Miki comprit que son diable souffrait de cette maudite maladie. Son cœur se serra. La journée, déjà mauvaise, empira.

Leon lui apprit la nouvelle d'un air embarrassé.

— Dale nous a envoyé un e-mail, l'autre jour… Les résultats ne sont pas bons…

Elle détourna le regard, cherchant à puiser des forces dans la vue des montagnes. Puis elle se souvint de ce qui s'y passait – les camions et les machines – et son cœur se brisa tout à fait.

— Après vous avoir ramenées, Geraldine et toi, on est retournés à la décharge et on a aperçu la femelle, reprit Leon. On n'a remarqué aucune plaie sur son museau.

Enfin une bonne nouvelle, mais elle ne parvint qu'à hocher la tête.

— Dale pense qu'on devrait la déplacer avec ses petits pour la mettre en sécurité et leur éviter d'être contaminés.

Cela voulait dire que le mâle resterait là-bas, tout seul ? Miki ne supportait pas de l'imaginer livré à la solitude – c'était un sentiment qu'elle connaissait trop bien.

— Et le mâle ?

— Lui, il devra rester. Dale ne peut rien pour lui…

De nouveau, Miki détourna les yeux. Elle lisait trop de gentillesse dans l'expression de Leon. Si elle le regardait, elle risquait de pleurer.

— Où est-ce que Dale les emmènerait ?

— Il veut les déplacer vers un sanctuaire chargé de la reproduction des diables. Ils peuvent intégrer un programme dont le but est de relâcher des diables sains dans la nature.

Miki avait imaginé ses diables dans une forêt côtière, en compagnie d'autres animaux en bonne santé, une tribu avec laquelle ils auraient pu interagir. Elle se tourna vers Leon, indignée.

— Alors ils seraient dans un zoo ?

— En quelque sorte, répondit-il après une hésitation. Dale affirme que les enclos sont très spacieux. Et on y prend soin des diables. Ils ont de la nourriture, de la compagnie et de l'espace. Aucune maladie.

— Ni de liberté.

Miki ne voulait pas que ses diables soient enfermés. S'ils se retrouvaient coincés dans un zoo, elle aurait l'impression de les avoir trahis. Leur nature sauvage, voilà ce qu'elle aimait le plus chez eux. Ils étaient forts et confiants. La liberté, c'était important. Pas de clôture. Pas de verrou.

— Ils ne seront pas libres non plus s'ils tombent malades, insista Leon. Une seule morsure, et les autres pourraient être contaminés.

Présenté comme ça, le sanctuaire devenait une nécessité. Mais Miki se sentait toujours prise au piège. Comment les diables supporteraient-ils leur enfermement ? Elle ne souhaitait ça à personne.

— Quand est-ce que Dale compte les déplacer ?

— Je ne sais pas. Je lui demanderai. Tu pourrais nous aider à les attraper. Le lundi, c'est toujours bon ?

Elle hésita. Pourrait-elle participer à une deuxième expédition sans que Kurt le découvre ?

— Oui, c'est toujours bon.

— Et si je te glissais un mot sur le comptoir ?

Elle ne voyait pas d'autre moyen de communiquer, en effet.

— D'accord. Assure-toi seulement que Kurt ne remarque rien...

Leon lui décocha un regard qui lui fit comprendre à quel point il n'appréciait pas son frère. Miki avait l'habitude – personne ne l'appréciait sauf elle. Ils ne le connaissaient pas, se dit-elle. Cependant, une petite voix lui rappela qu'il était difficile de l'apprécier, même en tant que sœur.

— Ce ne sera sans doute pas tout de suite. Dale est parti pour quelques semaines en capturer dans la région de Tarkine. Je te ferai signe quand j'aurai de ses nouvelles.

Une voiture passa devant eux à toute allure, et Leon jeta un coup d'œil à la Toyota, garée sur le bas-côté.

— Je ferais mieux d'y aller.

Jusque-là Miki n'avait pensé qu'aux diables, mais la question des arbres lui revint soudain en tête.

— Attends. Je voudrais te demander quelque chose.

Leon se retourna vers elle en haussant les sourcils.

— Kurt et moi, on était dans la forêt, ce matin, et on a croisé des bûcherons qui abattaient des arbres anciens. Je ne pense pas qu'ils devraient venir à cet endroit. Il y a un nid d'aigle de Tasmanie dans la zone, en plus.

— Je suis presque certain qu'ils ont le droit d'abattre de vieux arbres. Cela dit, ce nid devrait faire la différence. Ces aigles sont une espèce protégée. Où est-ce qu'ils se trouvent ?

Miki lui donna des indications, que Leon nota sur un calepin.

— Ça m'aiderait si je pouvais les voir moi-même. Tu pourrais m'y guider maintenant ?

Cela semblait logique, seulement Kurt serait hors de lui si quelqu'un l'apercevait avec Leon.

— Les bûcherons y sont encore, dit-elle. Je ne veux pas qu'ils me voient.

Leon hocha la tête.

— Il vaudrait mieux éviter qu'ils me voient aussi. La situation est assez compliquée comme ça… et si on y allait ce soir, quand ils auront fini ? Dix-huit heures trente ?

— Il fera noir.

— J'ai une lampe torche.

Elle hésita.

— Ça ne plairait pas à Kurt.

Voilà, maintenant qu'elle l'avait dit clairement, Leon devrait comprendre.

— Bien sûr. Je pourrais aussi demander à Geraldine de venir. Elle semble avoir le goût de l'aventure.

— Peut-être, fit-elle en sentant ses choix se limiter.

— Si tu ne peux pas ce soir, pourrait-on y aller demain ?

— Non. Le lundi, c'est mieux.

— Allons-y, alors. Je file en ville pour m'arranger avec Geraldine. Et si je passais te prendre derrière l'office de tourisme, comme la dernière fois ? Tout ira bien. À tout à l'heure, conclut-il en souriant.

14

La mère de Leon avait le chic pour lui téléphoner au mauvais moment. De temps en temps, c'était pour lui annoncer quelque chose d'important, les visites de Stan, par exemple. Leon avait essayé de faire quelque chose à ce sujet – il avait appelé Stan afin de le mettre en garde. Sauf que le camarade douteux de son père n'avait pas pris ses appels. Cependant, la plupart du temps, sa mère téléphonait pour des broutilles, comme pour lui dire que la lumière du four avait grillé ou que le chien du voisin avait été renversé par le car touristique.

— Tu veux que je passe à la maison ? avait-il demandé une ou deux fois.

Elle avait refusé en disant :

— C'est gentil, Leon, mais c'est trop loin.

Elle l'avait aussi appelé pour lui annoncer que le ramassage des poubelles n'avait pas été fait.

— Tu devrais contacter la municipalité, avait-il conseillé. Ils t'expliqueront ce qui se passe.

Il savait qu'elle ne pouvait discuter de rien avec son père, toutefois, il aurait voulu que ce dernier fasse un effort pour s'impliquer davantage.

Ce soir-là, elle téléphona alors qu'il était dans la Toyota avec Miki et Geraldine, sur la route qui serpentait vers la forêt, les phares déchirant les ténèbres. Il n'avait pas le droit de téléphoner en conduisant, ni de transporter des passagers mais, à cet instant, il s'en fichait pas mal ; en pleine nuit, personne ne les verrait.

— Salut, maman. Tout va bien ? dit-il à voix basse, bien trop conscient de la présence des deux femmes à l'arrière.

— Ton père est en train de vomir. Tu crois que je devrais l'emmener à l'hôpital ?

Ce n'était pas la première fois que le père de Leon se retrouvait dans cet état. Depuis l'aggravation de sa maladie, il avait le teint jaune et connu plusieurs épisodes de vomissements. Rien de surprenant : son foie se rebellait contre une vie de mauvais traitements.

— Peut-être, fit Leon. Mais c'est dur à dire, d'ici. Tu es meilleure juge que moi. Le dernier ferry est à dix-neuf heures quinze. Tu peux encore y être à temps si tu pars maintenant.

— Je dois l'habiller.

— Les docteurs s'en fichent. Emmène-le comme il est.

— D'accord. Je vais y aller.

Il raccrocha et se concentra sur la route sombre, épousant les courbes et guettant d'éventuels wallabies ou wombats suicidaires – la nuit, ils pouvaient se jeter sous ses roues à tout instant.

— Tout va bien ? demanda Geraldine.

— Oui, rien de bien méchant.

— Quelqu'un est malade ?

— Le chat de ma mère, mentit-il.

Elles devaient savoir qu'il ne parlait pas d'un chat mais, bizarrement, il trouvait important de garder la face – il ne voulait pas partager ses problèmes familiaux.

Suivant les indications de Miki, il emprunta une route secondaire et, au bout de quelques centaines de mètres, la zone rasée s'ouvrit devant eux. Les phares avaient une portée limitée mais suffisante pour révéler la dévastation et le vide. Des souches. Des tas de branches et d'écorces. Des cimes jetées au loin. Des fougères arborescentes passées au bulldozer. Un mur abrupt d'arbres ombreux où la déforestation s'était arrêtée.

— Ça alors, ils n'y ont pas été de main morte !

— C'est horrible, murmura Geraldine. Pas étonnant que tu sois bouleversée, Miki.

— Je m'inquiète pour les aigles, expliqua cette dernière. Leur arbre n'est pas loin.

La zone déboisée semblait se prolonger indéfiniment tandis que Leon la traversait en voiture. Ce type de paysage ne lui était pas inconnu – sa famille avait abattu des arbres pendant des décennies. Et ce genre de ravages l'avait poussé à s'éloigner de la tradition familiale. Il était peut-être possible, des années auparavant, de croire que l'homme ne pourrait jamais surexploiter les forêts mais, à présent, c'était allé trop loin. La Tasmanie possédait encore des arbres immenses, cependant, les forêts anciennes disparaissaient. Leon ne savait pas pourquoi ils avaient besoin d'abattre ces spécimens anciens. Ces vieux troncs étaient creux à l'intérieur ou alors ils se fendaient en tombant, inutiles pour l'industrie. Alors quel intérêt ? Autant les laisser tranquilles. Sauf que les bûcherons aimaient tout raser, c'était comme tondre une pelouse, la méthode radicale était plus sûre et plus facile que de sélectionner les arbres, et ils n'avaient même pas besoin de descendre de leurs machines. La Tasmanie possédait certains des plus beaux arbres anciens d'Australie. Dans un tel pays civilisé, ils devraient arrêter complètement de les couper. Chez lui, sur l'île Bruny, ils ne produisaient que des copeaux car il n'y avait plus un seul vieil arbre. La même chose se produirait ici, si cela continuait.

Leon fut soulagé de sortir de la clairière pour retrouver une partie de forêt intacte. Là, on pouvait presque imaginer que cette clairière n'existait pas. Dans le noir, les arbres paraissaient se resserrer autour de la voiture et la lumière des phares leur donnait un air féerique. Voilà ce à quoi devait ressembler une forêt : à une douce couverture recouvrant la terre.

Plus loin, Miki pointa du doigt l'arbre des aigles et Leon s'arrêta dessous. Lorsqu'ils se glissèrent dans la nuit froide, les arbres semblèrent ployer vers eux, sombres et denses, leurs branches tendues comme des bras, leurs feuilles frémissant d'une vie secrète. Leon repensa aux contes qu'il avait entendus dans son enfance, aux histoires qui diabolisaient les forêts : Blanche-Neige y était poursuivie par les chasseurs, le Petit Chaperon rouge traquée par le loup, et dans *Le Seigneur des anneaux* et *Bilbo le Hobbit*, les bois étaient hostiles. Ces histoires distillaient la peur du mal tapi dans les arbres – mais nulle force obscure attendant de détruire les hommes ne planait ici. Les créatures de la forêt étaient trop occupées : des rats et des souris marsupiales fouinaient dans les sous-bois, des opossums grignotaient des feuilles, des chouettes chassaient du gibier. Si les gens apprenaient à aimer la forêt au lieu de la craindre, ils auraient peut-être envie de la préserver.

Leon alla chercher sa lampe torche et braqua le faisceau le long du tronc. Le nid était là : un écheveau de bâtons et de brindilles, perché sur une haute branche.

— Ce ne sont pas tout à fait des artistes, hein ? fit Geraldine.

— Ce nid est là depuis plus de deux ans, c'est qu'il est solide, expliqua Miki. Les bourrasques peuvent être fortes, là-haut.

Dans le faisceau de lumière, les bras blancs ornés de feuilles argentées frémissantes détonnaient comme des os. Leon se demanda si les aigles étaient dans les parages. Il balaya la canopée avec la lampe torche pour voir s'ils y étaient, sans succès.

— Ils ont peut-être eu peur, dit Miki d'un air triste.

Leon était étonné par son engouement pour ces aigles. La plupart des observateurs d'oiseaux étaient des passionnés de nature, comme lui, ou membres d'un club d'ornithologie. Mais il y avait quelque chose d'étrange, chez Miki. Elle était à la fois jeune et vieille, timide et directe, avec un sens de l'observation surprenant. Sa mère lui avait servi de maîtresse d'école – c'était peut-être pour ça qu'elle était un peu bizarre. Elle avait pu passer du temps à observer les oiseaux parce qu'elle n'avait pas eu d'autres enfants avec qui jouer. Il essaya d'imaginer à quoi pouvait ressembler sa vie ici avec Kurt. Il était évident qu'elle avait eu peur de sortir ce soir, comme la nuit où ils avaient piégé les diables. Kurt ne devait pas toujours être tendre avec elle. C'était dur à dire, de l'extérieur, mais Leon sentait qu'elle avait besoin de compagnie – de quelqu'un à qui parler.

— Désolé, je ne trouve pas tes aigles, dit-il. Ils ont dû se camoufler dans l'épais feuillage.

— Ils dorment peut-être, hasarda-t-elle, déçue.

— C'est une espèce en danger, non ? demanda Geraldine. Pourquoi en reste-t-il si peu ?

— Les fermiers pensent qu'ils tuent des moutons, expliqua Leon. Alors soit ils les abattent, soit ils les empoisonnent. Et, parfois, ils se prennent dans les câbles des lignes haute tension.

— C'est terrible ! Combien en reste-t-il ?

— Environ trois cents couples.

Geraldine secoua la tête.

— Ils sont tellement imposants qu'on les croirait invincibles, sauf que personne ne l'est.

— Puisque nous sommes ici, je peux vous montrer un autre arbre ? lança Miki. Il est plus loin, sur le sentier. Il faut reprendre la voiture et marcher un peu.

Ils remontèrent dans la Toyota et repartirent. La piste s'étrécit, se recouvrit d'herbe, et les buissons commencèrent à griffer les portières. Leon espéra qu'il trouverait un endroit pour faire demi-tour le moment venu. On aurait dit que personne ne venait là, à part Miki et Kurt.

Miki lui indiqua où se garer près d'un bosquet de hêtres qui se paraient de teintes dorées. Ils descendirent et elle ouvrit la voie en marchant lentement pour que Geraldine puisse suivre le rythme.

L'arbre immense apparut dans les ténèbres : le plus gigantesque eucalyptus que Leon avait jamais vu. Le garde forestier et les deux femmes se postèrent devant ses racines aux allures de contreforts, dans un silence solennel, les yeux levés vers la cime qui semblait chatouiller le ciel parsemé d'étoiles.

— Tu peux éteindre la lampe ? lui demanda Miki. J'aime écouter le chant de la forêt, la nuit.

Leon s'exécuta et, tandis que sa vision s'ajustait, il distingua des bouts de branches, tout en haut. Dans l'obscurité, tout semblait amplifié. Le vrombissement des moustiques. Le frétillement des bestioles dans les taillis. Le coassement des grenouilles, les stridulations des criquets.

Un craquement retentit dans la canopée. Leon ralluma la lampe torche et la braqua dans la direction du bruit. Là, perché sur une branche courte, se trouvait un opossum gris duveteux aux oreilles pointues et à la queue en panache. Il regardait vers le bas, comme pour les examiner attentivement, sa queue dans le vide semblable à un crochet, ses yeux rouges dans la lumière. Puis il se mit en mouvement. Ses griffes acérées plantées dans l'écorce, les pattes bien écartées, il dévala le tronc avant de bondir dans les sous-bois où il disparut, sautant d'arbre en buisson comme un trapéziste.

Miki rayonnait de joie.

— Les opossums sont merveilleux, vous ne trouvez pas ?

Apparemment, elle adorait tous les animaux de la forêt. Leon se réjouit de voir quelqu'un de si passionné.

Geraldine éclata de rire.

— Chez moi, je déteste ces bestioles parce qu'elles dévorent mes plantes et les légumes de mon potager. Mais, ici, elles sont incroyables. Tu viens souvent dans le coin ? demanda-t-elle à Miki.

— Toutes les semaines. Je m'assieds sous cet arbre pendant que Kurt vadrouille dans le bush. C'est paisible.

— Qu'est-ce qu'il y fait, ton frère ?

— Il chasse.

— Toutes les semaines ?

Leon ne put dissimuler sa surprise. Kurt ne devait pas être très doué s'il revenait sans cesse au même endroit.

— Il n'abat pas du gibier à chaque fois, répondit Miki, sourcils froncés.

Leon s'étonna qu'elle prenne le parti de son frère. Il était évident que ce type était indéfendable. Cependant, il devait admettre qu'il avait lui-même parfois pris la défense de son père, alors qu'il ne le méritait pas. Les liens du sang étaient plus forts que tout.

Miki le dévisagea, pleine d'espoir.

— C'est un arbre magnifique, non ? dit-elle. Vous pensez que nous pouvons aussi le sauver de la déforestation ?

Leon soupira. Il n'était qu'un garde forestier solitaire. Mais il promit de voir ce qu'il pouvait faire.

15

Le mardi midi, à l'école, Callum vint voir Max en courant pour lui dire que Jaden voulait le retrouver derrière les toilettes à la fin de la journée. Max n'avait pas envie d'y aller. Depuis que Jaden avait jeté Bruiser en l'air, Max le haïssait encore plus. Les enfants pouvaient toujours s'enfuir pour échapper à ses menaces, mais les chiots, eux, étaient sans défense.

Lorsque la sonnerie retentit à la sortie des classes, Max prit son cartable et envisagea de rentrer directement chez lui. S'il courait assez vite, il pourrait y arriver avant que Jaden ne comprenne qu'il ne viendrait pas à son rendez-vous. Mais… et si Jaden revenait chez lui en exigeant de jouer avec les petits de Rosie ? S'il était en colère contre Max, cette fois, il risquait de lâcher un chiot exprès et de le tuer. Max n'avait pas le choix. Il marcha d'un pas traînant jusqu'aux toilettes où Jaden et Callum l'attendaient.

Jaden le fixa, une lueur mauvaise dans le regard.

— Comment vont les petits toutous ? Comment va Bruiser ?

— Bien.

— Il est assez grand pour servir de petit déj' à mon chien ? Prince a une faim de loup.

Max essaya de dissimuler qu'il était horrifié.

— Ils sont trop petits. Je peux apporter de la nourriture pour chien, à la place, ça le calera plus.

Jaden ricana.

— Tu peux te la garder, ta pâtée. Apporte-moi autre chose. Trouve-moi des cigarettes. Ta mère et ton père fument, tu peux leur en piquer quelques-unes.

Max paniqua. Comment pouvait-il faire une chose pareille ? Si son père le surprenait, il le tuerait.

— Je vais essayer, mais je ne promets rien.

— Tu ouvres un paquet, et t'en fauches deux ou trois. Je les veux demain.

— Demain ?

— Ouais. Ou je viendrai prendre un de tes chiots.

Une fois chez lui, Max courut jusqu'à la remise pour s'assurer que tous les petits étaient là. Rosie bondit de sa caisse et lui sauta sur les jambes afin qu'il la nourrisse, alors il remplit sa gamelle. Puis il alla chercher de la pâtée dans la cuisine et l'arrosa de lait, pour les chiots. Ils jappèrent tous d'excitation quand il revint, impatients de manger. Normalement, ce rituel l'amusait, mais ce soir, Max ne riait pas. Il posa le bol par terre et les regarda dévorer le tout, adossé à la porte. Une fois la gamelle vide, il les fit sortir sur la pelouse. Ils cavalaient partout, s'arrêtant un instant pour grignoter un brin d'herbe ou se battre. Ils se fatiguèrent rapidement, si bien que Max les replaça dans la remise et rentra chez lui plutôt que de rester des heures avec eux, comme il en avait pris l'habitude. Il était si déprimé qu'il se mit à jouer à *Call of Duty*. Avant la naissance des chiots, c'était son jeu préféré. À l'école, tout le monde en parlait encore mais, désormais, ça l'ennuyait.

Il était encore en train de tuer des zombies quand son père arriva. Après quatre semaines d'interruption, son niveau de points d'expérience était au plus bas et il n'avait pas envie d'aller manger. Sa mère lui cria d'arrêter « ce putain de truc » et son père, assis à table, le fixait d'un air sombre, si bien que Max dut obéir. Wendy avait préparé des côtelettes, accompagnées des trois légumes habituels. Comme elle avait oublié d'acheter de la sauce tomate, il dut prendre de la sauce barbecue dégoûtante. Il se fit gronder parce qu'il mangeait trop lentement, puis parce qu'il tenait mal son couteau et sa fourchette, puis parce qu'il ne voulait pas ronger les morceaux de viande restant sur l'os de sa côtelette. Pourquoi est-ce que ses parents ne le laissaient jamais tranquille ?

Il passa tout le repas à essayer de repérer où son père avait posé ses cigarettes. Parfois, il les laissait sur le comptoir ou dehors, dans la remise, mais la plupart du temps, elles restaient dans sa poche. Sa mère était de mauvaise humeur et elle dit à Max de faire la vaisselle.

— Et Suzie ? se plaignit-il. Elle ne fait jamais rien.

— Contente-toi d'obéir, rétorqua Shane. Ou je t'en colle une.

Shane ne le frappait pas souvent, mais quand il s'y mettait, il n'y allait pas de main morte. Max enfila donc les gants roses de sa mère et arrosa l'évier d'une giclée de produit vaisselle. Il prenait du temps car il s'amusait avec les bulles et, parfois, sa mère était si excédée qu'elle ne pouvait pas s'empêcher de finir à sa place. Mais pas ce soir. Elle mit Suzie au bain puis, dans le salon, son père et elle commencèrent à se disputer. Son père regardait les informations en buvant une bière, pendant que sa mère pliait du linge.

— On n'a plus d'argent, dit-elle. Comment ça se fait, Shane ?

— J'sais pas. Tu dois tout dépenser.

— C'est ça. Regarde-toi avec ta bière. Notre fric, tu le pisses dans les toilettes.

— Je me casse le cul toute la semaine. J'ai bien le droit de souffler un peu.

— Et comment je vais payer les factures ?

Max n'y comprenait rien. Ils se plaignaient toujours de ne pas avoir d'argent mais ils achetaient sans cesse des cigarettes. Les portables coûtaient très cher aussi, et ils en avaient chacun un, alors ils ne pouvaient pas être ruinés.

— Où est passé tout l'argent ? insista Wendy. Tu ne m'as toujours pas répondu.

— J'ai acheté un paquet de jeux à gratter, cette semaine. Je me sentais en veine.

— T'as tout claqué pour ces conneries ? Quel gâchis.

— J'ai aussi misé cent balles sur un cheval. Sur un tuyau de Toby.

— Et alors, ça a payé ? Putain, je parie que t'as rien gagné.

Shane ne répondit pas. Puis il soupira :

— J'avais passé une journée de merde, chérie, j'essayais juste de me remonter le moral.

Pour Wendy, cette excuse ne suffisait pas.

— Comment ça, une journée de merde ?

— T'as pas entendu la nouvelle ? Des écolos ont pris des photos de notre chantier et les ont envoyées aux autorités. Ils ont trouvé un nid d'aigle de Tasmanie, là-haut, alors le ministère nous interdit de bosser tant que cette histoire ne sera pas tirée au clair. C'est de la faute des bureaucrates. Ils auraient dû savoir, pour le nid. Max aimait les aigles de Tasmanie. Ils étaient cool, comme oiseaux. Son père l'emmènerait peut-être les voir.

— Et toi, tu savais qu'il y avait un nid ? demanda Wendy.

— Ouais, je l'ai repéré dès qu'on a commencé à bosser sur le site. On n'avait rien à faire là. J'ai pensé à le signaler, mais c'est pas mon boulot. C'est pour ça qu'on les paie, ces salauds du gouvernement.

— Où est-ce qu'ils vont vous envoyer, alors ? Ils ont un autre site en vue ?

— Sais pas.

— J'espère qu'ils continueront à te payer. Il faut bien qu'on mange, et on n'a plus rien en banque.

Max avait remarqué que les réserves de nourriture pour animaux diminuaient aussi dans la remise.

— C'est le moment de se débarrasser des petits clébards.

Max se crispa. Il ne leur avait pas encore trouvé de nouvelles maisons.

Cette fois, ce fut sa mère qui resta un moment silencieuse.

— On n'a pas besoin de faire ça, Shane, dit-elle finalement d'un ton plus doux. Ils rendent les enfants tellement joyeux.

— On ne peut pas les garder pour toujours.

Max en était malade. Il avait arrêté de laver la vaisselle, et sa mère cria :

— T'as déjà fini, Max ?

— Presque.

Il rinça rapidement les dernières assiettes et les fourra sur l'égouttoir. Il avait besoin de retourner voir les chiots.

Ils allaient bien. Ils étaient à leur place, tous les six, blottis contre Rosie.

Lorsqu'il rentra de nouveau chez lui, sa mère séchait Suzie dans la salle de bains et son père avait disparu aux toilettes. Dans le salon, Max aperçut son paquet de cigarettes sur la table basse. Il retint son souffle, ouvrit le paquet et prit trois cigarettes qu'il glissa dans sa poche. Son cœur battait à tout rompre mais, heureusement, le paquet était presque plein. Avec un peu de chance, son père ne remarquerait rien.

Il l'avait fait ! demain, il donnerait ces cigarettes à Jaden et il en aurait terminé avec lui.

À la récré le lendemain matin, Max sortait son goûter de son sac lorsque Jaden l'agrippa par le bras et le poussa contre les casiers en grognant :

— Tu les as ?

Cette histoire lui gâcha le reste de la journée – il avait si peur qu'il n'arrivait pas à se concentrer en classe. Il repensait sans cesse à ce qui se passerait si on le prenait donnant des cigarettes à Jaden. De toute façon, il n'avait pas le choix, sinon Jaden le frapperait.

À la fin de la journée, il se traîna jusque derrière les toilettes où Jaden et Callum attendaient.

— Alors ? fit Jaden en ricanant. T'as apporté des allumettes ?

— Ouais.

Heureusement, Max y avait pensé. Il donna à Jaden une boîte de Redheads qu'il avait prise sur la cheminée, chez lui. Puis il sortit les cigarettes de sa poche.

— Une chacun, dit-il en les leur tendant.

Elles étaient un peu aplaties, mais Callum semblait trouver ça cool.

Jaden prit la moins amochée et la glissa entre ses lèvres. Puis il tenta de frotter une allumette, en brisa six avant d'obtenir une flamme.

— C'est de la merde, tes allumettes. Trouves-en des mieux, la prochaine fois.

Max savait que ces allumettes étaient très bien : Jaden était juste nul.

— Il faut faire comme ça, expliqua Jaden. On doit inspirer en même temps qu'on approche la flamme, pour que la clope s'allume.

L'ado tira sur la fumée comme un expert, et le bout de la cigarette rougeoya. Puis il se mit à tousser. Max faillit rire, mais il se retint de justesse.

Ensuite, ce fut le tour de Max. Il avait peur de tousser, lui aussi. Ce ne devait pas être bien difficile. Il avait vu ses parents le faire des milliers de fois. Il plaça la cigarette la moins aplatie entre ses lèvres, puis gratta une allumette. Il savait s'y prendre parce que sa mère le laissait démarrer le feu de cheminée. Devant Jaden, il plissa les yeux pour essayer d'avoir l'air d'un pro. Il porta l'allumette à la cigarette en se concentrant de toutes ses forces pour que sa main ne tremble pas. Il était nerveux. La cigarette siffla et il inspira légèrement en gardant la fumée dans la bouche, sans l'avaler. Le bout de la cigarette rougeoya et de la fumée sortit de sa bouche. Comme s'il était en feu, à l'intérieur.

Jaden l'observa.

— Hé, pourquoi tu tousses pas ?

— C'est un fumeur-né, lança Callum, tout excité.

Jaden était contrarié. Il scrutait Max, attendant qu'il s'étouffe.

— Tu ne le fais pas comme il faut.

— Mais si, le défendit Callum. Regarde, de la fumée sort de son nez.

Max resta détendu. Lorsqu'il finit la cigarette, il la jeta au sol, l'écrasa dans la terre du bout du pied comme le faisaient ses parents. Puis il ramassa le mégot.

— Qu'est-ce que tu fous ? railla Jaden.

— Je vais le jeter à la poubelle. Si les profs le trouvent, on est morts.

Alors que, pensant en avoir fini, il était prêt à rentrer chez lui, Jaden lui décocha un sourire en coin.

— Il m'en faut encore.

— Qu'est-ce que tu veux dire ?

— D'autres clopes.

— Et si je ne peux pas ?

— Mais si, tu pourras, rétorqua Jaden, le sourire jusqu'aux oreilles.

Max eut envie de vomir. Chaque fois qu'il volerait des cigarettes, cela deviendrait un peu plus difficile. Et s'il n'y arrivait pas, Jaden risquait de s'en prendre aux chiots. Il devait les placer, et vite. Mais si le racket ne s'arrêtait pas après le départ des chiots ? Que ferait-il alors ?

16

Les hommes appelaient la fermeture du site de coupe « un putain de désastre total ». Miki les entendait en parler dans le restaurant. Au début, ce n'était que des chuchotements et des grognements. Puis l'action commença vraiment quand Robbo passa après le travail. D'habitude, le vendredi, il rentrait directement dîner chez lui avec Trudi, sa femme, avant de redescendre au pub. Ce soir-là, il gara son camion dans la rue, au mépris du Code de la route, et entra fièrement dans le restaurant pour y retrouver Toby, Mooney et Shane. Ils commandèrent une énorme portion de frites et s'assirent à une table, prévoyant à l'évidence de discuter. Kurt marmonnait qu'il aurait préféré les voir partir mais, après avoir encaissé leur argent, il s'éclipsa dans l'arrière-boutique pour s'occuper de la comptabilité. C'était plutôt sage de sa part, se dit Miki. Il n'arrivait pas toujours à éviter les conflits avec les clients.

Pendant qu'elle préparait leur commande, Miki les

écouta parler, ce qui n'était pas évident par-dessus le ronronnement des ventilateurs et le sifflement de l'huile bouillante. La voix de Robbo, grave et forte, était la plus facile à suivre.

— La guerre des forêts est rouverte, lâcha-t-il. Tout ça pour des putain d'oiseaux.

— C'est une guerre sans fin, reprit Toby. Ces imbéciles ont toujours voulu notre peau.

Comme toujours, il portait un t-shirt pour que le serpent tatoué sur ses biceps ait l'air de se tortiller.

— Des aigles de Tasmanie, hein ? railla Mooney. On ferait mieux de les tuer une bonne fois pour toutes.

— On ne peut pas, c'est une espèce protégée, fit Robbo. Le ministère nous tomberait dessus comme une tonne de briques.

— On pourrait abattre l'arbre, suggéra Mooney. Nid détruit. Problème réglé. Shane, t'as une tronçonneuse.

Mais Robbo n'était pas de cet avis.

— Mon gars, ils sauraient tout de suite que c'est nous. On doit juste attendre.

— Où est-ce qu'ils vont nous envoyer, à la place ? demanda Shane. Je peux pas attendre six semaines qu'ils se décident. J'ai deux gosses à nourrir.

— Qui sait ?

— Ils vont devoir nous verser une indemnité, mais ça pourrait prendre des mois.

— Il faut qu'on organise une manifestation,

déclara Robbo. Qu'on réunisse tout le monde pour que les gens nous soutiennent.

— On est déjà réunis, répondit Mooney.

— D'accord, mais il nous faut un plan. Nous devons faire du bruit. Ce nid d'aigle va faire la une des sites Internet et des journaux, et les écolos vont se frotter les mains. Nous devons donner notre point de vue. Défendre notre cause. Pour faire tomber des têtes. Le ministère a merdé dans cette histoire.

— Qu'est-ce qu'on fait ? On crée une page Facebook ? On envoie un e-mail aux journaux ?

— Ouais, peut-être. Mais qui va le faire ? La technologie, c'est vraiment pas mon fort.

— Je demanderai à Steph de s'y mettre, proposa Toby. Elle est plus douée que moi pour ce genre de choses.

— Moi, je pourrai pas, fit Shane.

— Pourquoi pas ?

— Je m'exprime pas bien.

— Tu sais parler, non ? fit Robbo. Alors tu sais t'exprimer.

Cette remarque les fit tous rire.

— Et les politiciens ? suggéra Toby. On leur envoie un e-mail aussi ?

— Bonne idée, dit Robbo. Et je vais réfléchir à la possibilité de lancer un appel au rassemblement. On pourrait organiser une manifestation dans la rue principale pour bloquer la circulation. Il faut trouver un mégaphone. Prévenir les médias pour qu'ils parlent de nous.

— « Les bûcherons contre-attaquent ! » s'écria Shane. Je vois déjà les gros titres. Ce sera partout.

Les hommes éclatèrent de rire.

Miki perdit le fil de leur conversation lorsqu'elle vérifia la cuisson des frites. Quand elle leva les yeux, elle remarqua qu'ils s'étaient tus et qu'ils affichaient des mines sombres. Puis Mooney reprit la parole d'un ton presque menaçant :

— À votre avis, qui nous a balancés ?

Le silence se prolongea et Miki croisa malgré elle le regard de Robbo. Ils l'observaient tous. Pensaient-ils que c'était elle ? Ou Kurt ? Elle se raidit.

Mooney commença à reculer sa chaise.

— Si vous croyez que c'est lui, je vais lui régler son compte tout de suite. Je défonce ce connard sur son propre territoire. Miki se glissa vers la porte du fond au cas où il lui faudrait avertir Kurt, mais Robbo avait posé une main sur le bras de Mooney pour le retenir.

— Calme-toi, vieux fou. On ne sait pas qui c'est.

— Qui d'autre se promène là-haut ? lança Toby. Tu viens de dire que tu les avais vus passer tous les deux en voiture y a quelques jours, non ?

— Ouais, sauf que je suis pas sûr que c'était eux. La fille n'est pas du genre à créer des problèmes, et lui non plus. Bon, c'est un connard, mais est-ce qu'il nous a cassé les noix cette année ? Non.

— Qui alors ? relança Shane. Le Parkie ?

Miki craignit d'avoir attiré des ennuis à Leon, heureusement Robbo secoua la tête.

— Non. Il fait pas grand-chose dans le parc, à part

entretenir les sentiers et laver les toilettes, à ce que j'ai entendu dire. Personne ne l'a vu fouiner. C'était sans doute des écolos, ou un touriste tombé là par hasard. Peut-être des ornithologues.

— Qu'est-ce qu'on fait, alors ? demanda Toby.

— Rien pour le moment.

— On pourrait continuer à déboiser, suggéra Shane.

— Si on fait ça, on aura les écolos sur le dos et une manifestation à la con devant chez nous, répliqua Robbo.

— Depuis quand ça nous arrête ? ricana Mooney.

— Jamais, admit Robbo. Mais moi je dis qu'il faut laisser couler pour le moment. C'est le boulot du ministère de nous trouver un autre chantier, à eux de se bouger. Ils vont peut-être juste mettre un ruban autour de cet arbre et nous autoriser à y retourner.

— Peu probable, grommela Shane. Il y a plein d'arbres immenses, là-bas. Quand ils les auront vus de plus près, ils nous retireront du chantier pour de bon, c'est sûr.

— Tu crois qu'on est en infraction ? demanda Robbo.

— Ça se pourrait bien.

— Pourquoi on pourrait pas abattre ces foutus arbres ? interrogea Mooney. On en a déjà rasé des tas, personne saura ce qu'il y avait là, avant.

Robbo renifla.

— Sauf en voyant les énormes souches qui sortent du sol. Les photos satellites, ça te dit quelque chose ?

Les écolos cherchent ce genre de preuves sur Internet et comptent les arbres d'après les photos.

— On est fichus, alors ? grogna Shane.

Miki sortit la commande de la friteuse, l'égoutta et la renversa sur une feuille de papier. Elle était tellement occupée à les écouter qu'elle avait fait cuire les frites un peu trop longtemps. Elle espérait qu'ils ne le remarqueraient pas. Nerveuse, elle les saupoudra de sel, les emballa et alla les déposer sur la table. Elle n'avait rien ajouté à la commande car elle ne voulait pas attirer l'attention. Ils auraient pu prendre son geste comme une tentative de faire la paix, et donc une preuve de sa culpabilité.

— Merci, ma belle, lui glissa Toby en faisait passer sa grosse main sur son crâne chauve d'un air intimidé. Les meilleures frites de la ville.

— Les *seules* frites de la ville, le corrigea-t-elle.

Toby éclata de rire. Miki retourna derrière le comptoir et Robbo reprit comme si elle n'était pas là. C'était bon signe, se rassura Miki. Visiblement, ils ne se doutaient de rien.

— J'ai entendu dire qu'on pourrait nous envoyer dans le Sud, en bas de Cockle Creek, ou dans le Nord, vers Maydena, dit-il.

— Et qui paiera le transport du matériel ?

— J'imagine qu'ils s'en occuperont plus tard.

— Ça ne va pas plaire à Wendy, fit remarquer Shane. Ça fait beaucoup de route.

— Je suis quand même sûr qu'on pourrait tenter

quelque chose, renchérit Mooney. J'aime pas rester assis à rien faire.

— Toi, ça t'affecte pas, rétorqua Robbo. T'as déjà du boulot, à la scierie. Laisse couler, pour une fois. Les choses se régleront peut-être toutes seules.

Le téléphone de Mooney sonna. Il prit l'appel avant de cracher un juron et de raccrocher.

— Liz veut que je passe prendre des courses au supermarché. Je dois y aller.

Robbo agita un doigt sous son nez.

— T'avise pas de faire des conneries pour ce nid, d'accord ?

Miki aussi était inquiète. Mooney était bien capable d'abattre les aigles ou d'abîmer leur arbre.

— J'ai quelques idées en tête, reconnut-il avec un sourire mauvais.

— Ne leur tire pas dessus, Mooney, insista Robbo en secouant la tête. Ne te mêle pas de ça.

Le samedi matin, Liz passa par le restaurant pour acheter des hot-dogs à ses filles avant leur entraînement de basket. Leon y était aussi, attendant une portion de frites. Lorsque Liz passa commande, Miki sentit son parfum : sucré et légèrement acidulé. Une écorchure lui barrait le front et elle évitait de regarder Miki dans les yeux. Leon avait dû remarquer la blessure lui aussi : Miki le devina au regard doux qu'il posa sur Liz avant de s'écarter pour lui faire de la place au comptoir.

Tandis que Miki glissait les hot-dogs dans un sac,

Liz s'efforçait de cacher sa blessure avec sa courte frange blonde. Ses doigts voletaient nerveusement dans ses cheveux. Un bonnet en laine la dissimulerait mieux, pensa Miki, mais lui en donner un gratuitement serait maladroit. Au lieu de quoi, elle ajouta trois Caramello Koalas dans un autre sac et les lui tendit avec les hot-dogs, espérant que la surprise apporterait un peu de plaisir à Liz plus tard dans la journée. Elle le méritait, pour supporter de vivre avec Mooney.

17

Le mardi, un banc de nuages gris recouvrit la ville et la pluie se mit à tomber. Seule chez elle, Miki regardait les gouttes d'eau glisser sur la vitrine. Il n'y avait presque personne dehors, et les rares habitants qui étaient obligés de sortir se recroquevillaient sous des parapluies, têtes basses face à l'averse poussée par le vent. Malgré le temps, Miki était motivée pour prendre l'air. Plusieurs semaines s'étaient écoulées sans que Kurt parle de la clé, alors elle commençait à se détendre.

Avant de sortir par la porte arrière, elle alla chercher sa clé et son exemplaire de *Loin de la foule déchaînée* là où elle l'avait caché dans sa chambre. Le temps étant trop humide pour se promener, elle décida d'aller à l'office de tourisme. Si Geraldine était là, elles pourraient parler littérature.

L'hôtesse était accroupie près du poêle à bois, où elle remettait des bûches. Lorsqu'elle vit Miki, elle se releva en grimaçant avant de frotter son pantalon pour en chasser la sciure.

— Mes genoux ne sont plus ce qu'ils étaient.

Le poêle grogna quand le vent aspira la fumée du tuyau. Pour se réchauffer, Geraldine se mit dos au feu et se balança doucement d'avant en arrière.

— Il fait froid, ici, fit remarquer Miki. C'est mauvais pour vos os.

Elle se souvenait à quel point les articulations de sa mère étaient raides, l'hiver. Miki devait lui préparer des bouillottes et lui tricoter des chaussettes épaisses ultra-longues, mais rien n'avait marché sur une arthrite aussi aiguë. Ils n'avaient jamais parlé d'opération, pourtant Miki savait, grâce aux conversations entendues au restaurant, que des prothèses du genou auraient pu la soulager. Isolés comme ils l'étaient dans leur ferme, les options que proposait le monde extérieur n'avaient jamais été envisagées.

— La pièce se réchauffera une fois que le feu sera bien lancé.

— Laissez la porte du poêle entrouverte, suggéra Miki. Ça l'aidera à prendre.

— Je ne suis pas très douée, avec les feux. Chez moi, je me chauffe au gaz. Il sort d'une énorme bombonne, à l'arrière de la maison. Le gaz est plus efficace que le bois, mais plus cher.

Elle alla s'asseoir à son bureau en boitillant.

— Quel temps épouvantable, n'est-ce pas ? C'est mauvais pour nous. Les touristes restent cachés, avec cette pluie, et qui pourrait leur en vouloir ? Moi non plus, je ne partirais pas en excursion par ce temps. Je préfère rester chez moi avec un livre. Miki posa justement l'exemplaire de *Loin de la foule déchaînée* sur le bureau.

— Oh, fit Geraldine en souriant, ce qui creusa un peu plus les rides autour de sa bouche. Tu l'as lu ?

— Oui. Je l'ai adoré.

— C'est ce que je me disais. Qu'est-ce qui t'a plu ?

— Le fait que l'histoire se passe dans une ferme, à la campagne.

— Le Wessex cher à Thomas Hardy. C'est comme ici en hiver : très pluvieux. Puis verdoyant et luxuriant au printemps. Tu aimerais vivre dans une ferme ?

— Avant, je m'occupais d'un verger avec ma famille.

— Ce devait être charmant. Même si je n'ai jamais vécu à la campagne, j'ai toujours pensé que ce mode de vie était formidable. Rythmé par les saisons et la météo.

Miki hocha la tête.

— Père disait toujours qu'il y avait un temps pour chaque chose. La taille et les greffes en hiver. Le pincement – c'est une autre taille pour favoriser la fructification – et le traitement au printemps. La récolte en automne.

— Vous aviez des moutons, comme Gabriel Oak ?

— Quelques-uns, pour entretenir le verger. Mais des chiens les ont tués et ma mère en a été bouleversée.

— Ça se comprend. Vous avez eu des agneaux ?

— Un seul. Je l'ai nourri avec du lait de vache.

Miki se souvenait de la petite agnelle blanche dans

la cuisine, blottie dans un carton près du poêle. Elle l'avait appelée Mary et l'avait nourrie avec le biberon que sa mère avait utilisé pour elle quand elle était bébé. Elle en avait ressenti une certaine satisfaction : le cycle de la vie, un objet réutilisé au lieu d'être jeté. Sa famille était douée pour ça. Avec si peu d'argent, ils devaient être créatifs.

— La vie de Bathsheba à la ferme a dû te parler, alors ? reprit Geraldine.

— Pas vraiment, répondit Miki en souriant. Bathsheba était riche, alors que nous, pas du tout.

— C'est dur, pour les fermiers, pas vrai ? fit Geraldine en prenant le livre pour le feuilleter. Il y a des passages que tu n'as pas aimés ?

— Oui, le feu de la grange… J'ai perdu mes parents dans un incendie.

C'était la première fois que Miki en parlait à quelqu'un et elle sentit une vague d'émotion monter en elle. Elle détourna le regard. Elle ne voulait pas de condoléances, ça ne l'aiderait en rien.

— Tu m'en vois navrée.

Miki n'osait pas lever les yeux.

— Bathsheba aussi a perdu ses parents, comme toi.

— Ce n'était pas réel, rétorqua Miki, surprise par la dureté de son propre ton. *Loin de la foule déchaînée* n'est qu'un livre. Thomas Hardy a tout inventé. Bathsheba n'existe pas. Ce n'est pas pareil.

— Je sais, répondit Geraldine avec douceur, comme si elle cherchait ses mots. Mais parfois, la fiction peut nous aider à explorer la vie. Nous pouvons imaginer comment évolueraient les choses dans certaines situations.

— Je ne veux pas que des gens s'imaginent ce que j'ai vécu en perdant mes parents dans un incendie. C'est trop triste.

Geraldine hocha la tête.

— Oui, tu as raison, c'était un peu indélicat de ma part. Je ne veux pas minimiser ce que tu as traversé, Miki, cela a dû être terrible. Ce que j'essaie de t'expliquer, c'est que les livres peuvent nous aider à vivre d'autres expériences par procuration. Tu vois ce que je veux dire ?

Miki opina même si elle ne voyait rien du tout. Pourquoi vouloir souffrir par procuration ?

— C'est une façon d'examiner la vie et le monde, poursuivit Geraldine. Les livres nous montrent d'autres destins, parce que nous ne pouvons pas tout vivre – nous ne vivons que notre propre vie. Les livres sont capables de nous ramener dans le passé ou de nous transporter dans le futur. Ils élargissent nos esprits. Ils nous montrent de nouveaux mondes. C'est ça, la fiction. Son pouvoir est considérable.

Miki, toujours déroutée, afficha un sourire hésitant. Geraldine avait raison : elle-même avait beaucoup appris grâce à ses livres.

— Je pense que Bathsheba aurait pu profiter des conseils d'une mère, reprit Geraldine. Ça lui aurait peut-être évité quelques erreurs.

— Bathsheba avait besoin de commettre ces erreurs, répondit Miki.

— Nous avons tous besoin d'en commettre. Mais c'est dur, pour une jeune fille privée de sa mère, non ? Comment fais-tu pour t'en sortir ?

— Ma mère me manque, reconnut Miki. C'était mon amie.

— Je pensais au rôle plus pratique de la figure maternelle. Une maman, c'est aussi quelqu'un à qui on peut se confier, poser des questions sur le monde. Qui montre à ses filles comment se comporter. Qui partage des informations sur les problèmes féminins.

Miki rougit – elle n'avait pas l'habitude de parler aussi franchement. Sa mère lui avait appris que son corps était sacré et que la pureté était importante, mais tout le reste avait été recouvert d'un voile de silence. Quand Miki avait eu ses règles à quatorze ans, sa mère lui avait tendu un paquet de chiffons. Miki avait cru qu'elle était en train de mourir jusqu'à ce que sa mère lui explique que c'était son cycle menstruel. *Tu portes des œufs sacrés qui peuvent devenir des bébés qui, à leur tour, en grandissant, deviendront des serviteurs de Dieu, comme toi.* Voilà tout ce que Mère avait dit – le reste, Miki l'avait appris au restaurant, en écoutant les femmes. Elle savait à présent que ses ovules n'avaient rien de sacré parce que toutes les femmes en possédaient. Elle avait aussi appris des choses sur la sexualité, les préservatifs, les diaphragmes, la pilule du lendemain – les clientes discutaient de tout. Elle s'était fait sa propre éducation en cachette, mais Geraldine n'était pas censée le savoir.

— Je me débrouille, dit-elle.

Geraldine haussa les sourcils, sans insister, ce dont Miki lui fut reconnaissante.

— Bathsheba est un chouette personnage, pas vrai ? poursuivit l'hôtesse. Différente de Tess, mais tragique aussi, à sa façon. Elle ne prend pas que des bonnes décisions.

— À commencer par son refus d'épouser Gabriel Oak.

Sa remarque fit sourire Geraldine.

— Penses-tu vraiment qu'ils étaient prêts l'un pour l'autre, au début ? Bathsheba, non, c'est certain, jeune et sauvage comme elle était. Et Gabriel ? Avait-il la maturité et les facultés nécessaires pour comprendre quelqu'un comme elle ?

Miki y réfléchit.

— Gabriel devait aussi découvrir qui il était. Il était fier. Il n'aurait pas dû partir du principe que Bathsheba accepterait sa demande en mariage.

— Non. Personne ne devrait tenir quelqu'un pour acquis. À ton avis, comment s'est-elle débrouillée, après avoir hérité de sa fortune ? C'était un sacré changement de vie, non ?

— Bathsheba était forte, malgré ses erreurs. Elle a fait de son mieux, et c'est tout ce qui compte. Essayer, c'est important. C'est comme ça qu'on apprend.

Miki, elle, aurait tout donné pour vivre normalement et faire des erreurs plutôt que de rester enfermée au restaurant. Elle en commettait peut-être une en étant là, avec Geraldine, mais elle se sentait bien.

Leur conversation lui donnait l'impression d'être plus importante et plus sage.

— Et dans sa vie amoureuse ? l'interrogea Geraldine. Est-ce que Bathsheba s'est bien conduite ?

— Non.

— Elle a été imprudente, peut-être.

— Oui. Le sergent Troy était méchant, ce dont elle ne s'est pas rendu compte.

— L'amour rend aveugle, comme on dit. Et que penses-tu de la façon dont elle a traité ce pauvre M. Boldwood ? Elle l'a détruit, non ? Il était si vulnérable.

— Elle n'aurait pas dû lui donner de faux espoirs.

— Je suis d'accord. Mais de quelle façon quelqu'un comme lui peut-il se protéger ?

— Il était comme il était.

— Tu veux dire qu'on n'est jamais vraiment à l'abri ?

— C'est possible.

— Nous devons peut-être tous prendre des risques, sinon nous resterions chez nous, et nous ne connaîtrions rien du tout, déclara Geraldine en la fixant d'un air entendu. M. Boldwood était un peu impétueux et bien trop passionné, mais j'imagine que Thomas Hardy devait se débarrasser de lui d'une façon ou d'une autre, ou Bathsheba n'aurait pas pu retrouver Gabriel. Enfin… le mettre en prison, c'est terrible, non ?

— Bathsheba finit par épouser le bon. J'aime bien Gabriel.

— C'est une meilleure fin que celle de *Tess* ?

— Elle est plus heureuse.

— Et nous aimons tous les fins heureuses, dit Geraldine en riant et en repoussant le livre vers Miki. Il est à toi, tu te souviens ? Je te l'ai donné.

Miki ne savait pas comment lui expliquer qu'elle ne pouvait pas le garder.

— On n'a pas de place pour les livres chez nous.

— C'est bien dommage, se lamenta Geraldine mais, au fond de ses yeux, Miki vit qu'elle la comprenait. J'en ai un autre pour toi.

Geraldine fit apparaître un livre mince de son sac à main et le lui tendit : *Le Petit Prince.*

— Merci, fit Miki, qui ne savait trop qu'en penser.

Le dessin sur la couverture était enfantin.

Geraldine sourit devant sa réticence.

— Ne te méprends pas. Ce livre est magique. C'est l'un de mes préférés. Pour un si petit livre, il contient une sacrée dose de sagesse.

Elle tourna son regard vers un groupe de visiteurs qui s'agglutinaient devant l'office de tourisme.

— Allez, je dois me remettre au travail, murmura-t-elle en souriant à Miki. Ne te fais pas trop mouiller dehors ou tu vas te changer en champignon.

Chez elle, Miki se blottit dans le canapé devant le feu de cheminée avec *Le Petit Prince.* Lorsqu'elle l'ouvrit, elle ressentit le frisson familier face à une nouvelle histoire. *Lorsque j'avais six ans j'ai vu, une fois, une magnifique image, dans un livre sur la forêt vierge qui s'appelait « Histoires vécues ».*

Quel début formidable ! Geraldine savait qu'elle aimait les forêts et lui avait trouvé un livre capable de la captiver dès la première ligne. Elle se dit alors que son amie ne choisissait peut-être pas les livres qu'elle lui prêtait par hasard.

Elle dévora le roman en deux heures et tomba amoureuse du Petit Prince et de sa vision nouvelle et inhabituelle du monde. Elle imaginait sa planète minuscule, où tout était bien ordonné et prévisible comme le restaurant de Miki. Le Prince aimait sa maison et en prenait soin, lui aussi. Mais il voulait davantage. Sa meilleure amie était une rose, une compagne exigeante, et le Petit Prince se sentait entravé par ses requêtes sans fin. Il aimait la rose. Et il aimait la beauté des couchers de soleil qu'il observait depuis sa planète. Sauf qu'ils étaient toujours pareils, de même que les journées de travail de Miki, au restaurant : elle regardait toujours dehors, coincée à l'intérieur.

Le Petit Prince finit par quitter sa planète pour explorer l'univers. Il laissait derrière lui tout ce qu'il connaissait, tout ce qu'il aimait afin de découvrir qui il était et ce dont il avait besoin. C'était là que le livre devenait excitant. Le Petit Prince voyageait dans d'autres mondes et rencontrait plein de gens étranges, et il apprenait de chacun d'eux. Il posait des questions, cherchait des réponses, commettait des erreurs, nourrissait d'amers regrets. Au moins, il l'avait fait ! Et c'était ce que Miki admirait le plus. Pour trouver sa propre vérité, le Prince avait quitté son monde habituel et confortable. Il lui avait fallu beaucoup de courage, ce que Miki respectait. Elle avait eu peur pour lui au cours de son voyage, sa vulnérabilité l'inquiétait. Elle avait pleuré pour lui quand, à la fin, il affrontait la mort afin de rentrer chez lui, auprès de sa rose.

Voilà précisément ce qu'elle voulait. Non pas mourir, mais sortir, explorer le monde pour vivre vraiment. Elle le voulait même si, comme le Prince, elle devait découvrir à la fin que tout ce dont elle avait toujours eu besoin se trouvait déjà là. Le Prince dut se mesurer à l'univers entier pour l'apprendre et elle savait que c'était vital pour elle aussi. Si quelqu'un avait donné au Petit Prince toute la sagesse du monde dans une boîte, il l'aurait peut-être acceptée, mais il n'aurait pas compris parce qu'il ne l'aurait pas vécue. Il ne l'aurait pas sentie vibrer en lui.

Miki aussi mourait d'envie de savoir. Elle voulait échapper aux murs et à la vitrine du restaurant. La clé prise à Kurt lui avait donné la liberté, mais elle en voulait davantage. Elle voulait faire des choix, essayer des choses : le lycée, les études, l'amitié.

Même si elle échouait, elle avait besoin de le faire. Et, comme le Prince, elle voulait le faire seule.

18

— Allez, Max. Va chercher la balle. Tape fort. Fort.

Max était en plein match de footy avec les Diables et les choses ne se passaient pas très bien. S'il s'était amélioré à force de jouer avec Leon, ce n'était pas son jour. Et le fait que son père lui hurlait dessus depuis le bord du terrain ne faisait rien pour arranger les choses. Il glissa dans la boue, se retrouva par terre et deux garçons lui coururent dessus en lui enfonçant leurs crampons dans la jambe.

— Debout ! hurla Shane. Tu sers à rien, par terre.

La ferme, aurait voulu lui crier Max. *Ferme ta foutue bouche.* Mais il ne pouvait pas faire ça, car Leon aussi était venu le regarder et Max ne voulait pas avoir l'air d'un idiot. Il se releva, racla la boue sur son maillot et la projeta au loin. *Berk.*

— Allez, Max, lança Wendy. Continue. On te lavera au jet d'eau après le match.

Max jeta un coup d'œil vers Leon, qui souriait et

levait les pouces. Le garçon se sentit mieux. Qu'avait dit Leon l'autre fois, pendant qu'ils se faisaient des passes dans son jardin ? *Il y a des jours, malgré tous nos efforts, on ne fait que de la merde.* Ouais. Max était dans un de ces jours-là.

Entre-temps, les autres joueurs avaient atteint l'autre bout du terrain et Max dut courir à toute vitesse pour rejoindre la partie. Il ne les avait pas encore rattrapés lorsque le ballon fendit l'air et atterrit dans la boue à ses pieds. Il n'arrivait pas à y croire – il n'y avait personne près de lui ! Il s'empara du ballon et fonça vers les buts.

— Dribble ! hurla son père. Fais rebondir ce putain de ballon !

Mais Max ne voulait pas s'y risquer parce qu'il savait que la balle se planterait dans la boue et que quelqu'un d'autre viendrait s'en saisir. Il courut aussi vite que possible sur le sol détrempé jusqu'à ce qu'il entende les autres joueurs se rapprocher, alors il tira pour tenter de marquer un but. Même si ce n'était pas un tir de champion, il pensa au moins à tenir la balle comme Leon le lui avait montré et écrasa sa chaussure contre le cuir. Il s'immobilisa pour regarder le ballon tourbillonner dans l'air. Il savait qu'elle n'allait pas atteindre le but mais il l'avait envoyée bien droit, ce qui était déjà pas mal.

Soudain, son père se mit à siffler et à crier de joie car le ballon, après avoir heurté le sol, rebondit encore et encore et roula entre les poteaux. Max voyait ses tout premiers points s'afficher au tableau de scores. Il leva les poings en l'air comme les joueurs à la télé et courut autour du terrain en tapant dans les mains de ses coéquipiers. Callum le serra dans ses bras et les autres Diables sautaient partout car le but de Max leur avait fait prendre l'avantage. Ils menaient la partie.

Une fois de retour au milieu du terrain, en attendant que l'arbitre fasse la remise en jeu, Max se tourna vers Leon et vit son sourire radieux. Leon n'avait pas rejoint ses parents, il était seul, de l'autre côté du terrain. Max ne lui en voulait pas – son père pouvait être embarrassant. Le garçon aurait apprécié que ses parents et lui deviennent amis, qu'il vienne dîner de temps en temps, mais son père passait son temps à dénigrer le « Parkie », si bien que Max savait qu'il n'aimait pas Leon. Contrairement à Max : pour lui, Leon était l'adulte le plus sympa du secteur.

Max pensait toujours à son voisin lorsque quelqu'un envoya le ballon à l'autre bout du terrain, et il se retrouva de nouveau seul. Parfois, il en avait marre de ce sport. De toujours courir. D'un côté, puis de l'autre. En avant, en arrière. Il détestait se retrouver à bout de souffle, et il espérait que le match finirait bientôt pour ne plus avoir à courir. Peut-être même que son père lui achèterait un hot-dog, puisqu'il était un buteur superstar. Il le méritait, non ? Son premier but de la saison !

Maintenant qu'il marquait, il se voyait bien jouer pour Hawthorn ou Essendon quand il serait grand. Un jour, il avait entendu Robbo dire que Shane avait « beaucoup de potentiel » et qu'il aurait pu « finir au top » s'il ne s'était pas bousillé le genou. Quoi qu'il fût arrivé au genou de son père, ce devait être grave pour que ça l'empêche de jouer dans l'une des meilleures équipes de Melbourne. Peut-être que Max aussi pourrait « finir au top ». Dans ce cas, il pourrait gagner beaucoup d'argent et acheter toute la nourriture nécessaire à Rosie et aux chiots, et les garder pour toujours. Il pourrait aussi se payer des cigarettes et ne plus avoir besoin de les voler pour Jaden. La vie serait bien plus facile. Max avait hâte de grandir.

Il n'eut pas beaucoup de chance pendant le reste du match, mais il avait fait sa part en marquant son but, et son équipe menait toujours. Il ne restait presque plus de temps de jeu de toute façon. Quelques minutes plus tard, l'arbitre donna un coup de sifflet et ce fut fini. Ils avaient gagné !

Max était content d'arrêter. Il alla serrer la main de Leon parce que cela lui semblait approprié, comme les héros de footy qui remportaient la médaille Brownlow chaque année.

— Beau travail, le félicita Leon. Tu as marqué le but de la victoire.

Max n'y avait pas pensé – il avait juste été surexcité d'avoir marqué ses premiers points.

Son père l'observait, alors il alla également lui serrer la main pour qu'il ne soit pas jaloux de Leon. Max voyait à son sourire qu'il était fier de lui, pour une fois.

— C'est bien joué, mon petit gars.

Max aussi était fier.

Il était si content de son but qu'il ne voulait pas

enlever son maillot, même s'il était sale. C'était comme quand les adultes sortaient du terrain couverts de boue. Plus il y en avait, mieux ils avaient joué – c'est ce que disait Shane. C'était toujours après un match, parce qu'il se faisait jeter à terre. Alors qu'il marquait de nombreux buts et qu'il n'arrêtait jamais de courir, personne dans l'équipe ne le félicitait. Enfin, ce n'était peut-être pas important. C'était déjà mieux que de se faire insulter. Max était bien placé pour le savoir, grâce à Jaden et ses mots doux dans la cour de l'école.

Shane était si content que son fils ait marqué qu'il l'emmena à la buvette et lui demanda de choisir ce qu'il voulait.

Normalement, après un match, son père s'éloignait sans lui dire un mot tant il était furieux. D'après sa mère, son père se fâchait à cause de son « putain de caractère passionné ». De son côté, son père lui expliquait qu'il voulait juste le voir bien jouer, *est-ce que c'était vraiment trop demander ?*

Avant, le footy était une torture pour Max, mais depuis l'arrivée de Leon, les choses avaient changé. Son père serait peut-être plus heureux maintenant que son fils était un champion de footy.

À la buvette, Max mit une éternité à choisir. Il finit par se décider pour un hot-dog, une limonade Solo et un bonbon : un long serpent gélatineux. C'était un peu exagéré de demander tout ça, mais pendant combien de semaines Max n'avait-il rien eu à la buvette alors que les autres enfants recevaient des tonnes de bonbons ? Il fourra le serpent dans son slip car il ne pouvait pas tout tenir dans ses mains. Il le garderait pour plus tard.

Pendant que son père payait, sa mère et Suzie avaient traversé le terrain pour rejoindre Leon. Leon riait, et Wendy aussi semblait heureuse. Max se demanda si c'était grâce au but qu'il avait marqué. Puis il s'inquiéta car il ne savait pas s'il pourrait recommencer… et s'il n'était pas une vraie star de footy ? Son père serait déçu, la semaine suivante, et peut-être que Max se blesserait au genou dans la boue et ce serait la fin de sa grande carrière.

Comme son père parlait avec d'autres parents, Max s'approcha de sa mère et Leon. Quand Wendy l'embrassa sur la tête, il s'écarta.

Leon éclata de rire et lui tapota le dos.

— Tu étais en forme, aujourd'hui. Je savais que tu en étais capable.

— Tu as remercié Leon de t'avoir entraîné ? demanda Wendy, les sourcils froncés.

— Inutile, coupa Leon. Il a vite compris.

— Merci, Leon, répondit Max de la même voix chantante qu'il utilisait à l'école pour dire bonjour à Mlle Myrtue.

Sa mère lui donna une tape sur la tête, là où elle venait juste de l'embrasser.

— Petit insolent.

— Ce n'est rien, dit Leon.

Les mains dans les poches, il semblait mal à l'aise. Max ne s'était pas rendu compte que sa mère pouvait l'intimider, et il eut pitié de lui. Avec un peu de chance, Leon marquerait des buts et ferait gagner le match à ses coéquipiers lui aussi, et ainsi, il recevrait des compliments.

Sur le chemin du retour, Wendy s'arrêta chez Miki afin d'acheter des frites pour le déjeuner.

— Bonjour, Max, lança Miki. Comment ça s'est passé, ce matin ?

— On a gagné. J'ai marqué un but.

Il avait l'impression d'avoir grandi de plusieurs centimètres.

— Je suis contente pour toi.

— Leon l'a entraîné, expliqua Wendy. Il sait s'y prendre avec les enfants.

— Oui, il a l'air très gentil.

Max remarqua le regard que Kurt décocha à Miki – un regard hostile. Sa mère le remarqua aussi. Max le devina à son changement d'expression : son expression souriante s'était transformée en froncement de sourcils.

— Ton frère devrait se détendre un peu, murmura Wendy à Miki. À le voir, on croirait qu'il a avalé de travers.

Max savait que sa mère essayait d'être drôle, mais le visage de Miki se durcit et elle ne rit pas.

— Ma pauvre, chuchota encore Wendy. Il devrait vraiment te laisser tranquille.

À la maison, Max refusa que Wendy mette son maillot boueux à laver. Il tenait à le porter au match des adultes de l'après-midi.

Sa mère haussa les épaules.

— Tu es trempé et il y a du vent, tu vas prendre froid.

Max s'en moquait. Aujourd'hui, il avait marqué six points pour son équipe. Il les avait aidés à remporter leur première victoire.

Cependant, une fois au stade, Max regretta de ne pas avoir écouté le conseil de sa mère. Le vent fouettait comme une tornade et pénétrait ses vêtements. Sa mère baissa les yeux vers lui en secouant la tête et sortit des vêtements secs d'un sac. Max enfila un pull et un bonnet et se sentit aussitôt mieux. Il prit appui sur la barrière et bascula en avant pour faire des tours pendant que les hommes s'échauffaient sur le terrain. Après avoir couru toute la matinée, il avait soif, alors il prit une canette de Coca dans la glacière de son père. Suzie en voulut une aussi, il lui donna donc un Fanta car l'orange était sa couleur préférée. Il ne la vit pas secouer sa canette et quand elle lui demanda de la lui ouvrir, du soda gicla partout – et sa mère le gronda. Pourquoi n'avait-elle pas vu qu'il avait seulement voulu aider sa sœur ?

Lorsque les joueurs passèrent devant lui, Max fit un signe de la main à Leon, qui lui lança un clin d'œil. Il entendit Toby dire à Leon :

— Les aigles, ça te dit quelque chose, Parkie ?

— Oui, répondit sèchement Leon. C'est l'équipe de footy de Perth.

— Je te parle pas des aigles de la côte ouest, Parkie. Mais des aigles de Tasmanie.

Le reste de l'équipe éclata de rire.

Max se demanda ce qu'il y avait de si drôle. Ses parents n'avaient-ils pas parlé des aigles, justement, l'autre jour ? Tout le monde n'avait que ce mot-là à la bouche. Il ne les entendait plus discuter mais Max vit Mooney bousculer Leon. Au lieu de riposter, Leon fit un mouvement de l'épaule pour l'esquiver. Max aurait bien aimé voir Leon frapper Mooney, parce que ce dernier n'était pas quelqu'un de bien. Max l'avait entendu crier sur ses filles et leur mère. Quelqu'un devrait intervenir pour qu'il arrête de tyranniser son monde. Cela dit, il valait peut-être mieux pour Leon qu'il ne se batte pas. S'il s'en prenait à Mooney, leurs coéquipiers risquaient de lui tomber dessus. Alors c'était peut-être Leon qui avait raison.

Shane était à côté des locaux du club, où il préparait des bouteilles d'eau pour l'équipe. La semaine précédente, Max avait traîné près des poteaux pour discuter avec l'arbitre de but mais, aujourd'hui, c'était impossible car Jaden l'y avait précédé. Max préférait l'éviter. Il était certain qu'il allait le forcer à voler autre chose. Jaden le fixait sans cesse en lui montrant le bâtiment, et Max comprit qu'il voulait l'y retrouver. Comme il était en sécurité avec sa mère, il fit semblant de ne pas comprendre et fut soulagé quand la sirène retentit et que la partie commença.

Pendant tout le début du match, Max tenta de se concentrer sur le jeu mais le regard de Jaden le rendait nerveux. Pour se distraire, il n'arrêtait pas de boire du Coca si bien qu'à la mi-temps, il avait une énorme envie de faire pipi. Même s'il ne voulait pas aller aux toilettes de peur que Jaden ne le suive, il dut s'y résoudre tant il avait mal au ventre.

Les W.-C. étaient déserts et il put se soulager en visant les boules jaunes déodorantes et les mouches mortes collées à l'urinoir. Puis Jaden apparut à côté de lui pour uriner aussi.

— Trouve-moi d'autres cigarettes et donne-les-moi lundi après l'école, lui ordonna-t-il.

Max réfléchit rapidement et répondit :

— Ma mère m'a dit que je devais rentrer à la maison directement pour aller chez le docteur.

— Pas de chance.

— Et si elle vient me chercher en voiture pour mon rendez-vous ?

— Dans ce cas, j'irai chercher un de tes chiots pour le filer à bouffer à Prince.

Un sourire mauvais sur les lèvres, Jaden se pencha et lâcha quelques gouttes de pisse sur les chaussures de Max.

— À lundi, lâcha-t-il en remontant sa braguette.

Lorsque Max sortit des toilettes, Robbo criait sur son équipe. Son père appelait ça « la petite discussion de la mi-temps de Robbo », ce qui était étrange parce que Robbo ne discutait pas, il hurlait. Max remarqua que Leon se tenait à l'écart et que personne ne lui parlait. Le garçon n'y comprenait rien. Ces derniers temps, Leon mettait autant de buts que Mooney. Chaque fois que ce dernier marquait, ses équipiers devenaient fous de joie, lui sautaient dessus, le serraient dans leurs bras et lui faisaient des accolades. Et quand c'était Leon, ils se contentaient de hocher la tête et de lancer des « bien joué », comme s'il s'était bien débrouillé mais qu'il n'était pas aussi bon que Mooney. Au cours des matchs, Max avait vu d'autres joueurs pousser Leon pour l'éloigner de la balle. Au moins, désormais, ils lui faisaient des passes – au pied ou à la main – ce qui était déjà un progrès. Max savait ce que cela faisait d'être ignoré, cela lui arrivait tout le temps.

Son père remonta le terrain en portant une caisse de bouteilles et l'interpella :

— Hé, Max, tu peux nous filer un coup de main ?

Ça, ça voulait dire qu'il lui demandait de remplir les bouteilles pendant que lui regardait le match. Max ne pouvait pas refuser, il savait que Shane se fâcherait. À l'aller, la tâche était facile, mais beaucoup moins au retour quand les bouteilles étaient bien lourdes. Résigné, il se rendit à la cuisine du club où les femmes préparaient des gobelets de thé et de café qu'elles vendaient au guichet. Trudi, la femme de Robbo, lui sourit et lui permit d'utiliser l'évier.

— J'ai entendu dire que t'avais marqué, aujourd'hui, dit-elle. Bravo.

Max bomba le torse, tout fier. La nouvelle se répandait. Il était déjà à moitié célèbre.

Il peinait tant à porter les bouteilles pleines que Trudi l'aida. Elle attrapa un côté de la caisse et lui l'autre. Elle était plus âgée que sa mère. Ses cheveux étaient noirs et ses yeux tristes – Max n'aurait su expliquer pourquoi, pourtant il savait que c'était vrai. Quand elle regardait quelqu'un, on avait l'impression que toute la misère du monde était retenue en elle. Mais elle l'aimait bien, ça aussi, il le sentait. Lorsqu'elle arrosait ses rosiers et qu'il descendait la rue, elle lui faisait toujours signe.

— Comment vont les chiots ? s'enquit-elle.

— Bien.

— Tu leur as trouvé de nouvelles maisons ?

— Non.

Ses camarades avaient été enthousiastes… leurs parents, beaucoup moins.

— C'est pas de chance, ça, dit-elle, son regard plus triste encore.

— Quelle heure il est ? demanda-t-il lorsqu'ils posèrent la caisse près du banc de touche.

— Quatre heures.

— Je ferais mieux de rentrer les nourrir. Trudi posa sa main chaude sur son épaule.

— Tu as raison. Et fais-leur une caresse de ma part.

Ce soir-là, après le match, Shane rentra du pub à vingt et une heures, sentant la bière. Max était dans la remise quand son père sortit prendre une canette de Cola à la liqueur Southern Comfort dans le frigo d'appoint : une de ces canettes blanches aux écritures noires élégantes. Max n'aimait pas quand son père en buvait car il devenait parfois méchant. Ce soir-là, il titubait et ses mots semblaient glisser de sa bouche, comme s'il n'arrivait pas à bien positionner sa langue pour les prononcer.

Wendy l'appela pour qu'il dise bonne nuit à Suzie. Il s'en alla en grommelant, laissant son paquet de cigarettes et sa canette sur l'établi. Dès qu'il eut disparu, Max saisit sa chance et tenta de piquer des cigarettes pour Jaden. Mais son père revint alors qu'il tenait encore le paquet ouvert, et il rugit si fort que Max sursauta.

— Espèce de petit con ! Qu'est-ce que tu fous, putain ?

Max fut tellement choqué par l'insulte de son père qu'il lâcha le paquet et toutes les cigarettes s'éparpillèrent par terre – ce qui rendit Shane fou de rage. Il frappa Max à la tête et le força à les ramasser.

— Depuis combien de temps tu me piques mes clopes, petit merdeux ?

— C'est la première fois, dit Max, et son père le frappa de nouveau, une bourrade dans le dos qui imprima la marque rouge de ses doigts.

— Tu te fous de moi.

— Je te jure, papa. Je ne fume pas. Je n'aime même pas ça.

— T'as essayé, alors ! sale petit menteur !

— C'est faux, papa. Je te le jure. Jamais de la vie.

Shane l'attrapa par le bras et le tira dehors.

— T'as entendu ça, Wendy ? Ce sale merdeux me vole mes cigarettes.

Mains sur les hanches, sa mère fronça les sourcils.

— C'est vrai, Max ? Tu t'es mis à fumer ?

Il baissa les yeux et secoua la tête d'un air pitoyable. Sa journée était fichue.

— C'est pas vrai, dit-il. Promis juré.

Son père l'attrapa par la joue et le força à regarder sa mère.

— Répète ça en regardant maman en face.

Max en fut incapable.

— Donne-moi ton téléphone et file dans ta chambre, dit-elle.

Max obéit et détala au plus vite.

Une dispute éclata, un duel de hurlements entre son père et sa mère, et tout ça à cause de lui.

— C'était peut-être la première fois, insistait sa mère pour le défendre.

— Et puis quoi, encore ? T'as vu son air coupable ?

— Et si je réglais ça demain matin ?

— Pas question ! Ce gamin a besoin d'une correction.

— Rappelle-moi quand tes raclées lui ont appris quoi que ce soit ?

— Je m'en fous. Le frapper me calmera les nerfs.

— Je ne veux pas que tu lui donnes des coups de ceinture, Shane, pas quand tu as bu.

— Et pourquoi ? T'as peur que je me contrôle plus ?

— Peut-être, oui.

— Putain, Wendy. Je suis pas un bourreau d'enfants. Je veux juste qu'il retienne la leçon.

— Et si c'était quelqu'un qui l'avait forcé ?

— Ça m'étonnerait. Il savait ce qu'il faisait. Il m'a dit qu'il n'aimait pas fumer. Si c'est pas un aveu !

— Il a peut-être essayé une fois, et alors ? T'avais quel âge quand t'as commencé, toi ?

— J'étais bien trop jeune, putain, et mon père m'a cogné si fort que j'ai pas pu m'asseoir pendant une semaine.

— Et ça t'a empêché de continuer ?

— Pendant un temps.

— Pas ce soir, Shane. C'est tout ce que je demande.

— Eh bien, moi, je dis que ce soir, c'est parfait. Allez, Wendy, écarte-toi.

— Il faudra me passer sur le corps !

En entendant des bruits de bagarre dans la cuisine, Max espéra que sa mère n'avait pas d'ennuis à cause de lui. Il entrouvrit la porte de sa chambre et eut l'impression que ses parents faisaient un combat de catch. Puis son père jeta sa canette de Southern Comfort contre le mur, où elle explosa.

— C'est malin ! J'ai plus qu'à tout nettoyer, pesta Wendy.

Shane disparut un instant puis revint avec une autre canette. Il s'assit devant la télé, fou de rage, et Max comprit que c'était à lui d'arranger les choses. Il sortit de sa chambre et se posta devant son père.

— Je suis vraiment désolé, papa. Je ne le ferai plus.

Mais le visage de son père restait dur, et il refusait de le regarder dans les yeux.

— Est-ce qu'on a un carton, quelque part ? lança-t-il à sa mère. Je vais m'occuper de ces chiots.

Max paniqua aussitôt car il ignorait ce que son père comptait faire. Ce dernier posa sa canette et se leva.

— Non ! hurla Max.

Shane voulut le frapper mais le garçon esquiva le coup et sortit en courant. Il fila jusqu'à la remise, en pleurs.

Les chiots levèrent la tête, leurs petites oreilles pointues dressées, leurs yeux noirs épouvantés. Quand Max se jeta sur la caisse et tenta de les attraper, ils gigotaient tant qu'ils lui échappèrent des mains. Il ramassa Bruiser et essaya de saisir Patch, mais les chiots étaient trop grands pour être tenus deux par deux, si bien qu'il les fit tomber. Rosie s'était levée elle aussi et lui montrait les crocs. Elle ne comprenait pas que Max s'efforçait de sauver ses petits. Il entendit la porte de la maison et sut que son père arrivait. Il devait faire quelque chose, mais quoi ?

— Shane, je t'en prie, implorait Wendy. Je t'en supplie, discutons-en d'abord.

Max se laissa tomber à genoux et tenta de les prendre dans ses bras même s'ils gigotaient toujours. Il plongea parmi eux et en serra un contre lui comme un ballon de footy. C'était Bonnie.

— Repose ce chiot, ordonna son père.

Max n'avait aucune intention d'obéir. Il se glissa sous le bras tendu de son père et courut le plus vite possible dans l'allée, jusqu'au portail, sur la route, dans le noir. Il dévala la pente en sanglotant. Il ne savait pas où aller mais ses jambes le portèrent jusqu'à la porte de Robbo, qu'il frappa avec sa tête, car il ne pouvait pas se servir de ses mains qui peinaient à retenir le chiot agité.

La lumière extérieure s'alluma et Trudi lui ouvrit, les yeux écarquillés.

— Qu'est-ce qui se passe ?

— Papa essaie de prendre les chiots, sanglota-t-il avant de fourrer Bonnie dans les bras de Trudi. Vous pouvez surveiller celui-là pendant que je vais chercher les autres ?

Elle prit le petit animal qui geignait. Max repartit aussitôt sur la route et cavala dans la pente jusqu'à chez lui.

Mais l'aller-retour avait dû lui prendre plus de temps qu'il le pensait car son père sortait déjà de la remise en portant un gros carton d'où sortaient des petites têtes.

— Papa, non, s'écria Max en tentant de prendre la boîte.

Son père la leva bien haut et poussa son fils d'un coup de hanche.

Rosie le suivait aussi en sautant vers le carton.

— Dégage, clébard, cracha Shane en lui décochant un coup de pied. Et toi aussi, Max rentre à la maison.

— Où est-ce que tu les emmènes ?

— Là où j'aurais dû les emmener dès le début, lâcha froidement son père. Où est l'autre chiot, Max ?

— Je ne sais pas, répondit-il en pleurant.

— Va le chercher.

— Je ne sais pas où il est.

Wendy se tenait devant la porte de la maison,

blottie dans son cardigan rose, les bras croisés de toutes ses forces sur sa poitrine.

— Si tu pars avec ces chiots, Shane, alors c'est pas la peine de revenir à la maison ce soir, lança-t-elle d'une voix pleine de colère et de larmes.

Le père de Max n'écoutait pas. Il jeta le carton à l'arrière du 4 × 4. Max vit les chiots basculer et les entendit gémir de peur. Ils ne pouvaient pas savoir pourquoi ni où Shane les emportait. Comme Max. Lorsqu'il essaya de grimper à l'arrière du véhicule, son père le poussa pour l'en faire descendre.

Puis Shane monta en voiture et recula dans l'allée.

Max lui courut après sans cesser de pleurer. Il pourrait peut-être attraper le carton pendant que son père faisait demi-tour. Les plaintes des chiots terrifiés couvraient le bruit du moteur. Rosie aboyait follement.

Max essaya d'attraper le hayon mais son père tourna si brusquement qu'il dut lâcher prise pour éviter de se faire écraser. Puis Shane repassa la première et partit à toute allure sur la route obscure.

Max s'écroula par terre. Il resta là jusqu'à ce que sa mère le rejoigne. Elle glissa un bras autour de ses épaules, l'aida à se relever et le ramena en silence à la maison.

19

Le dimanche matin, alors que Leon prenait son temps pour boire son café et manger ses toasts, quelqu'un frappa à sa porte. Lorsqu'il alla ouvrir, il découvrit Max, un chiot dans les bras.

— Tu te promènes encore avec tes chiots ? dit Leon.

Le gamin se décomposa avant d'éclater en sanglots.

— Papa est parti avec eux hier soir, et il n'est pas revenu. Bonnie est la seule qui reste. J'ai réussi à la sauver.

Leon eut de la peine pour Max – il savait bien ce que Shane avait fait des chiots.

— Il est peut-être allé les vendre à Hobart, suggéra-t-il pour réconforter l'enfant.

— Maman pense qu'il les a tués, répondit-il en secouant la tête.

Leon tapota la tête du chiot.

— Comment as-tu réussi à sauver celle-là ?

— Je l'ai emmenée chez Robbo et Trudi, ils ont veillé sur elle.

Max s'effondra sur le seuil de la maison et se mit à pleurer dans la fourrure du chiot, des larmes ruisselant sur son visage.

Leon n'avait jamais vu quelqu'un pleurer comme ça. Il s'assit et passa le bras autour des épaules du gamin, secoué de sanglots.

— Là, là… le consola-t-il. Il te reste Bonnie.

— Je ne peux pas la garder. Quand papa reviendra, il la prendra aussi.

Leon laissa Max s'affaisser contre lui. Il y avait longtemps que Leon n'avait pas tenu quelqu'un dans ses bras – depuis qu'il avait dit au revoir à sa mère en partant de l'île Bruny. Leon était triste pour le garçon. Pendant des semaines, il l'avait vu prendre soin de ces chiots. Même si Max n'avait que dix ans, personne n'aurait pu mieux faire. La nuit précédente, Leon avait entendu des cris chez ses voisins mais ce n'était pas inhabituel chez Shane et Wendy, il avait donc augmenté le volume de la télé pour ne plus les entendre. Il utilisait la même technique chez ses parents, quand son père n'arrêtait pas de râler. Son père avait la fâcheuse habitude d'aller boire et de revenir en titubant, déchaîné, cherchant la bagarre. Leon avait mis du temps à comprendre ce qui se passait chez lui. À l'époque, il vivait à Hobart et ne savait pas pourquoi sa mère restait évasive au téléphone. Puis, un week-end, il était passé voir ses parents et avait eu la surprise de trouver les rideaux tirés, sans personne à la maison. Il s'était mis en quête de la clé dissimulée dans la haie, en vain. Il était alors parti se promener sur la plage. À son retour, il avait aperçu sa mère tapie derrière les rideaux du salon et il lui avait hurlé de lui ouvrir parce que, *bordel, il était venu la voir, alors pourquoi ne voulait-elle pas le laisser entrer ?* Elle avait déverrouillé timidement la porte d'entrée et Leon avait aussitôt compris ce qui s'était passé : les preuves étaient accablantes. Après ça, il avait fait le nécessaire pour revenir vivre chez ses parents et trouver un travail sur l'île plutôt que de postuler dans un parc plus important.

Là, il respirait l'air brumeux du matin, assis sur son perron, attendant que Max se soit vidé de ses larmes. Le chiot en avait marre, il se tortillait en gémissant dans les bras de l'enfant.

— Et si tu la posais un peu ? suggéra Leon. Elle pourra se dégourdir les pattes pendant que je prépare un chocolat chaud.

Max leva vers lui un regard empli de peur et de désespoir.

— Je peux rentrer avec toi ? Si mon père revient et la voit, il risque de venir la chercher.

Le gamin était visiblement traumatisé ; il se cramponnait à ce chiot comme à un canot de sauvetage. Leon n'était pas certain de vouloir d'un chien dans la maison, mais Max semblait si désespéré, que pouvait-il faire d'autre ?

— Emmène-la à l'arrière, et attends-moi sur les marches. Ton père ne pourra pas la voir.

Dans la cuisine, il fit chauffer du lait au micro-ondes et y cassa quelques carrés de chocolat qu'il gardait pour les journées froides, là-haut, dans le parc. Enfin… c'était une urgence. Le chocolat était fait pour ça.

Max patientait sur les marches de la porte de derrière comme Leon le lui avait demandé, la tête rentrée dans ses frêles épaules, déprimé. Assise sur ses genoux, Bonnie lui léchait la figure avec sa petite langue rose frétillante. Le gamin était si abattu qu'il ne semblait même pas le remarquer. Le chiot était vraiment mignon, avec son pelage roux tacheté de gris, ses oreilles tordues et ses pattes grêles. Leon s'assit à côté du garçon et lui tendit une grande tasse.

— Tiens. Avale ça.

Max posa le chiot par terre et but d'un air indifférent.

— Elle a quel âge ? lui demanda-t-il pour le sortir de sa torpeur.

— Sept semaines, répondit Max avant de tourner ses yeux humides vers Leon et de lui dire d'une voix tremblante : Vous pourriez peut-être la garder ? Vous avez besoin d'un ami.

La vérité de cette déclaration le percuta comme un tacle sur le terrain de footy. Alors qu'il vivait dans cette ville depuis des semaines, qui pouvait-il considérer comme un ami à part ce garçon de dix ans et son grand-père ? Ses tentatives pour sociabiliser n'avaient pas rencontré beaucoup de succès. Il avait *tout de même* fait des progrès, se rassura-t-il. Il *com-*

mençait à avoir des connaissances. On ne l'avait pas invité à dîner mais les gars s'habituaient à lui sur le terrain. Et Wendy le saluait quand il sortait couper du bois. Dale, le scientifique, s'était montré amical. Et Geraldine, à l'office de tourisme, était gentille – Leon avait discuté plusieurs fois avec elle. Il était aussi plus ou moins l'ami de Miki, grâce aux diables de Tasmanie et au nid d'aigle. Et, en fréquentant les vide-greniers des environs, il avait presque transformé cette vieille bicoque miteuse en maison chaleureuse. Il avait acheté une télé, un canapé d'occasion, deux vieux fauteuils et quelques chaises de cuisine. Est-ce que des meubles et des amis ne faisaient-ils pas de lui un homme du coin ? C'était plutôt un bon départ, en tout cas.

Max le fixait toujours avec espoir.

— Qu'est-ce que vous en pensez ?

— Je ne sais pas, mon pote. Je n'y connais rien, aux chiens.

Max déborda aussitôt d'enthousiasme.

— Je pourrai vous aider à la dresser. Je peux venir tous les soirs pour la nourrir et jouer avec elle.

Il se leva d'un bond, renversa sa tasse de chocolat et marcha sur la patte du chiot qui gémit.

— Oh, Bonnie, s'écria-t-il en la soulevant pour enfouir son visage dans la peau de son cou, je ne voulais pas te faire mal.

Le ventre de Leon se noua. Le chiot furetait dans son jardin à présent, en remuant la queue – il ne se rendait pas compte qu'ils étaient en train de décider de son avenir. Mais que ferait-il d'un chien ? Il n'en avait pas besoin, même si le chiot, lui, avait besoin d'un foyer. Leon travaillait toute la journée ; un chien avait besoin de compagnie, non ?

— Je n'ai pas de clôture, fit-il remarquer à Max.

— Je vous aiderai à en construire une, dit Max. Ou peut-être que Bonnie peut rester à l'intérieur.

— Elle n'est pas propre, elle va faire ses besoins partout.

— C'est pas grave, c'est même pas votre maison. Et Mme Westbury est morte. Elle s'en fiche.

Leon, lui, ne s'en fichait pas.

Max soupira et le fixa très sérieusement.

— D'accord… Je viendrai nettoyer derrière elle.

Cela fit rire Leon parce que, à voir la tête de Max, cette promesse lui coûtait beaucoup.

— Vraiment ? fit-il.

— Oui, confirma le garçon en hochant la tête. Et nous construirons une clôture le week-end prochain. Maman nous aidera. Elle est douée pour ce genre de choses. Elle vivait dans une ferme, avant.

Leon se sentit fondre. Que pouvait-il faire d'autre ? Il aurait préféré ne pas avoir de conscience.

— D'accord, d'accord, je vais essayer. Mais si ça ne marche pas, je devrais la donner à quelqu'un d'autre. Et n'oublie pas que tu m'as promis de m'aider à la dresser et à ramasser ses crottes. Le gamin sauta de joie, le poing brandi vers le ciel, encore plus excité que lorsqu'il avait marqué un but la veille. C'était clairement plus important. Mais Leon se sentait mal.

Un chiot ! Comment diable allait-il faire pour s'en occuper ?

— Au fait, je vous ai apporté ça, dit Max en sortant un papier de sa poche. Maman m'a dit de vous le donner. C'est pour la Fête du bois. Au cas où vous voudriez y aller.

Leon regarda le dépliant. Il y avait la photo d'un grumier dessus.

— Tu y vas ? demanda-t-il à Max.

— On est obligés, répondit ce dernier dans un haussement d'épaules.

— Et c'est bien ?

— Ça va.

— D'accord. J'irai aussi, dans ce cas.

Le sourire du gamin était aussi grand que le ciel.

— Je vais chercher de la pâtée. Maman m'a dit qu'on pouvait vous en donner.

— Et pour le collier ?

— On n'en a aucun d'assez petit. Maman m'a dit que vous en trouveriez au supermarché.

Leon eut la nette impression d'être tombé dans un piège. Le garçon avait réponse à tout.

Après le départ de Max, Leon prit conscience de l'étendue de son erreur. Dès qu'il fit rentrer le chiot chez lui, il pissa effrontément par terre. Heureusement, Leon n'avait pas de tapis, néanmoins son cœur se serra. Il épongea l'urine avec des serviettes en papier et comprit à quel point ce changement de situation le mettait mal à l'aise. Est-ce que les gens qui rentraient chez eux avec un nouveau-né ressentaient la même chose ? Un petit être qui prenait une place énorme, bouleversait votre vie, sans aucun moyen de faire machine arrière.

Il versa un peu de croquettes dans un bol et le posa sur le sol avec une gamelle remplie d'eau. Pendant qu'il se préparait un café, Bonnie s'occupa des croquettes, les écrasant avec ses petits crocs pointus. Puis elle lapa l'eau en éclaboussant le sol. Leon essuya les dégâts et mit une couverture par terre pour qu'elle puisse y dormir.

Dans le salon, il alluma la télé pour regarder une rediffusion du match de footy de la veille. Il commençait à se détendre et à oublier cette histoire de chien lorsque Bonnie se mit à geindre. Est-ce qu'elle n'avait pas eu tout ce qu'il lui fallait ? Les plaintes se firent plus fortes, si bien qu'il la fit sortir et elle urina de nouveau. C'était peut-être le problème. Les chiens aimaient bien être dehors.

Il l'attacha à la porte donnant sur le jardin avec un bout de corde puis retourna chez lui ; mais elle recommença à gémir et se mit à gratter à la porte. Comme Leon l'ignora, elle se mit à hurler si fort qu'il la laissa rentrer. Elle s'assit sur ses pieds en le fixant et lécha son jean pendant qu'il regardait la télé. Il la repoussa doucement du bout du pied, mais elle revint aussitôt, dégagea sa main avec sa truffe humide. Ensuite, elle se jeta sur ses jambes pour tenter de grimper sur ses genoux, seulement il était hors de question qu'il la laisse monter sur le canapé. Il la repoussa de nouveau, ce qui ne lui fit ni chaud ni froid, car elle revint à la charge sans cesser de geindre. Leon décida de l'ignorer et monta le volume de la télé. Elle fit les cent pas dans la pièce avant de prendre son élan et de se jeter sur le canapé pour ramper jusqu'à ses genoux. Leon la repoussa de nouveau. Pas de chien sur le canapé. Mais elle ne s'avoua pas vaincue : elle recommença, encore et encore, jusqu'à finalement laisser tomber et s'asseoir en boule par terre.

Leon baissa les yeux vers Bonnie. Il n'y connaissait rien aux chiens mais il avait promis d'essayer pour faire plaisir au gamin. Il soupira. Il pourrait toujours faire des recherches sur Internet pour trouver des conseils adressés aux nouveaux maîtres – ça le fatiguait d'avance.

Puis une idée le frappa. Sa mère connaissait peut-être quelqu'un qui voudrait du chien – elle connaissait tout le monde, dans leur coin reculé. Peut-être même que cela ne la dérangerait pas de s'en occuper elle-même ? Il était bien placé pour savoir qu'elle ne vivait pas en bonne compagnie. Un chien serait parfait. Leon alla chercher ses clés, prit la petite chienne dans ses bras et la posa dans un carton, dans sa voiture.

Bonnie dormait lorsque Leon se gara devant la maison de ses parents à Adventure Bay, sur l'île Bruny. Le voyage avait été mouvementé. Bonnie avait passé la première heure à hurler en essayant de sauter du carton au point que Leon avait été sur les nerfs. Puis elle avait fini par s'endormir. À l'évidence, elle ne tenait pas de Rosie, qui avait été une passagère bien plus facile.

Sur le ferry pour rejoindre l'île, Leon avait laissé Bonnie dans la voiture afin de se rendre à l'avant du bateau et de regarder la lumière chatoyer sur l'eau gris argenté, comme il l'avait toujours fait durant cette traversée. C'était paisible, jusqu'à ce que quelqu'un vienne lui tapoter l'épaule pour lui signaler que le chiot pleurait. Dès qu'il était revenu à la voiture, Bonnie s'était jetée sur ses genoux et avait insisté pour y rester. Conduire sur les routes cahoteuses de l'île avec un chien couché sur ses jambes n'avait pas été une partie de plaisir.

Il n'avait pas prévenu ses parents de son arrivée mais il se disait qu'ils seraient sans doute chez eux – ils ne sortaient jamais, ces derniers temps, à cause des problèmes de santé de son père. La petite voiture blanche de sa mère était au garage, les rideaux étaient tirés et Minnie la chatte surveillait son petit monde depuis la fenêtre. Leon hésita. Il n'avait pas pensé au chat. Sa mère n'apprécierait peut-être pas un compagnon canin pour Minnie. Bon, puisqu'il était là, autant qu'il donne à sa mère une chance de refuser.

Il transféra le chien endormi sur le siège passager, puis sortit de voiture en refermant la portière aussi doucement que possible afin de ne pas la réveiller. Il fut accueilli par l'odeur iodée ainsi que par le doux grésillement des vagues sur la plage de l'autre côté de la route. Et le caquètement d'un méliphage à pendeloques dans les arbres. Tout était silencieux, on entendait presque l'herbe pousser. Il avait oublié à quel point cet endroit était paisible, comme engourdi, à quel point le silence s'installait dès qu'on arrivait.

Sa mère ouvrit la porte en fronçant les sourcils, craignant sans doute de trouver Stan sur le seuil – puis ses rides s'étirèrent autour d'un sourire lorsqu'elle reconnut son fils.

— Quelle merveilleuse surprise !

Elle le serra dans ses bras et il huma son odeur familière, un mélange de café, de farine et de parfum.

— Entre donc. Je viens de faire un gâteau. Je vais brancher la bouilloire pour que nous puissions prendre le thé avec ton père.

Rien n'avait changé dans la maison, à croire qu'il était parti la veille, mais la cuisine lui sembla plus petite et plus sombre – il avait oublié qu'à partir du milieu de la matinée, les pins ombreux la privaient de lumière.

Minnie arriva par le couloir en trottinant, la queue droite et tressaillante. Elle approcha d'un pas confiant et s'apprêtait à donner un coup de tête contre sa jambe lorsqu'elle s'immobilisa pour renifler son pantalon, sentant sans doute l'odeur du chiot. Puis elle se frotta à son mollet. Peut-être qu'elle n'avait rien contre les chiens. Leon avait entendu dire que certains chats n'en avaient pas peur. Il tira une chaise et s'assit.

— Comment ça va ? demanda-t-il à sa mère.

— On y arrive, répondit-elle avec un sourire fatigué. Ton père a des bons et des mauvais jours. La maladie ne lui laisse jamais de vrai répit.

Leon eut l'impression de tomber dans un trou. Il s'était coupé un moment de ses parents et de leur combat quotidien contre la maladie pourtant, dès qu'il remettait les pieds ici, il se sentait épuisé. Il avait tant soutenu sa mère ces dernières années… Il ne lui restait plus rien.

— Tu as dû le remmener à l'hôpital ? demanda-t-il pour faire la conversation.

— Pas cette semaine, répondit-elle dans un petit rire. Nous avons fait des examens la semaine dernière pour voir où en était son foie – le jour où je t'ai appelé parce qu'il vomissait –, mais c'est toujours pareil.

— Et Stan ? Il vient encore ?

— De temps en temps.

— Qu'est-ce qui s'est passé ? Il a fait boire papa ?

Éludant la question, elle sortit un couteau du tiroir et commença à découper le gâteau au chocolat. Il était rehaussé d'un glaçage épais.

— Maman ? insista-t-il. Il t'a frappée ?

Son regard voleta vers le visage de son fils avant de se dérober de nouveau.

— Non, il est trop faible.

Elle avait pincé les lèvres.

— Mais il a essayé ?

Elle souleva une part avec la lame du couteau, la posa sur une assiette qu'elle poussa vers Leon.

— Tiens. Goûte-moi ça.

— Maman, est-ce qu'il t'a fait du mal ? Je dois savoir.

Elle le regarda enfin droit dans les yeux.

— Je sais que tu t'inquiètes, Leon, mais ça va. Je n'ai pas besoin que tu reviennes vivre avec moi. Ce n'est pas nécessaire. Je suis au travail pendant une bonne partie de la semaine et, quand il devient incontrôlable, je sors me promener. Il ne peut plus s'en prendre à moi – il est trop faible.

— Tu dois t'enfermer dans ta chambre, la nuit. Tu as toujours le cadenas que je t'avais trouvé ?

Elle hocha la tête et l'observa pendant qu'il prenait une bouchée de gâteau. Puis, comme la bouilloire siffla, elle prépara du thé.

— Et si tu allais voir ton père ? suggéra-t-elle. Je vous rejoins tout de suite.

Leon ne voulait pas parler à son père après ce que sa mère venait de lui révéler.

— S'il te plaît, Leon. Fais-le pour moi. Je veux que vous vous entendiez bien, tous les deux.

Que pouvait-il faire d'autre quand elle présentait les choses comme ça ? Résigné, il longea le couloir en prenant le chat dans ses bras au passage.

Il sentit l'odeur de son père avant de le voir, et le chat aussi. Juste devant la porte, Minnie se crispa. Leon la serra contre lui en murmurant :

— Désolé, le chat, on est deux dans cette affaire.

Elle lui décocha un regard mauvais et tenta de s'échapper mais il la prit par la peau du cou et tint bon.

Reg, son père, était jaune et maigre. Il jeta un vague coup d'œil à Leon avant de reporter son attention sur la télé.

— Salut, papa, dit Leon d'un ton faussement guilleret.

— Tiens, tiens, répondit son père avec un sourire amer. Le chat rapporte une surprise.

— C'est plutôt l'inverse.

Leon s'approcha avec Minnie. Il lui fallut un instant pour défaire ses griffes de sa manche et, lorsqu'il la posa sur le lit, elle tenta de s'enfuir. Son père tendit la main pour la caresser mais Minnie cracha et, lorsque Leon la relâcha, elle fila dans le couloir. Leon s'assit sur une chaise, attendant que son père démarre la conversation – ce qui, évidemment, n'arriva pas. Ce serait encore à lui de faire des efforts, comme d'habitude.

— Comment vas-tu ?

— Ça va.

— Maman m'a dit que tu avais passé quelques examens.

— Ouais. Toujours les mêmes conneries. Y a pas de remède miracle.

— Arrêter de boire, ça t'aiderait.

— C'est ce que j'ai fait.

— Maman m'a dit que ce n'était pas visible dans tes analyses sanguines.

Son père garda le silence.

— Et Stan ? reprit Leon. Qu'est-ce qu'il t'a donné ? Je parie que ce n'était pas de l'eau.

— Qu'est-ce que t'es venu faire ici ?

Leon soupira. Alors c'était comme ça que ça allait tourner ?

— Tu n'es pas vraiment content de me voir, pas vrai ? Je pensais que ce serait sympa de passer vous dire bonjour.

— Qu'est-ce que tu veux que je fasse ? le railla son père. Danser la gigue ? Tu sais que je peux à peine sortir du lit.

Leon le savait, et s'en réjouissait mesquinement – au moins, sa mère était en sécurité.

— Je passe voir papy toutes les semaines, dit-il. Ce n'est pas un mauvais gars. On a refait connaissance.

— Il fait bien semblant, hein ? grogna son père.

— Je l'apprécie. C'est agréable de parler avec lui.

— C'est un fouteur de merde, voilà ce que c'est. Il t'a déjà raconté comment il se réchauffait les mains, l'été ?

— On n'a pas besoin de se réchauffer les mains en été.

— Exactement. Dis-lui que je t'ai demandé de l'interroger sur la question.

— D'accord. J'irai peut-être le voir en rentrant.

— Dis-lui que je l'aime.

Leon ignora son ton sarcastique.

— Tu devrais l'appeler, un de ces jours. Ça lui ferait plaisir d'avoir de tes nouvelles.

— C'est ça, lança son père.

— C'est quelqu'un de bien. T'étais comme lui avant de te mettre à boire.

Son père se renfrogna. Pour lui, ce n'était visiblement pas un compliment.

— Comment ça va, ton boulot ? Tu convertis des âmes perdues à la protection de l'environnement ?

— Je prêche surtout à des convertis.

Son père renifla.

— C'est toujours comme ça. Comme la religion.

Sa mère entra sur la pointe des pieds avec un plateau où elle avait disposé tasses, sous-tasses, théière. Son plus beau service à thé, un Wedgwood au motif floral et liseré doré.

— Comment vont mes deux garçons préférés ? demanda-t-elle.

Son sourire trahissait une pointe d'inquiétude.

— Du feu de Dieu, répondit Reg. Comme on pouvait s'y attendre.

Elle servit le thé en utilisant la passette en forme de feuille d'eucalyptus que Leon lui avait offert une année pour Noël. Elle était drôle comme ça, elle ressortait les cadeaux que son fils lui avait faits pour lui prouver qu'elle s'en souvenait. Elle se focalisait sur les objets, comme si c'était les preuves *matérielles* qui l'emportaient, et non le comportement des gens. Le service à thé et la passette prouvaient à quel point elle voulait que Leon s'entende bien avec son père. *J'essaie*, tenta-t-il de lui dire d'un regard.

Ils firent tous des efforts – jusqu'à ce que Leon leur présente le chiot. Là, tout dérailla.

Avant de lâcher Bonnie dans le couloir, Leon avait enfermé le chat dans la cuisine par précaution. Mais Minnie avait appris un nouveau tour depuis que Leon était parti – elle avait compris comment ouvrir les portes. Elle se retrouva tapie dans le couloir, feulant et crachant, tandis que le chiot cavalait vers elle en jappant joyeusement. Minnie battit en retraite dans la chambre de Reg et sauta sur le lit, renversant sa tasse, qui fut projetée sur le tapis. Elle aurait survécu si Bonnie n'avait pas surgi dans la pièce et accidentellement bondi dessus, la brisant en morceaux avant de se jeter sur le lit, grattant follement avec ses pattes pour atteindre Minnie. Leon n'aurait su dire qui hurla le plus fort : le chat ou sa mère. Il saisit Bonnie, renversa sa propre tasse au passage, qui se brisa au sol. Ce fut le tour de son père de hurler lorsque Minnie lui planta ses griffes dans le ventre avant de s'échapper vers les rideaux. Bonnie poussa des petits cris aigus. Leon jura. Et sa mère fondit en larmes en ramassant les éclats de sa chère faïence éparpillés sur le sol.

— Il sort d'où ce chien, bordel ? cria son père, la respiration sifflante, la main sur son ventre égratigné.

À ce moment-là, Leon avait pris le chiot dans ses bras et tentait de contenir ses pattes qu'il remuait de façon incontrôlable.

— Je pensais te l'offrir comme cadeau pour te souhaiter un bon rétablissement, expliqua Leon, qui cherchait un moyen d'apaiser son père. Une jolie surprise pour vous deux.

— Tu parles d'une surprise, cracha son père. Regarde ce qu'elle a fait à ta mère.

Leon serra Bonnie contre lui et tenta de consoler sa mère en pleurs.

— Je suis désolé, maman. C'est rien. Je pourrai remplacer ces tasses.

Mais sa mère se contenta de ramasser le plateau et de sortir de la pièce rapidement.

— Débarrasse-toi de ce chien, hurla son père. Vire-le-moi d'ici.

Leon se sentit exploser.

— Calme-toi, papa. C'est bon. Je vais la faire sortir.

— Non, c'est toi qui vas te calmer ! Tu débarques ici et tu fous nos vies en l'air…

— C'est *toi* qui as foutu *nos* vies en l'air, papa.

Son père prit une tasse à café sur sa table de nuit et la jeta vers Leon, qui fit un pas de côté pour l'éviter, et la tasse se brisa contre le mur. Leon aurait voulu rester là et crever l'abcès – il n'en avait pas encore fini avec son père – mais Bonnie gémissait, effrayée par les éclats de voix, si bien qu'il la ramena à la voiture. À son retour, sa mère était sortie, ce qui était une bonne chose. Il aurait les mains libres pour affronter son père.

Il ressentit une étrange satisfaction en remontant le couloir et en débarquant dans la chambre où Reg était captif. Un homme en meilleure forme aurait pu tenter de s'enfuir ou de se lever pour le confronter. Leon savait que sa mère ne voulait pas qu'ils se disputent comme ça, pourtant, certaines choses devaient être dites. Comment pouvait-elle avoir pitié de ce salopard ? Comment pouvait-elle tolérer son ébriété, aujourd'hui encore, alors que son foie était malade ?

Depuis le seuil, Leon vida son sac :

— Tu laisses maman tranquille, tu m'entends ? Si tu la touches encore une fois, je te tue.

Son père renifla, le regard assombri par la colère et l'impuissance.

— Et Stan, c'est terminé, reprit Leon. Si j'apprends qu'il est revenu ici, j'irai voir les flics pour qu'on lui interdise de s'approcher de cette maison.

Il se passa une main dans les cheveux, sa colère se muant en une autre émotion, une sorte de tristesse.

— Je n'arrive pas à croire qu'on doive en repasser par là. Pendant trois ans, t'as battu maman à cause de l'alcool, et tu ne peux toujours pas t'arrêter alors que ton foie est foutu. Tu veux mourir ou quoi ?

— Autant mourir si on peut plus boire, rétorqua-t-il, levant le menton.

— Tu ne disais pas ça, avant. Tu avais des valeurs.

Son père s'affaissa et l'amertume tirailla la commissure de ses lèvres.

— Comme je disais, autant mourir. J'suis plus l'homme que j'étais.

— Je voulais juste trouver un foyer pour le chiot. C'est pour ça que je suis venu. Le reste de la portée s'est fait noyer, et je me disais que vous auriez bien besoin de compagnie, maman et toi. Enfin elle, surtout.

— Tu essaies de me faire culpabiliser ? croassa son père. Dans ce cas, laisse-moi te dire une chose : je peux pas me sentir pire que maintenant.

— Avec un chien, tu te sentirais peut-être mieux. Ces animaux sont doués pour ça.

— Qu'est-ce que t'en sais ? C'était une idée stupide.

Prends ton chien et va-t'en. Il n'est pas le bienvenu ici. Et toi non plus.

Leon se leva. Son père avait raison. Son projet était ridicule, fondé sur le désir égoïste de se décharger du chien. Une telle responsabilité aurait représenté trop de travail pour sa mère. Elle avait assez à faire comme ça, avec Reg. Il partit avec l'impression déplaisante que son père avait encore gagné. Rien n'avait changé.

Sur le chemin du retour, Leon était abattu. Il n'aurait pas dû débarquer chez ses parents, bousculer leur vie tranquille. Il se sentait si coupable qu'il s'arrêta en chemin à la maison de retraite pour voir son grand-père. Quel meilleur interlocuteur que celui qui connaissait son père depuis toujours, qui avait suivi les différentes phases de sa vie : le bon, la brute et le truand ?

Anne l'Irlandaise, l'hôtesse d'accueil du week-end, l'accueillit à la réception. C'était une femme imposante « à la poitrine opulente », comme aimait le préciser son grand-père. Apparemment, elle avait le cœur tendre et il était possible de faire passer presque n'importe quoi sous son nez.

— Je viens juste voir mon grand-père, lui dit Leon en marchant vite dans l'espoir qu'elle ne remarque pas Bonnie dans son sac à dos.

Anne sourit, dévoilant ses dents mal alignées.

— Il sera content de vous voir. C'est toujours une bonne journée, quand on reçoit la visite d'un petit-fils.

La porte de la chambre était fermée. Leon fut tenté de l'ouvrir à la volée et d'entrer comme une infirmière, pour surprendre le vieil homme. Mais quelque chose le retint – la peur de lui causer une crise cardiaque, peut-être. Il frappa et entendit un bruissement puis comme une bousculade avant que son grand-père ne lance d'un ton impérieux :

— Qui est là ? On peut pas avoir la paix, ici ?

— C'est moi, papy. Leon.

Après un court instant, le vieil homme ouvrit la porte, une serviette autour de la taille. Leon fut horrifié de voir toute cette peau pendante. Pire encore, derrière lui, perchée sur le lit, avec le peignoir écossais de son grand-père serré sur ses épaules, se trouvait une vieille dame à la permanente bleutée. Sous la robe de chambre, elle semblait tout aussi nue que lui.

Leon voulut s'en aller.

— On dirait que je vous ai interrompus. Je reviendrai une autre fois.

Son grand-père lui adressa un sourire en coin.

— Non, fiston. Entre. Je veux te présenter ma nouvelle meilleure amie, Glenys.

Leon se glissa à l'intérieur, le regard papillonnant partout sauf vers Glenys, qui peinait à dissimuler son corps avec ses mains arthritiques.

— Je me souviens de toi, dit-elle en s'animant. Tu étais venu avec un chien.

Leon opina. À ce moment-là, Bonnie décida qu'elle en avait assez d'être écrasée dans le sac à dos et gémit.

— Qu'est-ce que tu as là-dedans ? demanda Glenys, tout excitée.

— De la marchandise vivante.

Leon posa son sac par terre et sortit le chiot.

— Voici Bonnie.

Elle alla fureter partout, sauta sur les jambes de Leon, puis sur celles de son grand-père, ses griffes acérées griffant ses vieilles jambes maigres, où perlèrent immédiatement des gouttes de sang.

— Attention, elle t'a griffé.

— C'est pas grave, fit-il en la prenant dans ses bras.

Glenys gloussa de plaisir et tendit la main vers Bonnie.

— Qu'est-il arrivé à votre autre chien ?

— Rosie n'est pas à moi. Mais à mes voisins. Celle-ci est une de ses filles. Je l'ai sauvée de la noyade.

Son grand-père hocha la tête d'un air approbateur.

— Très bonne décision. Tout homme a besoin d'un chien. C'est exactement ce dont tu avais besoin – d'autant plus que tu ne veux pas d'une petite amie.

— Oh, il en trouvera une, maintenant, intervint Glenys. Les femmes aiment les hommes qui sont gentils avec les chiens. Je peux la tenir ?

Le vieil homme posa Bonnie sur les genoux de Glenys, qui la prit dans ses mains et la leva devant son visage.

— Oh qu'elle sent bon. Exactement comme doit sentir un chiot. Tu nous la ramèneras, n'est-ce pas ? Ici, tout le monde aime les chiens.

Elle se tourna vers Thomas.

— Jamais je ne me serais doutée que ma vie deviendrait si passionnante avec toi.

— Je suis plein de surprises, tu sais, lui répondit-il avec un clin d'œil.

Leon tapota sa poche arrière en cherchant des mouchoirs pour essuyer le sang sur la jambe de son grand-père mais il y trouva le dépliant de Max. Il avait dû le fourrer là pendant leur discussion au sujet de Bonnie. Il tendit le prospectus à son grand-père.

— Qu'est-ce que t'en penses ? C'est dans quelques semaines.

Le vieil homme saisit le papier de ses mains noueuses.

— La Fête du bois ?

— Tu voudrais y aller ? Ça te ferait une sortie. Glenys pourrait venir aussi. On pourrait y faire un tour puis aller se promener en forêt. Peut-être jusqu'au parc. Pour voir de jolis paysages.

Son grand-père examina le dépliant, les yeux plissés, puis le donna à Glenys, qui tendait le cou pour le regarder.

— Qu'est-ce que c'est, toutes ces animations ? s'étonna le vieillard. « Concours de poussée » et « concours de traction ». Jamais entendu parler de ça.

— Moi non plus. Ça peut être amusant.

Les yeux de son grand-père s'illuminèrent.

— Je crois qu'on devrait y aller, dit-il avant de redevenir sérieux. Où est-ce qu'ils organisent ça, dans un pré ? Je ne pourrai pas rester debout trop longtemps.

— On pourra emporter des chaises pliantes pour que vous puissiez vous asseoir. Dès que vous en aurez assez, je vous ramènerai ici.

— Tu en es certain ?

— Mais oui. Réfléchis-y et dis-moi ce que tu en penses.

Leon reprit le chiot.

— Je dois rentrer pour nourrir Bonnie. La journée a été longue et elle a faim. À bientôt, Glenys. Ravi d'avoir fait votre connaissance.

Son grand-père le raccompagna dans le couloir et lui demanda :

— Où étais-tu donc ?

— À la maison, sur l'île Bruny.

— Comment ça s'est passé ? demanda-t-il d'un air entendu, comme s'il connaissait déjà la réponse.

— Je me suis disputé avec papa et je ne me suis pas retenu de lui dire ce que je pensais.

— Ça lui fera peut-être du bien.

Leon haussa les épaules.

— Je n'ai pas beaucoup d'espoir. Il est au-delà de la rédemption... Quoi qu'il en soit, c'était sympa de rencontrer Glenys. Désolé d'avoir débarqué comme ça.

— Ce n'était qu'une brève interruption. On pourra reprendre où on s'est arrêtés.

— Ce n'est pas plutôt l'heure de faire des mots croisés ? Et je ne suis pas sûr que coucher avec des « codétenus » soit autorisé.

— Toi aussi, tu devrais te trouver une fille, railla son grand-père avec un grand sourire.

Leon leva les yeux au ciel.

— Mon cœur est pris par Bonnie en ce moment, répondit-il en tapotant la tête du chiot qui dépassait du sac. Oh, ajouta-t-il soudain. Papa m'a dit de te demander comment tu te réchauffais les mains en été.

Le sourire de son grand-père disparut et il hésita à répondre.

— Il doit parler de l'été 67, quand un feu a détruit la scierie de l'île.

— Un feu de brousse, tu veux dire ?

— Il y avait des feux de brousse partout dans le sud-est, cette année-là, mais non – dans ce cas, c'était un incendie criminel. La dernière grande scierie de l'île a été réduite en cendres et n'a jamais été reconstruite. Ce qui a eu des conséquences majeures sur l'industrie locale et la famille qui en était propriétaire.

Leon repensa au livre d'histoire que son grand-père lui avait prêté. Il se rappela avoir lu le récit d'un incendie sur l'île Bruny. Était-ce celui-ci dont parlait son grand-père ?

— Est-ce qu'ils ont réussi à arrêter le pyromane ?

— Non, il s'en est sorti à très bon compte.

Leon aperçut une lueur dans les prunelles du vieil homme et commença à comprendre.

— Tu connais le coupable ?

— Oui, et même très bien.

Il se renfrogna.

— Le patron cherchait à séduire ta grand-mère et il fallait que quelqu'un l'arrête. L'honneur d'une femme est une chose importante. Et un homme en position de pouvoir ne devrait pas avoir le droit d'en profiter. C'est pour ça que je l'ai fait. Pour que les choses soient claires.

— Tu ne travaillais même pas à la scierie ! s'écria Leon en tentant de dissimuler sa surprise.

— Non, mais ta grand-mère n'était pas la seule femme, la situation durait depuis des années. Cet homme était un prédateur. J'ai vu ça comme un service rendu à la communauté.

Si son grand-père s'était montré si protecteur envers sa femme, se dit Leon, cela avait dû être particulièrement dur pour lui d'apprendre que son fils était coupable de violences domestiques.

— Comment tu t'y es pris ? voulut savoir Leon.

— La nuit, quand il n'y avait personne, j'ai arrosé d'essence un tas de bois et j'ai craqué une allumette.

— Est-ce que papa le sait ?

— Ta grand-mère lui a dit.

— Elle était au courant ?

— Un homme ne devrait pas avoir de secrets pour sa femme.

— Elle était contrariée ?

— Bien sûr, ce qui ne l'a pas empêchée de me pardonner et de me soutenir. C'est ça, l'engagement. Le mariage. J'étais une tête brûlée à l'époque, mais elle a compris mon geste.

— Et maintenant, comment tu vois les choses ?

Son grand-père pinça les lèvres.

— Dans la vie, parfois, on repense à certaines

choses avec regret, et cet épisode en fait partie. Même si je suis arrivé à mes fins, tout le village en a été affecté. J'aurais dû m'y prendre différemment et l'accuser droit dans les yeux. Ça aurait suffi. Ça l'aurait arrêté.

Un silence gêné s'installa. Le chiot le sentit et se mit à gigoter.

— Merci de me l'avoir dit, papy.

— J'espère que tu ne me jugeras pas trop durement.

— Non. Nous commettons tous des erreurs.

— L'important, c'est d'en tirer des leçons. Et de cultiver l'art du pardon, comme ta grand-mère. C'est un acte généreux. Tu pourrais essayer de pardonner un peu à ton père.

Cette réflexion le prit de court.

— Lui pardonner de frapper ma mère ? Je ne crois pas en être capable.

— Il continue ?

— Elle dit que non.

— Elle lui a pardonné ?

— Elle vit encore avec lui.

— J'imagine que c'est une preuve de pardon. Tu devrais peut-être passer l'éponge.

Leon n'y était pas prêt.

— J'y penserai, dit-il, avant d'indiquer la porte de la chambre d'un mouvement de tête. Tu ferais bien de retourner auprès de Glenys ou elle va te croire mort.

Les yeux du vieil homme s'illuminèrent de nouveau.

— Y a peu de chances. Il nous reste encore une heure avant le dîner.

20

Après la suspension du chantier de coupe dans le parc, des visiteurs commencèrent à passer par la ville. Ils s'arrêtaient au restaurant ; des citadins aux vêtements kaki, des jumelles suspendues à leur cou. Miki les entendait murmurer à propos du nid d'aigle. L'information avait dû s'ébruiter. Et ces « fous d'ornithologues » – comme les appelait Kurt – venaient à sa recherche.

Kurt n'aimait pas l'idée que des gens aillent fouiner dans la forêt. Cela le rendait nerveux. Comme il voulait s'assurer que personne n'avait abîmé les ruches, le lundi, ils enfilèrent manteaux et bonnets et montèrent dans la nouvelle voiture en espérant que le temps se lèverait en cours de route.

La zone déboisée était brumeuse et désolée lorsqu'ils la traversèrent sous une pluie battante. Pour Miki, le lieu sentait toujours la mort. Elle ne pouvait s'empêcher de penser aux animaux qui avaient vécu là : oiseaux et opossums qui se nichaient dans de vieux arbres creux. Où étaient-ils partis quand les machines étaient arrivées ? Certains volatiles avaient pu s'envoler mais… et les créatures nocturnes ? Elles avaient sans doute été écrasées par leurs arbres, quand ils avaient été abattus. Cette idée rendait Miki malade.

Le 4 × 4 fonçait sur le sol humide, roulait dans des nids-de-poule et des flaques. Les machines étaient toujours là, à flanc de colline. Miki les voyait à travers le voile de pluie. Elles étaient à mi-pente, humides et silencieuses : de gros squelettes massifs de métal attendant que leurs conducteurs leur rendent la vie. Miki avait hâte qu'elles disparaissent – tant qu'elles restaient là, il y avait toujours un risque qu'elles se remettent au travail.

Au pied de l'arbre des aigles, Kurt pointa du doigt des traces de pneus et des empreintes de pieds dans la boue, autour du tronc, où les fouineurs avaient piétiné. Les traces de pneus disparaissaient ensuite, ce qui signifiait que personne n'avait dû s'aventurer plus loin dans la forêt. Miki espérait que son vieil arbre gigantesque était toujours intact.

Ils se garèrent à leur place habituelle et Kurt accepta d'aller inspecter l'arbre avant d'aller voir les ruches. Ils se mirent en route dans la forêt ruisselante. Et ils le découvrirent, indemne, se dressant vers les nuages. Une petite chose argentée brillait à son pied. Un emballage de loukoum. Le ventre de Miki se noua.

La mine sombre, Kurt fourra le papier dans sa poche avant de retourner à la voiture. Miki le suivait à petits pas angoissés.

Il sauta derrière le volant.

— Monte, dit-il. Allons voir les ruches.

Il fit marche arrière dans le sentier envahi par l'herbe qui menait à leur cachette, puis freina si brusquement que Miki percuta le tableau de bord.

— Putain, c'est quoi ce bordel ?

Pris de panique, il bondit hors de la voiture, et Miki le suivit.

Les ruches étaient éparpillées au sol, en morceaux ; caisses brisées, cadres renversés. Plus d'abeilles.

Mains sur les hanches, narines frémissantes, Kurt contempla les ruches dévastées. Il bouillonnait et Miki eut l'impression qu'il vibrait de toute l'énergie furieuse des abeilles qui avaient vécu dans ces ruches, et qu'à tout instant, il risquait d'exploser tandis que des essaims d'abeilles s'échapperaient de lui.

Il donna un coup de pied dans les morceaux de bois cassés.

— Foutus connards ! hurla-t-il. Bande de bâtards !

Il frappa plusieurs fois du pied puis ramassa un bout de bois et le lança contre l'arbre le plus proche. Miki se recroquevilla. Cela lui rappelait les crises de son père. Parfois, quand les choses tournaient mal à la ferme, son père laissait éclater sa colère de cette façon. La pompe à eau bloquée. Une voiture ou un tracteur refusant de démarrer. Une fois, il avait passé des heures à démonter et à remonter méthodiquement la tondeuse, en vain. Miki l'avait regardé s'acharner, tirant encore et encore la corde de démarrage, en devenant de plus en plus brutal et violent, jusqu'à ce qu'il balance la tondeuse au sol de toutes ses forces.

Heureusement, elle était tombée sur l'herbe tendre et n'avait pas été endommagée ; ils n'auraient jamais eu les moyens de s'en payer une autre.

À cet instant, Kurt saisit un autre morceau de bois et le jeta furieusement dans les sous-bois, puis un autre, avec l'intention de le fracasser au sol. Mais un cri se forma dans sa gorge et il se pencha brusquement en avant. Des abeilles étaient collées à sa main. Hurlant de douleur, il les frappa, pour essayer de s'en débarrasser. Les abeilles, abandonnées là par leurs sœurs lorsque le reste de la colonie était parti, avaient dû se cacher sous le bois. Kurt, au supplice, se tenait la main. Il s'était déjà fait piquer, mais jamais comme ça. Il haletait.

— Je vais tuer les salauds qui ont fait ça à mes abeilles.

Miki fut soulagée qu'il n'en veuille pas aux abeilles. Maintenant, elle s'inquiétait pour sa main, qui commençait déjà à gonfler.

— Il faut t'amener chez le docteur, dit-elle.

Il la laissa le reconduire à la voiture. Son visage était déformé par la douleur, ses yeux écarquillés et sombres. Il s'installa tant bien que mal derrière le volant, la main droite crispée comme une serre.

— Mets la clé dans le contact, hoqueta-t-il.

Miki manipula le trousseau mais ne trouva pas la bonne clé.

— La grosse argentée, à tête carrée. Oui. Maintenant, tourne-la vers l'avant.

Elle obéit et sursauta quand le moteur prit vie dans un grondement.

— Maintenant, monte. Merde, ça fait mal.

Il conduisait plié en deux, grimaçant de douleur, en ne se servant que de sa main gauche, sa main droite enflée était repliée contre son torse. Heureusement qu'à l'aller il avait pris le sentier en marche arrière, cela leur évitait de devoir faire demi-tour. Les roues arrière patinèrent dans l'herbe mouillée, puis ils s'élancèrent dans le bush par à-coups.

Miki eut l'impression qu'ils mirent une éternité à atteindre la route principale. Kurt s'arrêta sur le bas-côté. Son visage avait gonflé.

— Tu vas devoir prendre le relais. Je vois trouble.

— Je ne sais pas comment faire, lui rappela-t-elle, terrifiée.

— Passe derrière le volant, ordonna-t-il.

Lorsqu'elle prit place, ses pieds n'atteignaient pas tout à fait les pédales.

— Il y a un levier à côté du siège, dit-il. Tire-le vers toi.

Elle se débattit un peu avec le levier mais finit par avancer le siège dans une meilleure position.

— Maintenant, appuie sur l'embrayage.

Lorsque le 4 × 4 repartit d'un bond sur la route, Miki eut peur de changer les vitesses mais Kurt l'y força. Elle gémissait de stress. La panique lui brûlait la poitrine. Et elle était effrayée par la teinte grisâtre qu'avait prise le visage tuméfié de son frère, et par sa main enflée.

Une voiture les dépassa en klaxonnant follement car Miki zigzaguait sur toute la largeur de la route. Sa tension se mua en colère. Elle aurait pu apprendre à conduire des années plus tôt, à la ferme. Il aurait été facile pour eux de lui enseigner, sur le tracteur. Au lieu de quoi, Père et Kurt l'avaient cantonnée au potager, à l'étable et à la cuisine.

Sans changer de vitesse, elle entra en ville dans un rugissement de moteur, ralentissant à peine pour faire demi-tour devant le centre médical, où la voiture buta contre le trottoir. Elle ne savait pas du tout où se trouvait le frein, si bien qu'elle laissa le 4 × 4 caler dans l'allée. Kurt n'était plus en état de s'en soucier. Il était groggy, sa respiration, rauque. Elle descendit d'un bond et le tira par le bras.

— Viens, nous devons entrer.

Ses lèvres étaient boursoufflées et ses yeux injectés de sang à peine ouverts lorsqu'elle le traîna jusqu'à la porte.

Le réceptionniste hoqueta en la voyant arriver en titubant.

— Oh mon Dieu. J'ai besoin d'un docteur, tout de suite !

Ils emmenèrent Kurt au fond du bâtiment et Miki s'effondra sur une chaise dans la salle d'attente. Elle entendait des voix pressantes derrière les portes closes, quelqu'un demandant de l'oxygène, de l'adrénaline, des antihistaminiques, des packs de glace. Est-ce que Kurt allait mourir ? Comment se débrouillerait-elle, toute seule ? Que deviendrait le restaurant ?

— Il serait mieux à l'hôpital, déclara une voix de femme.

Une autre, plus grave, répondit :

— On n'a pas le temps. Donnez-lui un autre EpiPen.

— Écoutez sa respiration. Il a besoin d'une intubation ?

— On n'est pas équipé pour ça, ici. Il faudra se contenter de l'oxygène.

— Doit-on le faire évacuer par hélicoptère ?

— Parle plus bas.

Miki voulait que quelqu'un la rassure sur l'état de son frère. Il était peut-être difficile à vivre, mais elle n'avait que lui.

Tandis qu'elle attendait là, plongée dans l'angoisse, une femme blonde vint se poster devant l'accueil et fit cliqueter ses ongles vernis de rose sur le guichet. Miki était si stressée qu'il lui fallut un moment pour reconnaître Liz, la femme de Mooney.

— Il n'y a personne ? demanda Liz en lui adressant un coup d'œil timide.

Miki remarqua que son bleu sur le front avait disparu.

— Ils sont en salle de soins, pour s'occuper de mon frère.

— Qu'est-ce qui s'est passé ?

— Il s'est fait piquer par des abeilles.

— Mince. Choc anaphylactique ? Il est allergique ?

— Je ne sais pas.

— Je sais que ça peut faire peur, mais ça devrait aller. Une de mes filles est allergique aux cacahuètes. Le docteur d'ici l'a déjà soignée. Elle était si gonflée qu'elle parvenait à peine à respirer, et elle s'en est bien sortie. Ça ira aussi pour ton frère.

— J'espère, répondit Miki, qui n'y croyait pas vraiment.

Liz sourit.

— Merci, pour les Caramello Koalas de l'autre jour. Mes filles et moi, on les adore.

— De rien.

— Vous nous avez déjà donné des petits extras, pas vrai ? C'est très gentil.

Liz glissa une de ses mèches blondes derrière son oreille.

Une infirmière sortit, le visage rougi, une pellicule de sueur sur la peau, et conduisit Miki dans une salle de consultation pour que le médecin puisse lui parler. C'était un homme grand aux tempes grisonnantes et aux yeux clairs et sérieux. Kurt allait bien, mais il devait rester en observation pour le reste de la journée. Il somnolait, ce qui n'était pas inhabituel après un traitement pour piqûres multiples. Ils l'avaient allongé sur un lit où ils pouvaient le surveiller et lui administrer d'autres antihistaminiques si besoin. Miki pouvait rentrer chez elle, mais elle ne supportait pas l'idée d'attendre seule dans le restaurant en regardant par la vitrine. Elle resta donc là, à fixer les allées et venues des gens. On ne lui parla plus d'hôpital.

Elle s'adossa au mur et se souvint de sa visite à l'hôpital de Hobart, des années plus tôt. Son premier contact avec le monde extérieur, et ses souvenirs étaient restés très vifs. Elle ferma les yeux, imagina une version plus jeune d'elle-même et replongea dans le passé.

La voilà : sept ans, maigre comme un clou, longues nattes sombres, salopette grise, pull rouge. Chaussée de bottes en caoutchouc roses boueuses, elle avançait d'un pas lourd à travers le verger hivernal, une casserole pleine de cire d'abeille fondue à la main, suivant son père le long d'une rangée de pommiers. Il lâcha sa boîte à outils et, du bout de sa botte, déblaya une parcelle de terrain. Il y posa la gazinière, ouvrit le gaz, approcha une flamme et tourna le feu au plus bas. Miki mit la casserole dessus avant de suivre son père jusqu'à un arbre.

Il sortit vivement son sécateur d'une poche et se mit au travail, taillant les pousses sur les branches tardives de l'année passée et les recoupant pour qu'elles ne dépassent pas la taille d'un crayon. Une fois qu'il en eut une poignée, il les lui passa et elle les serra dans sa paume poisseuse. Elle aimait qu'il la laisse l'aider dans le verger parce que, la plupart du temps, elle faisait ses devoirs dans la cuisine. Alors qu'elle était assez grande pour aller à l'école, ses parents tenaient à ce qu'elle bénéficie d'une éducation religieuse, et la maison était l'endroit idéal pour cela. Ces leçons lui étaient données à la table de la cuisine. Elles étaient tirées d'une grosse et vieille bible recouverte de cuir, élimé par l'âge. Il y avait de nombreuses pages cornées pour marquer les passages importants, ce qui doublait l'épaisseur du volume car chaque page était importante.

La petite Miki apprit tout de Dieu en restant assise

à la maison, mais il était aussi dehors, elle le savait. Mère disait que Dieu était partout, une présence en elle, plus proche que son propre souffle. Sauf que Miki ne sentait pas Dieu en elle ; elle ne sentait qu'elle-même. Elle était certaine que Dieu détestait autant qu'elle cette cuisine oppressante et préférait être au grand air, là où l'âme pouvait s'élever vers le ciel. Elle soupçonnait Dieu de se trouver dans les arbres et le vent, dans les fleurs et les oiseaux qui volaient au-dessus d'elle. Il serait bien plus heureux de vivre à l'extérieur que coincé entre les pages cornées d'un vieux livre lourd plein de mots compliqués.

Miki adorait être dehors parmi les vieux arbres noueux, et elle adorait observer son père avec son couteau, la précision de ses incisions. Il sortit une scie à main de sa boîte à outils, découpa une branche qu'il laissa tomber au sol. Avec son couteau de travail affûté, il pratiqua une fente dans le porte-greffe. Miki lui passa un greffon qu'il tailla en biseau puis l'inséra dans la fente avant de le maintenir avec du scotch. Il scia une autre branche et elle lui tendit les deux derniers greffons.

C'était le moment d'aller chercher la casserole de cire d'abeille pour que son père puisse en enduire les greffes afin d'éviter que l'eau y pénètre. Miki éteignit le gaz et saisit la casserole en prenant garde à ne pas la renverser en chemin. Pendant qu'elle marchait, la cire tourbillonnait dans la casserole et traçait de jolies formes. Elle cramponnait le manche à deux mains et essayait de rester bien droite quand son père y plongeait son pinceau. Il plongeait, appliquait, plongeait, appliquait, dessinant des colliers blancs bien réguliers autour des greffes. Miki s'efforçait de tenir bon, mais la casserole devenait de plus en plus lourde et ses mains se mirent à trembler. Elle demanda de l'aide à Dieu car sa mère lui disait sans cesse qu'il secourait ceux qui étaient faibles et dans le besoin. Dans sa tête, Miki criait : *Dieu, rends-moi forte !*

Puis Kurt yodla pour leur annoncer son arrivée. Elle ne voulait pas se laisser distraire mais sa tête se redressa malgré elle lorsqu'elle entendit son appel. Au même instant, elle lâcha la casserole, renversant de la cire bouillante sur son père, au moment où il sortait son couteau pour pratiquer une nouvelle incision. Elle entendit son cri rauque et vit un jet de sang rubis jaillir de sa main comme une fontaine. Un de ses doigts pendouillait. Un autre était par terre, petite chose courtaude et blanche, et le sang continuait à se déverser de sa main. Elle le regarda manipuler son doigt semi sectionné qu'il tentait de remettre à sa place, comme si appuyer fort pouvait le recoller. Le sang giclait en arc de cercle. Elle vit son père grimacer, entendit son hurlement, le grognement rugueux de sa respiration surimposé à son propre souffle court.

Le monde devint instable et l'herbe se mit à ondoyer sous ses pieds. Elle regarda de nouveau le doigt par terre, niché dans un tapis d'herbe. Il lui semblait étrange, pâle et isolé. Déplacé. Fibreux. Une couverture sombre glissa sur elle et le temps enfla et disparut tout à fait.

Quand elle rouvrit les yeux, elle vit les branches chétives des pommiers en dormance brandies vers le ciel. Elle était dans les bras de Kurt, et la laine rêche de son pull lui irritait la joue. Il la serrait fort contre son torse tout en longeant à grands pas les rangées de pommiers. Elle se sentait fatiguée mais, si elle fermait les yeux, elle revoyait le doigt sectionné de son père – elle ne pouvait pas le chasser de son esprit – alors elle garda les yeux ouverts et observa le défilé des branches oscillantes.

Son père était assis sur une chaise dans l'allée, près du grand et vieux pin, le visage aussi gris que les nuages. Penchée vers lui, sa femme lui enveloppait la main dans un torchon tandis qu'une tache rouge s'y déployait comme de l'encre. Kurt posa Miki sur les gravillons, d'où elle les observa en silence. Mais les traînées de sang figé sur la salopette de son père firent de nouveau vaciller le monde. Kurt la fit allonger sur le sol, où elle resta pendant que les autres discutaient. Le visage de son père était pâle et crispé. Debout à son côté, Kurt l'écoutait attentivement. Ils essayaient de déterminer comment aller à l'hôpital. Avec son doigt en moins, leur père ne pouvait pas conduire et leur mère n'avait jamais appris, parce que la conduite était réservée aux hommes. Même si Kurt était trop jeune pour avoir le permis, il conduisait le tracteur dans le verger depuis des années. Ce serait donc à lui de conduire la voiture. La route était longue jusqu'à Hobart mais il n'y avait pas d'autre solution.

Ils étaient alors tous montés dans la vieille Commodore marron ; Kurt et leur père à l'avant, Miki et leur mère à l'arrière. Sur ses genoux, mère portait une glacière contenant le doigt manquant. Miki avait encore la nausée, à cause de l'odeur du sang, si bien qu'elle se blottit contre sa mère pendant que, sur le siège passager, son père gardait la main levée, enveloppée dans un torchon détrempé devenu rouge foncé. Sa femme lui tendit un autre torchon qu'elle enroula par-dessus le premier en disant d'une voix douce :

— Appuie un peu.

Miki se demandait pourquoi Dieu ne faisait pas cesser l'hémorragie. Est-ce que ses parents ne priaient pas avec suffisamment de ferveur ? Sa mère pinçait les lèvres et Miki comprit qu'elle était en colère – Miki sentit la culpabilité la transpercer comme un poignard chauffé à blanc. C'était elle, la responsable de ce désastre, comme si elle lui avait elle-même tranché le doigt. Mais, malgré sa honte, elle sentit l'excitation monter en elle car c'était la première fois qu'elle quittait la ferme.

Derrière le volant, Kurt fit démarrer la voiture, passa la première et avança en cahotant dans l'allée parsemée de flaques et de nids-de-poule. Leur père gémissait à chaque soubresaut, chaque changement de vitesse approximatif. Puis ils franchirent le portail donnant sur la route gravillonnée, pénétrant un territoire que Miki n'avait jamais vu, longeant des prés et des vergers, des maisons à moitié dissimulées, dotées de boîtes aux lettres, de portails et de hangars.

Ils arrivèrent à une intersection où leur père aboya

des instructions. Kurt ralentit et tourna vers une autre route, noire et lisse, sans la moindre bosse. La voiture filait si vite que Miki crut qu'ils allaient s'envoler. C'était à la fois effrayant et palpitant.

Ils tournèrent de nouveau et elle se retrouva perdue. Ils arrivèrent à un endroit où les routes étaient bordées de maisons et d'immeubles serrés les uns contre les autres, où les voitures étaient garées en épi, le pare-chocs en avant, avec des gens, des panneaux, des poubelles, des trottoirs, des enfants à vélo partout.

— C'est quoi, ici ? demanda Miki.

— La ville, répondit sa mère.

C'était là que ses parents allaient faire les courses. Elle s'était toujours demandé à quoi cela ressemblait. Elle aurait tant aimé voir à l'intérieur de toutes ces vitrines ! Elle savait que ses parents allaient acheter de la farine, du sucre, des manches à balai, du savon, des vêtements, de la laine pour tricoter des pulls. Et il y avait tant d'autres choses ! Quand elle se pencha pour essayer de voir dehors, sa mère lui ordonna de se tenir correctement, sans bouger. Miki comprenait qu'elle devait se concentrer sur sa culpabilité, sur les doigts coupés, et implorer Dieu de la pardonner, mais c'était difficile. Elle découvrait tant de choses, et tout défilait si vite : une école, un parc, des enfants jouant sur des balançoires, une dame qui promenait son chien. Son cœur battait la chamade parce qu'elle devait se souvenir de tout. Son esprit avide voulait mémoriser chaque détail. Le monde était plus vaste qu'elle l'avait imaginé, plein de champs, de fermes, de clôtures, de voitures, de gens, de bâtiments. Elle avait toujours cru qu'il était constitué de pommiers et de forêts car c'était tout ce qu'elle voyait depuis le sommet du plus haut pommier de la plus haute colline de la ferme.

Ils sortirent de la ville et franchirent des collines, puis la route s'élargit. Un lourd silence tomba dans la voiture. Sa mère était immobile comme une statue et son père, la main toujours enveloppée de torchons, ne disait rien. Kurt était concentré sur la route et Miki regardait dehors, absorbant le maximum de choses. Bientôt, il y eut des voitures qui roulaient dans les deux sens. D'énormes camions bruyants. Des bus de touristes qui se dirigeaient vers les collines. Ils passèrent devant un immense abri à pommes en bois. Des peupliers aux feuilles brunies bordaient la route. Des montagnes violettes se dressaient au loin. Des panneaux verts arboraient des écritures blanches.

C'était un long trajet, de près d'une heure, et Miki était épuisée à force de regarder, de découvrir, d'engranger des choses dans sa mémoire. Son cerveau était comme une bouilloire en surchauffe, l'eau débordait en crachant et en grésillant sur le poêle.

Alors qu'elle pensait ne plus en pouvoir, ils contournèrent le flanc ombragé d'une montagne et ce fut la folie et le chaos : des voitures trop rapides, trop bruyantes, trop proches, des routes qui s'entrecroisaient, des multitudes de maisons, d'immeubles hauts, des lumières rouges et vertes, des routes, des gens sur des trottoirs, des femmes en beaux tailleurs et hauts talons, des hommes en costumes noirs. La pluie se mit à tomber à verse et des parapluies surgirent comme des champignons explosant vers le ciel.

L'ombre de la montagne submergeait tout et des nuages flottaient bas sur son front noir et sévère.

À l'hôpital, ils franchirent des portes magiques qui s'ouvraient toutes seules. Sa mère parla à une dame derrière un bureau blanc, puis son père fut emmené dans une autre salle où une infirmière devait l'examiner. Il revint, le visage fermé, silencieux, puis ils passèrent dans une autre salle, pleine de gens assis sur des chaises en plastique. Les patients étaient pâles et raides. Des enfants se roulaient par terre, impatients. Miki se demanda depuis combien de temps ils étaient là, tous, à attendre Dieu savait quoi. Elle n'avait jamais vu d'autres enfants, avant, juste le garçon qui venait tous les deux-trois mois dans le camion de livraison de bois, perché sur le siège passager, la regardant de haut. Là, dans la salle d'attente de l'hôpital, les enfants étaient agités et turbulents, et ils se disputaient les uns avec les autres et se plaignaient à leurs parents. Un petit garçon tira sa mère jusqu'à une large boîte en métal vitrée poussée dans un coin ; elle y glissa des pièces et appuya sur des boutons, puis quelque chose tomba. Le garçon passa son bras par le battant et en sortit un paquet crissant qui, lorsqu'il l'ouvrit, diffusa une odeur de sel et d'huile.

— Qu'est-ce qu'il tient ? demanda Miki à Kurt.

— Des chips.

— C'est bon ? Ça sent bon en tout cas.

— Chut.

Miki n'arrêtait pas de regarder partout. Sur le mur, un écran affichait des images qui défilaient sans cesse. Elle était comme hypnotisée. Elle serra la main de Kurt et ouvrit grand les yeux pour ne pas en perdre une miette. Elle se demanda qui fabriquait ces images et comment elles pouvaient s'animer sur l'écran. Elle était si occupée à l'observer qu'elle en oublia presque la glacière sur les genoux de Kurt, et le doigt de leur père à l'intérieur.

Un homme en uniforme vert appela leur père, puis ils le suivirent dans une autre salle spacieuse où s'alignaient des lits occupés par des gens au visage gris et aux yeux cernés. On les conduisit vers un lit disponible où s'assit leur père, puis on tira un rideau bleu autour d'eux. L'homme en uniforme portait autour du cou un étrange objet fait de tubes noirs. Il dit qu'il était docteur, et le père de Miki expliqua ce qui était arrivé à ses doigts. Le médecin ouvrit la glacière, y jeta un coup d'œil puis déroula le torchon autour de la main et son expression se crispa. Il tendit une paire de ciseaux vers la main ensanglantée – puis, dans sa paume, se trouva un autre doigt.

Miki se sentit de nouveau partir. La pièce tanguait. Elle entendit un claquement de chaussures et un bruit de roulettes sur le sol en lino, l'obscurité semblait l'engloutir. Mais elle n'eut pas le temps de faire un malaise. Le médecin appela à l'aide puis un autre homme en uniforme apparut à travers le rideau et emmena son père en poussant son lit à roulettes.

Ils allèrent de nouveau s'asseoir dans la salle

d'attente. Miki resta longtemps alerte : elle regardait tout, repensait à ce qui s'était passé. Et si les doigts de son père ne pouvaient pas être réparés ? Est-ce qu'elle aurait des ennuis ? Est-ce que c'était sa faute ? Et qu'est-ce qu'elle voyait autour d'elle, exactement ? Que devait-elle en penser ?

Malgré son esprit tourmenté, elle dut s'endormir, la tête sur les genoux de Kurt, parce que, plus tard, sa mère la secoua pour la réveiller. Le docteur était revenu pour leur parler. Miki était si fatiguée qu'elle l'entendit à peine leur annoncer que l'opération pour sauver les doigts de son père avait échoué. Pendant que sa mère pleurait et que Kurt restait silencieux, Miki observait les nouveaux patients qui étaient arrivés. Un homme obèse qui sentait la cigarette et qui ressemblait à un crapaud. Une petite fille au nez plein de morve, dont le poupon avait l'air d'un vrai bébé. Un garçon avec un jouet bruyant qui cliquetait et parlait.

Miki savait qu'elle aurait dû se sentir coupable et triste à cause des doigts perdus de son père. Elle aurait dû demander pardon à Dieu. Au lieu de quoi, elle était fascinée par le monde.

Ses sens étaient en surchauffe. Un désastre déferlait sur eux, telle une vague. Sur la crête de cette vague, une opportunité. Son esprit fourmillait de pensées d'avenir.

Elle était bel et bien là : ici et maintenant. Une jeune fille attendant de faire son entrée dans le monde.

PARTIE III

Croissance

21

Max ne savait pas comment les enfants de l'école avaient appris, pour les chiots, mais en début de semaine, ils ne parlaient que de ça.

— Qu'est-ce qui s'est passé ? Ton père les a tués ?

— Lily Moon dit que ton père les a noyés.

— Pourquoi ton père vit chez Mooney ?

— Et pourquoi il dort sur le canapé de Lily Moon ?

— Parce que ma mère veut le tuer, hurla Max. Et moi aussi.

Il s'efforçait de paraître dur mais, en son for intérieur, il sanglotait. Il ne voulait pas penser aux chiots. Il ne voulait pas penser à leurs petits museaux, à leur expression lorsque son père les avait maintenus sous l'eau.

Max savait à présent que Rosie n'avait jamais été une mauvaise mère. Son père avait dû noyer les autres chiots, juste après leur naissance. C'était pour cette raison que Max ne les avait jamais vus. Dans les toilettes de l'école, il pleura tout son soûl. Il espérait que son père vivrait chez Mooney pour toujours car il ne lui pardonnerait jamais.

Tout le monde était triste pour Max – sauf Jaden, qui affichait un grand sourire comme s'il espérait depuis le début que les chiots mourraient.

— Pauvre Maxou. Il arrête pas de pleurer pour les petits chienchiens. Gros bébé, va. Maintenant, ils sont tous morts.

Non, pas tous, songea Max.

Il ne voulait pas que Jaden apprenne que Bonnie avait été sauvée. Elle vivait avec Leon, et c'était presque aussi bien que si Max l'avait lui-même gardée. Tous les jours après l'école, il allait voir comment elle se portait. Dans l'après-midi, il la nourrissait et jouait avec elle jusqu'à ce que Leon rentre. Il n'arrivait pas très bien à la dresser, mais sa mère l'encourageait à persévérer. Pour se concentrer, Bonnie était aussi douée que Max en classe. Il en déduisit qu'ils étaient presque pareils.

Chez lui, c'était calme, sans son père. Pas de cris. Pas de disputes. Max entendit un jour sa mère parler à Trudi au téléphone.

— Comment Liz fait-elle pour le supporter ? Imagine… Shane et Mooney dans la même maison… T'as raison. La pauvre Liz n'a pas le choix… Imagine toute la bière qu'ils doivent s'envoyer. Leurs beuveries et leurs conversations d'hommes… Quoi ? Il a demandé à venir chez vous ? Quel culot… Non, je ne veux pas qu'il revienne. Qu'il mijote encore un peu.

Mais Max voyait que sans son père, sa mère s'épuisait. Max avait aussi plus de corvées à faire, comme couper du bois et le porter à l'intérieur, et sortir les poubelles.

La nuit de dimanche, lorsqu'il se leva pour aller aux toilettes, il remarqua que la chambre de Suzie était vide. Il partit à sa recherche avec sa lampe torche et la découvrit dans le lit de sa mère. Leur père n'aurait plus nulle part où dormir quand il reviendrait, alors il devrait peut-être s'installer dans la remise avec Rosie – sa mère l'avait dit à Trudi plusieurs fois.

Ça ne dérangerait pas Max de dormir avec sa chienne. Il prendrait son duvet et son oreiller et, s'il ne pleuvait pas, ils pourraient dormir à la belle étoile. Rosie était encore mieux qu'une bouillotte et, dehors, c'était sympa, la nuit. Quand il n'y avait pas de nuages, le ciel tout entier était poudré d'étoiles et on appréciait l'immensité de l'univers et toute notre tristesse se dissolvait lentement, on n'était plus rien ni personne, et les problèmes s'envolaient tout seuls. Cette idée aidait Max à tenir le coup, à l'école. Et à oublier Jaden, qui restait son plus gros problème. Comme les chiots n'étaient plus là, Max ne craignait plus que Jaden leur fasse du mal, mais il avait toujours peur de lui. L'adolescent était fort et menaçait tout le temps de le frapper.

À la récré et le midi, il avait tenté de l'éviter en baissant les yeux, mais l'autre le retrouvait toujours. Le mardi, Max passa sa pause déjeuner assis sur les toilettes en espérant que Jaden se fatiguerait de l'attendre et finirait par s'en aller. Ce qu'il fit au bout d'un moment. Puis, quand la sonnerie retentit à la fin de la journée, Max tenta de sortir de classe en vitesse et courut chercher son sac.

Mais Jaden l'attendait. Il enfonça son doigt dans les côtes de Max.

— T'as récupéré d'autres clopes ?

— Non. Mon père m'a surpris. C'est pour ça qu'il a tué les chiots.

Max voulait que Jaden se sente coupable, mais son regard lui disait clairement qu'il s'en moquait.

— Tu dois toujours me trouver des cigarettes.

— Je ne peux pas.

— Suis-moi derrière les toilettes, alors.

Max n'avait pas le choix, et Callum le suivit aussi.

— Si tu ne peux pas me rapporter des clopes, tu dois voler autre chose. Les clopes, c'est trop facile, de toute façon.

Max en eut la chair de poule.

— Comme moi ? fit Callum, tout excité.

Quel idiot, se dit Max. Il était censé être son ami.

— Quelque chose dans un magasin, exigea Jaden. Un paquet de chips.

— Hors de question, fit Max. Ça fait trop de bruit. Je me ferais prendre sur-le-champ.

— Du chocolat, alors. Ou des bonbons.

Callum fixa Max, les yeux écarquillés ; il avait peur pour lui. Max aussi avait peur.

— Je les piquerai au supermarché, dit-il, soulagé à cette idée.

Ce ne serait pas trop compliqué. Presque les doigts dans le nez.

Mais le regard de Jaden se fit mauvais.

— Non, tu dois les prendre au restaurant.

Max en eut la nausée. Si Kurt le surprenait, il serait mort. Et il ne voulait rien voler à Miki, parce qu'elle lui souriait toujours et lui demandait comment il allait.

— Non, au supermarché, insista-t-il.

Il était coincé – il devrait vraiment le faire.

— Le week-end prochain.

Il essayait de gagner du temps.

Jaden cracha au sol et fit craquer les jointures de ses doigts d'un air menaçant.

— Non. Fais-le tout de suite au restaurant, sinon je te casse la gueule.

Aucune échappatoire possible.

Ils prirent leurs cartables et se rendirent au centre-ville. Max traînait et trouvait des excuses pour s'arrêter, parce qu'il devait refaire ses lacets, par exemple, mais Jaden le forçait à avancer à coups de pied.

Ils se retrouvèrent bientôt en face du fast-food, et Max se sentit horriblement mal. Comment pourrait-il voler des bonbons sans se faire prendre ? S'il avait de l'argent, il pourrait acheter des bonbons puis voler autre chose pendant que ses pièces tombaient dans la caisse.

— Vous avez cinquante cents ? demanda-t-il. Si je n'ai pas d'argent, ils vont me griller tout de suite.

Callum hocha la tête.

— Il a raison. Kurt va le tuer. Pour de vrai.

Jaden ricana.

— Pas de chance, fit-il en poussant Max sur la route. Tu trouveras bien quelque chose.

Max entra dans la boutique. Il n'y avait personne. Seulement Miki derrière le comptoir. C'était déjà mieux que Kurt.

— Bonjour, le salua-t-elle.

— Bonjour.

Il traîna à l'intérieur, examinant les armoires réfrigérées et les étagères. Puis il inspecta les bonbons, les chocolats et les paquets de chips. Comment allait-il s'y prendre ?

— Tout va bien ? demanda Miki. C'est vraiment triste, pour les chiots.

— Oui, je sais, dit-il en détournant les yeux.

— Je suis désolée de ne pas avoir pu en adopter. J'ai entendu dire que Leon en avait pris un. C'est sympa. Tu peux aller le voir de temps en temps ?

— Oui, tous les jours. Je l'aide à la dresser.

— Je parie que ce n'est pas facile.

— C'est sûr, elle veut juste jouer. Les autres lui manquent.

— Ils doivent te manquer à toi aussi.

C'était vrai, mais Max avait d'autres soucis en tête. Il considéra les étalages comme s'il allait acheter quelque chose.

Miki l'observait.

— Je peux t'aider ? finit-elle par demander.

— Non, merci. Je regarde, c'est tout.

Il jeta un coup d'œil dehors par la vitrine et vit

Jaden et Callum qui l'attendaient toujours sur le trottoir d'en face. Pourquoi ne pouvaient-ils pas s'en aller ? Il prit une canette de Coca dans le frigo et la posa sur le comptoir.

— C'est combien ?

— Trois dollars.

Il fit semblant de tâter de la monnaie dans sa poche.

— Je n'ai pas assez.

— Un paquet de chips, alors ?

Il secoua la tête.

— Je n'ai pas assez pour ça non plus.

Elle sourit.

— Ce n'est pas ton jour de chance, on dirait, pas vrai ?

Elle avait raison. Max ne savait pas quoi faire. Il ne pouvait pas ressortir les mains vides. Peut-être que s'il continuait à parler à Miki, il parviendrait à la distraire pour lui piquer quelque chose.

— C'est quoi, vos jours de fermeture ?

— Le lundi et le mardi.

— Je le dirai à ma mère. Elle m'a demandé de venir vérifier.

C'était un mensonge, et Miki le savait – ça se voyait à l'expression sur son visage.

— Pourquoi vous portez ces nattes sur votre tête ?

Miki se toucha les cheveux et rougit.

— Je ne sais pas. J'ai toujours été coiffée comme ça. Ma mère aussi.

Elle se tourna pour vérifier la friteuse et Max saisit

sa chance. Il attrapa le premier truc venu – un paquet de mentos aux fruits – et le fourra dans sa poche. Quand Miki se retourna, Max ne savait pas si elle l'avait vu.

— Merci, à bientôt ! lança-t-il avant de sortir.

Il traversa la route et s'élança rapidement sur la colline, suivi de Jaden et Callum.

— Alors, tu l'as fait ? le pressa Callum.

Max ne dit rien. Son cœur battait si fort qu'il arrivait à peine à parler. Il tourna dans une ruelle avant de s'arrêter. Puis il ouvrit la main et tendit le rouleau de mentos.

Jaden ricana. Callum, lui, était tout excité.

— Dingue ! Tu l'as fait ! Tu l'as fait, Max !

Max se sentait si faible qu'il aurait pu s'écrouler sur place, mais il s'en était sorti – du moins, il le pensait. Si Miki l'avait vu, elle n'avait rien dit, n'avait rien fait pour le retenir.

Jaden s'empara du paquet de bonbons, l'ouvrit brutalement et en fourra plusieurs dans sa bouche.

— Hé, fit Callum. Ils sont à Max, c'est lui qui les a volés.

Jaden sourit et jeta deux bonbons par terre.

— Voilà. Je partage.

Max en ramassa un et le mit dans sa bouche, mais le goût était bizarre. Il était peut-être périmé. Ou alors c'était parce qu'il l'avait volé à Miki.

— Et maintenant ? fit Callum.

Max eut envie de le tuer.

Jaden afficha un sourire méchant.

— Une canette de Coca.

Ce n'était pas très grave parce qu'il pouvait toujours en prendre une dans le frigo, chez lui. Il feignit d'avoir peur pour que Jaden ne choisisse pas quelque chose de plus compliqué – mais le sourire de son racketteur lui dit qu'il n'allait pas s'en tirer si facilement.

— Une canette fraîche. On t'attendra devant le magasin pendant que tu la voleras, comme aujourd'hui.

— C'est trop dur, lui fit remarquer Callum. Ils le verront la prendre dans le frigo.

Le sourire de Jaden s'élargit davantage.

— Tu trouveras une solution, pas vrai, Max ? Sinon, je te mets mon poing dans la figure.

Max fixa le trottoir en essayant de cacher sa peur. Il aurait besoin d'un plan. Il y avait forcément une solution.

— T'as déjà piqué quelque chose au restaurant ? demanda Callum à son frère.

— Ferme-la, Callum. Ou c'est toi qui la piqueras.

Max garda les yeux baissés.

— Je rentre chez moi, dit-il en s'éloignant sans un regard en arrière.

22

Le matin de la Fête du bois, Leon alla chercher son grand-père à la maison de retraite et l'aida à monter en voiture. Il fallut se donner un peu de mal pour l'installer sur le siège passager, mais voir son sourire en avait valu la peine. Glenys avait décidé de ne pas venir.

— Elle a du mal à marcher, expliqua son grand-père. Elle veut que nous en profitions. Elle nous laisse sortir entre hommes – voilà ce qu'elle a dit.

Ils roulèrent le long du fleuve puis à travers des champs et des vergers, avant de retrouver la rive. Le grand-père de Leon se penchait d'un côté et de l'autre, pour profiter du paysage.

— Pourquoi est-ce qu'ils mettent des filets sur ces arbres ?

— Ils protègent les cerisiers, papy. Ça coûte une fortune.

— Et ce bateau, pourquoi est-ce qu'ils en ont besoin d'un si grand ?

— C'est pour la salmoniculture. Il monte et descend le long du fleuve toute la journée. Il doit fournir tout l'univers en saumons.

— C'est délicieux, comme poisson. J'aimerais en manger plus souvent.

— Moi, je n'en ai pas les moyens.

— Glenys en raffole.

Leon sourit. Son grand-père lui évoquait un écolier amoureux.

Ils traversèrent la ville où habitait Leon et, de là, ils suivirent les pancartes jusqu'à la fête. Elle se déroulait dans un champ immense. Le pré voisin avait été transformé en parking, déjà bondé. D'autres véhicules étaient garés les uns derrière les autres le long de la route. Au portail, un représentant du Rotary Club en gilet fluo agitait un seau où tintaient des pièces. Leon baissa sa vitre, jeta quelques dollars dans le seau et demanda :

— Est-ce que je peux déposer mon grand-père un peu plus près ? Il ne peut pas beaucoup marcher.

Le bénévole grommela mais, quand il vit le visage illuminé du vieil homme, il sourit à son tour.

— Alors, l'ancien, impatient de passer une bonne journée ?

— Et comment. On ne me laisse pas sortir souvent, alors je vais en profiter.

— Vous avez bien raison, dit-il avant de reporter son attention sur Leon. Déposez-le à côté de la grande tente blanche, là-bas, ensuite, priez pour trouver une place.

Leon obtempéra. Lorsqu'il revint à la tente après avoir garé la voiture, son grand-père était assis sur son déambulateur. Impossible de le rater, avec son costume cravate gris et son vieux feutre à plume.

— T'as pris ton temps. J'aurais pu mourir à t'attendre.

Leon plia le déambulateur et l'accrocha à son bras. Ils avancèrent jusqu'au champ, qui grouillait de monde. C'était une organisation impressionnante : des rangées de tentes et de kiosques. Des grumiers et des 4 × 4 le long des grillages. Une arène centrale pour la coupe du bois près d'un haut mât équipé pour être escaladé. Des chevaux de trait tirant des cargaisons. Des stands de restauration. Des hommes pansus coiffés d'Akubras – ces chapeaux australiens typiques – et vêtus de chemises à carreaux. Des enfants courant partout, alors que leurs mères échouaient misérablement à les garder sous contrôle.

Leon emmena son grand-père vers un 4 × 4 qui trônait sur une piste barrée par des cordes. Un conducteur était au volant et trois hommes se tenaient derrière. Leon reconnut Toby et Mooney, ses coéquipiers de footy.

— Qu'est-ce qui se passe ? demanda-t-il à son voisin.

— C'est le concours de poussée, mon pote. Ça va commencer.

— Tu veux regarder ? demanda-t-il à Thomas.

— Ouais. Je veux tout voir.

Leon installa le déambulateur près du premier rang

– ils étaient pile à l'heure. Un coup de feu signala le départ et les hommes collèrent leurs épaules au hayon du 4 × 4, le visage déformé par l'effort, pendant que la foule hurlait des encouragements :

— Allez ! Poussez, les gars !

Au début, ça ne donna rien, puis le 4 × 4 finit par avancer. Doucement mais sûrement, les hommes le poussèrent sur trente mètres, jusqu'à une ligne blanche tracée dans l'herbe.

Leon pensait que c'était fini, mais Mooney sortit des jambières de protection et un casque de l'arrière du 4 × 4, attrapa une tronçonneuse, mit un masque et un cache-oreilles, et démarra la scie. Près de la ligne blanche, une bûche avait été installée sur un cadre, et Mooney découpa deux disques de bois avant d'éteindre le moteur et de passer ses protections à Toby. Ce dernier enfila le tout sur ses muscles saillants couverts de tatouages, attrapa une hache qui brillait d'un éclat argenté et coupa chaque disque de bois en cinq morceaux. L'autre membre de l'équipe chargea le bois à l'arrière du 4 × 4 sous les acclamations de la foule. Rouges de fatigue, les hommes repoussèrent le 4 × 4 jusqu'à la ligne de départ.

Leon éclata de rire malgré lui. Quelle compétition ! Quand une équipe terminait, une autre arrivait. Thomas et lui les encourageaient avec les spectateurs – son grand-père sautillait en agitant un bras décharné, appuyé à son déambulateur.

Après, ils assistèrent au concours de lancer de bottes en caoutchouc. Puis ils suivirent les cris des tronçonneuses de l'autre côté du champ, jusqu'à une zone fermée par des cordons de sécurité où des hommes, casque sur les oreilles et masque sur les yeux, étaient alignés devant des supports à bûches, maintenues à l'horizontale. Lorsque l'arbitre abaissa un drapeau, les participants s'approchèrent de leur place, tronçonneuse hurlante en main, et découpèrent habilement des disques de bois : le premier par une coupe ascendante, le second une descendante et le troisième en insérant la tronçonneuse au milieu de la bûche pour la découper vers l'extérieur.

Shane était dans le second groupe. Leon reconnut le fessier osseux de son voisin et ses pectoraux d'ouvrier. Bien campé sur ses pieds, détendu, Shane découpa des disques vite et bien, laissant de petits tas de sciure au sol. Wendy l'observait avec les enfants. Suzie avait plaqué ses mains sur ses oreilles pour se protéger du raffut. Quand Shane remporta le premier prix – un plateau de viande offert par le boucher –, il marcha en crabe jusqu'à Wendy pour le lui offrir, mais elle se détourna. Leon surprit l'imploration de Shane :

— Allez, Wendy. C'est pour toi. Je veux rentrer à la maison.

Elle lui jeta un regard qui aurait arrêté un camion en pleine course.

— Donne-le à Liz. Ça aidera à payer ton loyer.

— J'aurais rien à payer si tu me laissais rentrer.

— T'aurais dû y penser avant de tuer ces pauvres chiots.

Leon croisa le regard de Max et lui fit un signe de la main, que le garçon lui rendit. Il semblait s'amuser : hot-dog dans une main, téléphone dans l'autre. Il s'approcha de lui d'un pas traînant.

— Salut, Max, lui dit Leon. Je te présente mon grand-père.

— Bonjour, fit Max en mordant dans son sandwich.

— C'est bon ? l'interrogea Leon.

— Pas assez de sauce.

— C'est le garçon qui m'a donné Bonnie, expliqua-t-il au vieil homme.

— Ah oui, fit ce dernier en fixant le gamin, les yeux plissés. Tu as l'air de t'y connaître, en chiens.

Max bomba le torse fièrement.

— Bonnie est une bonne fille, pas vrai ? J'essaie de la dresser.

— C'est bien. Un chien ne vaut rien s'il n'est pas obéissant.

— Nous progressons, n'est-ce pas, Max ? dit Leon en lui faisant un clin d'œil.

Max hocha la tête.

— Elle sait comment s'asseoir, maintenant. Et j'essaie de lui apprendre à lâcher ce qu'elle tient dans la gueule.

— *Au pied*, c'est le plus important. *Au pied ou je te mets une raclée !*

— Elle ne viendra pas si elle a peur, rétorqua Max, déconcerté.

Le vieillard donna un coup de coude à Leon.

— Tu vois, je t'avais dit qu'il était malin.

Leon fut distrait par la clameur de la foule à l'autre bout du champ.

— Qu'est-ce qui se passe, là-bas ?

Max suivit son regard.

— Le concours de traction de camion. Je ferais mieux d'y aller. Je veux voir Toby et Mooney.

Il détala sur ses jambes maigrichonnes.

Leon et son grand-père traversèrent le champ pour se joindre aux autres spectateurs. Le Kenworth de Robbo était sur la piste avec Toby, Mooney et Shane plantés devant, une corde épaisse autour du torse. Au signal du starter, les hommes commencèrent à tirer, tête penchée vers le sol. Soufflant et grognant, ils finirent par ébranler le camion, lui firent dépasser la ligne de départ et le tirèrent sur dix mètres, les yeux exorbités. Sur la ligne d'arrivée, Robbo les attendait. Il brandit un poing victorieux et donna des bourrades dans le dos des participants.

Grand-père secouait la tête.

— Ce qu'on ne ferait pas pour gagner un prix…

Après ça, Leon et son grand-père regardèrent des chevaux de trait tracter un camion. Puis un élagueur grimper à toute vitesse en haut du mât.

Ensuite, le vieil homme voulut assister au concours de sculpture, au cours duquel les participants sculptaient à la tronçonneuse dans de larges billes de bois. Robbo taillait un grumier dans un bloc d'eucalyptus. Leon ignorait qu'il savait manier la tronçonneuse. Toby y était aussi, il façonnait un koala dans un arbre. Puis Shane débarqua, cigarette aux lèvres, et se mit au travail. Leon n'aurait jamais cru que Shane avait une âme d'artiste et fut surpris de voir la sculpture naître entre ses mains : une espèce de chouette. Son grand-père voulut l'admirer de plus près, alors Leon le présenta.

— Hé, Shane, je te présente mon grand-père, Thomas Walker.

Shane tira sur sa cigarette en fixant le garde forestier. Puis il jaugea le vieil homme des pieds à la tête et dut apprécier ce qu'il vit car il lui tendit la main. Thomas Walker la serra avec enthousiasme.

— C'est purement incroyable, Shane, fit Leon. Je ne savais pas que tu avais tant de talent.

— Je sue le talent par tous les pores, rétorqua Shane en souriant. Vous reconnaissez ce que c'est ?

— Une effraie masquée, répondit le grand-père de Leon. Ça se voit à son bec.

Shane l'étudia avec intérêt.

— Vous vous y connaissez ? Vous avez passé du temps en forêt ?

Thomas se redressa et ses yeux brillèrent :

— Je suis bûcheron à la retraite. J'ai coupé des arbres sur l'île Bruny pendant des années. J'en ai coupé quelques-uns par ici aussi. Des spécimens gigantesques. Y en a plus beaucoup.

— Mais si, y en a encore plein.

Évidemment, les bûcherons défendraient leur industrie jusqu'à ce qu'il n'y ait plus le moindre arbre tutélaire, se dit Leon, tout comme les pêcheurs de morue avaient défendu leur droit de travailler jusqu'à ce qu'il n'y en ait plus.

Son grand-père scrutait Shane d'un œil appréciateur.

— C'est pas un boulot facile, la coupe à la tronçonneuse. Pas comme ces gars sur leurs machines.

Shane opina.

— Ça me fait bien rire quand ils disent qu'ils ont eu une dure journée de travail.

— Ces machines abattent la forêt trop vite. Un de mes amis me disait qu'elles sont mauvaises pour l'industrie. Vous, vous êtes trop efficaces pour vous garantir du travail à l'avenir.

Shane haussa les épaules.

— Pas moi, vieil homme. Je coupe les arbres sur les pentes trop raides pour les machines. Mon boulot ne craint rien.

Il se donna une claque sur les fesses.

— C'est pour ça que je suis si maigrichon. À force de monter et descendre dans ces foutues collines toute la journée. Mais des types comme moi, y en a pas des tonnes. L'époque de la tronçonneuse est finie.

— C'est dommage. À cause de ces machines, pas vrai ?

— Ouais. Ça sert à rien de le regretter. C'est comme ça que fonctionne l'industrie, de nos jours. Les machines coupent plus d'arbres en une journée que moi en une semaine.

Il pencha la tête et poursuivit :

— Vous avez vu ce qu'elles sont capables de faire ?

Si c'est pas le cas, vous devriez aller y jeter un œil. Ils font une démo, à l'autre bout du champ.

Il écrasa son mégot par terre et conclut :

— Je ferais mieux d'y aller, j'imagine.

Thomas voulait lui aussi voir les engins à l'œuvre, alors ils retraversèrent le champ vers les bêtes de métal aux griffes repliées, sentant l'huile et le diesel. Il n'y avait personne. Leon déplia le déambulateur pour que son grand-père puisse attendre assis.

— Ton voisin est doué, dit ce dernier. Sa chouette m'a plu.

— Ouais, fit Leon, qui ne voulait pas complimenter Shane. J'imagine qu'on devient doué avec une tronçonneuse, si on ne fait que ça de ses journées.

— Tu ne l'aimes pas beaucoup, je me trompe ?

— Il ne s'est pas montré très accueillant… et c'est un tueur de chiots.

— Ah, c'est lui… ses valeurs sont différentes des tiennes, et c'est dur pour toi.

Leon haussa les épaules.

— Les gens incapables de s'occuper des animaux ne devraient pas avoir le droit d'en posséder.

— Tu ne t'attendais pas à ce que ce soit facile de t'intégrer dans une nouvelle ville, si ?

— Non. C'est pour ça que je joue au footy – pour rencontrer des gens et me faire accepter.

— Ça marche ?

— J'essaie de rester neutre.

— C'est peut-être ton problème. Ils n'arrivent

peut-être pas à te cerner. Un homme doit avoir des convictions, sinon il n'est rien.

— C'est une ville de bûcherons, papy. Personne ne me fera de passe si je leur dis que je veux sauver des arbres.

— Tu ne dois pas les laisser te marcher sur les pieds.

— Personne ne me marche sur les pieds.

Son grand-père leva un sourcil.

— T'en es bien certain ?

Il se tourna vers les machines et leurs griffes caractéristiques.

— Je sais pas trop où va le métier, dit-il, renfrogné. Il n'y en a plus que pour les particules de bois.

— Le renouvellement est plus rapide, l'argent plus facile. Les bûcherons disent que les arbres sont renouvelables et que le gouvernement devrait leur donner accès à plus de domaines forestiers pour avoir davantage de bois d'œuvre.

— Mon œil. Les arbres fournissant du bois d'œuvre mettent une éternité à pousser. Ils ne veulent plus avoir de boulot dans vingt ans ?

Pendant leur discussion, Leon avait remarqué un petit groupe qui traversait le champ vers eux : trois jeunes hommes et deux femmes. Les hommes portaient des vestes polaires et des jeans, l'un d'eux brandissait une caméra de taille moyenne dotée d'un micro. L'une des femmes était plus âgée : ses cheveux étaient grisonnants et elle était vêtue d'un manteau beige élégant, tandis que l'autre semblait bien plus jeune, vingt-cinq ans environ, et était habillée dans le même style que les hommes. Le radar mental de Leon se mit à biper. Ils ne ressemblaient pas à des bûcherons – quelque chose dans leur allure et dans leur démarche déterminée le lui disait. Son instinct lui souffla de partir.

— Nous devrions y aller, dit-il à son grand-père en le mettant debout avant de replier le déambulateur. On pourra revenir plus tard.

Thomas ne se laissa pas faire.

— Je veux voir les machines en pleine action.

Lorsque le groupe passa devant eux, Leon remarqua les lourds sacs à dos des hommes.

— Cette troupe-là mijote quelque chose, dit-il. Nous ne devons pas nous y retrouver mêlés.

Il regretta aussitôt ses paroles car son grand-père refusa obstinément de bouger.

Quand le groupe arriva aux engins, les hommes sortirent de grandes banderoles de leurs sacs. Deux d'entre eux grimpèrent sur les machines, puis les femmes leur passèrent les banderoles et les aidèrent à les accrocher en travers du bras mécanique – deux draps portant des messages peints en capitales noires. *Les machines coûtent des emplois. Sauvez les aigles, sauvez les forêts.* L'homme à la caméra se mit à filmer pendant que la jeune femme sortait un mégaphone et commençait à haranguer la foule.

— Est-ce que je peux avoir votre attention ? Toutes les têtes doivent se tourner par ici, merci.

Leon balaya le champ du regard et vit les gens s'intéresser à elle.

— Nous n'héritons pas de la terre de nos ancêtres, nous l'empruntons à nos enfants, dit-elle d'une voix aiguë, métallique. Il est temps d'arrêter de violer nos forêts. Nous possédons les plus belles forêts du monde et elles appartiennent aux contribuables de ce pays, pas à l'industrie du bois. Les forêts sont nos poumons. Elles nous apportent de l'oxygène et elles emprisonnent le CO_2. Les couper n'a aucun sens. Les bûcherons ne tirent aucun argent de ces arbres – ils sont subventionnés par nos impôts. Nous les payons pour détruire notre héritage. Cela doit cesser.

— Qui sont ces gens ? l'interrogea son grand-père. Ils ne ressemblent pas à des écolos.

— Et pourtant ce sont des écolos. Avant, c'était des marginaux à dreadlocks. Maintenant ce sont des employés de bureau et des mamies. Des mamans et des papas.

La femme la plus âgée sortit un petit tambour qu'elle commença à frapper pendant que la plus jeune continuait à crier dans son mégaphone.

— Ces machines sont l'ennemi. Elles dévorent nos forêts et personne ne sait les dégâts qu'elles causent. Il n'y a plus d'emplois. Nous devons les interdire.

— Elle a raison, tu sais, fit Thomas. Jamais j'aurais pensé dire une chose pareille, mais elle a raison.

Leon tenta de le convaincre de partir.

— Viens, papy. Ça va dégénérer.

Mais Thomas était bien trop excité. D'autant plus que des hommes costauds en gilets fluo arrivaient sur le champ. Leon reconnut Mooney parmi eux.

— Ce qui se passe dans nos forêts est un crime, hurla la jeune femme. Il est temps que les bûcherons partent. Ces machines détruisent si vite la forêt que les arbres n'ont pas le temps de repousser. Ça suffit comme ça !

— Foutez le camp ! cria quelqu'un.

Aussitôt, la foule tout entière se déplaça en masse vers eux, hurlant :

— Débarrassez-nous d'eux.

— Qu'est-ce qu'ils foutent là ?

— Qui les a laissés entrer ?

— C'est notre fête !

— Foutus écolos !

Mooney arriva aux engins en premier et tenta de décrocher les banderoles, mais les hommes les hissèrent hors de sa portée.

— Décrochez-moi ça ! hurla-t-il. Décrochez ça ou bien…

— Ou bien quoi ? rétorqua le cameraman. Vous allez nous casser la gueule comme les voyous que vous êtes ?

— Descendez de là et foutez le camp, grogna Mooney. On ne veut pas de vous ici.

— C'est un événement familial, répliqua le cameraman en agitant une brochure vers lui. Il est écrit « ouvert à tous ».

— Ouais, eh ben ça ne vous concerne pas.

Mooney tendit le bras pour attraper l'un des manifestants.

Le cameraman filmait tandis que son camarade essayait de repousser Mooney en criant :

— Je vais porter plainte pour agression !

Lorsque la jeune femme, qui s'était glissée sur le côté, voulut recommencer à haranguer la foule, Mooney lui arracha son mégaphone. Ensuite, il tenta d'attraper le tambour de l'autre femme.

— Merde, Mooney, cria Leon. Fais attention.

Le blondinet braqua la tête vers lui, les sourcils froncés.

— T'es de leur côté ?

— Je ne veux pas que t'aies de problèmes, c'est tout.

— C'est eux, le problème.

Mooney saisit le tambour et le jeta au loin. L'instrument rebondit sur l'herbe et se brisa. Puis Mooney se retourna vers les hommes perchés sur les engins. Le cameraman continuait de filmer.

Shane était arrivé entre-temps. Il escalada le débusqueur comme un singe, agrippa la jambe du manifestant et tira. Le type tenta de lui faire lâcher prise mais Shane tint bon.

D'autres hommes arrivaient, fonçant devant Leon et son grand-père.

— Appelez la police, lança quelqu'un. Les flics pourront nous débarrasser d'eux.

La jeune femme avait réussi à récupérer son mégaphone et elle cria en courant sur le côté :

— Ça ne vous plaît pas d'entendre ça, pas vrai ? Parce que vous savez que nous avons raison. Ça fait des années que vous massacrez nos forêts. Bien sûr que vous ne voulez pas arrêter. Vous vous goinfrez depuis trop longtemps.

Leon craignait que la situation ne s'envenime encore.

— Viens, papy, il faut vraiment qu'on s'en aille.

— Non, attends. Regarde.

Les écolos se faisaient descendre des engins. Mooney, qui avait réussi à décrocher les draps, les déchirait. Mais les manifestants n'entendaient pas se laisser faire. Les deux camps se mirent à hurler et à se bousculer, s'attrapant mutuellement par le col, pendant que les deux femmes criaient. Le cameraman filmait toujours.

Le grand-père de Leon s'inquiéta soudain.

— Ils ne vont pas faire de mal à ces femmes, pas vrai ?

— Désolé, papy. On ne peut pas attendre d'en avoir le cœur net.

Il le saisit par le bras et l'entraîna à l'écart.

— On devrait appeler la police, répondit le vieillard, surexcité. Ça les protégera peut-être.

Leon jeta un coup d'œil en arrière.

— Quelqu'un pourrait se faire arrêter pour agression. Et ce ne serait pas les écolos. Ces bûcherons sont furieux.

Ils se frayèrent un chemin dans la foule, lentement, à contre-courant. Leon laissa son grand-père près de la sortie pour aller chercher la voiture. C'était le moment ou jamais de partir, avant que les gens ne le montrent du doigt en le traitant de Parkie.

23

Le jour de son dix-huitième anniversaire, Miki fut réveillée par le clapotement de l'eau dans les gouttières. La musique de la pluie sur le toit était son bruit préféré, à la ferme. Il lui évoquait la douceur et la chaleur, l'odeur du pain et du ragoût dans la cuisine, le parfum sucré des gâteaux faits maison, les rubans de pluie dévalant les fenêtres. Elle aurait aimé que ses parents soient en vie pour la voir aujourd'hui. Seraient-ils fiers d'elle ? Elle n'était pas parfaite, personne ne l'était, mais elle s'était montrée aussi bonne que possible envers Kurt. Elle avait essayé d'arrondir les angles avec lui, comme Mère l'avait fait avec Père. Et elle ne s'était jamais plainte, même lorsque les raisons ne manquaient pas. Sa mère l'aurait admirée pour ça.

Il était tôt, mais elle se doucha et se lava les cheveux. Par habitude, elle se mit à les tresser, avant de s'interrompre. Elle avait dix-huit ans, il était temps de passer à autre chose, un nouveau départ – elle ramena sa chevelure en arrière et se fit une queue-de-cheval. C'était étrange, pour ses mains inexpérimentées mais, en s'apercevant dans le miroir, elle se vit rougir d'excitation. Hier, une fille. Aujourd'hui, une femme. Ses yeux étaient vifs, débordant d'espoir.

Kurt sortit à six heures trente sans un mot. Elle prépara le petit déjeuner et le plaça devant lui avec son café, tout en attendant qu'il mentionne son anniversaire, voire qu'il fasse un commentaire sur sa nouvelle coiffure. Mais le repas se déroula dans le silence et elle sentit son énergie se dissiper. Absorbé par le journal, Kurt plongeait sa cuiller dans le porridge et la levait mécaniquement à sa bouche. Elle écouta le tintement de sa cuiller sur l'assiette creuse, l'aspiration lorsqu'il sirotait son café chaud. Il avait oublié.

Lorsqu'il eut fini son assiette, elle la débarrassa. Depuis l'évier, elle demanda :

— Quel est le programme ?

— C'est lundi, donc on va en forêt.

— Et ce soir ?

— Je serai à Hobart. Tu connais la routine.

— C'est mon anniversaire.

Il leva les yeux vers elle – son regard était vide.

— Ah oui ? On est quel jour ?

Elle le lui dit et il plia le journal.

— Effectivement.

Elle attendit qu'il poursuive. Sa gorge se noua à mesure que les secondes s'égrenaient. Elle se souvenait du dix-huitième anniversaire de son frère. Gâteau au chocolat surmonté de sa bougie de baptême – tout le monde avait chanté pour célébrer son passage à l'âge adulte. Le sourire de sa mère, lumineux, chaleureux. L'air sérieux de Kurt. Son front plissé par son nouveau sens des responsabilités.

— Tu pourrais faire un gâteau, finit-il par dire.

Lui aussi, il se rappelait peut-être ses propres dix-huit ans.

Mais cuisiner elle-même le gâteau qui fêtait sa majorité ? Miki en resta sans voix.

— Au chocolat, peut-être, poursuivit-il. C'est mon préféré.

Oui, elle était au courant.

— Je me disais qu'on pourrait sortir, hasarda-t-elle.

— On sort, on va en forêt.

— Dans un endroit différent, insista-t-elle.

— Je croyais que t'aimais la forêt.

— Oui. Mais c'est une journée spéciale. J'ai l'impression d'avoir grandi.

— C'est bien.

Rien de plus.

— Je suis une adulte, maintenant.

Il sourit, amusé.

— Tu n'as qu'un jour de plus qu'hier. Ça n'arrive pas si vite.

Dans le 4 × 4, elle resta silencieuse, rapetissée, recroquevillée sur sa déception. Kurt devait savoir qu'elle souffrait, mais il refusait de le prendre en compte. Elle méritait mieux. La veille, elle avait travaillé dur pour nourrir tous les clients qui traversaient la ville à l'occasion de la Fête du bois. Elle travaillait toujours dur pour Kurt, et il ne reconnaissait jamais ses efforts. Il devrait l'estimer davantage, se dit-elle. Quand leurs parents étaient en vie, les anniversaires avaient toujours été importants, dans la famille. Depuis leur mort, Miki avait continué à faire de l'anniversaire de Kurt un jour spécial. Elle ne lui en voulait pas d'avoir oublié ses anniversaires précédents mais il aurait dû au moins organiser quelque chose pour ses dix-huit ans.

Il conduisit en silence jusqu'à la forêt. La pluie avait cessé et la route, bordée de murs noirs, était humide et noire – en accord avec son humeur. Ils tournèrent sur la route secondaire et Kurt traversa le chantier de coupe au-dessus duquel le ciel s'étendait, gris, laiteux. Puis il se gara et descendit en laissant la portière ouverte.

— À toi.

— Quoi ?

— Tu conduis. C'est ton cadeau d'anniversaire. Une leçon.

Toute tremblante, elle se glissa sur le siège conducteur et l'ajusta à sa taille pour que ses pieds touchent les pédales. Le souvenir effrayant de son premier et dernier essai s'immisça en elle.

— Je ne sais pas si j'en ai vraiment envie.

— Tant pis pour toi, grogna-t-il. Si je me refais piquer, je veux être sûr de ne pas mourir sur la route avant d'arriver aux urgences.

Tout à coup, il lui offrit un sourire inattendu, et c'était comme si le soleil avait percé le ciel couvert.

— Tu étais effrayante, dit-il en riant. Un miracle qu'on s'en soit sortis vivants !

Miki fixa le levier de vitesse et le tableau de bord. Elle ne se souvenait pas à quoi servaient les pédales. Elle ne se souvenait de rien à part de la puissance écrasante de la voiture et de son propre manque de contrôle.

— Je ne peux pas, dit-elle.

— Mais si.

Il lui donna des instructions, qu'elle essaya de suivre à la lettre. Le pied gauche sur l'embrayage, le droit sur l'accélérateur. De la pression sur l'accélérateur pendant qu'elle relâchait doucement l'embrayage. Kurt jura quand elle s'y prit mal et que le 4 × 4 fit un bond en avant et s'arrêta dans un soubresaut.

— Essaie encore.

Sa patience dura quelques essais, puis Miki commença à percevoir le bourdonnement des abeilles au plus profond de lui. Son sourire avait été remplacé par un masque d'irritation. Elle n'était pas sûre de savoir ce qui lui faisait le plus peur : la voiture, ou son frère.

— Ce n'est pas facile, dit-elle.

— Pour certains, c'est sûr.

Elle essaya de nouveau et ils progressèrent sur le sentier : démarrage, accélération, sursaut, calage. Elle sentait la colère monter du 4 × 4. Il grondait quand elle appuyait sur l'accélérateur et grognait chaque fois qu'elle commettait une erreur. Puis elle finit par y arriver : la voiture se mit en route. Elle cahota dans un nid-de-poule mais ils roulaient enfin.

— Ça va demander un peu de pratique, grommela Kurt.

— J'y arrive, non ? dit-elle, ravie. Quand j'aurai pris la main, je pourrai passer mon permis.

Du coin de l'œil, elle vit sa bouche esquisser un rictus.

— Pas la peine. C'est juste en cas d'urgence.

— Si j'avais mon permis, je pourrais t'aider plus.

— Tu fais ton travail, je fais le mien. Conduire, c'est pas pour les femmes.

En ville, toutes les femmes conduisent, se retint-elle de rétorquer.

La voiture cala.

— Essaie encore, ordonna-t-il. Et arrête d'être si exigeante.

Au moins, il avait retrouvé le sourire.

Après quelques allers-retours dans la clairière, Kurt reprit le volant. La leçon était terminée. Il alla se garer à l'endroit habituel et partit sur le sentier avec sa carabine et son sac à dos en disant à Miki de patienter dans la voiture. Elle était contrariée qu'il s'attende à ce qu'elle reste enfermée le jour de son anniversaire alors que la forêt l'enveloppait et qu'il ne pouvait rien lui arriver. Tandis qu'elle le regardait s'éloigner à grands pas, un rouge-gorge minuscule au front rehaussé d'une tache blanche vint se poser sur le rétroviseur pour inspecter son reflet en penchant la tête. Miki fut convaincue que c'était un signe – le bush l'appelait. Elle se glissa dans l'air frais matinal et le rouge-gorge s'envola en lui montrant sa queue.

Elle remonta le long du sentier, suivant les traces de bottes de son frère dans la boue. Après une énorme souche, les empreintes disparurent mais elle distingua une vague sente s'enfonçant dans le bush. Même si elle ne s'était jamais aventurée aussi loin, sa curiosité était piquée. Que faisait Kurt, là-bas ? Elle n'avait entendu aucun coup de feu.

Elle se fraya un passage dans les taillis, à flanc de colline. La sente était compliquée, entrelacée de racines, de bâtons et de bouts de bois glissants. Elle prenait son temps et posait ses pieds délicatement. Kurt serait furieux s'il la repérait. Le bush se repliait sur elle, et elle savait comment s'y fondre. Savoir s'orienter dans les fourrés était un don : si on ne luttait pas contre la forêt, elle nous accueillait.

Au bout d'une centaine de mètres, la sente se raidit, filant entre des arbres grêles dans une zone dense de reboisement. Deux cents mètres plus loin, elle arriva à l'orée d'une clairière, déboisée au cours des quelques années passées. Des arbrisseaux minuscules et des graminées entremêlées saillaient de l'humus compact. Droit devant, Kurt se frayait un chemin d'un pas nonchalant sur le sol irrégulier. Il s'arrêta, un pied posé sur une souche, un nuage de fumée s'élevant de sa cigarette. Il semblait détendu, la tension habituelle qui contractait ses épaules avait disparu. Miki se sentit gênée d'épier cet instant privé. Elle avait beau bien le connaître, elle fut surprise par son attitude décontractée, son expression presque douce. La forêt lui parlait peut-être autant qu'à elle, lui donnait l'espace nécessaire pour laisser tomber le masque qu'il portait en public et plonger en lui-même. Elle n'avait jamais pensé à l'impact que pouvait avoir sur lui leur travail quotidien. Veiller sur elle lui pesait peut-être, une responsabilité qu'il appréciait d'oublier un instant. Elle le vit se pencher, manipuler sa carabine, puis viser quelque chose plus haut sur la colline. Une détonation – une souche crachant son écorce. Il finit sa cigarette puis disparut dans la forêt.

Miki resta immobile, trop craintive pour poursuivre. Peu après, elle entendit un martèlement au loin. Des claquements métalliques résonnèrent dans la forêt, puis des coups répétés. Dans la clairière, un oiseau – un réveilleur noir – furetait au sol, cherchant des larves dans les branches pourries. Il sautilla vers elle en la fixant de ses yeux jaunes perçants.

Le silence régnait, Miki se crispa. Est-ce que Kurt allait revenir sur ses pas ? Ne voulant pas risquer qu'il la découvre là, elle se hâta de redescendre la colline.

De retour au 4 × 4, elle marqua une pause avant de reprendre sa marche. Elle avait largement le temps. Comme Kurt en avait encore pour une heure, elle décida d'aller voir les aigles. L'aiglon avait pris son envol des mois plus tôt, mais la forêt était plus qu'un endroit où nicher, c'était aussi leur foyer. Ils étaient peut-être encore dans les environs.

Leur arbre était à dix minutes de marche. Miki inspira l'air frais dans ses poumons et pressa le pas sur le sentier. Quel bonheur de pouvoir aller où elle voulait, par ses propres moyens. Dès qu'elle se rapprocha de l'aire, elle se mit à les guetter. Craignant de les effrayer s'ils étaient là, elle ralentit. La canopée était très haute, mais elle savait que les aigles se perchaient souvent dans les acacias, qui commençaient à fleurir – le printemps n'était plus très loin. La forêt regorgeait tant de bedfordia arborescens et de pomaderris, qu'elle risquait de ne pas les voir, camouflés dans les feuilles.

Et pourtant, elle les repéra. Trois aigles massifs au plumage volumineux, perchés au milieu des acacias : deux adultes sombres et leur progéniture marron clair. L'aiglon se tenait à l'écart de ses parents – il était aussi grand qu'eux, à présent, aussi fort. Miki se souvenait du jour où elle l'avait vu pour la première fois, son crâne chauve tressautant au bord du nid, son corps couvert de doux duvet blanc. À vivre si haut, il aurait pu facilement tomber mais, d'une façon ou d'une autre, il avait su qu'il ne devait pas s'éloigner du nid. En trois mois, le poussin duveteux s'était transformé en énorme et redoutable rapace aux yeux perçants, au plumage ébouriffé, au bec crochu. Ce qui émerveillait le plus Miki, c'était qu'il avait su quel serait le bon moment pour quitter le nid. Est-ce que ses parents le lui avaient dit ou est-ce qu'il avait simplement compris un jour que ses ailes étaient prêtes ? Elle se demandait si les humains le savaient aussi.

Près de l'arbre au nid, elle s'assit sur le sol humide pour regarder les oiseaux et écouter la forêt. Les aigles savaient qu'elle était là ; ils l'observaient avec attention, baissant leur bec noir et sévère, puis sursautant et pivotant leur tête à l'affût d'autres bruits. Les arbres s'agitaient sans cesse. Ils respiraient. Soupiraient. Crissaient lorsque deux branches raclaient l'une contre l'autre.

Miki entendit un craquement retentissant puis un bruissement sonore – une branche était tombée. Dans un même mouvement, les aigles se rassemblèrent, se penchèrent et s'envolèrent, leurs pattes bordées de plumes pendant derrière eux. Avec de lourds battements d'ailes, ils prirent leur essor, glissant de trouée en trouée à mesure qu'ils prenaient de la hauteur. Ils disparurent un instant puis Miki les vit tout en haut, dans le ciel gris, leurs ailes déployées, plumes écartées comme des doigts, leur queue en pointe tel un gouvernail dirigeant l'arc de leurs spirales dans le vent. Libres.

Elle était euphorique. Elle n'aurait pu rêver plus beau cadeau d'anniversaire que ces aigles.

24

Le mardi soir, après la Fête du bois, l'atmosphère était tendue à l'entraînement, et Leon se sentit aussi exclu que le jour de son arrivée. Des ondes négatives émanaient de Mooney par vagues entières et Leon comprit qu'ils devaient tous le tenir pour responsable des incidents, parce qu'il était là lorsqu'ils avaient explosé près des engins. Ils avaient besoin de trouver un coupable, sans doute. Mais cette situation le contrariait – allait-il toujours devoir payer dès qu'il leur faudrait un bouc émissaire ?

Afin d'éviter Mooney, il se plaça de l'autre côté du groupe pendant l'échauffement. Le blondinet était comme fou et, ce soir-là, il bouillonnait d'une colère telle qu'elle pourrait se solder par un nez cassé – celui de Leon, en l'occurrence. L'évitement était une bonne stratégie cependant, tout au long de la séance, Mooney n'arrêta pas de lui rentrer dedans et de le pousser en marmonnant :

— Qu'est-ce qui va pas, Parkie ? Tu tiens plus debout ?

Leon se relevait et reprenait l'entraînement comme si de rien n'était mais, en son for intérieur, il brûlait de rage. Lorsque Mooney le frappa effrontément dans le ventre en plein exercice et que personne ne dit rien, ce fut la goutte d'eau qui fit déborder le vase.

— Va te faire foutre, Mooney, lança-t-il une fois qu'il eut retrouvé son souffle.

Tous les joueurs s'immobilisèrent.

— T'as un problème ? cracha le blond, les babines retroussées.

— Ouais, et un gros. J'en ai marre de tes conneries. Tu devrais plutôt te concentrer sur la balle et non sur moi.

Mooney s'approcha et Leon sentit la tension monter. Tout le monde les observait. Si l'entraîneur ne le soutenait pas, sa saison serait finie. Comme Leon ne se battrait pas contre ce salaud, il serait forcé de s'en aller, de laisser le terrain de footy derrière lui. Il attendit pendant que le silence s'éternisait. Il n'arrivait pas à croire que les autres connards restaient là sans rien faire et laissaient Mooney se défouler sur lui. C'était une bien maigre récompense après tous ses efforts pour faire laborieusement remonter l'équipe dans le classement. Est-ce que tous ses buts ne valaient pas ne serait-ce qu'une once de respect ?

Poings serrés, mâchoire en avant, Mooney était si près de lui que Leon le sentit : il avait toujours eu une odeur aigre. Leon était tendu, ses sens en alerte, attentif à tous les bruits nocturnes qui l'entouraient.

— Hé, Mooney, finit par dire Robbo. Laisse tomber, d'accord ? Nous sommes là pour nous entraîner. On a un gros match, ce week-end. Je veux pas de blessés.

— Je pourrais te casser la gueule, rugit Mooney à Leon. C'est tout ce que tu mérites. Foutu écolo.

Le silence retomba sur le terrain.

— J'ai rien à voir avec ces manifestants, se défendit Leon.

— Et pour le nid d'aigle ? aboya Mooney. Je parie que c'est toi qui l'as signalé.

— Pourquoi je ferais ça ?

— Parce que t'es un Parkie.

— OK, c'est vrai, sauf que c'est pas moi. Mais j'aurais peut-être dû.

Les visages des hommes se renfrognèrent et Robbo gronda :

— Qu'est-ce que tu veux dire ?

— C'est un atout pour cette ville. Il attirera les touristes.

Leon avait l'impression de creuser sa propre tombe. Et il voyait à quel point il serait facile d'y tomber. Il ne suffirait que d'un mot de travers. Il essayait juste de défendre ses opinions, comme l'avait suggéré son grand-père. Et il en subissait les conséquences. Ce n'était peut-être pas le bon moment. Il était seul contre le reste de l'équipe. Les probabilités n'étaient pas de son côté.

— Et comment, Parkie ?

Les mots de Robbo chutèrent aussi lourdement que des pierres dans une mare.

— Le tourisme apporte de l'argent et des emplois, répondit-il d'un ton implacable.

Leon entendit des « c'est ça ! » tout autour de lui.

— Tu ferais mieux de la fermer, Parkie, si tu veux pas partir d'ici les pieds devant, cracha Mooney.

Leon vit la méchanceté dans le regard de cet homme, sentit la colère qui émanait des autres. Ce n'était pas un combat qu'il pouvait remporter. Il avait avancé ses arguments, et ils ne l'avaient pas encore réduit en miettes, ça suffisait peut-être pour ce soir. Il afficha un sourire hésitant.

— Bien sûr. Vous avez raison. C'est pas mon domaine. Je ne m'en mêle plus.

Il avait essayé de paraître nonchalant mais l'adrénaline l'avait fait parler d'une voix aiguë.

Toby se mit à rire.

— Alors, Parkie, tu perds ta voix ?

La tension retomba. Les hommes éclatèrent de rire et Leon dut sourire aussi, malgré lui.

— Bon, les gars, fit Robbo en tapant dans ses mains. Reprenons l'entraînement.

Après la séance, Leon regagna sa voiture, épuisé. Il jeta ses crampons à l'arrière puis contourna le véhicule. Sur la portière côté conducteur, en capitales noires, on avait peint à la bombe : *Fous-nous la paix, Parkie.*

Il s'affaissa derrière le volant. Défendre ses idées ne

payait pas, par ici. Il n'était pas difficile de savoir qui avait signé cette œuvre d'art... mais un coup de peinture réglerait ça. Le seul problème, ce serait quand il irait travailler le lendemain – il partirait peut-être avant le lever du soleil.

25

Le père de Max ne serait peut-être jamais rentré à la maison sans Trudi. Elle rendit visite à Wendy le mercredi, quand Max était couché. Sa mère devait le croire endormi mais il était trop occupé à chercher un moyen d'éviter Jaden le lendemain à l'école. L'adolescent voulait qu'il vole une barre chocolatée, maintenant. L'autre jour, c'était une glace. Tous ces vols rendaient Max de plus en plus nerveux. Pourtant, il devait être doué : Miki ne disait jamais rien. Mais, parfois, elle le regardait d'un drôle d'air et il se sentait coupable. Il ne savait pas comment arrêter.

Il entendit quelqu'un frapper à la porte, puis les pas de sa mère résonnèrent dans le couloir.

— Bonsoir, Trudi, dit-elle.

— Salut, Wendy. Je peux entrer ? Je t'ai apporté de la soupe.

Il y eut un court silence avant que la mère de Max réponde.

— C'est gentil, il ne fallait pas. Je sais cuisiner.

— Je m'en doute, mais tu dois être débordée à t'occuper seule de deux enfants.

— C'est toujours plus facile que d'en avoir trois.

Max se demanda ce qu'elle voulait dire par là.

— J'ai préparé une énorme soupière, et j'en avais trop, expliqua Trudi. Je me suis dit que ça pourrait te rendre service.

— C'est adorable. Entre.

Le plancher craqua quand Trudi et sa mère allèrent dans la cuisine.

— Les enfants sont couchés.

— D'accord, je parlerai doucement.

Max entendit un grincement de chaises. Le bruit du robinet. Le sifflement puis le grondement de la bouilloire. Le bourdonnement sourd des voix. Comme il ne comprenait pas ce qu'elles se disaient, il sortit du lit et se glissa dans le couloir.

— Tu vas bientôt laisser Shane revenir ? s'enquit Trudi.

— Pourquoi je ferais ça, alors qu'il a tué ces chiots ?

— Oui, c'est vraiment horrible. Mais il l'avait déjà fait, et tu ne l'avais pas mis à la porte.

— Cette fois, c'est différent. Les enfants s'y étaient attachés. Et il l'a fait pour punir Max. C'est qui l'adulte, ici ?

— Je lui ai trouvé une petite mine, à la Fête du bois.

— Ça l'a pas empêché d'aller chercher la bagarre avec les écolos.

— C'est juste le stress. Tous les gars sont contrariés à cause du nid d'aigle.

— Shane n'a pas besoin d'excuses.

— Il nous a redemandé s'il pouvait venir chez nous.

— Il a un sacré culot, pas vrai ?

— Liz en a assez de lui. Laisser quelqu'un dormir sur son canapé pendant trois semaines, c'est long.

Wendy soupira.

— C'est calme, ici, sans lui. Plus facile. Et si je ne voulais pas qu'il revienne ?

— Bien sûr que si. C'est le père de tes enfants.

— Je sais, et c'est aussi un emmerdeur. Il boit, il fume, il joue. Ça coûte trop cher.

De quoi parle maman ? s'étonna Max. Elle aussi, elle buvait et fumait.

— Tu devrais peut-être t'occuper des finances et lui donner une somme fixe chaque semaine pour éviter d'être à découvert.

— C'est une bonne idée… mais je ne sais pas si je pourrais me réhabituer à sa présence.

— Parfois, Robbo aussi me rend dingue. Et si tu essayais de te rappeler vos débuts, quand vous avez commencé à sortir ensemble ? Il devait bien y avoir quelque chose qui t'attirait chez lui, non ?

Wendy éclata de rire, mais d'un rire sans joie.

— La boisson et les fêtes. C'était drôle, à l'époque. Mais plus maintenant.

— Allez. Ça ne peut pas être aussi noir que ça. Raconte-moi comment vous vous êtes rencontrés. Je n'habitais pas encore ici. Je n'étais pas avec Robbo.

La bouilloire cliqueta et Max entendit sa mère verser du thé. Il savait qu'il devrait se recoucher mais il n'avait jamais entendu cette histoire.

— J'ai connu Shane au lycée. Même si on n'est sortis ensemble qu'après le bac. Il était sexy. Bon au footy, en plus – t'aurais dû voir ses muscles. Et il racontait de très bonnes blagues. Tout le monde était plié de rire.

Max se demanda pourquoi son père ne racontait plus d'histoires drôles.

— Toutes les filles étaient folles de lui, gloussa Wendy. Et c'est moi qu'il a choisie. J'étais pas mal, quand j'étais jeune… Il disait que c'était moi qui avais les plus belles jambes.

— Tu es toujours jolie.

— Pour lui, ça ne compte plus.

— Je parie que si. Regarde-toi, tu as toujours un très beau corps.

— En ruine, si tu veux mon avis.

— Les hommes te trouvent attirante.

— Aucune femme n'est attirante après deux enfants.

Max était d'accord. Que racontait Trudi ? Sa mère était vieille.

— Et quand est-ce que ça a vraiment commencé entre vous ?

— J'avais dix-huit ans. Shane travaillait dans la forêt et moi à la quincaillerie. On s'était tous retrouvés au pub après un match et tout le monde était ivre. Shane avait marqué le but gagnant, alors c'était le héros de la soirée. On jouait au billard, puis il m'a frôlée et m'a déconcentrée, dit Wendy en riant. Il l'avait peut-être fait exprès parce que j'ai perdu à ce moment-là – j'ai mis la noire dans le trou. Mais il m'a embrassée, et j'ai aimé ça. On est montés dans le parc et c'était parti pour la vie. Sur le pont, avec la petite rivière qui coulait sous nos pieds.

— Comme c'est romantique…

Max devinait le sourire de Trudi ; lui, il trouvait ça débile.

— On formait le plus beau couple de la ville. On ne pouvait plus se quitter – tu sais ce que c'est, quand on est jeunes.

Max aurait bien aimé voir son père musclé.

— Vous aviez tout pour être heureux, reprit Trudi. Est-ce que tu pourrais y repenser pour que ça marche ? Tous les enfants ont besoin d'un père.

— Ça fait longtemps que je ne me suis pas sentie bien avec lui.

— Trouvez quelque chose à faire ensemble. Sortez dîner, peut-être.

— On n'a pas les moyens, soupira Wendy d'une voix triste. On s'en sort pas. Le plus facile, avec les enfants, c'est de les faire ; ensuite, il faut les nourrir.

Trudi ne répondit pas.

— Oh. Désolée, Trudi. C'est pas ce que je voulais dire.

Max ne comprenait pas pourquoi sa mère s'excusait. Puis Trudi reprit :

— C'est rien. On oublie.

Wendy se tut un instant et Max se dit qu'il ferait mieux d'aller se recoucher au cas où Trudi se décidait à rentrer chez elle. Il ne voulait pas qu'elles le surprennent, sinon sa mère piquerait une crise. Il avait froid aux fesses, de toute façon, à force d'être assis par terre.

Au lit, il pensa à ses parents jouant au billard au pub, à son père bousculant sa mère. Qui aurait cru que ça la convaincrait de l'apprécier ? Ce devait être tous ces muscles…

Le lendemain, Max jouait à la PlayStation lorsqu'il entendit le 4 × 4 de son père dans l'allée. La porte claqua et Shane traversa la cuisine d'un pas lourd, un bouquet de fleurs à la main. Max le vit prendre sa mère dans ses bras et la serrer fort. Wendy poussa un petit cri. Puis elle et Shane rirent et s'embrassèrent.

Voilà. Papa était rentré.

Max ne savait pas trop si c'était une bonne ou une mauvaise chose. Shane avait l'air heureux – ce devait être mieux que de dormir sur le canapé de Lily Moon. Et ses parents semblaient s'entendre, pour une fois. Pourtant, chaque fois que Max regardait son père, il repensait aux chiots.

Rosie ne paraissait plus peinée. Le matin, elle suivit Shane jusqu'à sa voiture et sauta sur le plateau, à l'arrière, où il l'accrocha à la chaîne – pendant son absence, il avait pris soin d'en faire installer une pour que Rosie ne tombe plus, ce qui était une bonne chose. Mais le chien de Robbo allait lui aussi tous les jours dans la forêt. N'était-ce pas comme ça que Rosie était tombée enceinte la première fois ? Max se souvint que Leon lui avait parlé d'une opération pour que cela n'arrive plus.

Après l'école, il alla jouer avec Bonnie et attendit Leon, qui ne rentra que vers dix-huit heures. Max avait déjà très faim. Leon sortit une gamelle de pâtée pour Bonnie et un paquet de biscuits salés Savoury Shapes qu'il partagea avec Max. Ils s'assirent sur des souches et grignotèrent pendant que Bonnie dévorait son propre repas. Puis ils donnèrent des coups de pied dans un vieux ballon de footy pour que le chiot le pourchasse sur la pelouse, dans la pénombre.

— C'était quoi, déjà, cette opération dont vous parliez pour empêcher Rosie d'avoir des petits ? demanda Max à Leon.

— Vous pourriez la faire stériliser. Je vais bientôt emmener Bonnie chez le vétérinaire pour la faire vacciner. Je pourrais me renseigner de ta part. Pour savoir combien ça coûte.

— Je pourrais venir avec toi ?

— Bien sûr. Je prendrai rendez-vous un soir, après l'école.

Bonnie courait partout comme une folle, poursuivant sa vieille balle dégoûtante. Elle était tellement pleine de bave que Max refusait de la toucher, mais cela ne semblait pas gêner Leon.

— Comment ça se passe, à l'école ? demanda ce dernier en jetant le ballon vers Bonnie.

— Ça va, fit Max dans un haussement d'épaules.

— Avec tes amis, tout se passe bien ?

— Ça va aussi.

— Et ce grand garçon avec qui je te vois dans la rue, parfois ?

Le sang de Max se figea dans ses veines. Il ignorait que des gens l'avaient vu avec Jaden.

— Le grand maigrichon, insista Leon. Comment il s'appelle ?

— Jaden, répondit Max, prudent. C'est le grand frère de mon ami.

— Il est comment ? Gentil ?

— Ça va, répéta Max avec un nouveau haussement d'épaules.

Bonnie vint rapporter le ballon à ses pieds et, soudain, Max ne fut plus gêné par la bave. Il la ramassa, l'agita devant le museau de la petite chienne pour qu'elle puisse la saisir dans sa gueule et ils jouèrent à qui tirerait le plus fort. Et si Miki l'avait vu voler quelque chose dans la boutique ? Et si elle en avait parlé à Leon ? Max devrait peut-être s'en aller.

— Je dois rentrer chez moi, dit-il en lançant une dernière fois la balle à Bonnie. C'est bientôt l'heure de dîner.

— D'accord, mais si tu as des soucis, tu viens m'en parler, d'accord ? On peut toujours trouver une solution.

Max hocha la tête, même s'il ne savait pas de quoi Leon parlait. Quelle solution ? En prévenant le père de Jaden que Max avait volé des choses ? Il irait droit en prison ! Leon avait-il oublié que le père de Jaden était policier ?

Leon lui donna un billet de dix dollars.

— Achète quelque chose au restaurant. Les bonbons coûtent cher, de nos jours, pas comme quand j'étais enfant. Prends une glace ou je ne sais quoi, pour toi et tes amis.

— Merci, répondit Max en fourrant le billet dans sa poche.

Sa mère serait fâchée qu'il accepte l'argent de Leon, alors Max ne le lui dirait pas. Il pourrait le laisser discrètement sur le comptoir, pour Miki, afin de rembourser une partie de ce qu'il avait volé. Cela ne couvrirait peut-être pas tout mais ce serait un bon début.

26

Leon réussit à avoir un rendez-vous pour Bonnie le vendredi soir. Il quitta le travail de bonne heure pour aller chercher Max et le chien. Alors qu'il filait sur l'autoroute, il se félicita de la présence de Max pour tenir Bonnie. Elle était tellement excitée qu'elle bondissait comme un marteau-piqueur.

À la clinique, Leon se rendit compte qu'il avait oublié le nom de la réceptionniste. Bonnie bondissait tellement qu'il put à peine lui dire bonsoir. Elle voulait tout renifler, tout toucher puis elle sauta sur le comptoir. Quand Leon réussit à la maîtriser, il jeta un coup d'œil vers le badge de la dame : Frances. Elle le fixait d'un air amusé.

— On s'est déjà vus, non ? demanda-t-elle.

— Oui. J'avais amené une chienne qui s'appelle Rosie. Elle était blessée au flanc.

— En effet. Et elle attendait des petits, n'est-ce pas ?

— C'est l'un de ses chiots.

— Elle s'appelle Bonnie, précisa Max.

— Et à qui appartient Bonnie ?

Max leva les yeux vers Leon, plein d'espoir, et Leon comprit que le gamin attendait qu'il confirme qu'il était bien le propriétaire du chiot.

— Elle est à moi.

Frances baissa les yeux vers Bonnie, qui haletait et la dévisageait, le regard fou.

— Elle est pleine de vie, on dirait. C'était une portée de combien ?

— Six, répondit Max.

— C'est bien. Tu n'as pas eu trop de mal à les caser ?

Leon soutint le regard de Frances et secoua discrètement la tête. Elle comprit le message.

— Nous en reparlerons plus tard.

Elle entreprit alors de créer un dossier pour Bonnie. Puis Kate apparut : la jeune vétérinaire aux longs cheveux blonds – Leon n'avait pas oublié son prénom, à elle. Elle les conduisit dans la salle de consultation, où elle posa Bonnie sur la table. Le chiot se plaqua sur le ventre, les yeux et les oreilles en berne tant il avait peur. Max s'inquiétait pour elle mais Leon appréciait de la voir plus calme.

— Alors comme ça, vous avez adopté un chiot ? lança gaiement Kate à Leon avant de regarder Max. Et… vous avez un fils, aussi ?

— Non. C'est celui de mes voisins.

— Moi, mon chien, c'est Rosie.

— Je me souviens d'elle, lui assura Kate en souriant. Est-ce que ce sont les premiers vaccins de Bonnie ?

— Oui, répondit Max. Il ne faudrait pas qu'elle tombe malade.

Bonnie resta tapie sur la table pendant que Kate l'examinait, la tâtant ici et là, écoutant son poitrail avec un stéthoscope.

— Elle a un bon cœur, déclara-t-elle ensuite. Elle est en pleine forme.

— Combien ça coûte d'opérer un chien ? demanda Max.

— Il voudrait faire stériliser Rosie, expliqua Leon.

— C'est une bonne idée, confirma Kate. Il faut compter dans les trois cents dollars.

Max en resta sans voix et Leon comprit que, pour lui, cette somme devait représenter l'équivalent d'un million de dollars.

— On en reparlera tout à l'heure dans la voiture, murmura-t-il à Max. Je pourrai peut-être t'aider. Si je te payais pour que tu tondes ma pelouse, tu pourrais économiser.

Lorsque Leon se retourna vers Kate, il remarqua qu'elle le fixait d'un air chaleureux. Elle finit d'examiner Bonnie et lui injecta les vaccins. Max se cacha les yeux pendant la piqûre mais Bonnie ne se crispa même pas.

— Voilà, c'est fini, fit Kate. C'est une petite chienne très courageuse.

Dans la salle d'attente, Leon régla la consultation puis Frances emmena Max et Bonnie visiter la salle d'opération.

— C'est vraiment gentil à vous d'adopter ce chiot, dit Kate à Leon.

— Gentil ou fou. Je ne sais pas trop.

— Gentil, je dirais. Tout le monde ne le ferait pas.

— Qu'est-ce qu'on peut faire d'autre, quand un enfant en pleurs frappe à votre porte ?

Le sourire de Kate disparut.

— Qu'est-il arrivé aux autres chiots ?

— Noyés. Et je pense que ce n'est pas la première fois que ça arrive.

— Oh, c'est répugnant. Et si je vous faisais une remise sur la stérilisation de Rosie ?

— Vraiment ? s'étonna Leon, touché. Vous feriez ça ? Ça m'arrangerait beaucoup.

— C'est ma clinique. Je fais ce que je veux.

— Elle est à vous ?

— Non, s'exclama Kate en riant. Elle est à la banque. Seul le paillasson est à moi… Je pourrais l'opérer pour deux cents dollars. Ça vous aiderait ?

— Ce serait génial. Je dois d'abord en parler avec la famille de Max. Souhaitez-moi bonne chance. Je crois que l'argent sera un frein, même avec la réduction. Mais nous trouverons un arrangement. J'imagine que ça vous arrive souvent, des clients qui ne peuvent pas payer…

— Ça peut être un problème, admit-elle en souriant. Heureusement, Frances est très persuasive. Elle ne donne pas d'ordonnance avant que tout soit réglé.

— Je m'assurerai que mon compte en banque soit plein quand le tour de Bonnie viendra.

La petite chienne déboula justement dans la salle

d'attente, suivie de près par Frances et Max. Frances décocha à Kate un regard lourd de sous-entendus.

— Je crois que Bonnie est prête à partir.

— Très bien, dit la vétérinaire en souriant de nouveau avant de s'adresser à Leon. On se reverra pour ses prochains vaccins. Appelez-moi si vous voulez en profiter pour que nous opérions Rosie.

27

Miki nettoyait les tables lorsqu'un 4 × 4 inconnu arriva dans la rue. Il était trop propre pour appartenir à un habitant du cru, comme s'il sortait juste du magasin. Quatre hommes en descendirent : trois en costumes élégants ; l'autre, grand et mince, portait une veste polaire, une chemise à carreaux ouverte sur sa gorge, jean noir, chaussures de randonnée cirées. Miki se demanda de qui il s'agissait. Ils avaient l'air trop importants pour être de simples touristes. Ils s'attardèrent sur le trottoir en discutant entre eux avant de se diriger vers l'office de tourisme.

Dix minutes plus tard, ils ressortirent, et le grand homme entra dans le restaurant. Ses cheveux, gris et courts, semblaient bizarrement familiers, pourtant Miki n'arrivait pas à le resituer.

— Bonjour, dit-il en souriant. Il est un peu tôt pour déjeuner, mais j'ai faim. Qu'est-ce que vous me recommandez ?

Miki servait ce jour-là car Kurt était à l'arrière avec un représentant de Coca-Cola.

— Nous avons d'excellentes salades, dit-elle en indiquant l'armoire réfrigérée tout en inspectant l'homme qui examinait les crudités.

Même si elle ne se souvenait toujours pas de lui, elle reconnaissait son front haut, son nez droit et ses yeux gris tristes et délavés. Elle rougit lorsqu'il surprit son regard insistant.

— Je vais vous prendre une moyenne barquette de taboulé, dit-il.

Les yeux baissés, elle lui versa une portion généreuse.

— C'est une jolie ville, n'est-ce pas ? Vous allez souvent dans la forêt ?

— Une fois par semaine.

— J'y monte aujourd'hui.

Miki lui jeta un nouveau coup d'œil, incapable de dissimuler sa curiosité.

— Vous êtes venu voir le nid des aigles ?

— Oui, mais il y a un autre arbre qu'ils veulent me montrer. Un vieux géant de la forêt, pas loin du nid.

Miki retint son souffle.

— Pourquoi est-ce qu'il vous intéresse ?

L'homme sourit de nouveau.

— Les grands arbres, c'est mon domaine, et celui-là est peut-être le plus haut de toute la Tasmanie. Nous attendons une équipe de tournage. Si vous regardez les infos ce soir, vous le verrez peut-être.

— Je connais cet arbre.

— Vraiment ? Eh bien, je vais veiller à ce qu'il soit sauvé, pour tous les habitants de la Tasmanie. Lutter pour les arbres, c'est en partie le combat de ma vie. Et j'ai comme l'impression que vous me comprenez. N'est-ce pas ?

Miki opina. Elle avait enfin remis un nom sur son visage : Bob Brown, un homme politique qui défendait l'environnement. Il adorait la nature, comme elle, et voulait interrompre la déforestation. Il voulait préserver les sites naturels et empêcher les hommes de détruire la terre – elle l'avait entendu dire quelque chose de ce genre un jour, à la télé.

Il lui fit un clin d'œil et partit avec sa salade.

Ce soir-là, l'arbre de Miki passa aux infos, comme promis. Elle était à la cuisine, occupée à verser des cuillerées de ragoût dans des assiettes creuses, lorsqu'elle entendit le début du reportage : elle accourut aussitôt et vit Bob Brown debout devant son arbre. Kurt fixait l'écran d'un air mauvais, les bras croisés.

Bob Brown regardait la caméra, les mains jointes devant lui, doigts entrelacés.

— C'est fantastique de découvrir ce géant si près d'une ville, disait-il. Il encouragera la prise de conscience des problèmes de déforestation. Parce qu'il est temps pour nous d'en faire plus pour protéger nos forêts. Cet arbre est le symbole de notre passé et de notre avenir, et il nous appartient à tous. À nos enfants, et aux enfants de nos enfants – nous devons penser aussi loin que cela. Cet arbre est ici depuis plus longtemps que l'homme blanc.

Kurt pinça les lèvres mais ne dit rien. À la fin du reportage, il éteignit la télé et fila dans sa chambre.

Miki n'était pas certaine de comprendre son frère. Depuis qu'il s'était fait piquer par ces abeilles, il se montrait plus imprévisible que jamais. Il craignait sans doute que des étrangers n'envahissent la forêt, mais était-ce la seule raison de sa mauvaise humeur actuelle ?

Elle mit la bouilloire à chauffer et prépara du café pour l'apaiser. Elle s'approcha de sa chambre en frémissant de peur. Il était à son bureau, des papiers étalés devant lui, le porte-documents noir de leur père sur le côté. Lorsqu'elle entra, il le referma brusquement.

— Qu'est-ce que tu veux ?

— Je t'ai fait du café.

Il l'ignora, prit sur son bureau une brochure colorée qu'il agita devant son nez.

— Je pense que je vais acheter un bateau.

Abasourdie, Miki resta là, la tasse de café tendue vers son frère.

— Pourquoi faire ?

Kurt n'avait jamais aimé les bateaux.

— Pour aller naviguer.

— Mais nous n'allons jamais naviguer.

— Nous irons, quand nous aurons un bateau.

Et la ferme pour laquelle ils économisaient, leur seule issue pour quitter le restaurant ? Cela n'arriverait jamais si Kurt n'arrêtait pas de dépenser leur argent.

— Il coûtera combien ? demanda-t-elle.

— Je ne sais pas… J'en veux un bon, peut-être vingt mille.

L'estomac de Miki se noua. Elle ne put se retenir.

— Et notre ferme, alors ?

— Quelle ferme ?

— Celle que nous achèterons quand nous aurons assez d'économies.

Kurt haussa les épaules comme s'il avait oublié.

— Une ferme, c'est un gros investissement. Économiser autant d'argent prend du temps.

Il plissa les yeux et cracha :

— Tu comptes faire quoi, avec ce café ?

Elle posa la tasse sur le bureau en essayant d'empêcher sa main de trembler. Son regard fut attiré par la brochure et les photos brillantes d'un bateau blanc qu'elle présentait.

— Où ferons-nous du bateau ?

— Sur le fleuve.

— On n'ira plus dans la forêt ?

— Je ne sais pas. Il y a trop de gens qui y traînent, en ce moment.

— Mais j'aime la forêt, moi.

— Tu aimeras l'eau aussi. Maintenant, fiche le camp. Trop de questions.

Les larmes aux yeux, Miki se retira dans sa chambre. Que faisait Kurt ? D'abord, le nouveau 4 × 4, maintenant, un bateau. Où trouvait-il tout cet argent ?

Avait-il contracté un emprunt ? Elle avait entendu les femmes parler finances, au restaurant, autour d'une tasse de café. Elles disaient qu'on pouvait continuer à emprunter tout en étant endetté si on arrivait à convaincre quelqu'un de nous prêter encore plus d'argent. Était-ce là ce que faisait Kurt ? Pourquoi ne l'incluait-il pas dans ses décisions ? Elle avait dix-huit ans, maintenant. Est-ce qu'il lui donnerait un jour sa chance ?

Elle se laissa tomber sur son lit, déprimée. Que pouvait-elle faire ? Son frère contrôlait tout et ne lui disait rien. Et maintenant, il risquait de l'empêcher d'aller dans la forêt. Cette idée la fit pleurer pour de bon et elle s'essuya les yeux avec le revers de sa manche. Elle ne devait pas le laisser la détruire. Rester forte au fond d'elle-même, c'était son petit triomphe.

Allongée sur son lit, elle fixait le plafond et, peu à peu, sa respiration ralentit et son angoisse s'apaisa. Il valait mieux penser à autre chose, comme au fait que son arbre était passé aux infos – une autre victoire. Sa forêt n'était désormais plus secrète, mais si c'était le prix à payer pour sauver cet arbre, cela en valait la peine. Son sacrifice bénéficierait à tout le monde.

Tout à ses pensées, elle entendait Kurt parcourir des papiers dans la pièce contiguë. Chaque fois qu'il bougeait dans son fauteuil, celui-ci grinçait doucement. Elle se demanda si les émotions pouvaient aussi traverser les murs, s'il percevait sa frustration.

Si c'était le cas, cela ne lui ferait ni chaud ni froid. Il ne semblait jamais se soucier de ce qu'elle ressentait. Elle l'entendit marmonner quelque chose puis farfouiller dans des tiroirs ; il devait ranger ses papiers dans un classeur. Ses pas résonnèrent ensuite dans le couloir, s'arrêtèrent devant la porte de Miki. Elle retint son souffle. Mais il poursuivit sa route. Elle l'entendit bientôt ouvrir et fermer le réfrigérateur, puis allumer la télé – un commentaire sportif d'un genre ou d'un autre. Elle se leva, passa la tête par l'entrebâillement de sa porte et lança, pour tâter le terrain :

— Je peux regarder aussi ?

Le sport ne l'intéressait pas, elle voulait juste s'assurer qu'il ne la dérangerait pas.

— Reste dans ta chambre, gronda-t-il. Je n'apprécie pas la façon dont tu me parles.

Elle referma doucement sa porte. Elle était en sécurité, maintenant. Punie, bannie… sauf que c'était précisément ce qu'elle voulait, ce soir-là.

Elle enfila son pyjama et se glissa dans son lit avec *Le Vieil Homme et la mer* – le dernier roman que Geraldine lui avait prêté. Un petit livre, d'une centaine de pages. Elle l'ouvrit au début. *Il était une fois un vieil homme, tout seul dans son bateau, qui pêchait au milieu du Gulf Stream. En quatre-vingt-quatre jours, il n'avait pas pris un poisson*[1]. Un livre sur la pêche ? Quelle ironie du sort, alors que Kurt et elle venaient

1. Traduction de Jean Dutour, Éditions Gallimard, 1952.

de parler de bateaux ! Elle soupira. Geraldine ne pouvait pas savoir.

Deux heures plus tard, Miki avait fini le livre. Kurt dormait mais, elle, elle était plus éveillée que jamais. Le livre l'avait surprise. Comme tous les romans que Geraldine lui avait prêtés, il recelait de nombreuses révélations. C'était l'histoire d'un vieil homme, d'un garçon et d'un espadon, ce qui semblait simple mais ne l'était pas du tout. Elle n'aurait jamais imaginé aimer un livre pareil, mais l'écriture était magique – elle avait eu l'impression d'être entre les pages, avec les personnages. Dans le village de pêcheurs où vivait le vieillard, elle avait humé l'air iodé. Elle distinguait nettement sa maison sordide, elle l'imaginait roulant son pantalon pour se faire un oreiller qu'il bourrait de papier journal. Lorsqu'il était parti pêcher sur son petit bateau, elle avait eu l'impression de l'accompagner en mer, à la poursuite de l'espadon, observant la lumière miroiter sur l'eau. Cela paraissait impossible, mais elle voyait les poissons volants qui sautaient en l'air ; ils passaient de l'eau à l'air puis retombaient dans l'eau. Ils n'étaient pas entravés par des murs, des fenêtres ou des verrous.

Pendant sa lecture, elle s'était imaginé affronter l'espadon au côté du vieil homme, la ligne lui coupant les mains. Elle aimait autant le poisson que lui. Elle voyait les couleurs et les humeurs du ciel et de la mer changer.

Lorsqu'elle referma le livre au terme du voyage,

elle comprit dans un sursaut que l'espadon n'était pas juste un poisson – il symbolisait la vie. Tout à coup, elle perçut des parallèles. Le vieil homme se battait pour attraper l'espadon, tout comme un jour elle devrait affronter Kurt pour lui réclamer sa vie. L'espadon était invisible dans l'eau, et tout ce qu'elle voulait était hors de portée, invisible aussi. C'était elle, dans le bateau, qui essayait d'hameçonner la vie. La partie de pêche du vieil homme était une histoire de patience, de dur labeur, de persévérance et d'agilité. Mais c'était aussi une histoire de lutte pour ses convictions. L'espadon avait résisté à sa capture, même en agonisant. Avec un hameçon dans la gueule, il s'était accroché à la liberté parce que la liberté méritait qu'on se batte pour elle, qu'on meure pour elle.

Miki comprenait qu'elle était l'espadon qui luttait pour sa liberté, tandis que Kurt la gardait au bout de sa ligne. Elle était sa captive, mais l'espoir bouillonnait sous sa peau. Elle pensait à la vie qu'elle mènerait un jour, tellement plus grande que ce fast-food : vaste et libre. Elle irait voir la mer. Observerait les levers et les couchers de soleil. Elle marcherait sous la pluie. Elle passerait son bac et irait à l'université. Elle serait indépendante. Elle aurait un chien. Et sa propre maison. Elle lirait des livres. Elle prendrait des décisions. Se ferait des amis. Peut-être même qu'elle trouverait l'amour et qu'elle fonderait une famille.

Geraldine lui avait donné ce livre pour une bonne raison : Miki le comprenait, à présent. Geraldine voulait lui offrir le monde entier, et elle voulait que Miki se batte pour l'obtenir.

Miki glissa le livre sous son matelas et se rallongea, la tête posée sur l'oreiller, les yeux clos. Dans l'immensité libre, sans bornes, de son esprit, elle voyait un ciel dégagé piqueté d'étoiles qui se déployait au-dessus de la douce couverture de la forêt endormie.

Un jour, elle serait libre de partir. Son heure approchait – elle le sentait.

28

Leon aurait dû savoir qu'un malheur n'arrive jamais seul. La manifestation à la Fête du bois. La confrontation avec Mooney. Les graffitis sur sa portière. Et maintenant, ça : il sut que quelque chose n'allait pas dès qu'il entendit la voix de sa mère au téléphone.

— Leon, dit-elle à voix basse. Ton père est à l'hôpital. Nous sommes à Hobart.

Leon venait de rentrer d'une longue journée de travail dans le parc. Il était fatigué et n'éprouvait aucune sympathie pour son père, mais sa mère semblait troublée. Un nuage d'inquiétude s'abattit sur lui comme le mauvais temps descend des montagnes.

— Stan, encore ?

— Je ne crois pas. Il n'est pas venu depuis longtemps – depuis ta dernière visite avec le chien. Son état s'est fortement dégradé. Il y a deux semaines, son ventre a doublé de volume et ses jambes se sont mises à enfler.

— Tu l'as emmené voir un docteur ?

— Il a refusé d'y aller. Et, aujourd'hui, il a commencé à avoir mal au ventre et s'est mis à trembler et à avoir des poussées de fièvre.

Elle reprit d'un ton embarrassé :

— Il a souillé le lit, Leon. Une véritable horreur. J'ai dû le nettoyer. Il était trop malade pour m'aider.

— Oh, maman. C'est épouvantable…

Il imaginait l'odeur lorsqu'elle était entrée dans la pièce, il la voyait allant chercher un seau et nettoyer délicatement son père malade. C'était trop, après tout ce qu'elle avait déjà vécu.

— Tu peux venir, Leon ? Ils l'ont mis sous perfusion et ils lui font des examens. Ils pensent que c'est peut-être une infection. Ils doivent trouver le bon antibiotique.

— D'accord, je me douche rapidement et j'arrive.

— Tu peux amener papy ?

Leon se tut un instant.

— C'est si grave ? Il est mourant ?

— Ça pourrait aider ton père. Papy est tellement fort.

— Tellement positif, tu veux dire.

— Oui, aussi.

— Très bien. Je serai là dès que possible.

Leon téléphona à Thomas pour le prévenir, si bien qu'il l'attendait dans le hall d'entrée lorsqu'il arriva. Il était en chemise, cravate et chapeau en feutre, mais il s'était endormi, avachi dans un fauteuil, la tête en arrière et la bouche ouverte. Il paraissait frêle et vulnérable, les joues creusées, les lèvres détendues, à peine vivant.

Leon se demanda combien de temps il restait à son grand-père. D'habitude, la personnalité expansive de Thomas le rendait imposant mais, à cet instant, son petit-fils perçut sa fragilité. Voir le processus de vieillissement à l'œuvre était éprouvant.

Leon lui tapota l'épaule et le regarda se réveiller : il écarquilla les yeux, claqua des lèvres et souffla une bouffée de mauvaise haleine. Leon le lui pardonna – une tache de dentifrice sur le revers de sa veste témoignait de ses efforts pour y remédier.

Dans la voiture, Thomas parlait pendant que Leon conduisait. Il évoquait son fils, quand il était enfant, à quel point il était incontrôlable, audacieux, toujours à repousser les limites, à s'attirer des ennuis. Il n'avait jamais vraiment quitté l'île, sauf pour quelques années lorsqu'il était au lycée, et encore, il prenait le bus tous les soirs pour rentrer à la maison, comme Leon l'avait fait à l'adolescence. Reg avait arrêté l'école à quinze ans et accepté un poste à la scierie où il avait travaillé toute sa vie jusqu'à son accident.

Leon se souvenait que son père rentrait chaque soir en sueur, de la sciure de bois coincée dans ses chaussettes, de fins grains de poussière de bois dans les cheveux. Parfois, durant les vacances scolaires, Leon avait eu le droit de l'accompagner à la scierie. Reg lui donnait un casque pour se protéger les oreilles et le laissait traîner, tant qu'il ne gênait pas les autres. Leon trouvait intéressant d'observer les ouvriers pendant la découpe des billes de bois. Il aimait voir le système d'arrosage qui lâchait des gouttes d'eau sur la scie pour éviter la surchauffe. Et regarder les monticules de sciure s'élever, les grumes se changer en bois de construction. Ce métier lui semblait utile.

Au fil des ans, il avait vu l'industrie évoluer. Les scieries s'étaient faites de plus en plus rares. Il était difficile d'avoir du bois d'œuvre parce que la plupart des arbres étaient transformés en particules. Leon avait commencé à étudier le phénomène de plus près. Ce qui n'avait pas plu à son père – les Walker avaient toujours été bûcherons ou ouvriers à la scierie, si bien qu'il était furieux que son fils devienne écolo. Une vraie trahison.

Mais la trahison était une épée à double tranchant, entre les mains de Reg. Après l'accident qui lui avait abîmé la main, Reg ne pouvait plus travailler à la scierie et son estime de soi en avait été amoindrie, si bien qu'il s'était mis à boire. Il avait déjà eu des problèmes d'alcool dans sa jeunesse, qu'il avait réglé par l'abstinence. Après la perte de son travail, quand la dépression – ou quelque chose qui y ressemblait beaucoup – l'avait frappé, l'alcool avait été la solution la plus simple pour la gérer. Mais cela avait fait ressortir l'agressivité qu'il gardait enfouie, et la mère de Leon avait été une cible facile. Certains auraient pu dire que la chance de Reg avait tourné, mais Leon pensait que la chance était quelque chose que l'on provoquait. Son père aurait pu faire bien d'autres choses au lieu de sombrer dans la violence. Même si la perte de son travail avait sans doute porté un coup à sa virilité, battre sa femme n'était absolument pas une manière de la réaffirmer.

À l'hôpital de Hobart, Leon et Thomas suivirent les instructions de la réceptionniste jusqu'au service des soins intensifs. Reg était branché à une perfusion et des embouts à oxygène lui sortaient du nez. Son teint était jaune. L'espace d'un instant, Leon eut pitié de lui. Les yeux de son père, cernés et tristes, semblaient dire qu'il aurait peut-être choisi une autre voie s'il avait su qu'il en arriverait là. Sous les couvertures, son ventre était aussi rond que celui d'une femme enceinte et le pied qui sortait des draps était pâle et enflé.

Sa femme était assise près du lit. Elle se leva d'un bond pour les serrer dans ses bras, d'abord Thomas puis Leon. Son visage était rougi et ses yeux larmoyants. Son étreinte donna à Leon l'impression d'être un anneau d'amarrage pourvu d'une corde – et il la laissa s'accrocher à lui. Il sentit le glissement des responsabilités tandis qu'elle lui refilait en douce un fardeau dont il ne voulait pas. Comme Thomas s'était assis près du lit pour parler à Reg, Leon suivit sa mère dans le couloir.

— Il a une péritonite, dit-elle. Une infection dans le ventre. Sa vie est en danger. Ils doivent aspirer tout le fluide de son abdomen et le mettre sous antibiotiques.

Elle se décomposa et enfouit son visage dans l'épaule de son fils.

Leon passa ses bras autour d'elle et la serra contre lui. Comment pouvait-elle éprouver tant de chagrin pour cet homme ? Avait-elle donc oublié ce qu'il lui avait infligé ? Leon, lui, n'avait pas oublié les bleus, la lumière disparue de son regard. Aujourd'hui encore, tous les après-midis, il consultait sa montre à seize heures trente, parce que, avant, c'était l'heure à laquelle il partait du travail pour être là quand son père rentrait, ivre et agressif, prêt à s'en prendre à sa mère. Sa maladie était un retour de karma, se disait Leon. Qui sème le vent récolte la tempête. Si Dieu existait, alors il était enfin venu déverser son courroux sur son père.

Leon desserra son étreinte et, les mains sur les épaules de sa mère, l'écarta doucement de lui pour la regarder dans les yeux.

— Il va rester là combien de temps ?

— Quelques jours, une semaine peut-être…

— Eh bien… tu ne peux pas vivre ici avec lui.

— Non, je vais descendre à l'hôtel.

Quand ils rentrèrent dans la chambre, Thomas, assis sur le lit, tenait la main de son fils. C'était si grave que ça ? se demanda Leon. Est-ce que son père allait mourir ?

En rentrant en voiture avec son grand-père, Leon examina sa conscience pour voir si l'état de son père l'attendrissait, mais il semblait bien que son cœur s'était changé en pierre. Son grand-père le devinait, cette vieille carne perspicace, et Leon sentait qu'il allait se faire attaquer à coups de pioche. Lorsqu'ils s'arrêtèrent devant la maison de retraite, Thomas lança l'assaut :

— Le dernier homme aussi parfait que toi marchait sur l'eau.

— Qu'est-ce que c'est censé vouloir dire ? demanda Leon, piqué au vif.

— Tu dois pardonner, mon grand. Personne n'est parfait.

— Certains sont encore moins parfaits que d'autres.

— Ton père est malade comme un chien. Où est passé ton cœur ?

— Tu n'as pas vu ce qu'il lui a fait.

— Et je m'en réjouis – je suis certain que c'était terrible. Mais elle lui a pardonné, pourquoi pas toi ?

— Elle n'aurait pas dû.

— Elle l'a pourtant fait. Tu le dois aussi.

— Je ne peux pas. Il ne mérite que ça.

— Vis en colère. Meurs en colère. Vis en paix…

— Oui, je sais… Meurs en paix.

— Penses-y, mon grand. Promets-le-moi.

— J'y penserai, fit Leon en serrant le volant.

Il vivait toujours dans la colère. La paix n'était nulle part en vue.

— Tu pourras m'y reconduire demain ? demanda Thomas.

— Non, je ne pourrai y retourner que ce week-end, après le match de samedi.

— Et s'il meurt avant ?

— Aucune chance. Seuls les meilleurs meurent jeunes.

Il attendit que son grand-père frappe le code d'entrée et que les portes coulissent. Thomas lui jeta un regard en arrière et lui fit un signe de la main.

— Je ne fais que grimper l'escalier menant au paradis, lança-t-il avec un sourire en coin.

C'est « acheter », pas « grimper », se dit Leon.

Mais lorsqu'il sortit du parking, les paroles de *Stairway to Heaven*, « l'escalier menant au paradis », de Led Zeppelin, se mirent à défiler dans sa tête. Il fila sur la route sous le pâle clair de lune, dont le reflet blanc flottait sur l'eau, et il chanta à tue-tête. C'était comme s'il entendait cette chanson pour la première fois. Il se demanda comment il pouvait ne comprendre ces paroles que maintenant alors qu'il avait passé des années à les chanter. Il n'y avait jamais réfléchi avant, se contentant de les réciter pendant des fêtes ou autour d'un feu, pour s'amuser entre amis.

Cette chanson résonnait sans doute différemment pour tout le monde mais, pour lui, cette nuit, elle parlait de beaucoup de choses. Accomplir le grand voyage de la vie. Faire des choix, se tromper. Affronter la mort. Gagner en sagesse. Faire face au passé. Pardonner et se racheter.

Il la chanta de nouveau, tête en arrière pour mieux s'abandonner, sachant au fond de lui-même qu'un jour il lui serait peut-être possible de changer de voie et de pardonner à son père.

29

Lorsque Leon arriva au stade pour la demi-finale, il eut l'impression que toute la ville était venue voir le match. Le parking était plein, sans parler de la ribambelle de 4 × 4 collés pare-chocs contre pare-chocs autour du terrain. Leon sentit l'adrénaline monter. Après un timide démarrage de saison, il était incroyable que l'équipe soit arrivée si loin. Et il était en partie responsable de leur réussite – de ça, au moins, il pouvait être fier.

Des joueurs en joggings traversaient le terrain ovale vers les vestiaires pendant que les supporters traînaient autour des barrières ; ils agitaient des écharpes et des fanions en criant :

— Allez les gars ! Allez les Lions ! Vous pouvez le faire ! Mettez-leur une raclée.

Leon vit Wendy le saluer, près des buts. Il sourit et agita la main. Suzie aussi était là, mais pas Max. Leon se demanda où il se trouvait. À la porte des vestiaires, Shane tapait dans la main des joueurs qui entraient.

Son sourire s'estompa un peu quand il tapa dans celle de Leon… ou alors était-ce son imagination ?

Dans les vestiaires, les hommes s'étaient étalés sur les bancs, la pièce était bondée et bruyante, l'atmosphère chargée de l'odeur de sueur et de crème chauffante. Leon laissa tomber son sac par terre et s'assit pour enfiler ses crampons. Mooney arriva peu après, comme s'il avait prévu une entrée triomphale. L'équipe lui envoya un rugissement d'encouragement – tout ce dont cet homme n'avait pas besoin. Son ego était déjà largement surdimensionné.

Maintenant que tout le monde était présent, Robbo bombait le torse comme un coq et paradait dans la pièce, rougeaud, excité.

— C'est la première fois depuis dix ans qu'on est qualifiés pour les demis. Et c'est grâce aux efforts de Mooney pour marquer des buts.

Il ne mentionna pas Leon, même s'il avait marqué au moins autant de fois que Mooney. Ce dernier était leur meilleur joueur, ils le savaient tous. Mais il était irrégulier : un jour, il avait le feu sacré, le suivant, il se perdait en querelles.

Leon s'assit un peu à l'écart. Pendant que les autres plaisantaient et parlaient fort, il se massa les cuisses et les chevilles avec du liniment, là où les collisions avec Mooney lui avaient laissé quelques points douloureux. Puis il leva les yeux et croisa le regard de Robbo. Il fut surpris de le voir hocher la tête. C'était le signe de reconnaissance dont Leon avait besoin. Robbo ne le dirait peut-être pas devant toute l'équipe mais, par ce petit geste, Leon comprit que l'entraîneur était heureux de l'avoir sur le terrain ce jour-là. Leon se donnerait à fond. Restait à savoir si Mooney lui ferait une passe.

Robbo passa en mode « préparation mentale » et commença à faire monter la pression. Sa passion était contagieuse et, lorsqu'il les envoya courir sur le terrain pour s'échauffer, Leon était aussi motivé que les autres, improvisant des pas chassés et des coups de pied hauts pour assouplir ses hanches et étirer ses tendons. Leon sentait la nervosité collective tandis qu'ils se bousculaient et se charriaient les uns les autres, sur les nerfs. Le moral était au beau fixe.

Mais lorsque Leon se pencha pour étirer sa cheville, Mooney lui prit la nuque en tenaille et cracha :

— T'as intérêt à foutre ce ballon entre les poteaux, Parkie, sinon je m'en prends à ce foutu grand arbre et j'y fous le feu.

Leon était si galvanisé qu'il faillit le frapper mais il se contenta de se libérer et de fixer son coéquipier droit dans les yeux.

— Je n'ai rien à voir là-dedans, je te l'ai déjà dit.

— J'ai que ta parole, railla Mooney. Et je trouve ma version plus crédible.

Toby s'approcha et Leon se demanda s'ils allaient l'attaquer tous les deux là, au milieu du terrain. Mais Toby sourit.

— T'as bien dit « crédible », Mooney ? T'as avalé un dictionnaire ou quoi ?

— Non, mon pote, gloussa l'autre. Tu ne savais pas que j'avais autant de vocabulaire ?

Leon remercia silencieusement Toby d'avoir désamorcé la situation, mais Mooney n'en avait pas encore fini.

Il planta son doigt dans le torse de Leon.

— Garde tes foutus pieds sous toi, compris, Parkie ? Comme ça, on aura moins de boulot aujourd'hui.

Leon le foudroya du regard.

— On va tous avoir du boulot, mon pote.

Mooney cracha au sol et se pencha tout près de lui.

— M'appelle pas « mon pote ». Et n'oublie pas : peu importe le nombre de buts que tu marqueras, tu seras toujours un Parkie.

Il cracha de nouveau et ses glaires atterrirent sur la chaussure de Leon.

— T'as de la chance que les autres te supportent, ajouta-t-il. Y aurait que moi, tu serais plus là depuis longtemps.

Le match débuta dès que les bagarres habituelles cessèrent. C'était tendu – à la moindre poussée, tout le monde fonçait comme un troupeau de taureaux en rut. Heureusement, l'arbitre ne se laissait pas impressionner.

— Hé, ho, on se calme. Reculez. Laissez-le tranquille. Reculez pour que je puisse faire la mise en jeu. Allez. À une distance correcte. Vous connaissez les règles. Si vous ne reculez pas, je devrais vous donner une pénalité de cinquante mètres.

Il leur fallut tous du temps pour faire autre chose que se bousculer au début, car ils étaient si excités et nerveux que chacun voulait taper dans la balle. Il y eut des chutes en série : des hommes à terre partout, quelques coups vicieux balancés au passage. Leon resta à l'écart, pas trop loin de l'action, attendant que le ballon file dans sa direction. S'il pouvait mettre la main dessus et foncer droit devant, démarqué, personne ne pourrait l'arrêter.

Quand les choses se calmèrent, le vrai match commença. L'équipe de Leon enchaîna quelques passes au pied. Leon chercha à se démarquer et appela la balle dès que possible. Il fit sa première réception, pas très élégante ; mais c'était agréable d'avoir le ballon en main. Il le fit rebondir et le renvoya d'un puissant coup de pied.

Le terrain, détrempé par la pluie de début de printemps, était plein de trous, irrégulier, parfait pour y tomber. Et, dans ce domaine, les joueurs ne faisaient pas semblant.

Toby envoya la balle comme un boulet de canon à Leon, qui sauta pour la rattraper, mais un pilier de l'équipe adverse l'écarta brutalement. Le choc avait beau être rude, Leon savait encaisser. Il inspira un bon coup, cracha et se remit à courir en secouant la tête, guettant la balle.

Ce fut l'autre équipe qui marqua en premier – un superbe but qui fit hurler les coéquipiers de Leon.

— Merde !

— Allez les gars !

— On relève la tête et on y va !

Leurs adversaires célébrèrent leurs premiers points

comme s'ils venaient de gagner les Jeux olympiques, alors que ce n'était que le premier but.

De retour au centre du terrain pour la remise en jeu, Leon fit un signe de tête à Mooney. Il lui répondit en fronçant les sourcils mais se fraya un passage dans la mêlée et jeta le ballon vers Leon. Ce dernier était prêt. Il l'attrapa à mi-rebond et détala comme une flèche.

Étant donné qu'il s'était démarqué, il fit rebondir la balle plusieurs fois en courant. Les défenseurs le poursuivaient, leurs crampons martelant la terre. Combien de temps lui restait-il avant qu'ils ne le plaquent et qu'il ne perde la balle ? Il courait ventre à terre ; quelques pas de plus l'emmèneraient à distance de tir. Il entendit des souffles rauques derrière lui, essaya de garder l'équilibre et de faire les deux pas supplémentaires nécessaires avant de pouvoir frapper la balle. Une main chercha à l'attraper et le tira par le maillot, sous le bras. Il chancela mais shoota de toutes ses forces, ce qui lui fit un bien fou. Le ballon fila entre les poteaux.

Il avait égalisé. Ils étaient revenus au score.

Pour le féliciter, Mooney se jeta sur lui et le fit tomber, et tous les autres leur sautèrent dessus à plat ventre. C'était censé être une célébration mais Leon était tout en bas – ils l'étouffaient. Ne s'en rendaient-ils pas compte ? Ou peut-être que cela faisait partie du plan de Mooney : le tuer sur le terrain. Un assassinat discret.

Ils restèrent à égalité jusqu'à la fin du deuxième

quart-temps. Une équipe prenait légèrement l'avantage, puis l'autre la devançait. Leon avait couru comme un fou, et il fut soulagé quand ce fut la mi-temps. Dans le vestiaire, il but puis s'éclaboussa la figure avant de s'essuyer. Dire qu'il restait encore cinquante minutes de jeu et qu'il avait déjà l'impression d'être un vieillard…

Robbo pouvait bien râler, ses instructions n'avaient pas beaucoup de sens, en fait. Sur le terrain, les plans et les stratégies aidaient, mais le ballon pouvait aussi faire comme bon lui semblait. On pouvait très bien se mettre dans la bonne position et pourtant le regarder partir dans une trajectoire imprévue.

Le troisième quart-temps fut leur meilleur. Toby excella à l'arrière et Mooney ratissa le centre et l'aile comme un bulldozer. Les autres jouèrent leur rôle eux aussi, et donnèrent tout ce qu'ils avaient. Ils marquèrent de nombreux buts et prirent une bonne avance – les supporters de l'autre équipe baissaient la tête.

Puis Mooney se fit faucher par un tacle terrible. Leon vit un colosse le percuter délibérément et la crinière blonde de Mooney qui voleta en arrière lorsqu'il tomba par terre. Il atterrit tête la première et, à entendre le craquement, Leon sut que c'était grave. Mooney était étendu, inconscient.

L'arbitre siffla pour arrêter le match et tous accoururent. Toby et lui furent les premiers sur place, agenouillés près de Mooney.

— Merde, il s'est évanoui.

Mooney était comme un sac de pommes de terre, les yeux révulsés, inconscient.

Leon prit le contrôle de la situation grâce aux cours de secourisme qu'il avait suivis longtemps auparavant.

— Place-le en position de récupération.

Avec l'aide de Toby, ils roulèrent Mooney sur le côté. Il saignait du nez et sa respiration était ronflante. Leon lui ôta son protège-dents et balaya l'assistance du regard tandis que l'équipe se rapprochait d'eux.

— Que quelqu'un appelle une ambulance !

— Qu'est-ce qui se passe ? demanda Robbo quand il les eut rejoints.

— Il a perdu connaissance. Tu peux me passer ta montre ? Je dois vérifier son pouls.

Robbo obtempéra tandis que l'atmosphère se glaçait sur le terrain.

— L'ambulance sera bientôt là, dit quelqu'un. Ils finissent une intervention. Ils sont à cinq minutes.

Les membres de l'autre équipe attendaient en silence en s'étirant les jambes. Ils avaient commencé à ricaner quand Mooney était tombé mais désormais, ils comprenaient que ce tacle avait été trop fort.

Liz, la femme de Mooney, accourut sur le terrain et s'efforça de l'atteindre.

— Qu'est-ce qui se passe ? s'écria-t-elle, prise de panique. Qu'est-ce qu'ils lui ont fait ?

Leon fut encore une fois horrifié qu'une grosse brute comme Mooney puisse battre cette femme.

Toby la retint par les bras.

— Calme-toi, Liz. Il a perdu connaissance. Tu peux rien y faire.

Elle sanglotait tant que son mascara coulait sur ses joues.

— Est-ce qu'il va s'en sortir ?

— Mais oui. Il est juste inconscient.

— Où sont mes filles ? cria-t-elle en regardant partout, affolée.

Près du grillage, Wendy avait retenu les filles de Liz et de Mooney, qui pleuraient toutes les deux.

— Maman ! cria l'une d'elle. Qu'est-ce qu'il a, papa ?

Leon surveillait toujours Mooney, dont le cœur battait rapidement. Mais il avait beaucoup couru, alors ce devait être normal, non ? Leon aurait voulu que l'ambulance arrive vite pour que quelqu'un puisse le remplacer. Il avait toujours été considéré comme un intrus ici, et pourtant, ils lui faisaient confiance pour s'occuper de Mooney – si ça tournait mal, il était fichu.

Mooney se mit à tressauter, à donner des coups de pied. Liz sanglota comme une hystérique, au point que Toby l'éloigna.

— Qu'est-ce qu'on fait ? demanda Robbo en se penchant vers eux, les traits déformés par l'inquiétude. On devrait pas lui sortir la langue de la bouche ?

— Non, souffla Leon tout en s'efforçant d'immobiliser les jambes de Mooney. C'est un mythe. On doit le maintenir sur le côté pour qu'il ne s'étouffe pas s'il vomit. Est-ce que quelqu'un peut me passer un mouchoir ou quelque chose ? Il écume.

Alors que tous les autres semblaient paralysés,

Leon déchira son maillot et lui essuya les commissures des lèvres.

Mooney se calma puis il ouvrit les yeux et tenta de s'asseoir.

— Reste allongé, lui ordonna Leon. Tu t'es cogné la tête.

— Où est-ce que je suis, bordel ? marmonna le blessé, groggy.

— Au match, mon pote, lui rappela Toby. C'est la demi-finale. Tu te rappelles ?

— On est quel jour ?

Mooney, paniqué, regarda autour de lui, visiblement désorienté, mais il laissa Leon et Toby le rallonger. Puis il referma les yeux, pâle comme un linge.

Leon fut soulagé d'entendre le hurlement de la sirène. Quelqu'un ouvrit la barrière et l'ambulance traversa le terrain en cahotant. Les secouristes placèrent Mooney sur une civière et le glissèrent dans le véhicule. Ils laissèrent Liz monter avec lui et partirent aussitôt.

Après ça, tout le monde se demanda s'il fallait poursuivre le match. L'équipe avait l'impression qu'il serait déplacé de jouer sans Mooney. Certains voulaient arrêter là – leur soif de victoire était partie avec l'ambulance. Toby prit la parole, le menton haut.

— Mooney voudrait qu'on termine ce match. Ça l'énerverait qu'on se retire.

— On devra déclarer forfait si on arrête maintenant, ajouta Robbo. C'est comme vous voulez, les gars, mais ce serait dommage alors qu'on mène aussi largement.

Toby les foudroya tous du regard.

— Allez. Bougez-vous et gagnez ce match pour Mooney.

L'équipe accepta à contrecœur.

Leon n'avait plus de maillot – le sien était maculé de sang et de salive. Il avait passé les quinze dernières minutes torse nu et sa sueur s'était glacée en séchant. Lorsqu'il demanda à sortir un moment, sa proposition fit l'effet d'un pétard mouillé.

Toby pointa le doigt vers lui.

— Tu restes sur le terrain, Parkie, que tu le veuilles ou non. Que quelqu'un lui file un maillot, cria-t-il aux remplaçants.

L'un des plus jeunes joueurs, qui était revenu récemment après une blessure, obéit : un maillot passa par-dessus la clôture.

Ils firent un rapide tour de terrain pour se réchauffer et le match reprit. Mais l'équipe était plus ébranlée qu'elle ne l'avait réalisé et le désespoir qui transparaissait dans leur jeu ne les aida pas. Leon s'était raidi pendant l'interruption et ne trouvait plus son rythme ; quant à Toby, il cherchait à se venger et donnait sans cesse des coups de pied gratuits. L'autre équipe en profita et commença à marquer.

Au final, leurs adversaires gagnèrent de trois points, une véritable injustice. L'équipe de Leon en sortit déprimée et affaiblie. Ils étaient dans les vestiaires lorsqu'ils apprirent que Mooney souffrait d'un sévère traumatisme crânien mais qu'il s'en remettrait – il avait passé un scanner cérébral et tout autre risque avait été écarté. Le moral de l'équipe était au plus bas et chacun décida de rentrer chez soi au lieu d'aller au pub. Noyer leur chagrin sans Mooney leur semblait indécent.

Leon se dirigeait vers sa voiture quand Toby surgit à côté de lui. Le grand homme semblait ébranlé.

— Tout va bien ? demanda Leon en s'arrêtant.

Toby passa la main sur son crâne chauve et piétina, mal à l'aise.

— Hé, Parkie. Merci d'avoir aidé Mooney tout à l'heure.

— C'est rien. J'espère qu'il va bien. C'était un tacle de merde. Ce type devrait être suspendu. Robbo devrait faire un rapport.

— T'as raison. Il devrait le faire.

Leon rajusta son sac sur son épaule en se demandant ce que Toby voulait.

— Mooney s'est conduit comme un salaud avec toi, aujourd'hui, déclara-t-il. C'était sympa de ta part de l'aider quand même.

— C'est normal.

— Non, il a fait le con. Moi, à ta place, je l'aurais laissé mourir. T'es un foutu héros.

Leon ne se considérait pas du tout comme un héros. Il avait porté assistance à Mooney par sens du devoir, mais c'était plutôt Liz et les enfants qui avaient besoin d'aide. Il se sentait un peu coupable – il aurait dû faire quelque chose pour arranger la situation, étant donné qu'il était au courant des violences domestiques de Mooney depuis longtemps.

Mais Toby souriait de toutes ses dents.

— J'imagine que t'aurais même aidé un lépreux.

— C'est vrai, reconnut Leon en souriant à son tour.

Toby tendit le bras et lui serra vigoureusement la main.

— Tu fais chier, Parkie. T'es un meilleur homme que moi.

30

Max resta chez lui au lieu d'aller voir le match parce qu'il ne voulait pas croiser Jaden. Il avait passé une mauvaise semaine – il était certain qu'il irait bientôt en prison. Après l'école, la veille, Jaden lui avait montré un petit carnet noir listant ce que Max avait volé. L'adolescent avait tout noté de son écriture brouillonne et penchée.

Cigarettes
Mentos
Coca Cola x ~~2 3~~ 4
Snickers x 2
Mars x ~~2 3~~ 4
Carambar
Paquet de serpents en gélatine
Tablette de chocolat Cadbury
Mister Freeze
Lion
Tic Tac

Twix
Dragibus
Freddo Frogs x ~~2~~ 3
Kit Kat

Une liste de deux pages avec un élément par ligne. Quand Max la lut, il se sentit plus bas que terre. Avait-il vraiment volé tout ça ? Jaden l'y avait forcé, mais ça ne compterait pas quand la police viendrait le chercher.

— Tu prendras cinq ans, lui avait lancé Jaden. Cinq ans derrière les barreaux.

Max l'avait fixé d'un air épouvanté. Que faisaient les enfants en prison ? Est-ce qu'ils avaient le droit d'avoir une télé et une PlayStation ? Est-ce qu'il pourrait se servir de son iPhone ? Est-ce qu'ils mangeaient du porridge tous les jours ? La nourriture ne ressemblerait pas à celle de sa mère et il pouvait dire adieu aux glaces.

— Les gens comme toi, on les met en cellule d'isolement.

Max ne savait pas trop ce que cela voulait dire. Il préféra ne pas demander.

Jaden lui plaqua le carnet contre le front.

— Ça, c'est ta condamnation à mort. Tu dois faire tout ce que je te dis, sinon ce sera la prison. Sans passer par la case départ. Ni toucher deux cents dollars.

Max releva la tête. Deux cents dollars, c'était la somme qu'il fallait pour faire opérer Rosie.

— Où est-ce que je peux trouver deux cents dollars ?

— Au Monopoly, espèce d'idiot. L'argent du Monopoly, c'est juste pour jouer. Personne ne te donnera deux cents dollars. Tu dois braquer une banque pour récupérer autant d'argent.

Max vacilla sur ses jambes. Il espérait que Jaden n'allait pas le forcer à braquer une banque. Pour ça, il fallait des armes, des véhicules pour s'enfuir et des cagoules.

Jaden lui enfonça un doigt dans les côtes.

— Tu m'as entendu ? Je veux que tu me trouves de la bière.

Max secoua la tête. La bière serait encore plus difficile à voler que les cigarettes.

— Ton père en a plein, insista Jaden. C'est un alcoolo, et les alcoolos ont toujours de la bière.

Max fut contrarié que Jaden traite son père d'alcoolo parce que c'était faux, mais il devait réfléchir rapidement.

— Mon père a arrêté la bière. Ma mère l'y a forcé.

C'était un bon mensonge. À l'école, tout le monde savait que son père était rentré chez lui mais qu'il était encore « en sursis », comme disait sa mère.

Jaden pinça Max si fort que sa peau devint rouge.

— Si je vois ton père boire de la bière au match, alors je saurai que t'en as chez toi.

Max n'était donc pas allé au match parce que, le matin même, son père avait rempli la glacière de bières. Et maintenant Max était seul chez lui, ce qu'il n'aimait pas du tout. Il avait verrouillé toutes les portes et joué à *Call of Duty* jusqu'à en avoir la nausée.

Il regarda l'heure sur le micro-ondes – à peine plus de dix-sept heures. Le match devait être fini. Il se demandait qui avait gagné.

Comme Rosie se mit à aboyer, il la fit rentrer et referma la porte. Elle n'avait pas le droit de le suivre dans la maison mais sa mère étant absente, il se dit que ce n'était pas grave. Il s'assit sur le canapé et tapota les coussins pour que Rosie saute le rejoindre. Il passa un bras autour de son cou et posa la tête sur sa fourrure. Elle haletait comme si elle souriait. Est-ce que cela voulait dire qu'elle était heureuse ?

D'autres aboiements retentirent dehors. Max alla à la fenêtre pour voir ce qui se passait. Bonnie jappait comme une folle à la clôture. Elle n'était pas aussi bruyante, d'habitude. Qu'est-ce qui pouvait bien l'agacer ? Max allait ouvrir la fenêtre pour lui crier de se taire lorsqu'il vit quelqu'un sur l'allée menant chez lui. Une silhouette longiligne.

Le ventre de Max se noua et il se baissa pour que Jaden ne le remarque pas. Il entendit des pas lourds devant le porche. Puis des coups sur la porte d'entrée.

Rosie vit rouge et fila à la porte en grognant et en aboyant, mais aucune chance pour que Max la suive. Il ferait comme s'il n'y avait personne chez lui.

Il resta hors de vue, tapi derrière le canapé, à écouter Jaden frapper de nouveau. Le cœur de Max battait à tout rompre. Qu'allait faire Jaden ? Est-ce qu'il savait que Max était là ? Est-ce qu'il allait briser une fenêtre pour entrer ? Et s'il entrait vraiment, où Max pourrait-il se cacher ? Il devrait peut-être aller chercher un rouleau à pâtisserie pour se défendre. Ou une batte de cricket. Ou peut-être que Rosie attaquerait Jaden – elle avait des crocs acérés et elle le détestait à cause de ce qu'il avait fait à ses chiots. Elle devait se souvenir qu'il avait jeté Bruiser en l'air.

Le silence revint et Max hasarda un coup d'œil de derrière le canapé. Jaden était à la fenêtre. Il avait placé ses mains autour de ses yeux pour voir à l'intérieur. Max crut que son cœur allait s'arrêter. Il se recroquevilla de nouveau par terre.

Peu après, il entendit des pas qui s'éloignaient. Il jeta un nouveau coup d'œil vers la fenêtre. Jaden avait disparu.

Là, Rosie fila vers la porte donnant sur le jardin en grondant et la poignée cliqueta. Max avait si peur qu'il était à deux doigts de vomir. Heureusement qu'il avait verrouillé toutes les portes, ou Jaden serait entré et l'aurait pris à la gorge pour l'étrangler. Jaden risquait même de tout saccager, et Max ne pourrait pas le retenir. Le carnet noir rempli de preuves l'empêchait de se défendre.

Dans la pièce d'à côté, Rosie continuait de japper frénétiquement. La poignée de la porte arrière avait cessé de cliqueter, alors Max eut le courage de ramper jusqu'à la fenêtre pour regarder dehors. Jaden n'était plus là.

Max se releva un tout petit peu et l'aperçut sur le trottoir, les mains sur les hanches, fixant la maison, les lèvres pincées, le regard dur. Il resta là longtemps pendant que Max s'adossait au mur, osant à peine respirer, trop effrayé pour bouger. Il avait mal au ventre à force d'être plié en deux. Il aurait tant voulu que ses parents rentrent !

Jaden s'approcha de la maison de Leon. Que faisait-il ? Bonnie courait dans tous les sens en aboyant. La clôture vibrait chaque fois qu'elle se jetait contre elle. Puis elle se tut soudainement.

Max jeta un coup d'œil dehors pour regarder le jardin de Leon, mais Bonnie n'y était pas. Elle aurait dû continuer à aboyer sur Jaden. Et Max ne le voyait plus non plus.

Puis il remarqua que le portail de Leon était ouvert.

Il fut à la fois terrifié et malade d'inquiétude. Jaden avait dû l'ouvrir pour laisser sortir Bonnie. Ce n'était qu'un chiot, elle n'avait pas l'habitude des voitures – elle risquait de courir jusqu'à la route et de se faire renverser.

Il entendit de nouveau des pas devant chez lui et vit Jaden regarder par sa fenêtre. Max se roula en boule.

Lorsqu'il releva la tête quelques secondes plus tard, Jaden dévalait la rue en courant.

Max sortit à toute vitesse. Il fonça jusqu'au trottoir et observa le bas de la rue. Aucun signe de Jaden ni du chien.

Max pleurait, à présent. Il regrettait de ne pas avoir eu le courage d'envoyer balader Jaden. Il aurait voulu pouvoir raconter à quelqu'un ce que Jaden avait fait mais celui-ci risquait de dire à son père, qui était policier, tout ce qu'il avait volé. Max se voyait déjà en prison, derrière des barreaux. Il devrait porter un pyjama orange et vivre dans une cellule en béton pourvue d'un lit dur trop étroit.

Les choses avaient dégénéré. De retour chez lui, Max, se sentant misérable, s'assit sur le canapé.

Peu après, Leon arriva en voiture. Rosie se mit à aboyer et Max la laissa sortir. Elle se précipita à la clôture en jappant. Leon s'extirpa de son 4 × 4 comme un vieillard. Il boitait et était couvert de boue. Il remonta son allée en claudiquant, puis marqua une pause. Il pressa le pas et finit par courir dans son jardin en criant :

— Bonnie !

Ensuite, il se précipita vers la route et la scruta, comme Max l'avait fait un peu plus tôt.

Les parents de Max arrivèrent à leur tour. Max aperçut sa mère parler à Leon par la vitre baissée de leur voiture. Il ne les entendait pas, il voyait seulement Leon remuer les lèvres, l'air inquiet.

Shane se gara dans l'allée et Wendy entra dans la maison.

— Max ! Où es-tu ? Viens vite. Bonnie a disparu.

Max sortit du salon d'un pas traînant.

— Qu'est-ce que tu as fabriqué ? lui demanda-t-elle, poings sur les hanches, sourcils froncés.

— Rien. Je suis resté à la maison.

— Va aider Leon. Bonnie est partie. Quelqu'un a ouvert le portail.

— C'est pas moi.

— Je n'ai jamais dit le contraire, si ? fit sa mère en fronçant un peu plus les sourcils.

Max secoua la tête. Mais sa mère était méfiante.

— Tu ne ferais pas une chose pareille, Max, pas vrai ?

— Non. J'adore Bonnie.

— Tu n'as pas été jouer avec elle en oubliant de refermer le portail ensuite ?

— Non, maman. Je le ferme toujours.

— C'est bien ce que je pensais.

Elle l'accompagna chez Leon.

— Je ne sais pas comment elle s'est échappée, déclara Leon. J'ai peut-être mal refermé le portail.

— Ça arrive. Allons la chercher dans la rue. Max va demander à ses amis de nous aider, moi, j'irai frapper chez les gens pour leur demander s'ils l'ont vue.

Max était heureux que sa mère prenne les choses en main. C'était la meilleure. Elle savait toujours quoi faire.

Il saisit son vélo et partit en pédalant à toute vitesse. Passer enfin à l'action lui faisait du bien. Il dévala la rue, fila devant le grumier de Robbo, en appelant Bonnie. Robbo remontait justement la rue dans son 4 × 4. Max lui fit signe de s'arrêter. Trudi descendit sa vitre côté passager et posa sur lui un regard triste.

— Bonnie a disparu, lui apprit Max. Vous avez vu un chien, sur la route ?

— Non, mais je vais t'aider à la chercher, répondit-elle en descendant de voiture.

— N'en fais pas trop, la mit en garde Robbo.

— Promis. Je veux juste l'aider.

Max repartit dans la rue. Il s'arrêta devant une maison où habitait un de ses camarades de classe. Quand Max lui expliqua la situation, il accepta de participer aux recherches. Bientôt, ils quadrillèrent le quartier à vélo en appelant le chiot.

Callum se joignit à eux, mais pas Jaden – il n'était nulle part en vue.

Dans toute la ville, les gens sortirent de chez eux pour prendre part à la battue. Partout où Max se rendait, des gens appelaient Bonnie. Personne ne voulait qu'elle se perde ou qu'elle se fasse écraser par une voiture. Et surtout pas Max.

Il s'arrêta au bord de la grande route, le cœur battant. Il était seul, à présent. Les autres enfants s'étaient séparés. Il ne savait plus trop où aller. Si Bonnie avait couru jusqu'ici, elle était peut-être à mi-chemin entre ici et la prochaine ville, maintenant. Elle pouvait traîner dans une ferme, la truffe au sol, ou se cacher sous une voiture. Elle pouvait être n'importe où.

La rue commerçante était remplie de voitures et de gens car le match venait juste de se terminer. Max vérifia la goulotte à gravats derrière le magasin de bricolage, sans succès. Elle était peut-être partie explorer l'une des allées. Il roula jusqu'au restaurant, posa son vélo sur le trottoir et se précipita à l'intérieur.

— Vous avez vu un chien ? demanda-t-il à Miki. Bonnie a disparu.

Miki se tourna vers lui et secoua la tête. C'était la

première fois qu'il remarquait que son visage était en forme de cœur.

— Vous pouvez nous aider à la chercher ?

Miki s'excusa avec un sourire triste. Puis elle regarda par-dessus son épaule et s'écria en pointant du doigt :

— La voilà !

Max pivota et vit une forme grise filer sur le trottoir. Il courut dehors en appelant son nom. Le chien releva la tête, les yeux écarquillés, effrayé. Bonnie ne s'arrêta pas – elle avait trop peur. Max entendit des pas précipités et se tourna : Leon courait sur le trottoir.

— Hé ! lança-t-il. Que quelqu'un attrape ce chien !

Les gens le dévisagèrent mais personne ne bougea. À croire qu'ils étaient tous figés.

Alors qu'un véhicule remontait la rue, Bonnie bondit soudain sur la route. Un choc, et elle disparut en roulant sous la voiture.

Leon poussa un cri rauque. Il dépassa Max à toute vitesse et agita les bras devant la conductrice, qui s'était déjà arrêtée.

Max vit Bonnie étendue sur la route. Elle était raide et respirait vite en serrant les dents. Elle ne semblait pas savoir où elle était.

La conductrice, qui n'était pas d'ici, descendit de voiture et se mit à parler très vite d'une voix haut perchée.

— Oh mon Dieu ! Qu'est-ce qui s'est passé ? J'ai écrasé un chien ? Il est mort ?

Elle se mit à pleurer, et Max aussi. Il sanglotait si fort que son corps tressautait.

Il sentit une main sur son épaule. Miki se tenait près de lui. Elle était calme et silencieuse, malgré son visage déformé par l'inquiétude.

Max vit Leon se pencher pour soulever doucement le chiot. Il tint Bonnie dans ses bras, qui haletait bruyamment. Ses yeux regardaient partout, c'était étrange.

— Il est mort ? gémit la conductrice.

— Non. Ma chienne respire encore.

— Elle a peut-être des lésions cérébrales.

Leon se montrait doux avec Bonnie, comme une mère. Max aimait bien la façon dont il prenait soin d'elle. Il avait peur, mais voir les mains de Leon sur le chiot le rassura.

— Je dois l'emmener chez la vétérinaire, déclara Leon autour de lui. Merde. Il faut que je coure chercher ma voiture chez moi.

Max aurait voulu avoir une voiture pour emmener Leon et Bonnie. Il aurait conduit aussi vite qu'une ambulance. Il aurait enfreint toutes les limitations de vitesse en se moquant de savoir si les policiers le rattraperaient et lui colleraient une amende. Il leur aurait dit qu'il était en train de sauver la vie de Bonnie.

Derrière Max, Kurt ordonna à Miki de rentrer dans la boutique. Le garçon sentit la main de Miki glisser de son épaule, mais il ne se tourna pas car il continuait de fixer le chien. Qui l'emmènerait chez la vétérinaire ?

Une voix bourrue retentit soudain.

— Je vais vous emmener.

C'était Toby. Son 4 × 4 F250 était garé juste derrière la voiture de la dame qui avait renversé Bonnie. Il se penchait par la vitre en faisant signe à Leon.

Leon porta Bonnie jusqu'à lui – elle saignait de la truffe. Toby lui ouvrit afin qu'il puisse grimper avec le chien. Puis il martela sa portière en criant :

— Allez ma petite dame ! Bougez votre voiture qu'on puisse passer !

La femme se précipita au volant de son véhicule et alla se garer devant la poste. Puis Toby remonta la rue en faisant gronder son moteur.

Max fit signe à Leon lorsqu'ils passèrent devant lui mais son ami était penché vers Bonnie et ne le vit pas. Ils disparurent dans un nuage de fumée bleue.

Lorsque Max se tourna pour rentrer chez lui, il vit Miki sur le seuil du restaurant. Kurt se dressait derrière elle, telle une ombre, la main sur le bras de sa sœur. On aurait dit un ours qui s'accrochait à elle. Elle salua Max de la main, puis son frère l'attira à l'intérieur.

31

Sur la banquette arrière du 4 × 4 de Toby, Leon poussa des canettes de Coca et des emballages de chocolat par terre avant de s'asseoir, son chien blessé sur les genoux. Les mains tremblantes, il caressait sa tête meurtrie. Elle avait des égratignures et des coupures partout, et des gouttes de sang continuaient de perler sur sa truffe. Elle n'était plus du tout elle-même. Combien de fois avait-il souhaité qu'elle grandisse et se calme ? Maintenant, son petit chien souffrait le martyre.

Toby se concentrait sur le trajet. Ils étaient déjà sur la voie rapide et filaient hors de la ville en passant devant le terrain de footy, qui était presque désert. Ne restaient que quelques voitures – sans doute les employés qui nettoyaient les vestiaires après le match. Toby ignora les panneaux de limitation de vitesse.

— Merci de m'emmener, fit Leon.

Toby prenait les virages à toute allure.

— Tu parles d'une journée de merde. Comment va-t-elle ?

— Elle n'a pas l'air en forme.

Il lui caressa l'épaule. Elle était plus calme, maintenant, et avait cessé de haleter, mais c'était comme si elle était diminuée, privée de toute son énergie de chiot.

— J'arrive pas à croire que je suis aussi triste pour un chien.

— C'est un membre de ta famille.

Leon tirailla gentiment les douces oreilles de Bonnie alors qu'ils descendaient vers le fleuve, suivant la route qui longeait l'onde argentée.

— Les chiens sont formidables. Ils sont toujours contents de nous voir, ajouta Toby en riant. Et je peux pas en dire autant de ma « chère et tendre ».

— J'ai entendu dire que ta « chère et tendre » était une femme bien.

— Ouais, fit Toby en lui jetant un coup d'œil dans le rétroviseur. Steph me supporte.

Il manipula son téléphone tout en gardant un œil sur la route et le tendit à Leon.

— Tu veux prévenir la vétérinaire que tu arrives ? J'ai tapé le numéro.

Leon fut soulagé d'entendre la voix de Kate. Il lui expliqua la situation en vitesse avant de demander :

— Est-ce que vous pouvez nous recevoir ?

— Bien sûr. Frappez juste à la porte en arrivant.

Il se pencha pour rendre le téléphone à Toby.

— T'as eu des nouvelles de Mooney ? lui lança-t-il.

— Ouais. Il est arrêté quinze jours, répondit Toby en secouant la tête. Imagine Mooney chez lui pendant deux semaines. Pauvre Liz.

— Oui, pauvre Liz.

Leon insista sur chaque mot, parce qu'elle méritait leur sympathie – et il était peut-être temps que quelqu'un le dise haut et fort. Tout le monde savait, pour Mooney. Pourtant, Leon avait remarqué le silence qui régnait en ville à ce sujet et il savait que c'était mal. Il avait connu le même silence chez ses parents : le déni, et les faux-semblants qui permettaient aux gens de ne rien dire. Ça les rongeait, leur pompait leur énergie. Comme un cancer.

Dans le rétroviseur, Toby croisa le regard de Leon avant de tourner la tête.

Lui aussi, il savait.

Leon attendit qu'il dise quelque chose, mais le silence se prolongea. Toby allait peut-être écarter le commentaire de Leon ou l'ignorer complètement.

Après avoir sacrifié une partie de sa vie pour protéger sa mère, il était resté trop longtemps silencieux dans cette ville.

— Mon père battait ma mère, dit-il. Je sais que c'est compliqué à régler, mais quelqu'un devrait peut-être garder un œil sur Liz. Surveiller la situation.

Le regard de Toby était rivé à la route, ses sourcils joints en une ligne sombre, orageuse. Puis il déclara :

— Ça ne peut plus durer, cette histoire. J'en parlerai à Steph et nous trouverons une solution. On aurait dû le faire depuis bien longtemps.

Leurs regards se croisèrent de nouveau dans le rétroviseur et Leon acquiesça.

— Il n'est jamais trop tard.

À la clinique vétérinaire, Leon sortit Bonnie de voiture.

— Tu veux que je t'attende ? lui proposa Toby.

— Non, merci. Je ne sais pas combien de temps ça va prendre. Tu peux y aller.

— Comment tu vas rentrer ?

— Bus ou taxi. Selon le temps que ça prendra.

Toby ramassa un ticket de caisse sur le plancher de sa voiture et y griffonna un numéro de portable.

— Appelle-moi si tu as besoin que je vienne te chercher.

— Merci.

— On est quittes, on dirait, dit Toby, en souriant.

— Oui, on est quittes, confirma Leon en souriant aussi.

32

Le lundi, Miki se leva de bonne heure, prête pour leur sortie en forêt. Mais, après le petit déjeuner, Kurt annonça qu'il y allait sans elle. Dépitée, elle le suivit jusqu'à la porte.

— Pourquoi est-ce que je ne peux pas venir ?

— Parce que j'y vais seul et que je pars tout de suite après à Hobart.

Il prit son manteau et ses clés, et se plaça entre elle et la porte.

— Je veux sentir les arbres, l'implora-t-elle. Ça m'aide à tenir le reste de la semaine.

— Ta semaine, je m'en fiche. T'as pas besoin de respirer les arbres.

Elle l'observa enfiler ses bottes en caoutchouc et ôter son sac à dos du crochet près de la porte.

— S'il te plaît, Kurt, laisse-moi venir.

— Hors de question, rétorqua-t-il, les lèvres pincées.

— Et pourquoi ?

— Tu devrais le savoir, cracha-t-il en la foudroyant du regard.

Il ramassa ses affaires et claqua la porte. Le verrou tourna derrière dans un bruit sec.

Il était maussade depuis le samedi précédent. Tout ce qu'elle avait fait, c'était réconforter ce pauvre Max fou de chagrin, mais Kurt avait été furieux qu'elle l'ait défié en sortant sur le trottoir. Ce n'était pas grand-chose, et elle lui en voulait de se montrer si irrationnel. Pourquoi n'avait-elle pas le droit d'aider les autres ? Quel mal avait-elle fait ?

Il devait être préoccupé par autre chose. La clé, peut-être. Tous les jours, elle l'observait pour tenter de deviner, grâce à son langage corporel, s'il l'avait démasquée. Elle scrutait ses sourcils froncés au petit déjeuner et marchait sur des œufs dès qu'elle devait lui parler. En vain. Elle avait perdu son aptitude à le déchiffrer. Être constamment sur ses gardes l'épuisait : toujours retenir son souffle, toujours anticiper le moment où il allait l'accuser de quelque chose. Cette situation la rendait nerveuse en sa présence et perturbait son sommeil.

Maintenant qu'il était parti, le sang de Miki bouillonnait dans ses veines. Elle avait besoin d'air et de liberté. Kurt pouvait bien la laisser à la maison, il ne pouvait pas l'empêcher de sortir. Elle alla chercher sa clé et se précipita vers la porte.

Sauf que la clé n'entra pas dans la serrure. Le cœur de Miki fit un bond dans sa poitrine. Elle réessaya, sans succès. En proie à des sueurs froides, elle inspecta tour à tour la clé et la serrure. Elles semblaient identiques, pourtant quelque chose avait changé.

Elle s'assit à la table de la cuisine, le dos droit, les mains jointes. Elle parvenait à peine à respirer. Toutes ces semaines passées à se demander si Kurt savait qu'elle avait pris une clé, alors qu'il l'avait peut-être découvert depuis le début. Son ventre se noua. Pourquoi n'avait-il rien dit ? Comment avait-il l'intention de la punir ?

Elle regarda par la fenêtre l'allée à l'arrière du restaurant et sentit sa peau frissonner tant elle était inquiète. Ce qui la tourmentait, comprit-elle, c'était l'impression oppressante d'être prise au piège. La clé avait donné de l'ampleur à sa vie et, maintenant, tout allait redevenir étriqué.

Elle alla s'allonger sur son lit pour contempler le plafond. Sa chambre lui paraissait petite – les murs se refermaient sur elle comme si la pièce rapetissait. Incapable de rester en place, elle se tourna et se retourna. Elle était piégée et l'impatience qui l'habitait évoquait une rivière en crue débordant de son lit. Plus elle était privée de liberté, plus elle en désirait. Elle voulait sortir : sentir l'air frais, la fumée de bois, l'herbe coupée, le pain qui cuisait en haut de la rue. Elle voulait entendre les bruits de la ville. Elle voulait se dégourdir les jambes, balancer ses bras et marcher à grands pas le long de la route – peu importait la direction.

Elle allait et venait dans les pièces, cherchant une autre issue. Elle examina les fenêtres. À part les vitrines, qu'on ne pouvait pas ouvrir, il n'y avait que la fenêtre guillotine de la cuisine. Quand ils avaient emménagé, Kurt l'avait condamnée avec un gros clou pour prévenir les cambriolages. Désormais, elle se demandait si ce n'était pas plutôt pour l'enfermer.

Elle tira sur le clou avec ses ongles : il était trop bien enfoncé pour être retiré ainsi. Elle essaya de glisser un couteau à beurre sous la tête du clou, mais la lame était trop épaisse, alors elle essaya un petit couteau de cuisine que Kurt avait aiguisé récemment. Elle eut un peu plus de chance – elle parvint au moins à insérer la pointe sous le clou. Prenant soin de ne pas abîmer la peinture, elle contourna le clou avec la lame en le soulevant un petit peu. Puis elle reprit le couteau à beurre pour faire levier. La tête du clou était trop bien enfoncée dans le cadre de la fenêtre et, au début, elle en fut découragée. Mais elle avait toute la journée pour y parvenir. Avec de la patience, elle y arriverait, millimètre par millimètre.

Le clou bougea enfin un peu en milieu de matinée. Miki avait si peur que Kurt remarque les éclats de peinture qu'elle était en sueur. Si on y regardait de plus près, la tête du clou était légèrement déformée et il y avait quelques marques dans le cadre de la fenêtre. Au bout de vingt minutes de lutte, elle parvint à l'enlever complètement.

Ensuite, elle dut s'occuper de la poignée de la fenêtre, qui était complètement grippée et refusait de tourner. Une pince aurait été bien utile mais malheureusement, Kurt conservait ses outils au sous-sol. Elle désespéra un instant – avait-elle fait tant d'efforts pour rien ? Puisant dans ses dernières forces, elle tenta de la tourner mais l'usure du temps semblait l'avoir coincée pour toujours.

Elle ouvrit le placard, examina son contenu en se demandant ce qu'elle pourrait utiliser. De l'huile d'olive en guise de lubrifiant ? Elle en versa un peu dans une soucoupe, y trempa le doigt puis l'appliqua précautionneusement sur la poignée pour éviter de la rendre collante. Elle attrapa un torchon, agrippa la poignée, serra les doigts et fit jouer le mécanisme jusqu'à ce qu'il pivote et se libère enfin.

Évidemment, la fenêtre elle-même était coincée, condamnée par la peinture. Elle devrait la frapper de bas en haut pour l'ouvrir. Comment y parvenir sans outils et sans briser la vitre ? Elle inspecta le contenu du tiroir à ustensiles mais ne trouva rien d'utile. Puis elle pensa au maillet à viande, dont ils se servaient pour attendrir les steaks et les escalopes de poulet panées au restaurant. Elle alla le chercher dans le bac, près du gril, enveloppa sa tête métallique dans un torchon et frappa doucement le bord de la fenêtre. Peu à peu, celle-ci se décolla et se leva de quelques millimètres.

Un courant d'air frais s'engouffra. Miki inspira profondément.

Penchée par-dessus l'évier pour regarder par la fenêtre ouverte, elle jeta un coup d'œil en bas. C'était assez haut, mais pas dangereux – elle pourrait se laisser descendre facilement. Et pour rentrer ? Elle ne pourrait pas s'élancer des marches pour remonter, alors elle devrait trouver un autre moyen.

De nouveau, elle examina les pièces, cherchant des solutions. Près de la porte donnant à l'arrière, il y avait une caisse remplie de bouteilles vides et de boîtes de conserve prêtes à aller à la décharge. Elle vida la caisse par terre, découpa quatre longs bouts de ficelle et en attacha un à chaque coin de la caisse. Tenant les ficelles comme une marionnettiste, elle abaissa la caisse dehors, jusqu'au sol. Elle s'en servirait comme marche-pied pour rentrer. Elle pensa à nouer vaguement les ficelles au robinet de l'évier car elle devrait pouvoir la hisser à l'intérieur lorsqu'elle rentrerait. Enfin, elle put grimper sur l'évier, se percher sur l'appui de fenêtre, accroupie comme un crabe, avant de sauter par terre et d'atterrir dans une flaque.

L'air était pur, le ciel, immense. Un léger crachin s'était mis à tomber et elle avait oublié son manteau à l'intérieur, mais elle s'en moquait. S'il pleuvait pour de bon, elle s'en réjouirait. Elle préférait être transie et trempée dehors qu'être au chaud et en sécurité, enfermée.

Elle quitta la ville à pied, droit vers la forêt. C'était sans doute imprudent – il y avait un léger risque de croiser Kurt. Mais puisque la matinée était déjà bien entamée, il était sans doute parti pour Hobart. Tandis qu'elle marchait le long de la route, elle inspira l'air glacé et se sentit libre. De la fumée flottait comme un voile autour d'elle et elle reconnut l'odeur du foin, probablement une meule sortie pour les vaches. Elle marqua une pause à une clôture pour observer des veaux aux pattes maigres jouer dans un enclos.

Ils s'arrêtèrent pour la regarder et le plus courageux d'entre eux s'approcha d'elle et la dévisagea de sous ses longs cils sombres. Il tendit son mufle humide pour renifler ses doigts avant de lui lécher la main avec sa langue râpeuse. Miki sourit et essuya la bave sur sa salopette, puis reprit son chemin. La pâle lumière du soleil s'infiltra entre les nuages et éclaira la campagne d'une lueur brumeuse.

Elle passa devant la maison de Toby, devant la montagne de bois de chauffage empilé dans sa cour. À l'arrière, son jardin montait en pente raide vers la forêt. La plupart des maisons de la ville possédaient des murailles de bûches bien nettes entassées le long de leurs clôtures, mais pas celle de Toby – son tas de bois, largué par un camion en provenance directe de la scierie, était désordonné. Cela ne le dérangeait pas, visiblement. Steph et lui vivaient dans un joyeux chaos avec leur tribu de quatre enfants. Ces derniers étaient heureux ; du moins, ils l'étaient toujours dans la boutique.

Miki avait contourné la propriété de Toby et grimpait la colline lorsqu'elle entendit une voiture arriver derrière elle. Leon, au volant de sa Toyota, s'arrêta à son niveau. Elle fut surprise de le voir, d'habitude, il partait bien plus tôt pour le parc.

— Salut ! lança-t-il par la vitre ouverte. Comment ça va ?

— Bien. Et Bonnie ?

— Elle est rentrée à la maison. Elle a mal partout et passe son temps à gémir, mais ça va.

— Je suis soulagée. Max est au courant ? Il était dans tous ses états lorsqu'elle s'est fait renverser.

— Oui. Il est venu la voir… Tu veux que je te dépose quelque part ?

Miki leva la tête vers le haut de la vallée où les nuages commençaient à descendre, bouchant la vue des montagnes.

— D'accord, dit-elle. Jusqu'à la forêt, ça ira.

Leon lui ouvrit la portière puis déplaça un pot de peinture et deux pinceaux du siège passager.

— C'est pourquoi, la peinture ?

— Quelqu'un a recouvert les toilettes du parc de graffitis. Le patron veut que j'arrange ça.

Il se pencha pour ramasser un pull tombé par terre puis le jeta à l'arrière.

— C'est bon, tu peux monter.

Miki s'installa à côté de lui et attacha sa ceinture. La voiture était dégoûtante : pleine d'emballages de sandwiches et de bouts de gadoue séchée sur le sol. Sur le tableau de bord, des cartes éparpillées et une paire de lunettes de soleil avec une branche cassée. Les bottes de travail de Leon étaient elles aussi boueuses, et des taches de terre maculaient l'ourlet de son pantalon. Ses cheveux étaient ébouriffés comme s'il avait oublié de se coiffer et sa chemise était froissée ; il n'avait peut-être pas de fer à repasser.

— Quel temps pourri, hein ? fit-il en se remettant en route. Ce n'est pas l'idéal pour travailler dehors.

— Il ne fait pas trop humide pour peindre ?

Leon haussa les épaules.

— Une éclaircie est censée arriver.

— Tu as besoin d'aide ?

Miki avait adoré peindre lorsque Kurt et elle avaient rénové les locaux juste après y avoir emménagé.

— Ce ne sera pas très drôle... mais je crois que tu as la tenue qu'il faut, dit-il en avisant sa salopette. Alors si tu veux me prêter main-forte, c'est avec plaisir. Plus on est de fous, plus on rit.

Ils pénétrèrent dans la forêt, rattrapèrent un car de touristes qui charriait doucement sa cargaison de passagers jusqu'à la passerelle. Il y avait peu d'endroits où l'on pouvait doubler en toute sécurité, si bien qu'ils se retrouvèrent coincés derrière lui jusqu'à l'intersection suivante.

Le long de la route menant au parc, Leon s'arrêta pour ramasser une canette de Coca et d'autres détritus jetés là.

— Bande d'idiots, dit-il en mettant les déchets à l'arrière. On pourrait croire que les gens qui font l'effort de monter jusqu'ici prennent soin de l'environnement, mais ils sont aussi bêtes que les autres.

En voyant un emballage de mars parmi les ordures, Miki repensa à Max. Il lui en avait volé un, l'autre jour. Elle se doutait depuis un moment qu'il lui dérobait des choses et elle s'inquiétait pour lui, craignant ce qu'il se produirait si Kurt le surprenait. Elle savait aussi que Shane pouvait être violent. Leon était le voisin de Max et ils semblaient bien s'entendre – elle devrait peut-être lui en parler.

— Comment va Max ? demanda-t-elle. Il te parle beaucoup ?

— Ça a l'air d'aller. Nous discutons de temps en temps, quand il vient voir le chien et taper dans la balle, mais c'est dur de le faire parler. Il est assez renfermé. J'étais pareil, à son âge.

— Je crois qu'il vole des choses dans la boutique. Je ne sais pas pourquoi.

— Depuis combien de temps ? demanda Leon, la mine sombre.

— Quelques semaines, peut-être.

— Sa famille ne roule pas sur l'or. Il ne reçoit peut-être pas d'argent de poche.

— Quelqu'un a laissé dix dollars, il y a quinze jours. Je me suis dit que ce devait être lui.

— C'est possible. Je lui ai justement donné un billet de dix, à ce moment-là. Il voulait peut-être se racheter. Tu crois qu'il pourrait chercher à impressionner ses camarades ? Les garçons font ce genre de choses, parfois.

— Je ne sais pas. Cela ne lui ressemble pas. Tu pourrais lui parler ?

— Je peux essayer.

— Ce serait formidable. Je ne voudrais pas qu'il ait d'ennuis.

La route s'était escarpée pendant le trajet et elle s'éloignait à présent de la forêt pour s'ouvrir sur une plaine vallonnée où des sommets aux arêtes acérées semblables à des os pointaient de la bruyère. Miki retint son souffle et en oublia complètement Max.

Elle n'avait jamais dépassé la limite des arbres – c'était comme atteindre un niveau supérieur, comme si un couvercle avait été soulevé du paysage. Elle voyait le ciel tout entier.

Le temps semblait s'éclaircir. Même si des volutes de brume s'accrochaient encore aux cimes, la plupart des nuages s'étaient dissipés. La plaine était parsemée de touffes d'herbes et de buissons bas, surmontés ici et là par la carcasse blanche d'un arbre mort. L'endroit était désolé, mais magnifique. Elle adorait la façon dont les montagnes semblaient frotter leurs épaules contre le ciel.

— C'est incroyable.

— Ça te plaît ? lui demanda Leon en souriant.

— J'adore.

— Laisse-moi te montrer quelque chose, alors.

Il s'arrêta dans un virage.

— Viens. Nous devons marcher un peu. Ce n'est pas très loin.

Elle le suivit sur un sentier qui plongeait dans la haute bruyère avant de déboucher sur un chemin recouvert de caillebotis qui serpentait dans la plaine, là où les buissons étaient bas et épineux. Des touffes d'herbe frémissaient, se balançaient, et Miki repensa à la lande au-dessus des Hauts de Hurlevent, où Cathy et Heathcliff s'étaient promenés. Le lieu les avait réunis. Ils avaient adoré un paysage semblable à celui-ci. Comme Jane Eyre. Elle, elle s'était longuement promenée dans la lande sauvage près de Thornfield Hall où elle avait fait la connaissance de

M. Rochester après avoir effrayé son cheval. Ensuite, quand elle avait découvert son secret, elle s'était enfuie dans les hauteurs, le cœur meurtri. Plus tard encore, elle avait entendu sa voix fantomatique dans le vent, au moment même où Saint John Rivers lui demandait de devenir missionnaire. Désormais, Miki comprenait pourquoi tous ces personnages avaient aimé la lande avec autant de passion. Ce paysage parlait à leur âme. Elle sentait l'énergie et la force dans le vent et les rocs.

Tandis que Leon avançait devant elle, elle remarqua son pas léger. Il devait lui aussi aimer les hauteurs. Il s'y sentait peut-être chez lui.

Le sentier s'éloignait vers une montagne lointaine drapée dans la brume. Droit devant, la lumière transperçait les nuages en larges pinceaux qui projetaient des ombres sur le paysage – c'était merveilleux. Ils traversèrent des ruisseaux bruns comme le thé, qui coulaient sur des pierres tachées de lichens. Là-haut, les pentes étaient piquetées de blocs de granite et de formes rabougries d'arbres érodés par le vent. Le sentier se mit à redescendre puis un lac surgit de la brume : un œil argenté à la surface gris ardoise ridée par le zéphyr.

— C'est sauvage, pas vrai ? fit Leon, et elle opina. J'aime l'air froid et les vastes paysages. Quand je regarde au loin, je vois des jeux d'ombre et de lumière, des couleurs dans les buissons, des endroits où la terre change. Comme une histoire écrite dans les rochers.

Miki tenta de voir à travers ses yeux. À y regarder

de plus près, elle remarqua des ombres et des crevasses dans la terre, des plis et des fossettes, des nuances de brun, de gris et de vert. Elle se dit que le paysage était constitué d'une foule de choses : forêt et bruyère, montagnes et ruisseaux, plaines, lacs, nuages, ciel. Le paysage comptait plusieurs strates. Comme les gens. Les arbres. Chaque élément complétait les autres et chaque élément était différent. Elle aimait la façon dont tout cela s'imbriquait pour former un tout. Un paysage. Un pays. Un monde. Tout était là.

Leon ramassa une pierre plate et la fit ricocher à la surface de l'eau.

— Ce lac a été creusé par un glacier il y a des millions d'années, dit-il. J'aime imaginer le monde recouvert de glace. Les rochers polis au fil du temps. L'âge qu'ont les choses.

Il gloussa comme s'il riait de lui-même.

— Cela me permet de prendre du recul quand les choses vont mal. Parfois, j'en ai besoin. Comme tout le monde, j'imagine.

Miki ne s'était jamais dit que Leon pouvait avoir une vie difficile. Mais il était peut-être comme elle.

Elle repensa au Petit Prince voyageant dans l'univers pour finir par se rendre compte que tout ce dont il avait besoin, c'était son foyer et sa rose. Des racines et des amis. Il en allait peut-être de même pour tout le monde. Seuls les détails différaient.

Dans la voiture, Miki resta silencieuse tandis que Leon suivait la piste jusqu'au bout. Le parking était venteux : l'air percutait les vitres et bousculait la voiture, les nuages filaient au-dessus de leurs têtes, la bruyère s'agitait violemment.

Il n'y avait personne à part eux.

— Voilà, fit Leon. Mon bureau !

Il attrapa un sac-poubelle noir sur la banquette arrière et sortit de voiture.

Miki ouvrit sa portière contre le vent.

— Je sors la peinture ?

— Je dois d'abord m'occuper des poubelles. Tu peux rester là, si tu veux.

Comme elle n'avait pas envie d'attendre sans rien faire, elle le suivit jusqu'à un grand abri à pique-nique, non loin du parking. Des canettes de bière, des bouteilles et autres détritus jonchaient le sol.

— Quelqu'un a organisé une fête et a oublié de faire le ménage, marmonna Leon.

Miki l'aida à ramasser les assiettes en carton tachées de sauce tomate, des emballages de saucisses, des serviettes en papier, des verres en plastique froissés. Elle n'arrivait pas à croire que des gens puissent être si dégoûtants. Les visiteurs avaient sans doute choisi cet endroit pour profiter de ce paysage merveilleux, et ils avaient dû fournir quelques efforts pour y parvenir – quarante minutes de chemin de terre. Tout ça pour partir en laissant leurs ordures derrière eux. Cela n'avait aucun sens.

Leon traîna le sac-poubelle au sol et le fourra à l'arrière de la Toyota, puis il sortit le pot de peinture et les pinceaux.

— Très bien. Le moment est venu de s'attaquer à ces toilettes.

Les murs étaient couverts d'inscriptions : *Rentrez chez vous, les écolos ! L'écologie coûte des emplois ! Allez-vous faire foutre, connards d'écolos !* en majuscules rouges. Miki en fut gênée mais Leon ne semblait pas le moins du monde embarrassé.

— C'est du barbouillage à la bombe de peinture, expliqua-t-il. Avec ça, n'importe qui se prend pour un artiste… J'ai ma petite idée sur l'identité du grapheur, d'ailleurs.

Miki pensait avoir deviné, elle aussi.

— C'est sans doute Mooney, déclara Leon. Il a déjà frappé avec cette bombe de peinture… sur ma portière.

— Je crois que c'est aussi lui qui a saccagé nos ruches, dans la forêt.

— Ça ne m'étonnerait pas, dit Leon tout en soupirant et secouant la tête.

— Il n'est pas gentil.

— Non, confirma Leon. Il bat Liz. J'en ai parlé à Toby. Avec un peu de chance, les choses vont changer.

Miki l'espérait aussi. Elle pensait aux yeux tristes de Liz, son regard de lapin effrayé, comme si elle était pourchassée. Quelqu'un comme Mooney pouvait avoir cet effet-là. Il pouvait faire vivre sa proie dans la terreur.

Leon se servit d'un tournevis pour ouvrir le pot puis remua la peinture avec un bout de bois. La teinte était vert bouteille, parfaite pour se fondre dans le paysage. Ils se mirent au travail, plongeant leurs pinceaux avant de leur faire faire des allers-retours sur les murs des toilettes.

— C'est comment, de vivre avec Kurt ? s'enquit Leon. Ça ne doit pas être facile.

— La plupart du temps, il est gentil.

Leon ricana.

— J'imagine que c'est comme vivre avec un tigre. Tout se passe bien tant qu'on le nourrit et qu'on ne l'embête pas. Mais les choses se compliquent si son estomac reste vide ou si on le contrarie.

Miki n'avait jamais pensé à Kurt ainsi, plutôt comme à un ours. Mais Leon avait peut-être raison.

— Où est-il, aujourd'hui ? Sans doute pas au restaurant.

— Non, confirma Miki, le rouge aux joues. Il est parti à Hobart.

Leon s'immobilisa pour la regarder d'un air plein de compassion.

— Tu n'as pas besoin de sortir plus souvent ?

Elle se pencha en vitesse pour plonger son pinceau dans la peinture.

— Je suis dehors là, murmura-t-elle. Je profite de l'instant… en peignant avant qu'il pleuve.

Leon éclata de rire : un son agréable qui résonna sur les murs en tôle ondulée des toilettes et ricocha dans la bruyère. Il était si différent de Kurt, tellement plus détendu et humain. Pas un tigre du tout.

À eux deux, il ne leur fallut pas longtemps pour terminer leur travail. Le résultat final était un peu approximatif mais Leon semblait satisfait.

— Avec ça, je n'aurai plus le patron sur le dos jusqu'à ce que nous puissions faire appel à un peintre professionnel.

Midi avait sonné et Leon offrit à Miki du chocolat chaud de son thermos et la moitié de son sandwich.

— Il est un peu ramolli, s'excusa-t-il. Laitue et fromage. Il n'y avait plus grand-chose dans le frigo. Et je n'ai pas pu acheter de tarte – ton restaurant était fermé.

Ils échangèrent un sourire complice.

Miki découvrit que les sandwiches ramollis ne la dérangeaient pas. Elle ne s'était pas rendu compte à quel point elle avait faim. Travailler au grand air l'avait affamée. Dans la boutique, elle n'avait jamais d'appétit.

Après leur repas, Leon rangea la peinture et les pinceaux.

— Bon, dit-il. Tu m'as sauvé la vie, aujourd'hui, alors je te fais don de mon après-midi. Cadeau des parcs nationaux. Je serai ton guide particulier. Je me disais que je pourrais peut-être t'emmener à la passerelle. Qu'en penses-tu ?

Miki hésita à peine.

— Ce serait génial.

— Grimpe vite, alors. C'est un peu loin.

Arrivés au site, ils laissèrent la Toyota sur le parking et contournèrent l'accueil des visiteurs. Leon salua quelqu'un à l'intérieur d'un signe de la main, puis guida Miki vers une passerelle qui traversait une forêt tropicale d'eucalyptus.

La passerelle menait à un sentier gravillonné qui serpentait jusqu'à une large rivière fuligineuse. Miki s'arrêta sur la berge et contempla les remous. Le courant était rapide et puissant. Elle entendait la voix de l'onde. Elle sentait son odeur, aussi : propre et fraîche, avec une touche de tanin et de tourbe. Tandis qu'elle fixait les profondeurs, elle eut l'impression que la rivière était vivante et puissante. Elle se demanda ce qu'elle éprouverait en tombant, s'imagina un froid à lui couper le souffle, la poigne du courant l'attirant vers le fond, les eaux brunes se déversant par-dessus sa tête, une vague lueur tout là-haut, tandis qu'elle sombrerait.

Ils traversèrent ensuite un petit pont de béton où Miki s'arrêta pour tremper ses doigts dans l'eau. Elle était fascinée. Tout semblait attiré par l'eau, magnétisé par son énergie. Des bouquets de buissons couleur citron et de hauts arbres au tronc blanc bordaient les rives, comme s'ils tentaient de s'y jeter. C'était le mouvement qui la captivait. L'impression que la rivière allait quelque part. Qu'elle avait un but, comme si elle comprenait sa raison d'être.

Leon l'entraîna sur un sentier qui grimpait dans la forêt humide couverte de mousse. Le chemin zigzaguait entre les arbres géants à l'écorce épaisse et craquelée, passait devant des troncs couchés lisses, des massifs de fougères, des touffes de graminées, des fougères arborescentes aux frondes déployées. Au bout du chemin, une passerelle en acier s'élançait dans le vide. Ils s'y engagèrent, leurs chaussures raclant le maillage de métal. Sous leurs pieds, le sol s'éloignait de plus en plus, et ils se retrouvèrent parmi les cimes des arbres moyens, regardant les éventails des fougères en contrebas, les strates plus basses de la forêt et les lits d'humus.

Miki ne s'était jamais retrouvée aussi haut. La tête lui tournait tant qu'elle dut s'accrocher au garde-fou. La transparence du maillage d'acier lui donnait le vertige. L'espace d'un instant, elle crut qu'elle allait tomber mais elle se força à lever le regard, absorbant la vue et l'air froid qui lui mordait les oreilles et le nez et se figeait en nuages de vapeur devant elle.

La vue était magnifique : des vagues de verdure et de collines ondulantes où s'accrochaient des chenilles de brume qui se déplaçaient lentement au gré de la brise. Les troncs nus et argentés des arbres anciens s'élançaient de la canopée pour se déployer dans le ciel. Miki eut l'impression de savoir ce que ressentaient les oiseaux volant au-dessus du paysage, d'avoir une idée de ce qu'ils percevaient – leur point de vue sur le monde était tellement différent !

Les arbres poussaient tout près de la passerelle et elle fut ébahie par leur hauteur. Leur calme lui parlait, une intemporalité qui évoquait l'endurance et la longévité. Sa vie ne représentait que quelques centimètres sur le diamètre de leur tronc, et ils seraient là encore bien longtemps après sa mort. Cette idée avait quelque chose de réconfortant.

Leon marqua une pause pour lui montrer un sassafras en fleur presque à leur portée. Miki humait le parfum des clochettes blanches, étonnamment sucré, comme les daphnés ou le jasmin. Elle suivit Leon le long de la passerelle qui traversait des couches et des couches de forêt. Devant, elle apercevait des éclats argentés entre les arbres, des touches de lumière qui se reflétaient sur la rivière. Peu à peu, elle prit confiance et se pencha par-dessus bord pour contempler le sol de la forêt, si loin en contrebas, puis releva la tête vers le ciel, son regard remontant le long des troncs, droit dans la canopée, bien plus proche maintenant mais toujours hors de portée.

La dernière plateforme surélevée bougea lorsque Miki s'y avança. Même si le mouvement fut très léger, il suffit à lui couper le souffle. Figée, elle se cramponna à la balustrade pour oublier la hauteur étourdissante. Ils marchaient à présent vers la rivière sombre qui dessinait un grand arc à leurs pieds. Plus loin, deux rivières se rejoignaient pour former un large torrent.

Elle resta là, comme à la fin de toute chose, suspendue dans l'air, admirant le paysage jusqu'aux nuages qui en floutaient les contours. Même de si haut elle entendait le rugissement de l'eau. Elle avait l'impression d'être à l'orée d'une chose qui la dépassait. La rivière donnait du mouvement au paysage et offrait une idée des proportions. Miki voyait à travers ses noires profondeurs. Elle voulait savoir ce qui se trouvait plus haut encore, où le paysage avait recueilli toute cette eau. Que trouvait-on dans ces collines brumeuses ? Qu'éprouvait-on à y marcher, à progresser péniblement dans les taillis puis à grimper et grimper encore à travers le présent et le passé, pour comprendre ce dont la rivière et le monde étaient faits ?

D'une certaine façon, regarder par-dessus la plateforme en porte-à-faux, c'était comme regarder la rue depuis la boutique : Miki ne voyait que le début des choses. Là, elle se sentait enthousiaste, libre, pleine de ciel, d'air, de rivière et d'espoir.

— As-tu déjà été là-haut ? demanda-t-elle à Leon en pointant du doigt les montagnes lointaines.

— Moi, non. D'autres, oui. Il faut s'enfoncer plus loin dans la forêt, en voiture, puis marcher dans les montagnes. C'est un endroit sauvage, livré aux éléments, venteux et dangereux, mais j'ai entendu dire que c'était aussi incroyablement beau. J'aimerais y aller, un jour.

Miki resta suspendue au-dessus de la rivière et comprit à quel point elle aimait voir les arbres et l'eau ensemble. Elle pensait à la forêt, calme et patiente. Et à la rivière qui la traversait, puissante et profonde, charriant des secrets sous sa peau sombre. Rivière et forêt étaient liées, elles avaient besoin l'une de l'autre, elles ne faisaient qu'une. Même à cette grande échelle, tout était lié.

Elle sourit. La clé et sa ruse avaient été découvertes, mais elle était tout de même là, dehors, connectée aux arbres et au ciel, poussée vers la vie. Ainsi allait le monde.

PARTIE IV

Les sous-bois

33

Certains jours, on a de l'énergie pour gérer les problèmes des autres, d'autres non. Voilà ce que se disait Leon lorsqu'il rentra du travail et trouva Max assis sur son perron, Bonnie étalée sur ses genoux. La présence du garçon ne le dérangeait pas – c'était son expression qui lassa Leon : cette moue difforme, fragile, que les enfants ont lorsqu'ils sont sur le point de pleurer.

La journée de Leon avait été longue. Il était parti de bonne heure au travail pour retrouver un minibus de bénévoles, puis avait passé sept heures à les canaliser afin qu'ils se rendent utiles tout en passant un bon moment. Ce qui n'avait pas été une mince affaire étant donné leur âge et leurs différents niveaux d'aptitude. Il y avait bien quelques étudiants athlétiques déterminés à donner du sens à leurs vacances, mais les autres étaient soit en surpoids, soit vieux et arthritiques. L'un était si âgé que le grand-père de Leon aurait peut-être été plus efficace que lui. Leon avait donné des pelles et des brouettes aux jeunes tandis qu'il avait confié des tâches plus faciles aux vieux. Ils étaient censés avoir apporté un pique-nique mais il savait par expérience que les bénévoles ne venaient pas tous aussi bien préparés. Il était donc passé chez Miki le matin même pour faire le plein de bonbons et de barres chocolatées. Heureusement, la météo avait été de leur côté. Là-haut, dans les montagnes, même au printemps, le vent pouvait apporter une vague d'air froid en quelques instants. Alors que les prévisions annonçaient du mauvais temps, la pluie n'était pas beaucoup tombée et ils avaient pu profiter du paysage – à l'est, les plaines côtières et la mer bleu acier ; à l'ouest, le drapé des montagnes. Finalement, le travail avait bien avancé à l'arrivée du mauvais temps : de gros nuages violets, montés de l'océan, avaient fini par déferler sur les reliefs.

Leon était donc fatigué et il avait envie d'une bonne douche, pas de s'occuper de Max. Pourtant, il ne pourrait pas y échapper. L'enfant semblait bouleversé. Leon se souvint de la discussion qu'il avait eue avec Miki la semaine précédente. Peut-être que Max s'était fait prendre en train de voler.

— Ça va ? demanda Leon en s'approchant de l'enfant et du chien.

Il espérait que la magie de Bonnie avait opéré. Les chiens étaient doués pour percevoir les humeurs et savoir quand on avait besoin de compagnie.

— Oui, ça va, fit Max d'une voix tremblante.

Ce n'était pas vrai mais il tentait d'être courageux.

— Tu veux entrer ? proposa Leon en levant les yeux vers les nuages menaçants.

Max secoua la tête.

— Et si j'allais chercher de quoi grignoter, alors ?

— Non. J'ai déjà goûté.

— Tu veux qu'on tape dans la balle ?

Ils ne s'étaient pas entraînés depuis un moment.

— OK, d'accord.

Leon alla chercher son ballon dans la buanderie et ils jouèrent dans le jardin, à l'arrière. Bonnie n'arrêtait pas de vouloir s'enfuir avec le ballon et Leon tenta de la distraire avec sa propre balle déchiquetée, tout en faisant des passes au pied à Leon. Ce n'était pas très amusant. Max ne parlait pas beaucoup, même quand Leon l'interrogeait.

— T'as passé une bonne journée ?

— Oui.

— Tu as des choses intéressantes à raconter ?

— Non.

— Des problèmes à l'école.

— Non.

Quelque chose le préoccupait, mais il n'était pas prêt à parler. Leon s'efforça de se rappeler comment sa mère lui soutirait des informations quand il était petit. À moins qu'elle ne l'ait jamais fait. Peut-être que, comme Max, il avait tout gardé au fond de lui. Leon essaya de l'amadouer avec un chocolat chaud et des biscuits mais Max mangea en silence. De guerre lasse, Leon décida d'attendre, tout simplement. Si le volcan grondait, il finirait par entrer en éruption.

Ils s'assirent sur les marches, à l'arrière, et Bonnie vint se pelotonner contre Max. La main du garçon se posa sur sa tête ; il leva les yeux vers le bush, au-delà de la clôture, où les arbres dansaient follement dans le vent. Il semblait vidé et morose.

Leon s'inquiétait.

— Tu es sûr que tout va bien ? Tu peux me parler, tu n'auras pas d'ennuis. Je suis là pour t'aider.

Max ne dit rien.

Leon entendit le vent siffler sous les gouttières. Une porte claqua quelque part. La remise de Shane vibrait.

— Est-ce que quelqu'un te harcèle à l'école ? insista-t-il. Est-ce que quelqu'un te frappe ? Un ami à toi ?

Max secoua la tête.

— J'ai vu Miki, l'autre jour, poursuivit Leon, prudent. Elle m'a dit que quelqu'un volait des choses dans la boutique.

Leurs regards se croisèrent comme deux épées et Max blêmit. Il détourna les yeux, les épaules tombantes, et marmonna quelque chose.

— Qu'est-ce que tu as dit ? fit Leon.

— C'est Jaden qui m'a forcé.

— Ce grand garçon avec qui tu traînes, des fois ?

— Oui, c'est lui. C'est pas mon ami. Je le déteste.

Ils arrivaient enfin quelque part.

— Qu'est-ce qui s'est passé ? Il t'a frappé ?

Max opina doucement.

— Est-ce qu'il t'a obligé à voler des choses à Miki ?

Max, terrifié, leva des yeux écarquillés vers Leon. Il avait l'air sur le point de s'enfuir.

— Ne panique pas. Miki et moi, nous voulons

t'aider. Ça ne te ressemble pas de voler. Tu es un bon petit gars.

Mais Max était toujours sur la défensive.

— Ça dure depuis combien de temps, cette histoire avec Jaden ?

— Un moment, fit Max en se détournant de nouveau.

Il semblait si petit, si replié sur lui-même.

— Il s'est passé quelque chose, aujourd'hui ? lui demanda gentiment Leon. Tu peux me le dire ?

Une longue pause, puis un autre marmonnement inaudible.

— Pardon ?

— J'ai emporté de la bière à l'école.

— Pour Jaden ?

Hochement de tête.

— Il l'a bue ?

— Il a dit qu'il allait la garder pour chez lui, avoua Max. Et qu'il dirait à sa mère que c'est moi qui l'ai forcé à en prendre.

Leon posa la main sur l'épaule osseuse du garçon.

— Sa mère ne le croira jamais. Un petit comme toi ne pourrait jamais forcer un grand à boire de la bière !

— Mais c'est moi qui la lui ai donnée, fit Max en commençant à pleurer.

Leon n'eut pas besoin de lui demander où il avait trouvé de la bière – Shane en avait une à la main en permanence.

— Bon, fit Leon. Qu'est-ce que Jaden t'a fait ? Raconte-moi tout depuis le début.

Max déballa toute l'histoire d'un seul coup en s'agrippant à Bonnie. Les cigarettes. Les vols. L'intimidation. Le chien l'aida. Max lui caressait la tête tandis qu'elle s'installait sur ses genoux dans sa position préférée.

Leon commençait à comprendre. Max volant des choses à Miki. Refusant d'aller aux matchs. Jaden faisant sortir Bonnie après la demi-finale. Ce harcèlement devait durer depuis des semaines, et Leon se sentait terriblement mal. Pourquoi n'avait-il rien remarqué ? Il était consterné que Miki ait été la seule à suspecter ce qui se passait. Depuis le petit monde de sa boutique, elle avait été bien plus vigilante que lui, qui était le voisin de Leon et son prétendu ami. Leon avait été aveuglé par ses propres problèmes. Il avait négligé cet enfant. C'était pathétique.

Pour lui montrer son soutien, il lui tapota la jambe, mais Max grimaça. Pourquoi avait-il mal ?

— Tu peux me montrer ? demanda Leon.

À contrecœur, Max remonta son pantalon. Des bleus violets sur ses tibias.

— C'est Jaden qui t'a fait ça ?

Les yeux baissés, l'enfant hocha la tête.

— D'accord, fit Leon en se levant. Nous devons faire quelque chose. Avertir ta mère.

Max le prit par le bras en secouant violemment la tête.

— Non, pitié ! elle va me tuer !

— Ne t'inquiète pas, c'est moi qui vais lui raconter. Jaden n'a pas le droit de te faire ça.

— Je t'en supplie, ne lui dis rien !

— Tu devrais venir avec moi. Les mamans sont douées pour gérer ce genre de situation. Elle sera de ton côté.

Max n'arrêtait pas de caresser la tête du chiot pour se rassurer.

— Il faut lui dire, insista Leon. C'est la seule façon d'arranger les choses. Et l'école peut prendre des mesures spécifiques contre le harcèlement – ils mettront un terme aux conneries de Jaden.

Max se recroquevilla sur le chien et se referma sur lui-même. Il était clairement trop effrayé pour parler à sa mère. Voilà pourquoi il était venu voir Leon.

— Bon, tu peux m'attendre ici, dit Leon. Ça va aller. Je m'en assurerai.

Max ne leva pas la tête. Il s'était retiré dans un cocon.

— Promets-moi d'être sage. Tu peux entrer chez moi si tu veux. Allume la télé. Ce ne sera pas long, et ensuite, tout sera fini. Bonnie veillera sur toi.

C'était le rôle des chiens – être auprès de ceux qui avaient besoin d'eux.

Leon fonça chez ses voisins. Ce n'était sans doute pas le bon moment – il entendait Suzie crier dans la maison. Mais ça ne pouvait pas attendre. Il frappa à la porte.

Wendy sortit, l'air exaspéré, Suzie sur les talons, qui criait encore.

— Désolé, fit Leon par-dessus les pleurs. Il faut qu'on parle de Max. Il vient de me dire certaines choses que vous devriez savoir.

Wendy fronça les sourcils, le fixa un instant avant de se tourner vers Suzie pour lui dire de se taire. Étonnamment, la petite fille obtempéra – elle avait dû sentir la gravité de la situation dans la voix de sa mère.

— Entrez, dit-elle à Leon. Ne faites pas attention au désordre.

Leon la suivit dans le couloir, encombré de bazar du sol au plafond. La cuisine était en pagaille : vaisselle sale, poubelle débordante, fenêtres crasseuses, casseroles oubliées sur la cuisinière.

— Le week-end a été difficile. Shane s'est pris une cuite, dit-elle comme si ça expliquait tout. Il n'est pas encore rentré du travail. Il a beaucoup de route à faire. Le nouveau chantier se trouve à des kilomètres.

Elle mit la bouilloire à chauffer et donna un paquet de chips à Suzie pendant que Leon lui faisait son rapport. Il lui raconta tout ce que Max lui avait dit : les vols, les cigarettes, les bleus, le chien libéré et la bière. Wendy l'écouta, pâle, concentrée. Ses lèvres se pincèrent lorsqu'il parla de Jaden.

— Ça explique beaucoup de choses, dit-elle. Où est Max, maintenant ?

— Chez moi. Il nous attend.

— Allons-y, alors.

Elle attrapa Suzie par la main et fonça vers la porte.

Seulement Max n'était pas dans le jardin. Il n'y avait plus personne sur les marches, à l'arrière. Leon jeta un œil dans la maison mais le garçon n'y était pas non plus.

Wendy se décomposa lorsque Leon lui apprit que Max était parti.

— Je vais téléphoner à des amis pour voir si quelqu'un l'a vu, dit-elle. Ensuite, on appellera la police.

L'ironie de la situation n'échappa pas à Leon. Le responsable de tout ça, c'était le fils du policier.

34

Miki essuyait le comptoir lorsqu'elle vit Max passer en courant devant la vitrine. Il haletait, le visage rouge, et pleurait peut-être. Est-ce que quelqu'un le poursuivait ?

Elle se précipita à la porte et se pencha vers la rue. Là, il fila devant l'office de tourisme puis tourna à gauche au pied de la colline.

— Qu'est-ce que tu fais ? aboya Kurt depuis l'arrière-boutique.

— Max vient de passer à toute vitesse, il avait l'air bouleversé. Je vais essayer de le rattraper.

— Hors de question. Reste ici.

Pour la première fois de sa vie, Miki ignora son ordre et partit en dévalant la colline. À l'intersection en T, derrière les derniers magasins, elle scruta la route en direction de la forêt. Aucune trace de Max. Il avait peut-être pris une rue latérale.

Puis elle l'aperçut : petite silhouette trébuchant sur le bas-côté de la route. Où allait-il ? Le vent était épouvantable, ici, il devait rentrer chez lui. Depuis le milieu de l'après-midi, le temps se gâtait, des nuages s'amoncelaient à l'horizon, le ciel s'assombrissait.

Elle se hâta de retourner à la boutique où Kurt l'attendait sur le seuil, le visage de marbre, les bras croisés.

— Qu'est-ce qui t'a pris ?

— Max a des ennuis. Je dois avertir sa famille que je l'ai aperçu.

L'expression de Kurt se durcit.

— Ça ne te regarde pas. Qu'ils se débrouillent.

Mais Miki savait que ne rien faire serait répréhensible et elle sentit une force nouvelle monter en elle : le courage de défier son frère.

— C'est un gentil garçon, dit-elle. Je cours chez lui pour prévenir sa mère, je reviens tout de suite.

Kurt eut soudain l'air aussi menaçant que l'orage imminent.

— Pas question. Tu restes là.

Il tendit sa grosse main pour l'attraper mais Miki l'esquiva, le cœur battant.

— S'il te plaît, Kurt, ça ne sera pas long.

— Je t'interdis d'y aller.

— Je ferai aussi vite que possible.

Son regard brûlant transperça sa peau tandis qu'elle traversait la rue et remontait le trottoir à toute vitesse. D'un coup d'œil en arrière, elle vit son air rageur puis, droit devant, le ciel orageux couvrant les montagnes.

Une fois devant la voie rapide, elle s'arrêta pour laisser passer des voitures et traverser, avant de courir à toute vitesse, de tourner au coin, de grimper la colline, haletante, en passant devant le grumier de Robbo, jusqu'à la maison de Max, voisine de celle de Leon. Elle savait où aller grâce à ses promenades nocturnes. Tout le monde était dehors : Wendy et Shane, Leon, Suzie agrippée à sa poupée. Miki sentit leurs regards, pleins de questions. Le visage de Wendy était déformé par l'inquiétude, et Miki eut pitié d'elle – elle avait l'air toute petite, soudain.

— J'ai vu Max sur la route menant à la forêt, souffla-t-elle. Il est passé devant la boutique en courant, je l'ai suivi mais je n'ai pas réussi à le rattraper.

Wendy se tourna vers Shane, qui avait déjà sorti ses clés de voiture. Miki la vit poser la main sur le bras de son mari.

— Ne te mets pas en colère contre lui quand tu le retrouveras, Shane. Contente-toi de le ramener à la maison.

La mine renfrognée, Shane hocha gentiment la tête. C'était la première fois que Miki voyait un échange tendre entre eux.

— Ça va aller, chérie. Je te laisserai le gronder. Par contre, je botterai le cul de Jaden quand je le verrai, et Fergus va m'entendre. Foutu fils de flic, qui tyrannise mon gosse. Il ne perd rien pour attendre.

— Moi aussi, je peux venir, fit Leon. Deux paires d'yeux valent mieux qu'une.

Miki devina à l'expression torturée de Shane qu'il ne s'attendait pas à cette proposition. Il se crispa puis se détendit et soupira.

— Bien sûr, mon pote. J'aurais bien besoin d'un coup de main. Il va nous falloir des lampes torches et des imperméables. L'orage va éclater.

Wendy se précipita à l'intérieur et en ressortit avec des paquets de chips et du chocolat, ainsi qu'un sac de vêtements de rechange.

— Au cas où il serait mouillé, dit-elle en fourrant le tout dans les bras de son mari.

Shane rangea la nourriture dans le sac puis soutint un instant le regard de sa femme avant de se pencher pour l'embrasser sur la joue.

— T'inquiète pas, chérie. On s'arrangera pour qu'il reste au sec.

Le vent percuta les hommes de plein fouet lorsqu'ils marchèrent vers le 4 × 4 de Shane – Miki le voyait à la façon dont leurs pantalons étaient plaqués contre leurs jambes et dont leurs cheveux voletaient. Ils partirent en trombe dans un nuage de fumée de diesel, le moteur rugissant tandis que Shane descendait la rue à toute allure. Après leur départ, le son creux du vent parut s'intensifier, assaillant la maison et gémissant sous les gouttières. Wendy s'affaissa un peu. Elle alluma une cigarette et passa un bras autour des épaules de sa fille en lui caressant les cheveux d'un air de pure dévotion. Miki ne se rappelait pas s'être blottie comme ça contre sa mère. Il n'y avait jamais eu beaucoup de démonstrations d'affection chez eux ; l'amour était réservé à Dieu. C'était triste. Ce genre d'intimité avait l'air réconfortante.

— Je ferais mieux de rappeler la police pour leur

dire que tu as vu Max, déclara Wendy. Je venais de leur signaler sa disparition.

— Je suis certaine que vous allez le retrouver, la rassura Miki.

Elle imaginait les deux hommes rattrapant Max sur la route, Leon sautant en marche et courant jusqu'à lui avant de le ramener à la voiture.

Wendy tira sur sa cigarette, les joues creusées pour inspirer la fumée. Ce geste avait quelque chose de désespéré, comme si elle avait besoin de nicotine pour empêcher ses mains de trembler, et peut-être même son cœur. Sa main libre continuait à caresser la tignasse brune de Suzie.

— Merci d'être venue, dit-elle en fixant Miki d'un air entendu. Ça n'a pas dû être facile, avec Kurt.

Miki repensa à son frère, dans la boutique.

— Je dois y retourner.

Wendy secoua la tête et soupira :

— Il est comme Jaden, ma belle… mais en plus grand. Fais attention à toi. Si un jour tu as besoin d'aide, tu sais où me trouver.

Tandis que Miki passait devant le camion de Robbo en bas de la colline, elle aurait voulu pouvoir monter dans la cabine et partir loin. Tout un monde de routes l'attendait, un univers de choix et de décisions. Mais, pour l'instant, le seul chemin qu'elle pouvait prendre, c'était celui du retour.

35

Max courait le long de la route pendant que Bonnie trottait près de lui. *Cours, cours, trotte, trotte* – ils étaient tous deux hors d'haleine, mais ils continuaient. Chaque fois qu'une voiture passait, Max attrapait le chien par son collier et l'écartait de la route. Elle ne faisait toujours pas attention, alors qu'elle s'était fait renverser par une voiture. C'était quand même bon de l'avoir avec lui. Si Max veillait sur elle, alors elle veillerait peut-être sur lui. Lorsque la police viendrait le chercher, elle pourrait être sa chienne de garde.

Il avait décidé de partir pour la forêt puis de rejoindre les montagnes. On pouvait vivre, là-haut – il l'avait vu dans des films. Il pourrait se fabriquer une lance pour attraper des poissons dans la rivière et Bonnie l'aiderait à chasser le kangourou. Shane lui avait parlé d'hommes qui avaient trouvé de l'or dans les montagnes, alors peut-être que Max en trouverait aussi. Ainsi, il rembourserait ce qu'il avait volé et tout le monde lui pardonnerait.

Mais la forêt était encore loin et il était déjà fatigué. Il aperçut la route menant à la décharge. Il pourrait peut-être y dénicher quelque chose d'utile.

Le portail était ouvert et le lieu, désert, si bien qu'il partit l'explorer. C'était incroyable tout ce que jetaient les gens. Il grimpa sur un tas d'ordures et tira une couverture de sous une plaque de tôle. Il trouva un sac à dos aux bretelles cassées. De la ficelle emmêlée. Un vélo rouillé sans pneus. Une vieille miche de pain dans un sac en plastique ; malgré les taches vertes, Max la garda. Il fit un tour de vélo mais il était lent et les roues grinçaient – il n'était pas en assez bon état pour que Max l'emmène dans les montagnes.

Bonnie fourrageait dans les ordures avec sa truffe. Elle découvrit une boîte de conserve qu'elle se mit à lécher, sa langue rose glissant dedans puis dehors. Max inspecta sa pile de trouvailles potentiellement utiles puis leva la tête vers le ciel. Les nuages étaient lourds et de grosses gouttes de pluie se mirent à tomber. Il faisait sombre et venteux. Des claquements et des grincements résonnaient dans la décharge. D'un instant à l'autre, il allait se mettre à pleuvoir abondamment.

Tout à coup, le ciel s'ouvrit comme si quelqu'un avait ouvert un robinet. En quelques secondes, ses vêtements furent trempés et collés à sa peau, et il frémissait. Il courut dans la décharge à la recherche d'un abri. Au fond, il découvrit le cadavre d'un animal. Son museau était déformé par une horrible grosseur moisie, comme un zombie dans *Call of Duty.* Max se figea.

Et s'il revenait à la vie pour le pourchasser ? Il pourrait le dévorer, sucer son sang.

Tout à coup, il retrouva l'usage de ses jambes. Il traversa la décharge pour échapper à l'animal mort mais il se perdit et ne repéra aucune cachette.

Puis il retomba sur le cadavre. Est-ce qu'il avait bougé ? Est-ce qu'il le suivait ? Il s'enfuit en hurlant et Bonnie jaillit des détritus. Il accourut vers elle en pleurant. Elle saignait du museau. Est-ce que les zombies l'avaient déjà contaminée ? Est-ce qu'elle devenait l'un d'eux ? Non, elle était son amie, il pouvait peut-être la sauver. Il l'attrapa et attacha le bout de ficelle trouvé plus tôt à son collier. Ils devaient se remettre en route. Il fallait qu'ils regagnent la sortie et qu'ils marchent jusqu'aux montagnes. Ils y arriveraient. Même sous la pluie. En chemin, il pourrait manger le pain qu'il avait ramassé. Ensuite, quand la pluie cesserait, il se fabriquerait une lance, pour la chasse.

Il tira sur la ficelle et le chien le suivit à travers les tas de déchets.

36

Il était près de minuit lorsque Shane et Leon redescendirent de la forêt. Ils avaient assisté l'équipe de secours jusqu'à ce que le mauvais temps interrompe les opérations. Shane s'y était opposé.

— On s'en fout ! On continue. Mon gamin est là, quelque part.

Mais les autorités avaient rétorqué qu'il était trop dangereux de poursuivre. Un brouillard épais avait envahi les lieux et de la neige tombait un peu plus haut.

— Désolé, mon vieux, lui avait dit le coordinateur. Je sais que vous vous inquiétez pour votre fils mais on ne peut pas risquer des vies.

L'espace d'un instant, Leon crut que Shane allait frapper cet homme, si bien qu'il posa une main rassurante sur son épaule osseuse. Il n'eut pas besoin de dire quoi que ce soit, il sentit l'agressivité de Shane se dissoudre. Ils se mirent d'accord pour continuer tous les deux pendant que les autres rentraient chez eux. Leon n'avait jamais considéré Shane comme un ami, et l'amitié n'était vraiment pas le bon mot pour qualifier leur relation de toute façon. Il semblait plus juste de dire que la disparition du garçon les avait rapprochés.

Il gelait dans les montagnes, mais l'adrénaline les avait gardés alerte. Avec une visibilité proche du zéro à cause du brouillard, le risque de se perdre était élevé, si bien qu'ils étaient le plus souvent restés dans la voiture. Dans la forêt, la brume était si opaque qu'il était impossible de s'orienter et que le paysage leur devenait étranger. Où qu'ils tournent, tout se ressemblait : des bandes de brume et des arbres. Au point qu'ils en avaient le vertige. Par ce temps, Leon n'arrêtait pas de penser au risque d'hypothermie.

Wendy avait téléphoné plusieurs fois pour demander des nouvelles. À chacun de ses appels, Shane avait baissé la tête, sa peine et son inquiétude presque palpables.

— Rien de neuf, chérie. Désolé.

Leon et Shane avaient essayé de déduire l'endroit où Max aurait pu aller, mais Shane n'emmenait pas souvent son fils dans la forêt, il n'avait donc pas d'endroit préféré ou familier vers où il aurait pu se diriger. Si Max ne voulait pas qu'on le retrouve, il n'aurait aucun mal à se cacher ; il y avait des routes partout, il aurait pu emprunter n'importe laquelle. Tout ce qu'ils pouvaient faire, c'était ratisser les abords du bush, Leon penché par la vitre, tête sous la pluie, criant le nom de l'enfant.

Ils roulèrent lentement pour regagner la ville : la

lumière des phares se reflétait sur les volutes tourbillonnantes de brume. Shane ne disait rien. Leon devinait sans mal qu'il s'imaginait rentrer seul chez lui, et que Wendy en serait dévastée. Plus le temps passait depuis la disparition de Max, plus ses chances de survie diminuaient, surtout dans ces conditions.

Aux abords de la ville, Leon aperçut le panneau indiquant la décharge.

— On devrait peut-être y faire un saut, suggéra-t-il sans grand espoir.

— Max déteste l'odeur de cet endroit, fit Shane, qui tourna tout de même pour se garer dans la cour.

Le brouillard y était encore plus épais. Leon se fraya un passage entre les monticules d'ordures qu'il parcourait avec le faisceau de sa torche. Il faillit trébucher sur le cadavre d'un diable de Tasmanie – sans doute le pauvre mâle de Miki. Avec le côté de sa botte, il le retourna et vit la tumeur infectée sur son museau. Il trouva un chiffon et tira le cadavre jusqu'au tas de déchets le plus proche, puis le recouvrit d'une plaque de tôle et de quelques cartons. Un genre d'enterrement. Au moins, Miki ne le verrait pas quand elle reviendrait avec Kurt.

Leon ne mit pas longtemps à faire le tour de la décharge, en vain. Aucun enfant sain d'esprit ne viendrait ici, de toute façon – Shane avait raison, ça empestait. Leon allait rebrousser chemin vers la voiture lorsqu'il aperçut la pelleteuse rouillée au fond, avec son godet posé au sol. Il s'immobilisa. Les enfants aimaient bien les engins de chantier. Petit, il passait son temps à grimper dessus. Il ferait mieux d'aller y jeter un coup d'œil, pour être sûr.

Arrivé devant la machine, il braqua sa lampe vers la fenêtre, mais le verre était opaque.

Il s'arrêta net, l'espoir le traversant de part en part comme une décharge électrique. Le verre pouvait être opaque à cause de la condensation. Il y avait peut-être quelqu'un dedans. Il grimpa l'échelle et regarda à l'intérieur. À travers la vitre embuée, il distingua à peine une silhouette blottie sur le siège.

Il essaya d'ouvrir la porte mais elle était fermée. Il se mit à hurler en tapant sur la fenêtre du plat de la main. Il pouvait briser la vitre – mais il devait peut-être s'abstenir, ce type de machine coûtait une fortune.

Il redescendit et fonça vers le 4 × 4 en criant :

— Shane, viens vite !

La police arriva à la décharge en quelques minutes : sirène et gyrophares bleus. C'était Fergus qui conduisait et Ken, son assistant, était sur le siège passager. Leon les retrouva au portail tandis que Shane attendait près de la pelleteuse en faisant les cent pas, tendu et inquiet.

Fergus descendit sa vitre.

— J'ai les clés de l'engin, dit-il. Je suis passé les prendre chez le manager de la décharge en cours de route.

À sa mine contrite, Leon comprit que Fergus se sentait coupable à cause du rôle que son fils avait joué dans le drame. Tant mieux, se dit Leon. Avec un peu de chance, Jaden retiendrait la leçon et laisserait Max tranquille – l'occasion de révéler ce genre de problèmes au grand jour.

— Shane attend, dit-il. Il n'est pas content d'avoir failli perdre son fils.

— Je ne lui en veux pas, répondit Fergus en hochant la tête, mal à l'aise. C'est terrible, quand un enfant disparaît.

Leurs regards se croisèrent. Fergus savait qu'il devrait se montrer prudent avec Shane.

Leon conduisit les policiers à travers la décharge jusqu'à la pelleteuse où Shane s'impatientait. À la lumière de la lampe torche, Fergus déverrouilla la porte de l'engin et l'ouvrit à la volée. Leon ne vit rien bouger dans la cabine mais il y avait du sang. Beaucoup. Lorsque Fergus fit mine de grimper, Shane le retint par le bras.

— Ne le touche pas, salaud. C'est mon fils. Et c'est le tien qui lui a fait ça.

Avant que la situation ne dégénère, Leon s'interposa.

— Laisse-moi faire. Je suis formé aux premiers secours.

Il se pencha dans la cabine gelée où garçon et chien étaient blottis l'un contre l'autre. Il tendit le bras par-dessus Bonnie pour attraper le cou de Max et y chercher son pouls. La peau du garçon était froide et humide, moite comme de la pâte à modeler. Et s'il était mort ? Que diraient-ils à Wendy ? Leon posa ses doigts sous la mâchoire de Max, où son pouls devait pulser – il y trouva un battement faible et irrégulier.

— Il est vivant mais en hypothermie. Nous devons appeler une ambulance. Shane, tu es prêt à le prendre ?

Leon ne parvint pas à le dégager du chien.

— Attends, fit-il. Il faut d'abord enlever Bonnie, elle est sur lui.

Leon prit le chien inconscient dans ses bras et le donna à Fergus, puis souleva Max, dont les membres pendaient, aussi inertes que le chien. Ses vêtements étaient trempés, ses lèvres bleues.

De ses bras d'airain, Shane prit le corps chétif de son fils et le serra fermement contre lui en laissant échapper quelques sanglots étranglés.

— L'ambulance est en route, annonça Ken. Nous allons à leur rencontre. Ça nous fera gagner du temps.

Shane porta Max jusqu'à la voiture de police et le déposa à l'intérieur, où le chauffage soufflait à fond.

— Il faut lui retirer ses vêtements mouillés, déclara-t-il à Fergus. Vous avez des couvertures pour l'envelopper ?

Fergus se dandina, gêné.

— On a foncé jusqu'ici en oubliant le kit de survie.

— Tu peux aller chercher le sac que Wendy nous a donné ? demanda-t-il alors à Leon, visiblement exaspéré par Fergus.

Pendant que Shane ôtait les vêtements trempés de son fils, Leon alla récupérer les habits de rechange. Nu, le pauvre gamin semblait encore plus vulnérable.

Leon aida Shane à enfiler une tenue sèche sur son corps transi.

— On y va, lança Shane à Fergus en s'asseyant sur la banquette arrière, à côté de son fils.

— Je ramène ton 4 × 4 chez toi et je préviens Wendy.

Shane le fixa un instant puis hocha la tête, le visage marqué par l'angoisse – un mélange de colère, d'amour paternel et d'inquiétude. Il articula tout de même un « merci » au moment où la voiture de patrouille se mit en route, les gyrophares tournoyant, le garçon inerte couché sur les genoux de son père.

Il était presque une heure du matin quand Leon arriva à la clinique vétérinaire.

— Désolé, dit-il lorsque Kate le fit entrer. Je ferais mieux de lui acheter une cage.

Il déposa Bonnie sur la table d'auscultation et Kate commença l'examen.

— Ce n'est rien, murmura-t-elle. Ça arrive.

Sous les lumières vives de la clinique, Leon observa son chien plus précisément, et ce n'était pas beau à voir. Bonnie était dans un piteux état. Elle était couverte de sang séché et, même si Leon avait allumé le chauffage au maximum pendant tout le trajet, elle était faible et somnolente. Le silence de Kate l'inquiéta.

— C'est un bon chien, dit-il pour combler le vide.

Puis il lui expliqua que Leon avait fugué avec Bonnie.

— Nous les avons retrouvés dans la pelleteuse de la décharge. Ils se sont maintenus en vie l'un l'autre, en se tenant chaud.

Kate examina Bonnie de ses mains expertes. Elle lui ouvrit la gueule et pointa du doigt une coupure sur la langue.

— Voilà l'origine du sang. Elle a dû frotter sa langue contre un bord coupant. Encore une chance qu'elle ne soit pas coupée complètement.

— Il y a de nombreuses choses coupantes à la décharge. Elle a dû lécher des boîtes de conserve.

— C'est possible. Plus de peur que de mal. Son principal problème, c'est l'hypothermie.

Leon aida Kate à la mettre sous perfusion puis ils placèrent Bonnie sur un coussin chauffant avant de l'entourer de bouillottes.

Une fois le chiot bien installé, Kate leva les yeux vers Leon.

— Et vous, ça va ?

— Oui, je suis juste fatigué.

— Vous avez l'air d'un zombie. Prenons un chocolat chaud avant que vous rentriez chez vous.

— Avec plaisir, dit Leon. Je suis gelé.

Kate le conduisit jusqu'aux toilettes.

— Et si vous vous rafraîchissiez pendant que je fais chauffer du lait ?

Dans le miroir, Leon vit la pâleur effrayante de son visage et les taches de sang sur ses joues, les traces rouges sur sa veste. Il se nettoya la figure avec du papier toilette mouillé mais il ne put rien pour ses vêtements.

Kate avait posé deux grandes tasses de chocolat sur la table quand il la rejoignit. La vétérinaire semblait lumineuse, propre et soignée, comparée à lui et son apparence négligée.

— Ce n'est pas mieux, dit-il. J'ai besoin d'une bonne douche.

Elle sourit en lui tendant une tasse et ils allèrent s'asseoir dans la salle d'attente, sous les lumières crues.

Leon sentit la fatigue l'envahir.

— Ils doivent être à l'hôpital, maintenant, dit-il. J'espère que Max va bien. Vous auriez dû voir ce brouillard – une vraie purée de poix.

Il se passa la main dans les cheveux et raconta les recherches à Kate. Elle l'écouta attentivement. Elle avait le regard vif et alerte, tout en demeurant calme, patiente et prévenante. Leon était encore à fleur de peau. Cela lui faisait du bien de parler, d'être avec quelqu'un qui voulait vraiment l'écouter.

— Je dois prendre des nouvelles de Max, finit-il par dire. Ça vous embête si j'appelle ses parents ?

— Allez-y. Je vais jeter un œil à Bonnie.

Leon tira son téléphone de sa poche et découvrit qu'il avait manqué un texto de Wendy.

Salut Leon. Max est sous perfusion à l'hôpital où il se réchauffe petit à petit. Le docteur dit qu'il va s'en remettre. Merci infiniment de nous avoir aidés. Shane et moi vous en sommes reconnaissants. Sans Bonnie et vous, Max aurait pu mourir.

Le soulagement de Leon fut immédiat, comme si

on lui avait ôté un poids des épaules. Au retour de Kate, il lui lut le message.

— Comme votre Bonnie, dit-elle en souriant. Elle va s'en remettre.

Elle gloussa avant d'ajouter :

— J'aurais peut-être dû être docteur, je serais mieux payée.

Leon fut gêné – il était là à vider son sac alors que Kate aurait sans doute préféré se trouver chez elle, dans son lit.

— Je peux régler maintenant, si vous voulez.

Elle écarta sa proposition d'un geste de la main.

— Ce n'est pas un problème. Je suis juste contente que Bonnie ait l'air en meilleure forme.

— Merci d'avoir pris soin d'elle.

Kate haussa les épaules.

— Je ne fais que mon travail. J'aime bien aider les animaux. Et vous ? Vous êtes tellement occupé à sauver tout le monde, qui vous sauve, vous ?

Leon sursauta. N'était-ce pas son travail de veiller sur les autres ? S'il ne le faisait pas, qui d'autre s'en chargerait ?

— Je me sauve moi-même, répondit-il. C'est normal, non ?

— J'aimerais que plus de gens partagent votre état d'esprit, répondit-elle en riant.

Maintenant qu'il savait que Max allait bien, Leon s'apaisait, et Kate s'avérait une excellente interlocutrice. De fil en aiguille, elle le fit parler de son travail, de sa vie en ville, du footy. En si chaleureuse compagnie, Leon se ranima et se sentit même le cœur plus léger. Il était facile de lui parler, tant elle était détendue et intéressante. Pendant qu'ils discutaient, elle s'était assise en tailleur, les mains en coupe autour de sa tasse ; sa queue-de-cheval sautillait quand elle parlait et ses yeux pétillaient même à cette heure de la nuit.

— Vous travaillez dans quelle partie du parc ? demanda-t-elle.

Il le lui expliqua.

— C'est joli, là-haut. J'ai fait des randonnées sur certains sentiers.

— Je m'occupe de l'entretien de ces sentiers. Un sacré boulot. On m'envoie des bénévoles, mais ça me complique plus la tâche qu'autre chose – c'est un peu comme essayer de guider un troupeau de chats. C'est parfois plus simple de tout faire soi-même.

Elle éclata de nouveau de rire et, lorsqu'elle remua sur son siège en renversant sa tête en arrière, il admira son cou lisse.

— On devrait faire une randonnée, un jour, suggéra-t-elle. Même si ça ne me dérange pas de marcher seule, c'est agréable d'avoir de la compagnie.

— Bien sûr. Ce serait super.

Lorsqu'il termina son chocolat, elle tendit la main pour lui prendre sa tasse et leurs doigts s'effleurèrent brièvement. Elle sourit, leurs regards se croisèrent, et Leon sentit une part de lui-même se liquéfier. Il fallait qu'il organise quelque chose avec elle très bientôt.

Une balade, comme elle l'avait proposé. Elle voudrait peut-être essayer le kayak en mer.

Il se leva pour partir.

— Merci pour tout.

Elle sourit de nouveau, et de jolies rides apparurent aux coins de ses yeux.

— De rien. J'espère que vous vous êtes un peu réchauffé.

Oui, il avait assurément plus chaud.

37

Le lundi, Miki se retrouva de nouveau seule. Sans surprise. Kurt lui en voulait de l'avoir défié en courant jusque chez Max. Lorsqu'elle était rentrée ce jour-là, elle s'était attendue à ce qu'il laisse éclater sa colère. Sauf qu'il n'avait pas dit un mot. La tension montait en lui – ce bourdonnement d'abeilles familier. Trop de non-dits, et Kurt n'était pas du genre à garder des choses pour lui éternellement. Il n'avait toujours pas parlé des nouvelles serrures. Une éruption approchait, imprévisible.

Assise à une table du restaurant, Miki regardait la lumière vive dehors, promesse du printemps à venir. Alors qu'un si beau temps aurait dû la mettre de bonne humeur, la solitude la surplombait comme un nuage d'orage. Depuis combien de temps n'avait-elle pas vu la forêt, maintenant ? Les arbres lui manquaient, ainsi que le frémissement léger des feuilles. Les jeux de lumière filtrant entre les branches lui manquaient. L'odeur de l'humus qui la reconnectait à la terre. Mais elle n'avait aucun regret. Passer à l'action pour aider Max lui avait donné un sentiment de puissance.

Afin de dissiper la solitude, elle décida de lire – *Les Hauts de Hurlevent*, peut-être. Dans son état d'esprit actuel, elle se sentait plus proche de Cathy que de Tess ou de Jane. Elle admirait l'énergie passionnée de Cathy, la façon dont elle s'assumait et déclarait ses sentiments, la force qui la poussait à suivre son désir sans se soucier du qu'en-dira-t-on. Miki avait beaucoup à apprendre de Cathy.

Cependant, lorsqu'elle se rendit dans sa chambre, elle ne trouva pas ses livres à leur place, sur sa table de chevet. Elle les y avait pourtant vus la veille – elle avait lu *Jane Eyre* avant de s'endormir. Ce qui signifiait que Kurt avait dû les prendre le matin même. Était-ce ainsi qu'il comptait la punir ? En la privant de ses petits privilèges de façon sournoise ?

Elle se demanda où il avait bien pu les cacher. Il ne les aurait pas emmenés en forêt, alors ils devaient être là, quelque part. Elle fouilla les pièces méthodiquement, examinant le contenu des placards et des tiroirs.

Puis, prise de panique, elle vérifia les poubelles. Il n'aurait pas osé les jeter ? Il savait à quel point elle aimait ces livres.

Déroutée, elle pensa à d'autres cachettes. Il aurait pu les dissimuler au sous-sol, à moins qu'il ne les ait rangés dans l'armoire de classement, où il conservait tout le reste. La réserve lui avait toujours été interdite, bien sûr – la clé de Miki n'avait jamais fonctionné dans cette serrure. Et l'armoire lui était sans doute inaccessible aussi. Kurt avait changé toutes les serrures. Mais elle devrait peut-être au moins essayer de l'ouvrir.

Elle récupéra sa clé et entra dans la chambre de son frère. L'armoire se trouvait dans le coin, à côté du bureau. Elle glissa la clé dans la serrure mais, comme elle s'y attendait, elle refusa de tourner. Elle la retira et ressaya en la remuant doucement au cas où les dents ne se seraient pas engagées correctement la première fois.

Avec un léger cliquetis, la clé tourna.

Son cœur fit un bond dans sa poitrine. Pourquoi n'avait-elle pas essayé de l'ouvrir plus tôt ?

L'armoire frémit lorsqu'elle ouvrit le premier tiroir. Il était en désordre – Kurt n'était visiblement pas organisé. Des papiers y avaient été fourrés en vrac dans des dossiers suspendus. Quand elle en sortit un, une pluie de tickets de caisse froissés tomba au sol comme des feuilles d'automne. Catastrophée, elle se mit à quatre pattes pour les rassembler. Ils n'étaient sûrement pas classés. Avec un peu de chance, Kurt ne s'en rendrait pas compte.

À son bureau, elle passa les tickets en revue. C'était des achats ordinaires faits pour le restaurant, conservés pour les déclarations de charges. Elle remit le dossier en place et en sortit un autre. Celui-là contenait le livre de comptes listant leurs recettes. Les chiffres n'étaient pas formidables mais ils correspondaient à ses propres calculs mentaux et ils prouvaient ce qu'elle savait déjà : que les samedis et dimanches étaient, et de loin, leurs meilleures journées, grâce aux touristes et à la Soirée des Mamans. Ils ne s'enrichissaient pas ; il n'était pas facile de faire fortune en vendant des *fish and chips* et des hamburgers.

Elle rangea le dossier et se demanda si elle devait arrêter de fouiller. C'était mal de parcourir les papiers de Kurt sans sa permission. Mais n'aurait-elle pas dû en avoir le droit, à dix-huit ans ? Se sentant de nouveau confortée dans ses recherches, elle sortit le dossier suivant, qui contenait les quittances de loyer des locaux. Elle scruta les chiffres et son estomac se noua. Leurs revenus couvraient le bail mais les profits étaient maigres. Comment avaient-ils réussi à se maintenir à flot ? Et comment Kurt avait-il pu acheter le 4 × 4 et le bateau, commandé la semaine précédente ?

Sous les papiers concernant leur bail commercial, elle trouva un autre contrat de location pour une adresse à Hobart. Elle sentit la sueur perler sous ses aisselles. Kurt devait avoir accès à une propriété qu'il lui avait cachée. Était-ce là-bas qu'il allait quand il se rendait en ville ? Il avait toujours prétendu qu'il prenait une chambre dans un hôtel bon marché. Elle repensa aux commentaires de Wendy, des mois plus tôt, critiquant Kurt qui gardait tout pour lui. Chacun de ces documents était à son nom, Kurt Muller – sans aucune mention de sa sœur, Mikaela.

Elle replaça le dossier dans le tiroir et en tira un autre renfermant des relevés de banque. Elle repéra les virements des deux loyers, ainsi que des paiements à leurs fournisseurs habituels, comme Coca-Cola et le supermarché de Hobart où Kurt allait se ravitailler pour le restaurant. Elle identifia les dépôts hebdomadaires des gains de la boutique mais aussi un virement mensuel conséquent, émis depuis une autre banque en leur faveur : deux mille dollars par mois. Après l'incendie, lorsque Kurt avait signé le bail du fast-food, il lui avait expliqué qu'ils n'avaient plus rien. Alors d'où venait cet argent ? Sans doute de ses affaires à Hobart – et peut-être que sa deuxième location y était aussi liée. Miki se sentit contrariée. Est-ce qu'il n'était pas temps qu'il commence à partager ce genre d'informations avec elle ? N'avait-elle pas le droit de savoir ?

Agitée et mal à l'aise, elle feuilleta le reste des dossiers mais n'y trouva rien d'intéressant. D'autres reçus d'achats. Des garanties et des manuels d'utilisation.

Puis elle fouilla chaque tiroir à la recherche de ses livres – en vain. Le porte-documents en cuir noir de leur père n'y était pas non plus.

Miki remit tout soigneusement en place et ferma l'armoire à clé. Elle avait besoin de temps pour réfléchir et décider de ce qu'elle devait faire. Elle avait besoin de prendre l'air.

Dans la cuisine, elle retira le clou de l'appui de fenêtre et l'ouvrit en grand avant d'abaisser le casier à bouteilles et de sauter dans l'allée où le vent printanier, qui embaumait l'herbe coupée, fouetta sa queue-de-cheval.

Tendue, elle déambula dans les rues secondaires en ressassant ses découvertes dans les dossiers de son frère. Il avait toujours prétendu se soucier avant tout de son intérêt, mais les preuves indiquaient qu'il ne se préoccupait pas du tout d'elle. Le nouveau 4 × 4 et le bateau qu'il s'était payés étaient des exemples récents de son égoïsme : à elle, il n'avait jamais rien offert. Et la ferme dont elle rêvait – pour remplacer ce qu'ils avaient perdu – ne deviendrait jamais réalité. Elle n'était qu'une spectatrice sans importance. Une employée sans paie dans son restaurant, sans droits. Elle était impuissante.

Le désespoir fondit sur elle. Elle ne pouvait plus vivre dans l'ombre de Kurt. Exclue de tout. Que pouvait-elle faire ? Le confronter au sujet de ses dossiers ? Impossible – il lui crierait dessus jusqu'à ce qu'elle se taise – ce qui signifiait qu'elle n'avait pas d'autre solution que de partir. Il ne la laisserait jamais faire. Et où s'enfuirait-elle, si elle le pouvait ? Elle n'avait rien.

En mode « pilotage automatique », elle entra dans l'office de tourisme où Geraldine lui sourit depuis le guichet des renseignements.

— Bonjour, toi ! Où étais-tu passée ?

Le moment était venu de tout partager avec cette femme douce et amicale, mais l'habitude de tout garder pour elle eut raison de son élan. Elle ravala ce qu'elle avait sur le cœur et lui rendit son sourire.

— C'était la folie, au restaurant. Kurt ne me laissait pas souffler.

— Une chance que les gens du coin aient faim, plaisanta Geraldine. Bientôt, vous serez riches.

Miki feignit l'amusement alors que l'ironie de ce commentaire lui faisait l'effet d'un coup de poignard en plein cœur.

— Comment ça s'est passé, avec *Le Vieil Homme et la mer* ? J'ai l'impression de te l'avoir donné il y a une éternité – preuve que je ne t'ai pas vue depuis longtemps.

— Je l'ai adoré. Mais j'ai oublié de vous le rapporter. Je vous le rendrai la prochaine fois.

Miki fut soulagée de savoir le livre de Geraldine bien caché sous ses pulls dans son armoire. Dommage qu'elle n'ait pas caché les autres avec… mais Kurt l'aurait remarqué.

— Hemingway était un grand écrivain, tu ne trouves pas ? L'un des meilleurs. Son travail est faussement simple, tout y est. Son œuvre a remporté le prix Nobel de littérature, tu sais. Et ce roman, juste une centaine de pages, mais c'est magnifique. Je parie qu'il ne t'a pas fallu longtemps pour le finir.

— C'est vrai. Je l'ai relu plusieurs fois.

— Fabuleux ! se réjouit Geraldine, les yeux aussi brillants que ceux d'un écureuil. Dis-moi ce que tu as ressenti.

Elle semblait pleine d'espoir, comme si elle s'attendait à ce que le livre ouvre un passage en Miki, d'où tous ses secrets se déverseraient.

Et cela faillit se produire. Miki était à deux doigts de se confier à Geraldine. Elle avait l'impression qu'un océan était coincé dans sa poitrine, grondant pour s'échapper, mais elle ne parvint pas à l'épancher.

— Il parle de liberté, parvint-elle à articuler.

Geraldine hocha la tête pour l'encourager et dit :

— Le poisson se bat pour rester libre et le vieil homme, pour sa réputation de pêcheur – ce qui est une forme de liberté aussi, n'est-ce pas ? La liberté vaut la peine qu'on se batte pour elle. La liberté, c'est pouvoir penser ce qu'on veut. Et ne pas se laisser dire qu'il n'y a qu'une seule voie possible.

Miki avait compris que Geraldine parlait de Kurt. Cependant, Geraldine ignorait tout des barrières qui entravaient Miki. Elle ne pouvait pas savoir à quel point Kurt contrôlait tout.

— Le livre parle aussi de pouvoir, poursuivit Geraldine. Le pouvoir passe du poisson au vieil homme et vice versa. Est-ce que quelqu'un gagne à la fin ?

— Le vieil homme finit par vaincre le poisson, répondit Miki avec plus d'assurance, maintenant que le sujet était moins risqué.

— Et est-ce qu'il en est fier ?

— Oui, jusqu'à ce que le requin gâche tout.

— Et que ressent le vieil homme pour le poisson ?

— Il l'aime et le respecte. Et il admire sa volonté de se battre et de vivre. Il aime sa force et sa beauté.

Geraldine se rassit et ses yeux plissés ressemblèrent à deux demi-lunes.

— Alors Hemingway essaie peut-être de nous dire qu'on peut aimer quelque chose, et le respecter, tout en voulant rester libre. Qu'on peut aimer quelqu'un sans être d'accord avec lui. Qu'on a le droit d'être soi-même.

La gorge de Miki se noua.

— Kurt te serre beaucoup la bride, pas vrai ? Je sais que tu comptes pour lui parce que tu es sa sœur. Mais tu as besoin de davantage de liberté.

Miki crut qu'elle allait craquer. Geraldine ne lui disait rien qu'elle ne savait déjà. Elle commença à battre en retraite vers la porte.

Geraldine la rappela en attrapant quelque chose sous le guichet.

— J'ai un autre livre pour toi.

Mais Miki avait l'impression que les murs du bâtiment s'effondraient autour d'elle. Elle devait sortir. Elle n'arrivait plus à respirer.

— Merci, mais je ne peux pas le prendre aujourd'hui.

Tandis qu'elle s'enfuyait par la porte, la dernière image qu'elle vit, c'était le doux visage de Geraldine empreint de compassion.

38

Lorsque Max rentra chez lui, tous les gens qu'il croisait dans la rue l'interrogèrent sur ses trois jours d'hôpital.

— Comment c'était ?

— Est-ce que les infirmières étaient gentilles avec toi ?

— T'as mangé beaucoup de glaces ?

Max avait passé un assez bon moment là-bas et il y serait resté encore un peu s'il avait pu. La nourriture était extra ! Trois plats à chaque repas dans plein de petits récipients. Une petite boîte de Rice Bubbles pour le petit déjeuner. Viande et purée pour le déjeuner. Glace et gelée de fruits. Au début, il avait été trop mal en point pour en profiter. Il avait eu une perfusion dans le bras, un moniteur à oxygène au doigt et une infirmière l'avait aidé à aller aux toilettes. Mais dès qu'il avait commencé à se sentir mieux, il avait mangé tout ce qu'on lui avait servi et regardé la télé toute la journée sans que personne l'en empêche.

C'était mieux que la maison. Les infirmières étaient gentilles et on lui donnait tout le temps des biscuits et du lait.

Chez lui, tout le monde se conduisait bizarrement. À part Suzie et Rosie. Max s'attendait à ce que ses parents lui en veuillent pour tous les vols qu'il avait commis, mais son père n'avait rien dit, et sa mère se montrait trop prévenante.

— Ça va, Max ? disait-elle sans cesse. Tu as besoin de quelque chose ? Tu as faim ? C'est si bon de te retrouver à la maison.

Elle passait son temps à lui donner du chocolat et à lui faire des câlins. Il aurait préféré qu'elle le laisse tranquille ou qu'elle lui dise que tout allait bien.

Alors que l'idée de retourner à l'école l'avait terrifié, tout s'était bien passé. Les professeurs étaient aux petits soins avec lui et prétendaient que c'était un miracle s'il était encore en vie.

Jaden et Max avaient été reçus dans le bureau du directeur, M. Merrick. Max était resté assis dans un coin, les yeux au sol, pendant que M. Merrick forçait Jaden à s'excuser. Il obéit mais cela sonnait faux. Cependant, lorsque M. Merrick demanda à Max de lever la tête, ce dernier s'aperçut que Jaden avait peur. Puis le directeur ordonna à Jaden de sortir – juste comme ça. Ensuite, il dit à Max :

— Jaden n'a plus le droit de t'approcher, Max, tu comprends ? Ni de te parler. Jamais. Tu ne risques plus rien, fiston.

Max hocha la tête. Il voulait dire au directeur qu'il

n'était pas son fils mais se ravisa. M. Merrick ne devait pas avoir les idées claires.

À la récréation, Max resta dans son coin. Assis sur un banc, il mangea la barre chocolatée que sa mère avait mise dans sa boîte à déjeuner. Jaden et Callum gardèrent leurs distances, et ils n'étaient pas les seuls. *Tout le monde* l'évitait. Est-ce que ça voulait dire que Max n'avait plus d'amis ? Jaden le fixa depuis l'autre côté de la cour et le cœur de Max se mit à palpiter. Puis le grand se détourna. Sans sourire en coin ni langue tirée. Il ne fit rien.

Lily Moon vint vers lui, auréolée de ses cheveux blonds. Elle s'assit à côté de lui et, comme il ne savait pas quoi lui dire, il lui donna un bout de sa barre chocolatée.

— Je peux voir tes bleus ? demanda Lily. Ma mère m'a dit que Jaden te frappait.

Max remonta son pantalon et lui montra ses tibias. Les marques commençaient à s'estomper.

— Jaden n'est qu'un crétin, dit-elle. Ma mère m'a dit qu'il t'avait forcé à voler et à fumer. C'est vrai ?

Il acquiesça.

— S'il s'en prend de nouveau à toi, préviens-moi et je le frapperai.

Max fut impressionné. Il n'avait jamais vraiment parlé à Lily avant mais, désormais, elle était peut-être bien son amie.

— Il paraît qu'un chien t'a sauvé.

Max fit non de la tête.

— On s'est sauvés tous les deux. On s'est tenu chaud.

— C'est vrai que tu t'étais caché dans la décharge ? Tu voulais y vivre ?

— Je voulais aller dans les montagnes.

— Tu vas encore fuguer ? Si oui, je viendrai avec toi.

— Pas tout de suite, répondit-il même s'il était flatté par sa proposition. Mais quand je repartirai, tu pourras venir.

La sonnerie retentit : il fallait rentrer. Max saisit sa boîte à déjeuner et se mit en route vers sa classe. Lily Moon le prit par la main et fit le trajet avec lui.

Juste devant la classe, elle dit :

— Tu vas à la manifestation, dimanche ?

— J'imagine.

En fait, il l'avait complètement oubliée.

— Tant mieux.

Elle se pencha et l'embrassa sur la joue.

Wendy avait donné un peu d'argent à Max pour qu'il le dépense au restaurant en rentrant à la maison mais il avait peur d'y aller car il n'avait pas revu Miki depuis que tout avait été révélé. Sa mère lui avait assuré que Miki avait été très gentille et qu'il devait s'estimer heureux qu'elle soit si compréhensive. Malgré tout, quand il entra dans le restaurant, il resta loin du comptoir, mal à l'aise, et laissa les autres enfants se précipiter pour acheter des bonbons.

Miki était seule pour les servir et, quand elle l'aperçut, elle sourit.

— Bonjour, Max. Tu vas bien ? Je m'inquiétais pour toi.

Max baissa la tête, content que la boutique soit déserte, à présent.

— Je suis vraiment désolé d'avoir volé des trucs.

— Je sais que c'est Jaden qui t'y forçait. Tu n'es pas un voleur et je suis certaine que tu ne recommenceras pas. Kurt risquerait de le découvrir la prochaine fois… et il vaut mieux éviter ça.

Max était d'accord, il valait mieux l'éviter. Kurt lui faisait aussi peur que la prison.

Maintenant que les excuses étaient faites, il était prêt à passer à l'étape suivante.

— Je pourrais avoir un Mars, s'il te plaît ? demanda-t-il en en prenant un sur le présentoir.

Puis il réfléchit un instant et replaça la barre chocolatée sur l'étagère. Il ouvrit sa main et posa le billet de cinq dollars froissé sur le comptoir.

— En fait, reprit-il, je n'ai besoin de rien. Mais tu peux garder ça. Je vais rembourser tout ce que j'ai volé.

Miki lui sourit.

— Comment va Bonnie ? demanda-t-elle. Remise de sa mésaventure ?

39

Une semaine plus tard, par un mardi de printemps ensoleillé, Miki se préparait devant le miroir. Elle ramena ses cheveux en arrière et se fit une queue-de-cheval. Elle devait faire un effort vestimentaire car, ce jour-là, Leon l'emmenait voir ses diables au sanctuaire, et elle débordait presque d'enthousiasme. Trois heures passées en voiture ! Le plus loin qu'elle ait jamais été. Trois heures à parler avec Leon. Elle étudia son reflet dans le miroir et recomposa son expression jusqu'à ce qu'elle ait l'air naturelle. Elle avait du mal à se calmer. Cela lui demandait de bloquer l'accès aux profondeurs de son esprit et de former un barrage contre ses rivières psychiques, mais elle se savait assez forte pour y arriver. N'y parvenait-elle pas tous les jours ?

Elle sortit par la fenêtre de la cuisine puis descendit la rue. Marcher vite lui donna de l'assurance. Le temps était venu de profiter de cette journée. Kurt n'était pas le seul à avoir des secrets – elle allait vivre une aventure qui échappait à son contrôle.

Elle retrouva Leon au parking derrière l'office de tourisme d'où ils partirent vers Hobart dans la grande Toyota blanche.

— Comment vas-tu ? lui demanda-t-il, les sourcils haussés.

— Ça va. Et Max ?

— Je crois que ça va mieux depuis que l'affaire « Jaden » est réglée.

— Il est toujours pâlichon. Une chance que vous l'ayez retrouvé.

— C'est Bonnie, la véritable héroïne. Qui aurait cru que mon chiot s'avérerait si utile ?

Miki n'était pas revenue en ville depuis que son père avait perdu ses doigts. À l'époque, elle avait trouvé Hobart épuisante et effrayante, mais cette fois-ci, elle était surexcitée. Onze ans avaient passé, et tant de choses avaient changé… elle aussi, elle avait changé.

Elle avait oublié que les montagnes semblaient froncer les sourcils au-dessus de la ville, que les immeubles étaient si hauts au bord des routes. À côté, leur petite ville paraissait si calme, si minuscule… Un jour, peut-être, elle viendrait ici seule et se promènerait dans ces rues. Elle pourrait gravir la montagne et voir la ville se déployer devant elle. Tandis que Leon s'orientait dans les rues encombrées, elle essayait de tout observer : une église, un parc aux murets de pierre, de vieux bâtiments, des rangées de boutiques, un aperçu de la mer ici et là.

Ils furent bientôt de l'autre côté de la ville, filant vers le nord. Leon conduisait vite, dépassant parfois la vitesse autorisée. Il voulait absolument la ramener chez elle avant que Kurt ne rentre mais, pour une fois, elle s'en moquait – elle faisait ça pour elle-même.

Lorsqu'ils se garèrent au parking du sanctuaire sous des arbres immenses, Miki sortit dans l'air frais, acidulé par le parfum des eucalyptus. À l'intérieur de la boutique, ses yeux s'accrochaient à tout, forçant sa mémoire à enregistrer chaque détail. Des gens qui essayaient des t-shirts. Des enfants qui embêtaient leurs parents pour qu'ils leur achètent des choses, comme au restaurant.

Leon avertit la réceptionniste qu'ils étaient venus voir Dale, et elle passa un coup de fil en souriant. Dale apparut bientôt dans le hall, qu'il traversa à grands pas pour tendre la main vers Miki.

— Bonjour, Miki. Je suis ravi que tu aies pu venir.

Son sourire s'élargit lorsqu'elle accepta sa poignée de main. Puis les deux hommes se saluèrent familièrement. Miki comprit qu'ils étaient amis et s'en réjouit pour Leon.

Dale les conduisit dehors, dans le sanctuaire, jusqu'aux enclos de reproduction pourvus de parois de tôle ondulée hauts jusqu'à la taille et bâtis à l'ombre des eucalyptus. Ils s'arrêtèrent devant l'un d'eux, vaste et verdoyant, pourvu de rondins et de bouquets de fougères placés stratégiquement pour fournir des abris. Un diable à l'allure miteuse cavalait le long des limites de l'enclos. Il fit un tour sans s'arrêter, puis un autre, tournant en rond, encore et encore, le regard vide braqué droit devant lui. Son comportement mit Miki mal à l'aise et lui rappela ce qu'elle ressentait en regardant le monde extérieur depuis la salle du restaurant : le même vide. Il devait être déprimé et cela l'effraya. Et si ses diables aussi étaient malheureux, ici ?

Elle jeta un coup d'œil vers Dale et reconnut une lueur de compassion dans son regard.

— C'est inhabituel, dit-il. La plupart des diables n'ont pas ce genre de comportement stéréotypique. Nos enclos sont conçus pour qu'ils s'y sentent en sécurité et qu'ils puissent s'y épanouir, mais ce mâle n'est pas fait pour la captivité. Nous allons bientôt le relâcher. Sans doute sur l'île Maria. Cependant, comme son patrimoine génétique est important, nous devons d'abord nous assurer qu'il se reproduise. Nous l'accouplerons peut-être à votre femelle.

Miki observait le diable qui tournait en rond. Est-ce qu'il s'arrêtait de temps en temps pour faire une pause ? Peut-être que cette course apaisait la douleur de l'ennui. Depuis combien de temps était-il ici ? Est-ce qu'il se souvenait du goût de la liberté ?

Lorsqu'un autre diable sortit de sous un tas de bois, le premier mâle s'immobilisa et lui cracha dessus. Les deux spécimens se firent face, le dos rond, en feulant. En présence de son congénère, le premier diable adoptait un comportement plus normal, ce qui soulagea Miki. Les animaux n'étaient pas faits pour la solitude. Même si ces diables n'avaient pas choisi leur captivité, elle leur souhaitait au moins d'être contents et bien installés. Ce serait merveilleux s'ils pouvaient être relâchés dans la nature, mais la maladie était tellement répandue qu'ils ne seraient peut-être jamais totalement libres. Et peut-être que la liberté absolue était impossible ! Elle repensa à ses aigles, chevauchant les courants ascendants au-dessus de la forêt. C'étaient les créatures les plus libres qu'elle connaissait, pourtant, d'une certaine façon, elles aussi étaient captives – liées à leur aire, à leur aiglon. Les gens se considéraient comme libres alors qu'ils étaient eux aussi limités par des règles et des engagements, par les fers de l'ambition. Ce qui n'était peut-être pas grave tant qu'on pouvait agir de notre plein gré. Les diables en étaient incapables, mais ils étaient aussi incapables de régler leurs problèmes sans l'assistance des humains, si bien que la captivité était la seule solution. Elle sourit devant l'ironie de la situation : les êtres humains tentaient de sauver les diables, alors qu'ils étaient la cause de leur déclin.

— Et si nous allions voir tes diables ? suggéra Dale.

Miki tenta de dissimuler son appréhension tandis qu'il l'entraînait vers un autre enclos.

— Et voilà, dit-il en se penchant par-dessus une clôture. Voici ta femelle. Viens la voir.

Miki s'avança doucement pour regarder à l'intérieur. Sa femelle était bel et bien là, étendue dans l'herbe, occupée à ronger la cage thoracique sanglante d'un animal mort. Son pelage était fourni et brillant – plus beau qu'il ne l'avait été à la décharge. Lorsque, aveuglée par la lumière, elle plissa les yeux pour mieux la voir, Miki soupira de soulagement. Le diable n'avait pas l'air hébété ni effrayé.

— J'ai une bonne nouvelle, reprit Dale. Ses examens sont bons et elle a presque fini sa période de quarantaine, alors nous l'accouplerons bientôt avec un mâle.

— Quand aura-t-elle des petits ? s'informa Miki.

— Quelques semaines après l'accouplement. Les petits sont minuscules, à la naissance, et ils doivent grimper dans sa poche. Ils n'en ressortent que plusieurs mois plus tard.

— Est-ce que ça vous dérangerait que j'entre dans son enclos pour être avec elle ?

— Pas du tout. Je vais t'ouvrir la porte.

À pas silencieux pour ne pas lui faire peur, Miki entra dans l'enclos et s'assit sur une bûche plate. Le diable cessa un instant de manger pour lui jeter un coup d'œil puis se remit à l'ouvrage, pas le moins du monde perturbé. Miki se laissa glisser de la bûche, s'accroupit et avança vers elle. La femelle redressa la tête, cessa de mâcher, leva la truffe puis cligna des yeux avant de poursuivre son repas. Miki écouta le bruit de ses mâchoires puissantes rongeant les côtes, broyant les os. L'animal se concentra de nouveau sur elle lorsque Miki s'approcha un peu plus. Elle sentait son odeur, maintenant : pas la puanteur rance de la colère, non, le parfum musqué qu'elle adorait. L'animal n'avait pas peur. Miki voyait ses moustaches frémir, l'éclat brillant de son regard. Elle était en pleine forme – pas la moindre blessure sur son museau.

Voilà tout ce dont elle avait besoin. Le diable de Miki était en sécurité ; elle pouvait rentrer chez elle.

Elle allait rebrousser chemin lorsque la bête lâcha la carcasse pour s'approcher d'elle. Miki tendit la main, et l'animal vint la renifler. Une langue rose pointa de sa gueule pour lui lécher les doigts : trois petits coups.

Miki ne voyait plus rien à travers ses larmes, mais elle sut qu'elle avait fait le bon choix. Son diable serait bien choyé ici, et elle aurait des petits en bonne santé. Cela justifiait le prix à payer, le renoncement à la liberté.

Dale souriait lorsque Miki sortit de l'enclos.

— Elle t'a reconnue, dit-il en refermant le portail. Personne n'a pu l'approcher d'aussi près depuis son arrivée.

Ils allèrent ensuite voir les plus jeunes, qui se trouvaient dans un enclos de taille plus modeste près de l'entrée, en exposition avec d'autres petits diables. Ils couraient tous les uns après les autres en remuant la queue comme des jouets mécaniques.

— Tu ne le croiras peut-être pas, reprit Dale, mais les diables font de bons animaux de compagnie si on les prend jeunes. C'est plus compliqué quand ils sont plus âgés – ils sont moins dociles, plus imprévisibles. Parfois, les soigneurs doivent élever à la main de petits orphelins et ils en tombent amoureux.

Miki n'aimait pas l'idée de diables domestiques ; ils avaient des tempéraments sauvages et méritaient de rester libres.

— Passer par ici est un bon pas vers le retour à la liberté, dit-elle. C'est un endroit super, mais ce n'est pas leur vraie place.

Dale la fixa, pensif.

— Tu as raison. Notre but est de préserver des diables sauvages en bonne santé.

Sur le chemin du retour, Leon voulut discuter de la réserve et du programme de reproduction, et Miki fut heureuse de se prêter au jeu, pesant le pour et le contre. Leon était convaincu que les diables finiraient par être relâchés, mais Miki n'en était pas si certaine.

— J'aimerais qu'ils retrouvent tous leur liberté, dit-elle. Mais comment nous débarrasserions-nous de la maladie, dans ce cas ?

— Par la vaccination.

Leon était certain que les hommes pourraient résoudre le problème, tandis que Miki ne partageait pas sa confiance dans l'humanité.

— A-t-on réussi à éradiquer toutes les maladies humaines ?

— Je vois ce que tu veux dire. J'essaie juste d'être optimiste. Je ne veux pas que les diables restent dans des zoos et des sanctuaires pour toujours.

Miki non plus. Cela déboucha sur une discussion autour des zoos. Leon lui parla du commerce d'animaux sauvages qui approvisionnait les zoos du monde entier et la pression que subissaient ainsi les populations animales. Pour Miki, c'était une aberration.

— Quel intérêt d'aller au zoo, de toute façon ? demanda-t-elle.

— Parce que c'est simple. Les gens peuvent y emmener leurs enfants et voir des animaux sauvages de près.

— Ils ne peuvent pas se contenter des photos dans les livres ?

— De nos jours, on peut même acheter un film de David Attenborough ou regarder des vidéos sur Youtube.

— Je n'utilise pas Internet.

— Parce que Kurt ne t'y autorise pas ? s'enquit Leon en la regardant du coin de l'œil.

Elle esquiva sa question. Leon avait raison, bien sûr, mais ce n'était pas un sujet dont elle souhaitait discuter et, heureusement, il n'insista pas. C'était un interlocuteur attentif, et elle passait un bon moment. Elle n'avait jamais parlé autant à quelqu'un depuis la mort de sa mère.

Alors qu'ils roulaient, Leon lui jeta un regard perplexe.

— Qu'y a-t-il ? demanda-t-elle. J'ai dit quelque chose de drôle ?

Leon esquissa un sourire en coin.

— C'est intéressant de t'entendre parler des diables et de la captivité. Est-ce que tu t'es déjà dit que tu étais un peu comme ce diable qui tournait en rond dans son enclos ? Tu ne ressens pas la même chose, dans ta boutique ?

— Il m'arrive de sortir, se défendit-elle, décontenancée par sa perspicacité. Comme aujourd'hui.

— Sauf que tu dois t'échapper en douce, n'est-ce pas ? Et si Kurt le découvre et t'en empêche ?

Miki ne savait quoi répondre. C'était sa plus grande crainte.

— Que veux-tu, pour toi ? renchérit-il. Quels sont tes espoirs, tes rêves ?

— Et toi ? Quels sont les tiens ?

Il se tut un instant, comme pour y réfléchir.

— C'est une sacrée question, pas vrai ? J'y pense souvent. Dans quelques mois, j'espère qu'on me donnera plus de responsabilités, à mon travail. Je veux organiser des visites de groupe du parc – leur apprendre des choses sur la nature… Mais à plus long terme ? Je retournerai peut-être à l'université. Je voudrais me marier et fonder une famille.

Il éclata de rire et reprit :

— Enfin, je ne suis pas pressé pour tout ça. Je peux attendre d'avoir passé trente ans. Et toi ? Tu dois avoir des projets.

La gorge de Miki se noua.

— J'imagine que tu veux finir le lycée pour aller à l'université. Tu as les capacités pour y arriver… alors il faut peut-être que tu partes. Kurt ne te laisse pas être toi-même. Il ne te laisse pas vivre.

— Je ne peux pas partir, dit-elle sèchement. Je n'ai pas d'argent.

— Kurt te doit forcément quelque chose. Tu travailles plus dur que lui.

— Mais où irais-je ?

— Il y a plusieurs solutions. Chez Geraldine, peut-être ? Elle doit avoir une chambre de libre.

Miki y réfléchit. C'était une chose de rêver de partir, une autre de passer à l'acte. Et, comme dans tout voyage, c'était le premier pas qui coûtait le plus. Kurt ne la libérerait jamais – était-elle condamnée à rester dans sa cage ?

— Il ne te possède pas, Miki, insista Leon. Tu n'appartiens qu'à toi-même.

Elle fixait les lignes blanches qui filaient sous les voitures, la texture granuleuse du goudron, les poteaux des barrières flous qui défilaient sur les côtés, la présence menaçante des nuages, les voitures qu'ils croisaient à toute allure. Elle repensa aux livres de comptes et aux étranges virements, et les larmes lui montèrent aux yeux.

— De l'argent arrive sur notre compte de je-ne-sais-où, dit-elle à Leon. Ce ne sont pas nos revenus. Je n'arrive pas à savoir d'où il vient.

— Kurt fait des affaires à Hobart, non ? C'est ce que tu m'as dit.

— Oui, mais il s'agit d'un virement mensuel d'une autre banque.

— Il a peut-être un compte séparé pour effectuer ces virements.

— Peut-être… Ça paraît logique…

— Tu devrais l'interroger. Tu as le droit de savoir.

Mais Miki n'avait aucun droit, pour Kurt.

— J'y penserai, répondit-elle en sachant qu'elle n'en ferait rien.

40

Le jour de la manifestation des bûcherons, des voitures se déversaient déjà en ville quand Leon partit dans la direction opposée. Il savait qu'il ne serait pas bien accueilli mais il avait échafaudé un plan et, maintenant, il allait l'exécuter. Il suivit la route à virages jusqu'au fleuve, qu'il remonta en longeant des fermes et de vertes prairies vers la maison de retraite.

Son grand-père l'attendait dans le hall en costume cravate, un semblant de nœud Windsor à son cou. Leon l'aida à monter en voiture avant de reprendre la route en sens inverse. Lorsqu'ils arrivèrent en bas de la rue commerçante, le rassemblement avait commencé.

La route était barrée par le grumier de Robbo, garé en travers d'un trottoir à l'autre. Leon s'arrêta derrière le camion et fit monter Thomas sur le trottoir. Ce dernier obéissait comme une marionnette, acceptant de l'aide quand nécessaire. Leon savait pourtant que son grand-père avait une volonté de fer, même s'il était fragile physiquement. On ne passait pas sa vie à couper des arbres et à brûler des scieries pour protéger sa femme sans avoir une très grande force mentale.

Robbo se tenait sur le plateau d'un petit camion, juste derrière le grumier, un micro dans la main. Plus haut, la rue grouillait de bûcherons venus de toute la région avec leur famille. Tous ceux qui étaient concernés par l'industrie du bois avaient fait le déplacement. C'était l'occasion de protester contre le gouvernement qui les « enfermait hors des forêts ». Pour Leon, leur réaction était disproportionnée parce que, en vérité, le gouvernement n'interdisait l'accès que d'une petite zone.

Leon et Thomas contournèrent le camion de Robbo, où ils restèrent cachés derrière une énorme roue. Robbo annonçait le programme de la matinée. Toby et lui parleraient en premier, dit-il, pour résumer les inquiétudes générales concernant les derniers développements, puis la parole serait donnée au public. Ensuite, tout le monde voterait, à main levée, sur la stratégie à adopter afin d'obtenir le meilleur résultat.

À l'évidence, Robbo aimait s'écouter parler. Il commença par évoquer en long, en large et en travers les bûcherons qui coupaient des arbres depuis des temps immémoriaux et grâce à qui il restait des forêts car, sans eux, tout aurait été rasé pour implanter des fermes. Les bûcherons, conclut-il, étaient les protecteurs des forêts par excellence. Cela déclencha des vivats et des rires dans la foule. Leon ne riait pas – depuis quand les bûcherons protégeaient-ils les forêts ? Même son père aurait trouvé ça amusant.

Robbo haussa le ton, criant dans le micro comme s'il haranguait son équipe de footy.

— C'est notre ville et ce sont nos forêts, pas vrai ? Et ce sont nos boulots qui sont menacés. Bob Brown peut bien débarquer ici et dire qu'on s'y prend mal, qu'est-ce qu'il en sait ? Est-ce qu'il a travaillé dans ces forêts ? C'est nous, les vrais spécialistes des arbres. Et on devrait avoir le droit d'en faire ce qu'on en veut, bordel.

La foule lança des « bien dit ! », « c'est vrai ! », comme les députés au parlement. Leon remarqua que les disciples de Robbo étaient surtout composés d'hommes ventrus et d'épouses soutenant leurs maris.

— Ce que Bob Brown et les écolos ne comprennent pas, reprit Robbo, c'est que cette industrie, c'est notre gagne-pain et notre avenir. Nos emplois, nos maisons. Du pain sur la table. On ne va pas les regarder tout gâcher sans rien faire – on va faire du bruit et leur dire le fond de notre pensée. Et on ne les laissera pas prendre d'autres zones de la forêt. Du moins, pas sans se battre.

Il serra le poing et le brandit bien haut, et la foule l'imita. Puis ils se mirent à frapper l'air en hurlant comme des babouins. Robbo affichait un large sourire, comme si son équipe avait gagné le championnat de la première division.

Il tendit le micro à Toby, qui grimpa tel un singe sur le camion, les manches retroussées, comme toujours.

— Merci, Robbo, dit-il d'une voix étonnamment douce dans le microphone. Je m'appelle Toby Carter, de la scierie du coin, et je voulais juste rappeler à tout le monde que cette ville a assez souffert. Certains d'entre nous se rappellent l'époque où il y avait quatre scieries, par ici – maintenant il n'en reste plus qu'une. Les autres ont fermé parce qu'il n'y avait pas assez de bois d'œuvre. Et tout le monde s'est retrouvé au chômage. Merci les écolos – ils enferment les arbres et n'en ont rien à foutre des boulots perdus.

Les gens opinèrent en échangeant des murmures, comme si Toby récitait une oraison funèbre.

— Personne ne veut se retrouver au chômage, reprit-il. Et, pour que nous ayons tous du boulot, notre industrie doit avoir accès aux arbres. Le gouvernement a empêché les gars de travailler près d'ici et maintenant ils doivent faire une heure et demie de route pour aller bosser. Ça fait mal au porte-monnaie et ça fait mal aux familles. Cette nouvelle réserve implique une nouvelle forêt enfermée, ce qui est mauvais pour l'industrie. Et pour le travail.

— Les écolos veulent notre peau ! cria Mooney, couvrant les bruits de la foule. Les écolos veulent notre peau !

Au milieu de la marée de têtes, Leon le vit près du restaurant, le poing brandi en cadence avec son slogan. D'autres l'imitèrent, d'abord un petit groupe.

Puis le mouvement prit de l'ampleur jusqu'à ce que tout le monde crie :

— Les écolos veulent notre peau ! Les écolos veulent notre peau !

Les voix scandaient le slogan comme un tambour, martelant chaque mot. Toby sauta du camion tandis que tout le monde continuait à hurler :

— Les écolos veulent notre peau !

Puis Robbo déclara que le micro était libre et que tout le monde pouvait prendre la parole. Sa femme, Trudi, fut la première. Le public se tut lorsqu'elle se hissa à l'arrière du camion, les yeux ronds comme ceux d'un lapin.

— Je ne vous connais pas tous, dit-elle d'une petite voix. Mais la plupart des gens que je connais et qui travaillent dans cette industrie sont loin de s'enrichir. Les fins de mois sont difficiles. Nos hommes travaillent de longues heures avec beaucoup de frais à leur charge. Ils sont souvent absents. Nous sommes beaucoup de femmes à devoir travailler aussi pour faire bouillir la marmite. Les écolos ne comprennent pas.

Elle plaça une main tremblante sur le bras de son mari et tout le monde l'acclama.

D'autres prirent le micro tour à tour ; les histoires se ressemblaient. Personne ne roulait sur l'or ; tout le monde luttait. Chaque fois qu'un intervenant terminait son discours, la foule lui offrait un tonnerre d'applaudissements.

Lorsqu'il n'y eut plus de volontaire pour prendre la parole, Robbo s'empara de nouveau du micro.

— Nous devons discuter des mesures à prendre, maintenant. Quelqu'un a des suggestions ?

Les gens se mirent à crier :

— Brûlons ce vieil arbre !

— Abattons les aigles !

— Non, abattons les écolos !

Cette dernière harangue fit rire tout le monde. Robbo leva la main et attendit que la foule se calme.

— D'accord. Que des bonnes idées. Mais je voudrais entendre quelque chose de sensé. Nous ne voulons pas déclarer la guerre.

— C'est *déjà* la guerre, hurla Mooney.

— Pas tout à fait, mon pote. Nous essayons de trouver une stratégie pacifique.

Des murmures parcoururent la foule comme un frémissement de feuilles dans le vent.

Leon saisit le bras de son grand-père, puis lui fit contourner le camion et l'amena devant Robbo.

— Ce vieil ami voudrait dire un mot, dit Leon. C'est mon grand-père. Tu pourrais l'aider à monter ?

Le mépris affiché par Robbo révélait ce qu'il en pensait, mais Leon n'allait pas se laisser impressionner.

— Allez, Robbo. Je demande un coup de main. Je ne peux pas le porter tout seul.

Les murmures gagnèrent en intensité derrière Leon. Il sentait que tout le monde tendait le cou pour voir ce qui se passait. Puis le ton se durcit.

— C'est qui ?

— Qu'est-ce qu'il fout là ?

— Quel culot !

La raillerie de Mooney fut la plus distincte :

— Qu'est-ce qu'il est venu foutre ici, Parkie ? Je vais lui casser la gueule, moi !

Leon attendit en foudroyant Robbo du regard, mais le conducteur de poids lourd ne leva pas le petit doigt.

Puis Max émergea de la foule.

— Moi, je vais t'aider, lança-t-il. Je suis costaud.

Le silence se fit. Leon soutint le regard du garçon et hocha la tête.

— Merci, mon pote. Ce serait génial.

Il montra à Max comment attraper les bras de son grand-père pour que, à eux deux, ils forment une marche. Ensuite, ils tentèrent de hisser le vieil homme sur le plateau du camion.

Mais les mains de Max glissèrent et Thomas s'écrasa sur la plateforme, les pieds dans le vide. Cela aurait pu être drôle si ce n'était pas si pathétique.

La foule grondait tandis que Leon tentait de trouver une solution. Puis une voix rauque retentit au-dessus de la foule.

— Dégagez le passage. Laissez-moi passer.

C'était Shane. Son ton était si colérique que les gens s'écartèrent devant lui telle la mer devant Moïse. Il se dressa devant le grand-père de Max et le fixa froidement. Puis il fit un signe de tête à Leon.

— OK. Aidons-le à monter.

Ils projetèrent Thomas si haut que Robbo dut tendre le bras pour interrompre sa trajectoire. Maintenant que le vieil homme était là-haut, la mauvaise volonté de Robbo semblait mesquine. La commissure de ses lèvres s'abaissait et, l'espace d'un instant, Leon crut qu'il n'allait pas laisser son grand-père parler. Il finit par lui tendre lentement le micro.

Leon fut envahi d'une bouffée de fierté lorsqu'il vit son grand-père saisir le micro dans sa main déformée en balayant du regard tous ces visages hostiles. À le voir, on pouvait croire que ses jambes maigres ne le soutiendraient pas longtemps. Pourtant, Leon savait qu'il possédait la vigueur d'un arbre, en lui. Maintenant qu'il était en scène, il allait en profiter.

— Désolé de débarquer au milieu de votre rassemblement, les gars. Mais je suis un vieux bûcheron d'autrefois et je me disais que vous pourriez apprendre quelque chose en écoutant mon point de vue. Je m'appelle Thomas Walker et je connais l'industrie aussi bien que vous, sans doute mieux parce que je vis dans la région depuis l'époque où Jésus jouait quaterback dans l'équipe de Jérusalem.

Quelques personnes gloussèrent.

— J'ai vécu pratiquement toute ma vie dans les forêts. J'ai passé près de quarante ans avec une tronçonneuse entre les mains. Surtout sur l'île Bruny, mais aussi dans le coin. Mon père, mon grand-père et mon arrière, arrière, arrière-grand-père étaient des bûcherons – ils apparaissent dans les livres d'histoire. Ils travaillaient sur les tramways en bois de l'île Bruny. Ils ont participé à sa construction dès le début. Voilà pour mon curriculum. Ma famille a travaillé dans la forêt pendant des générations.

Il reprit son souffle et poursuivit :

— Je sais qu'il y a eu des troubles dans le coin, récemment. Mon petit-fils, là, Leon, m'a tenu au courant. Et j'ai lu les journaux. En première page ! Ça a de quoi vous faire trembler quand vous êtes dans le métier. En vérité, je connais votre grand arbre. Je m'en souviens de l'époque où je suis venu travailler ici. Il n'y en a pas d'autres comme lui. Il y a trente, quarante ans, nous avons déboisé tout autour de lui. On aurait pu l'abattre, mais on ne l'a pas fait parce que c'était l'arbre le plus haut à des kilomètres à la ronde. Quand on travaille dans la forêt et qu'on trouve un arbre aussi immense, on ne peut pas s'empêcher de penser à tout ce à quoi il a survécu. Et on le respecte. Quiconque a vu cet arbre et s'est tenu à son pied sait de quoi je parle. Ça nous force à nous arrêter, à écouter la forêt. La plupart du temps, quand on bosse, on est trop occupés à virer les sangsues et à tenter de rester sec pour regarder autour de nous. Mais, lorsqu'on a la chance de vivre une journée parfaite, qu'on pénètre dans une futaie d'arbres anciens, que le soleil est de sortie et que la brise souffle, il n'y a pas meilleur endroit au monde.

Pendant que son grand-père parlait, Leon étudiait la foule. Elle l'écoutait vraiment – il le voyait à leur attention respectueuse, à la façon dont leurs épaules et leurs bouches s'étaient détendues. Amener son grand-père ici était un sacré coup. Il parlait une langue qu'ils comprenaient.

— Il y a quarante ans de ça, reprit le vieil homme,

nous avons décidé d'épargner cet arbre parce que nous n'avons pas pu nous résoudre à le couper. Et je suis persuadé que, vous aussi, vous pouvez en faire quelque chose d'utile. Une attraction pour la forêt, comme la Fête du bois et la passerelle, pour que les touristes puissent venir l'admirer. Ils peuvent le contempler ici, tout près de la ville. Et si vous vous y prenez bien, vous en sortirez gagnant. D'après ce que j'ai entendu, les autorités ne veulent qu'une petite portion de terrain. Vous pourriez peut-être vous montrer conciliants cette fois-ci, afin d'avoir un coup d'avance lors des plus grands combats qui vous attendent.

— T'es trop naïf, mon vieux, se moqua Mooney.

Le grand-père de Leon fronça les sourcils et se redressa. Il était maigre comme une branche de saule et semblait sur le point de se briser dans le vent, mais il avait toujours le cran de remettre Mooney à sa place.

— Quand on a mon âge et qu'on a passé toute sa vie dans le milieu, on n'est pas naïf, fiston. Et j'ai encore des contacts qui montent dans la forêt et me tiennent informé.

— Qui ça ? Parkie ? Qu'est-ce qu'il y connaît ? ricana Mooney.

— La ferme, Mooney, le coupa Shane. Laisse-le finir.

— Tu t'es ramolli, pas vrai, Shane, depuis que Parkie a sauvé ton fils ?

— Il t'a sauvé aussi, Mooney. Tout le monde le sait. Alors ferme-la.

Mooney grimaça mais obtempéra.

Les paroles de Thomas Walker se propagèrent sur la foule comme des ridules sur un lac.

— Je n'essaie pas de vous dire ce que vous devez faire. Vous êtes assez grands pour prendre vos décisions tout seuls. Je vous encourage seulement à y réfléchir consciencieusement. J'ai vu ma part de combats autour des forêts, et je sais que la situation peut très vite dégénérer. Comme je l'ai déjà dit, je suis certain que vous serez avantagés si vous êtes conciliants, cette fois-ci. Vous leur montrerez ainsi que vous êtes flexibles et, la prochaine fois, vous aurez plus de marge de négociation. Deux petites réserves, autour de deux arbres – voilà tout ce qu'ils demandent. Si vous vous y opposez, vous finirez par perdre le soutien de la communauté. Je parle d'Hobart et du reste de la Tasmanie. Vous aurez l'air de mauvais perdants.

Il leva une main noueuse et conclut :

— Merci de m'avoir écouté.

Il repassa le micro à Robbo, puis lui attrapa le bras pour une poignée de main forcée. Robbo avait l'air trop dérouté pour réagir. Il marmonna dans le micro que tout le monde devait prendre le temps d'y réfléchir avant d'en reparler dans une dizaine de minutes. Ensuite, presque honteux, il aida Shane à faire redescendre Thomas Walker.

Leon était impressionné. Son grand-père avait gagné le respect de la foule et, ce faisant, il avait bâti un pont entre Leon et la ville. Il y était parvenu dans un climat hostile : quel exploit !

Leon se pencha pour murmurer à l'oreille du vieil homme :

— Merci, papy. T'as été un champion. Et tu as réussi à ne pas laisser transparaître ta véritable opinion. Heureusement que tu n'as pas révélé tout ce que tu pensais de leurs engins ni que tu étais en faveur de la protection des forêts.

— C'est l'art de la persuasion, mon grand. Tu dois apprendre à taire certaines choses.

— Je ne savais pas que tu étais si doué pour parler en public.

Thomas lui fit un clin d'œil.

— Il y a plein de choses que tu ignores à mon sujet. Mais nous avons tout le temps d'en discuter. Tu ne comptes pas déménager bientôt ?

— Non, aucun risque.

Son grand-père lui serra le bras.

— Ça me fait plaisir que tu sois dans les parages, fils. Avec toi, je revis.

Il se tourna vers les autres, les yeux pétillants, et serra la main de Shane puis celle de Max.

— Je ne peux pas dire que je suis d'accord avec tout ce que vous avez raconté, déclara Shane. Mais il y a du vrai dans ce que vous dites.

— Appelez ça l'expérience. Vous devez choisir vos combats. Sinon, tout le monde se retournera contre vous.

Robbo les écoutait aussi.

— J'imagine que vous avez dû voir quelques changements, au fil des ans.

— Plus que ça. J'ai certainement plusieurs histoires à vous raconter. Je le ferai peut-être un jour. Vous aimez la bière ?

— Est-ce que le pape est catholique ? rétorqua Shane en riant.

Thomas resserra son nœud de cravate et fit un signe de tête à Leon.

— On ferait mieux d'y aller, maintenant. Laissons ces gens voter. Ils n'ont pas besoin de nous pour ça.

Leon remercia Shane et Robbo d'un hochement de tête puis ébouriffa gentiment Max. C'est lui qui avait tout déclenché ; s'il n'avait pas proposé son aide, le résultat n'aurait pas été le même.

À cet instant, une petite fille mince aux cheveux de la couleur du soleil vint passer son bras sous celui de Max. Ce devait être la fille de Mooney – elle lui ressemblait, l'amertume en moins.

— Je m'ennuie, dit-elle au garçon. Où est ta chienne ? Celle qui t'a sauvé. Elle doit être maligne. Je veux faire sa connaissance.

— Elle habite chez le voisin.

— D'accord. Allons-y.

Tandis qu'ils se faufilaient dans la foule, main dans la main, Leon remarqua que le visage de Max était aussi lumineux que la chevelure de la fille.

Il rayonnait de bonheur.

41

Quelques semaines après le rassemblement, le patron de Leon lui demanda de transporter des panneaux dans la forêt, avec pour instruction de les laisser près des planches déjà livrées pour la future promenade dans les bois. Une fois les pancartes en place, tout serait prêt pour le début des travaux. Plus tôt ils commenceraient, plus tôt la zone serait ouverte aux touristes.

Au terme du rassemblement, les manifestants avaient voté pour la préservation des deux arbres, qu'ils trouvaient logique de relier à la passerelle. Mooney était le seul à avoir voté contre – par principe, il choisissait systématiquement le conflit plutôt que le compromis.

Avant de sortir des bureaux des parcs nationaux, Leon vérifia la météo pour savoir ce qui l'attendait. Les prévisions étaient mauvaises : on annonçait de la pluie et des orages, ce qui n'était pas inhabituel au printemps – cette période de l'année était toujours instable. Leon espérait déposer les pancartes et s'en aller avant l'arrivée du froid sur les montagnes. Il vérifia que les pancartes étaient solidement amarrées puis démarra la Toyota, qui tractait une remorque bringuebalante.

En chemin, il fit un saut chez Miki pour acheter un cornet de frites et un café. Mais Kurt était seul à servir et il prit sa commande en le fusillant du regard.

— Où est Miki ? s'enquit Leon.

Kurt prit un air dégoûté.

— À l'arrière. Je n'aime pas la voir fricoter avec les clients.

Kurt était toujours désagréable mais, pour une raison qui lui échappait, Leon était particulièrement déstabilisé – peut-être à cause de son rictus venimeux. Quel connard caustique… Leon plaignait Miki de devoir vivre avec lui. Il était évident qu'il la maltraitait psychologiquement et Leon se demanda s'il la blessait aussi physiquement.

— Qu'est-ce que vous faites, aujourd'hui ? demanda Kurt.

C'était vraiment inhabituel. Kurt ne posait jamais de questions. Leon attendit un instant avant de répondre.

— Je dépose des pancartes au pied du grand arbre.

— Ils ont commencé les travaux, là-haut ?

— Pas que je sache. Mais ça ne va pas tarder.

La conversation prit fin aussi abruptement qu'elle avait commencé. Kurt lui tourna le dos et, une fois les frites prêtes, il flanqua le paquet sur le comptoir. Leon paya et partit.

En route vers la forêt, il remarqua que le temps changeait. De lourds nuages gris s'amassaient et le vent chahutait les arbres. Il devrait se dépêcher pour décharger.

Il traversa la zone déboisée, passa devant l'aire des aigles et gagna l'arbre immense. Le sentier n'était plus aussi encombré de mauvaises herbes que l'autre fois ; quelqu'un avait dû tailler les bordures pour faciliter l'accès – peut-être les hommes venus livrer les planches pour la promenade.

Leon se gara près d'une pile de piquets en pin traité, puis sortit de voiture. Le temps empirait à chaque instant. Les arbres et les buissons dansaient follement autour de lui. Les feuilles fouettaient l'écorce et la canopée remuait dans tous les sens. Il espérait qu'aucune branche ne tomberait. Par un temps pareil, il était possible de mourir écrasé sous un arbre.

Il baissa le hayon et tenta de sortir les pancartes de la remorque mais elles étaient trop lourdes. Il dut grimper sur le plateau et les soulever une par une. Le temps qu'il ait fini de décharger, il était en nage. La pluie récente avait ramolli le sol et ses bottes s'enfoncèrent dans la boue lorsqu'il se cambra pour tirer les panneaux hors du sentier et les mettre dans les buissons.

Le chemin était trop étroit pour qu'il puisse y faire demi-tour avec la remorque, si bien qu'il dut la décrocher et la faire reculer sur une sente verdoyante puis la ramener dans la bonne direction. Il allait sauter dans la Toyota pour reculer jusqu'à la remorque lorsqu'il remarqua des empreintes de pieds sur le sentier – ce n'étaient pas les siennes. Elles s'enfonçaient au cœur du bush. Il prit le temps de les inspecter en se demandant qui était venu là. Peut-être les livreurs de planches. Mais pour quelle raison auraient-ils pris la peine d'aller dans la forêt ? Il aurait vraiment fallu qu'ils connaissent un coin qui valait le détour.

La curiosité de Leon l'emporta. Il suivit les empreintes de bottes pendant quelques minutes, jusqu'à ce qu'elles disparaissent. En se retournant, il remarqua un lambeau d'écorce battant contre un tronc et les nuages, de plus en plus bas. La pluie arrivait et il avait laissé son manteau dans la voiture – il ferait peut-être mieux de rebrousser chemin.

Alors qu'il allait faire demi-tour, il repéra une autre trace de botte : profonde, de la taille d'un pied d'homme. Elle se trouvait à côté d'une vieille souche pourrissante et semblait mener vers une sente à travers le bush. Il décida d'inspecter les lieux. Cela ne lui prendrait pas longtemps. La sente était indistincte, peut-être tracée par des animaux.

Alors qu'il se frayait un passage dans les sous-bois, une pluie fine se mit à tomber. Mais la piste était plus nette, à présent, si bien qu'il poursuivit vers le sommet de la colline. Écartant de l'épaule les arbustes et les acacias, il s'enfonça dans les fourrés, grimpant par-dessus des troncs et des branches, de longs morceaux d'écorce. Le sol était humide. Il dérapa plusieurs fois et faillit tomber.

La sente persévérait vers le sommet. Il arriva bientôt à une zone dense peuplée d'arbustes où le sentier se tortillait entre les troncs sur plusieurs centaines de mètres avant de rejoindre une zone déboisée au cours des années précédentes. Il s'arrêta pour arracher une sangsue de son cou qu'il jeta au loin – ça faisait partie du jeu.

Il traversa la clairière et suivit la piste qui replongeait dans la forêt. Là, le chemin était plus perceptible encore ; la végétation avait été taillée pour faciliter le passage. Sur le côté, il vit des mottes de terre, comme si quelqu'un les avait retournées avec une pelle. Droit devant, les taillis semblaient moins denses, comme s'il y avait une trouée dans la canopée. Il crut apercevoir une sorte de barrière, alors il poursuivit.

En s'approchant, il aperçut une clôture faite de piquets et de rangs serrés de barbelés. À l'intérieur, des rangées de plantes ondoyaient dans le vent. Quand il arriva au niveau de la clôture, il fut parcouru de frissons.

C'était une plantation de cannabis. Quinze mètres sur quinze. Elle valait beaucoup d'argent. Il s'accroupit. À qui appartenait cette plantation ?

Un bruit soudain dans les taillis le fit sursauter, mais ce n'était qu'un wallaby. Malgré tout, il était à fleur de peau. Avant, la forêt lui avait semblé hospitalière mais, désormais, elle grouillait de vibrations inconnues. Les arbres se penchaient comme s'ils l'observaient. Il sortit son téléphone pour appeler la police. Pas de réseau. Il devait prendre des photos et passer au commissariat en revenant. Il contourna la plantation en la photographiant. Cette clôture avait été visiblement conçue pour éloigner les wallabies, et la forêt avait été aérée pour laisser passer la lumière. On avait épargné juste assez d'arbres pour que la plantation ne soit pas repérée d'en haut. Qui qu'il soit, celui qui l'avait conçue était malin.

Il prit des photos sous plusieurs angles, puis descendit lentement la colline ; inutile de s'attarder.

Sur la sente, il recroisa les mottes de terre et décida de les examiner. Pour s'approcher, il dut écarter la végétation avec ses coudes. Les monticules étaient étrangement uniformes et carrés, comme si quelque chose y avait été enterré. Curieux, il s'agenouilla et se mit à creuser à mains nues, écartant des mottes de terre. C'était un travail salissant et il fut bientôt couvert de boue, si bien qu'il attrapa un bâton pour tâter le terrain. Il cogna contre quelque chose, plongea la main, mais ne parvint pas à le remonter – il y avait encore trop de terre dessus. Il creusa encore jusqu'à révéler un sac en plastique transparent abritant une poche en tissu beige ornée d'un logo. Celui d'une banque ? Il libéra le sac plastique, défit le nœud qui le fermait et sortit la poche en tissu. À l'intérieur, il découvrit des billets de banque. Une émotion nouvelle lui déchira la poitrine : la terreur. Il y avait là une sacrée somme. Il devait le remettre sous terre tout de suite et déguerpir. Confier le tout à la police. La plantation de cannabis appartenait sans doute à des bûcherons qui l'avaient installée après un chantier de coupe tout près. Ils le tueraient s'ils le découvraient là. Merde, mais qu'est-ce qu'il fichait ?

Alors qu'il remettait les sacs en place, une autre possibilité lui vint en tête, et son cœur se mit à battre plus fort. Miki lui avait dit que Kurt venait souvent ici pour chasser pendant qu'elle restait dans la voiture. Les pièces du puzzle s'imbriquaient à toute vitesse. Miki avait parlé de versements inexpliqués sur l'un des comptes en banque de Kurt.

Tout devenait clair. Si c'était la plantation de marijuana de Kurt, pas étonnant qu'il fasse des affaires à Hobart ; il devait vendre ses récoltes. Comme il était difficile de dissimuler ses gains aux banques, il en avait sans doute enterré une partie ici. Il pouvait aussi blanchir son argent de la drogue au casino lors de ses visites hebdomadaires à la capitale. Leon fut choqué par l'ingéniosité du système.

Alors qu'il se hâtait de reboucher le trou, le tonnerre gronda. La pluie fine s'intensifia ; il serait trempé en un rien de temps. Un autre coup de tonnerre. Avec un peu de chance, il arriverait à sa voiture avant le déluge.

42

Miki n'était pas certaine de comprendre pourquoi Kurt l'avait bannie de la boutique. Quelle qu'en soit la raison, cela l'inquiétait. Elle traînait derrière la porte, cherchant à savoir ce qui le tourmentait en guettant des indices dans ses échanges avec les clients. Les voix de Wendy et Steph, venues prendre un café après avoir déposé les enfants à l'école, se mêlaient au sifflement de la machine à expresso. Un peu plus tard, elle avait entendu Leon commander des frites et Kurt qui avait tenté d'avoir une conversation presque amicale avec lui, ce qui ne lui ressemblait pas.

Après le départ de Leon, Kurt l'avait rappelée pour venir servir en salle. Elle essuyait les tables lorsque Mooney arriva. Il lui lança un regard froid, puis fit signe à Kurt de le suivre dehors. Miki sentit son ventre se nouer. Pourquoi Mooney voudrait-il parler à son frère ? Ce n'était pas comme s'ils étaient amis. Sur le trottoir, les hommes lui tournaient le dos. Kurt était plus grand que Mooney, plus large d'épaules, plus fin de taille, musclé à force de faire de la musculation au sous-sol. Mooney faisait presque toute la conversation et, si elle ne savait pas de quoi il était question, elle voyait au moins que cela contrariait Kurt : elle le devinait à ses épaules tendues et à ses hochements de tête brefs. Quand Mooney eut fini, ils se serrèrent la main – une autre aberration –, puis Mooney fixa Miki à travers la vitrine d'un air à la fois moqueur et victorieux.

Kurt rentra à l'intérieur, fou de rage.

— Je pars en forêt, cracha-t-il. Tu t'occupes de la boutique.

— Ça ne peut pas attendre lundi ? demanda-t-elle en frissonnant.

— Non. Je dois y aller maintenant.

Avant, elle aurait laissé passer, mais pas aujourd'hui.

— Quelque chose ne va pas ?

Son regard était si dur qu'elle recula malgré elle.

— Mooney dit qu'il t'a vue dans la voiture de Leon, l'autre jour. Qu'il t'emmenait quelque part. Qu'est-ce qui se passe, bordel ?

Malgré son ventre noué, elle garda un visage impassible.

— Il a dû se tromper, dit-elle, raide de peur. J'étais là.

— Ne mens pas. Je sais que tu as une clé et que tu as pris l'habitude de sortir. J'ai changé les serrures mais tu as continué à t'échapper. Mooney dit la vérité. Comment fais-tu pour sortir ?

Elle n'avait qu'une seule option : nier.

— C'est faux.

Le visage de Kurt était noir de colère. Comme Père en pleine crise de rage.

— Va à l'arrière, cracha-t-il. Nous parlerons là.

Miki n'eut pas d'autre choix que d'y aller. Elle l'entendit fermer les portes du restaurant.

Dans la cuisine, il pointa le doigt vers une chaise.

— Assieds-toi.

Elle obéit.

— Dis-moi la vérité, gronda-t-il. Je veux tout entendre.

Elle garda le silence, terrifiée.

Il tapa du poing sur la table.

— Parle, Miki. J'attends. Qu'est-ce qui se passe ? T'as couché avec ce type ?

Elle se leva d'un bond, indignée.

— Bien sûr que non.

Kurt la força à se rasseoir, les mains sur ses épaules, les narines dilatées. Il lui serra le bras, ses ongles pénétrant sa peau. Un éclair de douleur fusa derrière ses yeux mais elle détourna le regard.

— Parfois, j'ai besoin de sortir, dit-elle. C'est comme une prison, ici. Tu m'enfermes comme un animal.

Ses ongles s'enfoncèrent un peu plus.

— C'est pour t'empêcher de te comporter comme un animal.

Il se pencha vers elle, son souffle dans son oreille, ses mains autour de son cou.

— Qu'est-ce que tu trafiques avec ce bâtard de rouquin ? Tu le laisses fourrer sa bite en toi ?

— Non.

Miki avait vraiment peur, à présent. Si Kurt pensait que Leon avait pris sa virginité, elle aurait de très gros ennuis. Père leur avait appris qu'elle ne possédait rien de plus précieux et Kurt considérait que défendre son honneur relevait de son devoir.

— Je n'arrive pas à y croire. Je t'ai sauvée de l'incendie, et c'est comme ça que tu me remercies ?

Quand il la relâcha, elle faillit tomber de sa chaise.

— Je vais le retrouver et lui faire regretter d'être né.

Il envoya valser une chaise et se dirigea à grands pas vers la porte à l'arrière.

— Non ! s'écria Miki en tentant de le retenir par le bras.

Elle avait entendu Leon dire à Kurt qu'il se rendait au grand arbre. Elle ne devait pas laisser partir son frère.

— Où vas-tu ? lança-t-elle. Je n'ai rien fait. Il ne m'a pas touchée.

Kurt la repoussa si fort qu'elle percuta le mur.

— J'ai toujours eu confiance en toi, et tu m'as trahi. Fin de l'histoire.

Il l'attrapa par les épaules, la plaqua au mur et la relâcha si soudainement qu'elle chancela. Puis il la frappa deux fois : la première, d'un puissant revers de la main à la pommette, la deuxième, d'un coup de poing dans l'œil. Elle trébucha en arrière, étourdie, un goût de rouille dans la bouche. Lorsqu'elle toucha son visage, elle vit du sang sur ses doigts. Quand il attrapa son manteau et ses clés, elle voulut le retenir une dernière fois pour l'empêcher de retrouver Leon.

Il la repoussa, la gifla en crachant :

— Ta place est ici, avec moi.

Il la laissa s'avachir sur le sol. Elle entendit la clé tourner dans la porte.

Malgré la douleur qui lui brûlait le visage, l'adrénaline la poussa à se relever. Elle courut à la fenêtre et vit Kurt passer au sous-sol et en ressortir avec sa carabine, qu'il jeta à l'arrière du 4 × 4. Depuis le siège conducteur, il la foudroya du regard, si furieux qu'elle voyait presque des étincelles irradier de sa peau. Il articula : *Je vais le tuer.* Elle n'en doutait pas. Dans un nuage de gravillons, il fit rugir le moteur de sa voiture et partit si vite de la cour que des cailloux frappèrent la clôture.

Miki resta un instant paralysée, mais elle savait qu'elle devait se dépêcher d'aller chercher de l'aide. Avant tout, elle devait camoufler les dommages que Kurt lui avait infligés.

Le miroir lui montra une inconnue bouffie, avec un œil au beurre noir et une lèvre gonflée. Elle s'était mordu la langue à trois endroits et avait une marque sur la pommette, une tache écarlate en forme de rose. À croire qu'un ours l'avait attaquée – un énorme ours brun aux pattes puissantes. Un sanglot monta dans sa gorge et l'une de ses oreilles bourdonna comme des abeilles dans les bourgeons des pommiers. Pas le temps de s'apitoyer. Elle enroula une écharpe autour de son visage pour ne montrer que ses yeux, attrapa un couteau et enleva le clou de l'appui de fenêtre – plus besoin d'être discrète. Elle vida les emballages de la caisse, laissant des canettes partout par terre, puis la laissa tomber dehors sans s'embêter avec les ficelles. Elle s'extirpa de la cuisine, le visage vibrant de douleur.

Dehors, il s'était mis à pleuvoir. Tant mieux. Car la rue était déserte lorsqu'elle se mit à courir. Elle n'avait pas de plan, à part aller chez Wendy, qui connaissait un peu Kurt et qui lui avait proposé son aide. Mais personne ne répondit lorsqu'elle frappa à sa porte. Dans le jardin d'à côté, Bonnie sautait sur la clôture. Tandis que l'averse s'intensifiait, Miki s'attarda sur le seuil, paniquée et ne sachant que faire, espérant désespérément que Wendy rentrerait bientôt. Rosie, le chien de Max, vint de l'arrière de la maison pour la renifler de sa truffe humide. Elle la repoussa fermement – elle n'avait pas la tête à ça. L'image de Kurt fonçant dans la forêt et prenant le virage vers son arbre la hantait. Elle l'imaginait crapahutant sur le sentier, s'arrêtant devant l'arbre, sortant sa carabine pour la charger. Elle avait déjà craint qu'il ne perde le contrôle, avec cette arme. Et cette fois, enragé, honteux à l'idée qu'un homme l'avait déflorée, il perdait la raison.

Elle ne pouvait plus attendre. Elle irait à l'office de tourisme et, si Geraldine n'y était pas, elle se rendrait directement à la police.

Elle dévala la colline malgré la douleur lancinante de son visage, et entra dans le bâtiment, trempée. Geraldine était assise à son bureau, un livre entre les mains. Elle leva les yeux, surprise.

— C'est toi, Miki ? Enlève ton écharpe, il ne pleut pas ici.

Miki ôta son manteau en vitesse et défit l'écharpe.

— Mon Dieu ! s'étrangla son amie. Qu'est-ce qu'il t'a fait ?

— Il faut prévenir la police. Kurt est parti à la poursuite de Leon.

Sa voix était rauque et elle avait du mal à articuler à cause de sa langue entaillée.

Geraldine s'empara du téléphone, composa le numéro et lui tendit le combiné. Miki ne s'était jamais servie d'un téléphone. Ils n'en avaient pas eu, à la ferme, et ensuite, seul Kurt avait eu un portable.

Fergus décrocha et demanda ce qu'il pouvait faire pour elle. Elle expliqua la situation, étonnée de s'entendre parler si calmement, comme si elle était quelqu'un d'autre, une femme qui savait ce qu'elle faisait. Elle décrivit à Fergus l'emplacement précis du grand arbre, puis lui donna les coordonnées relevées sur une carte que Geraldine avait dépliée devant elle. C'était presque comme dans un rêve ; Miki avait l'impression qu'elle volait près du plafond, d'où elle s'observait, avec son visage massacré, bleui.

— Merci, fit Fergus. J'y vais tout de suite. Je vais appeler un groupe d'intervention spécial et ils nous enverront bientôt des renforts.

Miki rendit le téléphone à Geraldine, qui raccrocha en la regardant d'un air apitoyé.

— Qu'est-ce que tu vas faire ? lui demanda-t-elle. Tu ne peux pas rentrer chez toi.

Des larmes chaudes glissèrent sur les joues de Miki et lui piquèrent la peau. Geraldine contourna le guichet et posa doucement son bras autour de ses épaules. Ce simple geste déchira Miki en deux. Elle éclata en sanglots libérant le chagrin enfoui en elle depuis trop longtemps comme dans un puits sans fond.

— Ma pauvre petite, fit Geraldine. Il faut que tu te libères de cet homme.

— Je m'inquiète pour Leon.

— Moi aussi.

Geraldine la serra dans ses bras comme on ne l'avait plus serrée depuis qu'elle était enfant, et cela lui fit du bien, un vrai soulagement. Geraldine était douce mais forte. Elle était chaleureuse et loyale, une amie sur laquelle on pouvait compter.

— Maintenant, dit Geraldine en s'écartant lentement, nous devons te conduire dans un endroit sûr où tu pourras te calmer et te nettoyer un peu.

Elle donna un parapluie à Miki, des clés, et les indications pour retrouver sa maison.

— Tu peux t'asseoir dans la cuisine et te faire une tasse de thé. Je rentrerai dès que possible, mais tu dois me promettre de ne pas partir, parce que je ne saurai plus où tu es. Prends une douche, réchauffe-toi, monte le chauffage. Le séchoir est dans la buanderie. Mets tes vêtements près du radiateur et enfile mon peignoir.

Miki hésita.

— Il n'y aura personne chez vous ?

— Je vis seule.

Miki prit les clés, enroula de nouveau l'écharpe autour de son visage avant de ressortir dans la tourmente. Le vent tenta de retourner le parapluie, si bien qu'elle le tendit face à la pluie et pressa le pas.

La maison de Geraldine était un petit cottage en bardage bleu et fenêtres blanches, au bout d'une allée bordée de rosiers. De l'autre côté de la route se trouvait une aire de jeux près d'un fossé verdoyant : deux balançoires et un toboggan. Désertée, car tous les enfants étaient à l'école. À l'arrière de la maison, Miki lâcha le parapluie par terre et ouvrit la porte. Il était étrange de pénétrer sur le territoire de Geraldine ; elle avait l'impression d'être une intruse espionnant la vie de quelqu'un d'autre.

Dans la buanderie, elle enleva ses chaussures trempées et les plaça près de la machine à laver, avant de retirer son manteau et de l'accrocher à la patère. La douleur fut presque insoutenable lorsqu'elle dénoua l'écharpe, que la pluie avait collée à sa peau. L'espace d'un instant, elle crut qu'elle allait tomber dans les pommes, mais la sensation de brûlure s'apaisa un peu.

Le silence régnait à l'intérieur – on n'entendait que le claquement de la pluie sur le toit. La maison était paisible – contrairement à Miki. Transie, elle grelottait dans ses vêtements mouillés, et mille inquiétudes à propos de Leon et Kurt tourbillonnaient dans sa tête. Elle s'attarda sur le seuil de la buanderie, n'osant pas avancer plus loin. D'une certaine façon, il lui semblait mal de s'imposer ainsi, même si elle en avait reçu la permission. Elle n'était jamais rentrée chez quelqu'un. Cela dit, elle ne pouvait pas rester là toute la journée. Après s'être mise en sous-vêtements, elle porta le séchoir jusqu'au salon, marchant sur la pointe des pieds sur la moquette crème, puis posa le séchoir devant le chauffage à gaz qu'elle alluma.

Geraldine lui avait conseillé d'enfiler son peignoir, alors Miki alla le chercher, passant d'une pièce à l'autre d'un pas hésitant. Tout était bien ordonné et sentait le frais, une odeur de lessive et de savon. La cuisine était petite et bien tenue ; pas de vaisselle dans l'évier, tout avait été essuyé et rangé, comme chez elle. Sur la table, le journal était plié comme s'il n'avait pas été lu, et même les fruits dans le saladier étaient impeccables.

Miki entra doucement dans la chambre de Geraldine, meublée d'un lit double et d'une table de chevet où étaient disposés une lampe, un paquet de bonbons à la menthe et une paire de lunettes de lecture sur un livre. Le lit était fait au carré et recouvert d'une couverture en mohair. Les chaussons de Geraldine pointaient de sous le couvre-lit. La robe de chambre, elle, était accrochée à une patère derrière la porte – rose pâle, avec des roses rouges semblables à celles du jardin. Toute tremblante, Miki l'enfila. La salle de bains, ancienne mais propre, comme celle de Miki, était pourvue d'une jolie baignoire profonde. La jeune fille tira une serviette d'un placard à linge dans le couloir et prit une douche pour se réchauffer comme Geraldine le lui avait conseillé. Elle garda la tête baissée pour éviter de s'apercevoir dans le miroir. Son visage tout entier lui semblait gonflé et bizarre. Si elle se voyait, elle risquait de se mettre à pleurer et les larmes piqueraient sa peau éraflée.

Après, drapée dans la robe de chambre, Miki s'assit dans le salon qui donnait sur la rue. Nerveuse, elle attendait qu'il se passe quelque chose, mais elle n'aurait aucune information avant le retour de Geraldine, et qui savait quand elle rentrerait ?

La pluie tombait encore et la journée lui paraissait interminable même si la petite pendule de cristal lui indiquait qu'il n'était que dix heures du matin. Elle ne pouvait pas contrôler le tourbillon de ses pensées et savait qu'elle deviendrait folle si elle ne faisait rien pour se changer les idées. La bibliothèque de Geraldine se trouvait près de la porte coulissante, dans le couloir. Miki alla l'inspecter – les livres pourraient peut-être la sauver, une fois de plus.

Les ouvrages étaient soigneusement alignés, du plus petit au plus grand. Sur l'étagère du haut, les livres présentaient des dos identiques. Parmi eux, elle reconnut *Les Hauts de Hurlevent*, *Jane Eyre* et *Tess d'Urberville* : des titres familiers, ses préférés. Mais il y en avait tant d'autres : *Emma*, *Orgueil et Préjugés*, *Persuasion*, *Les Misérables*, *Le Portrait de Dorian Gray*, *De grandes espérances*, *Le Maire de Casterbridge*, *Anna Karénine*, *Portrait de femme*, *Madame Bovary*, *Frankenstein*. Tout un monde de livres qu'elle pourrait peut-être emprunter un jour. Sur les étagères inférieures, Geraldine avait une collection de livres plus récents. Miki scruta leurs titres, il lui tardait de pouvoir les lire aussi.

Malgré la peur et la douleur, elle sentit quelque chose s'épanouir en elle. Sa vie avait changé. À compter du jour où elle avait trouvé et volé la clé. Et, depuis qu'elle s'était enfuie ce matin par la fenêtre de la cuisine, elle avait de nouveau basculé, de façon irrévocable.

Elle ne pourrait plus revenir en arrière.

43

Leon dévalait le sentier menant à la plantation lorsqu'il entendit un craquement assourdissant. La tourmente s'était apaisée avant que l'orage n'éclate. L'air était étouffant, le silence, pesant, et le ciel noircissait à vue d'œil tandis que des éclairs fusaient au loin. Le grondement du tonnerre se rapprochait. Leon sentait que quelque chose n'allait pas.

Un autre craquement. De l'écorce explosa sur un arbre tout proche et, d'instinct, Leon se jeta au sol. Ce n'était pas le tonnerre – mais une détonation !

Il sut aussitôt que c'était Kurt. Qui d'autre ? À la boutique, Kurt lui avait demandé où il allait et, bêtement, Leon lui avait répondu. Il ignorait pourquoi ce type l'avait suivi jusqu'ici. Mais maintenant qu'il avait découvert son secret, le frère de Miki avait de nombreuses raisons de le traquer et de l'abattre – Leon n'en doutait pas un seul instant.

Il s'accroupit dans les taillis humides, ses sens en alerte, guettant le moindre bruit. La pluie se mit à crépiter doucement sur les feuilles et le vent souffla dans la canopée. Les oiseaux pépièrent. L'écorce grinça. Leon ne savait pas où se trouvait Kurt, mais s'il ne voulait pas finir enterré près des sacs de billets, il devait bouger.

Sans se relever, il se déplaça en travers de la descente pour s'éloigner du sentier. Les sous-bois, encombrés de taillis et de branches, regorgeaient de pièges. Des herbes coupantes lui lacéraient la peau. Les brindilles craquaient. Il se déplaçait précautionneusement. Kurt devait l'attendre sur le sentier. Un craquement trop fort et Kurt saurait où le trouver.

Leon n'arrivait pas à y croire : c'était à la fois surréaliste et terrifiant. Il était un animal tapi dans les fourrés et Kurt était le chasseur.

Qu'est-ce qui avait poussé Kurt à le prendre en chasse ? Les gens avaient visité cette partie de la forêt depuis des semaines sans que Kurt les poursuive, cela ne rimait à rien. Il avait dû se passer quelque chose.

Leon progressait en haletant entre les buissons, et la forêt respirait elle aussi. Puis la pluie cessa et le silence s'installa. Leon avait conscience du moindre bruit, du moindre mouvement, de la moindre variation dans le bush. L'odeur poivrée des arbustes. Le parfum capiteux de la terre. La lumière brumeuse. La caresse des feuilles sur ses joues. Il vit les nuages bas déployés comme un manteau au-dessus de la forêt. Au loin, le tonnerre gronda.

Lorsque son genou brisa une brindille, le bruit résonna. En contrebas, un fracas dans les taillis lui indiqua que Kurt approchait. Son instinct lui cria de se mettre à courir mais le plus petit geste pouvait le trahir. Il s'efforça de se calmer afin de pouvoir réfléchir. Il devait y avoir quatre-vingts mètres entre eux, il avait donc un peu de temps.

Une détonation, un impact dans un arbre, quelque part. Pas trop près. Kurt tirait au hasard. Il ignorait où se trouvait Leon. Accroupi, Leon passa par-dessus un tronc glissant – puis il dérapa et tomba, emportant la végétation avec lui. Il s'immobilisa et retint son souffle en priant pour que Kurt n'ait rien entendu. Le fracas cessa aussi dans les taillis : comme lui, Kurt devait tendre l'oreille.

À quatre pattes, Leon se remit en route pour s'éloigner davantage de Kurt. Les sous-bois se dégagèrent un peu et, à moitié accroupi, il se mit à courir. Le terrain était peu praticable et irrégulier et, tout en fonçant dans les fourrés, il craignait de faire trop de bruit. Il devait trouver une cachette.

Il arriva dans un bosquet de hautes herbes et se faufila à l'intérieur. Les frondes des fougères s'agitaient au-dessus de sa tête, laissant apparaître le ciel maussade. Il tâta sa poche à la recherche de son téléphone pour vérifier le réseau mais l'écran s'était brisé et le portable ne s'allumait plus – il était inutilisable. Il le remit dans sa poche. Accroupi, il attendit, guettant des signes de Kurt.

Maintenant qu'il ne bougeait plus, son esprit s'emballa. Des pensées et des images fusèrent comme un feu d'artifice. Il se voyait mort sur le sol de la forêt, les yeux vitreux, un trou dans la tête. Il imagina le visage de sa mère qui lui téléphonait encore et encore, en vain. Son père, assis dans son lit, fripé et jauni. Son grand-père, seul dans sa chambre, fixant une porte qui ne s'ouvrirait jamais plus. Bonnie, qui courait en rond dans le jardin, gambadant le long de la clôture avant de s'asseoir calmement pour fixer la route. De la nourriture pourrissant dans son frigo. Les autres gardes forestiers qui l'attendaient cet après-midi ; Terry participant à l'organisation des recherches.

La vie n'était pas censée se résumer à ça : fuir effrayé un prédateur. La vie était censée offrir l'occasion d'accomplir bien plus que ce que Leon avait fait jusqu'à présent en vingt-six ans. La vie n'était pas faite pour être volée.

Sa respiration ralentit et son esprit s'éclaircit. Les bruits de la forêt résonnaient tout autour de lui. Il était tel un lapin, les oreilles et les yeux réglés pour détecter l'approche de son chasseur. Le moindre craquement pouvait venir de Kurt. Est-ce que c'était des pas – ce bruit régulier de froissement de feuilles ? Devait-il s'enfuir ?

Il ne pouvait attendre plus longtemps. Il s'extirpa de sa cachette entre les fougères et partit à toute vitesse, plus rapide que l'éclair, paniqué, trébuchant dans la pente. Il faisait beaucoup trop de bruit, forçant le passage dans des massifs végétaux tandis que des fleurs d'acacias libéraient de la poudre jaune sur ses cheveux. S'il parvenait au sentier principal, il pourrait sprinter jusqu'à sa Toyota. Par où aller ? Il était déboussolé. Tous les arbres se ressemblaient.

Il parvint à une zone de reboisement qu'il traversa en trombe avant de remonter sur la colline afin de brouiller sa piste. Des brindilles et des débris végétaux craquelèrent sous ses pieds, mais il ne pouvait pas se permettre de ralentir.

Arrivé devant un chantier de coupe récent, il s'arrêta pour tendre l'oreille. S'il traversait la clairière, il serait à découvert – il ne pouvait pas courir ce risque. Il repartit dans l'autre sens en dévalant la colline, sautant par-dessus des tas d'humus, de terre et de branches mortes, fonçant à travers des cimes abattues et des monceaux d'écorces. Une fine branche se coinça entre ses jambes et le fit tomber à quatre pattes. Dans sa chute, une brindille se planta dans la paume de sa main. L'adrénaline le poussa à se relever et à foncer vers un massif de buissons en contrebas où il pourrait se mettre à plat ventre pour récupérer.

À l'orée de la clairière, une détonation retentit et de la terre explosa près de ses pieds. Kurt lui tirait de nouveau dessus. Leon bondit sur le côté. Tandis que d'autres balles ricochaient autour de lui, il s'écrasa contre un tronc couché et s'ouvrit le menton sur une branche tombée lorsqu'il plongea dans les broussailles.

La voix de Kurt retentit dans la clairière.

— T'as niqué ma sœur, salaud. Maintenant, c'est moi qui vais te niquer.

À couvert, Leon s'accroupit et tenta de reprendre

son souffle alors que des balles percutaient des arbres alentour. De quoi parlait-il ? Il n'avait pas touché Miki ! Ce type était tellement fou qu'il ne connaissait pas sa propre sœur. Leon tenta de réfléchir à ce qu'il devait faire. Il était trempé de sueur, tant à cause de sa course que de la peur qu'il éprouvait, et il sentait sa propre odeur : forte et rance. Il évalua la situation : il était couvert de boue et de coupures, une manche de sa chemise était trempée de sang car il s'était ouvert le bras, sans parler de son menton écorché. Ce constat faillit lui arracher un sanglot. Il devait rester calme, ou il allait craquer.

À travers le feuillage, il voyait Kurt à présent, dans la clairière, scrutant le bush avec le regard perçant et farouche d'un prédateur. Son manteau rouge le rendait facile à repérer. Heureusement, dans son uniforme kaki, Leon était mieux camouflé. Il inspira sans bouger. Kurt guettait le moindre signe ; un bruit, un mouvement pouvait trahir sa présence.

Le crachin se transformait en pluie : de grosses gouttes éclaboussaient les feuilles. Leon savait que le déluge était pour bientôt. Lorsque Kurt s'engagea dans la descente, Leon se mit en mouvement aussi, s'extirpant des frondes et zigzaguant entre les arbres, se glissant sous les fougères arborescentes, puis derrière les énormes racines d'un arbre tombé qui le protégeaient comme une muraille.

Il traversa la pente et se retrouva dans un ravin où des myrtes hauts faisaient de l'ombre. Le terrain était marécageux et Leon se glissa le long d'une pente abrupte pour traverser un ruisseau, plongeant ses chaussures de marche dans la boue noire. L'autre rive était semée de débris qu'il dut traverser péniblement. Son pied se prit dans un rondin pourri coincé dans une fissure, et il tomba une nouvelle fois dans la boue en se tordant la jambe.

Son genou lâcha, provoquant une douleur aiguë, et il lui fallut un moment pour se libérer. Leon imagina Kurt rampant vers lui, la carabine braquée sur lui. Puis il entendit un bruit tout proche : Kurt, juste de l'autre côté du ravin, qui dévalait la colline.

Leon s'enfouit dans les fougères qui lâchèrent un nuage de spores sur sa tête. Sa jambe refusait de supporter son poids correctement mais il avançait tout de même – s'il s'arrêtait de courir, il serait fichu. Dissimulé derrière les fougères, il attendit que Kurt passe, guettant le bruit de ses pas crissant dans les fourrés. Il aperçut une tache rouge à seulement une vingtaine de mètres, puis le long canon de la carabine et la ligne dure de la bouche de Kurt. Leon se figea en retenant son souffle.

Quand Kurt eut disparu, Leon se remit en mouvement, vers le pied de la colline. Les hauts arbres laissèrent place à la forêt humide où tout était plus doux, plus silencieux : des myrtes et des fougères poussaient dans des zones de boue collante. L'humidité rendait tout glissant – il dérapa sur un bâton et s'écrasa au sol, le souffle coupé. Alors qu'il essayait d'inspirer, sa tête se mit à tourner dangereusement. S'il s'évanouissait maintenant, Kurt le descendrait et laisserait son corps pourrir là. Personne ne le retrouverait.

Il se força à se relever malgré ses jambes d'astronaute, décrochées de la gravité. Puis il revit Kurt et se baissa doucement dans la boue. Kurt avait traversé le ravin et remontait la pente à grands pas en scrutant les environs. Leon se glissa sous un tronc avant de le regretter : s'il était repéré, il aurait du mal à se relever et à courir. Mais Kurt était si près qu'il ne pouvait bouger.

Il vit les jambes de son ennemi passer devant lui. Et si Kurt se baissait et regardait sous le tronc ? Devait-il attendre ce moment ou devait-il attaquer en premier ? Il pouvait assommer Kurt et tenter de lui arracher son arme. S'il décidait de le frapper, il n'aurait pas le droit à l'erreur.

Leon n'avait jamais eu les idées aussi claires. C'était le moment ou jamais.

Quand il lança sa jambe pour frapper Kurt avec son pied, il eut l'impression de cogner un arbre. L'homme tomba et Leon s'extirpa de sous le tronc, cherchant la carabine. Elle était à terre, derrière Kurt, qui était allongé tête la première dans la boue. Ce dernier roula sur le dos et se mit à chercher son arme en grognant. Leon savait qu'il ne l'attraperait pas en premier.

Il se remit donc à courir comme un wallaby effrayé, fonçant à travers les buissons et les acacias, franchissant un tronc d'un bond. Miracle, son genou fonctionnait toujours. Il courait si vite que ses pieds touchaient à peine le sol tant il était porté par l'adrénaline. Kurt allait se relancer à sa poursuite ; plus besoin de se soucier du bruit.

Une balle percuta un arbre derrière lui et il fonça dans les buissons, tête basse, sautant de-ci de-là pour rester hors de vue. À l'orée d'une autre zone déboisée, il marqua une pause. Dans la clairière dévastée, trois arbres se dressaient comme des soldats et le sol était un champ d'écorces et de branches brisées. Il n'avait pas le choix – il devait traverser cet endroit à toute vitesse. Concentré, il sprinta, complètement à découvert, fonçant comme un fou droit devant, trébuchant et tombant. S'il parvenait à rejoindre la forêt, il pourrait dévaler la colline et retrouver le sentier menant à sa voiture.

Le vent souffla autour de lui, et le déluge commença. On aurait dit une rivière tombant du ciel, de l'eau s'écrasant sur des rochers. Il fut trempé en quelques secondes.

En apercevant la lisière de la forêt, il redoubla d'efforts. Ses vêtements lui collaient au dos. Sautant dans les bras tendus du bush, il glissa, tomba encore, trébucha sur des brindilles et un enchevêtrement d'herbes hautes. Sa jambe droite se replia, coincée dans des plaques d'écorce, et son épaule percuta un tronc : la douleur fut telle qu'elle lui arracha un cri. Il se força à se relever en chancelant et reprit sa course. Il obligerait son corps à fonctionner, que la douleur aille au diable !

À travers la pluie, il entendit un cri :

— T'es où, espèce de connard ?

Puis Leon sortit du bush pour courir sur le sentier en balançant ses bras malgré son épaule blessée et la pluie qui ruisselait sur son visage. Heureusement qu'il y avait eu les entraînements de footy. Ses muscles étaient durs et son mental d'acier. Mais une fois que Kurt aurait rejoint le sentier, lui aussi serait rapide.

Tandis que Leon courait, il trouva son rythme, soufflant à chaque foulée. À travers le rideau de pluie, il voyait à peine où il allait. À tout instant, Kurt pouvait sortir du bush et lui tirer dessus.

Une détonation sonore venue de derrière fit exploser de la boue sur ses talons et Leon s'écarta d'un bond, plongeant dans les buissons tel un goal dans sa cage. Il gravit la pente à toute vitesse en battant des bras pour écarter les branches. Des herbes coupantes lui tailladaient la peau et lui enserraient les jambes, le ralentissant comme une ligne de canne à pêche.

Vingt mètres plus haut, il se dissimula dans un massif d'olearias pour gagner du temps et reprendre son souffle. Au début, il n'entendait que sa propre respiration rauque et le crépitement de la pluie sur les feuilles. L'averse le camouflait, en quelque sorte, mais pour combien de temps ? Il n'avait aucune idée de la distance qui le séparait de la Toyota : vingt mètres ou deux cents ? Et maintenant qu'il s'était arrêté, le froid s'immisçait en lui et il se mit à frissonner. Il était trempé, meurtri, en sang, des morceaux de branches dans les cheveux, des feuilles dans le dos, des fougères dans les chaussures, une sangsue sur l'œil. Il l'arracha : elle était gorgée de sang.

Kurt devait toujours être sur le sentier. N'aurait-il pas déjà dû apparaître ? Mais le temps s'était étrangement déformé à partir du moment où Kurt lui avait tiré dessus pour la première fois et Leon était incapable de dire depuis combien de temps ce psychopathe le pourchassait.

Dans l'attente, il eut l'étrange sensation d'être hors de lui-même. Il était un aigle volant dans la canopée, regardant de haut son corps sali et meurtri, recroquevillé au sol. Il vit sa propre terreur, comme si elle appartenait à quelqu'un d'autre, jusqu'à son visage blafard et les taches de sang où la sangsue l'avait mordu. Des visions clignotaient et tourbillonnaient devant ses yeux. Il faisait du kayak sur les eaux calmes du canal près de l'île Bruny, il plongeait sa pagaie et louvoyait entre les cygnes. Il prenait le ferry pour traverser – non, il était un cormoran planant juste au-dessus des vagues. Il pêchait depuis les rochers sous le Cap Fluted. Sur ce même cap, vautré sur une couverture, il perdait sa virginité avec une jeune femme dont les baisers évoquaient des battements d'ailes de papillon sur son visage. Il jouait au ballon sur la plage avec son père. Il était au phare, d'où il contemplait le vaste océan Austral. Il était debout sur les falaises, hurlant dans le vent.

Puis une tache rouge le ramena dans son corps – Kurt se rapprochait, bien trop près. Doucement, Leon se déplaça dans les buissons en chassant l'eau de ses yeux. Les branches s'écartaient et le trempaient en revenant en place. Il s'arrêta. Entre les touffes d'herbes hautes, il observa Kurt qui scrutait la forêt. Puis ce dernier se tourna vers lui et Leon retint son souffle, encore, encore et encore…

Un fracas retentit un peu plus haut, dans l'alignement parfait de sa cachette. Sans doute un wallaby. Quel foutu manque de chance. Kurt leva sa carabine et tira. Il toucha un arbre.

— Bouge encore, fils de pute, cria Kurt. Je finirai par t'avoir.

Trois coups de feu supplémentaires, puis Leon l'entendit recharger son arme. C'était le moment ou jamais de repartir. Si Kurt entrait dans la forêt, Leon serait une cible facile. Mais comment se déplacer sans attirer son attention ?

Kurt se mit en mouvement en premier, sans quitter le sentier, passant à quelques mètres de lui. Allongé sur le dos, Leon plissait les yeux sous la pluie, presque hystérique tant il était soulagé, les mains tremblantes, le poitrail comprimé, les nerfs à vif. Il rampa dans les herbes hautes frémissantes vers le sommet de la colline en évitant les bouts de bois.

Puis il glissa et tomba sur une branche qui craqua sous lui. Malgré le grondement de la pluie, il entendit des pas lourds et précipités – Kurt fonçait droit vers lui.

Un fracas de broussailles lui indiqua précisément le moment où Kurt entra dans la forêt. Puis une rafale de balles percuta un tronc d'arbre un peu plus bas. Le wallaby apeuré jaillit de sa cachette et fila ventre à terre sur une sente à la droite de Leon en martelant le sol avec ses pattes arrière. Kurt obliqua dans leur direction.

Paniqué, le garde forestier progressa vers le haut, à travers des écheveaux d'herbes coupantes qui lui scièrent le cou et lui fouettèrent les mains. Il parvint à rester devant et hors de vue, pendant que Kurt allait et venait en tirant dans des taillis. Chaque coup de feu faisait sursauter Leon.

Tandis que Kurt progressait vers le sommet de la colline, Leon se mit à redescendre, penché sur des rochers et des troncs couchés, des tas de brindilles et de graminées. Devant lui, les arbres s'espaçaient. Il vit une trouée et s'y précipita. Il ne se souciait plus d'être bruyant, comptant sur l'avance qu'il avait sur Kurt avant que ce dernier ne le prenne en chasse.

Lorsqu'il se retrouva sur le sentier, il s'aperçut qu'il était allé trop loin. Il avait dépassé l'endroit où il avait garé la Toyota. Et Kurt arrivait à grands pas.

Il se mit à courir sur le chemin. Personne ne pouvait le rattraper sur un terrain de footy, et il n'avait jamais été aussi motivé qu'à cet instant. La seule chose qu'il ne pouvait battre à la course, c'était les balles.

Le grand arbre se dressait devant lui, l'arbre de Miki. Le 4 × 4 de Kurt était garé sur le sentier et Leon ne pourrait jamais le contourner avec sa voiture. Il était foutu – il devait retourner dans le bush.

Puis il pensa à vérifier le véhicule de Kurt, au cas où il aurait laissé les clés à l'intérieur. Il ouvrit la portière à toute volée. Les clés étaient sur le contact. Le cœur battant, il grimpa derrière le volant et, lorsqu'il démarra, le moteur gronda. Il n'avait pas le choix, il devait rouler dans la direction de Kurt et de son arme : la Toyota et la remorque bloquaient le sentier de l'autre côté.

Leon passa la marche arrière et fit demi-tour pour partir enfin d'ici. Il repassa la première dans un hurlement de moteur et écrasa l'accélérateur. Comme le 4 × 4 bondit, il passa brusquement la seconde pour gagner de la vitesse. Il tourna dans un virage.

Kurt était là, couché sur le sentier, la carabine braquée vers lui.

Recroquevillé derrière le volant, Leon appuya davantage sur l'accélérateur. Il devait foncer sur Kurt, il ne pouvait plus s'arrêter maintenant. Le coup partit – pas dans le pare-brise, comme il s'y attendait, mais dans une roue – et le véhicule ralentit et fit un écart avant de déraper. Lorsque Leon voulut corriger la direction, les roues patinèrent.

Il percuta un obstacle dans un bruit terrible, avant de rentrer dans un arbre sur le bord du sentier. Le véhicule se renversa. Du verre se brisa. La portière fut arrachée. Leon s'avachit derrière le volant, désorienté par l'arrêt brutal et une douleur grandissante dans sa cage thoracique. Il n'arrivait plus à respirer, à bouger ; il risquait de mourir, là. Mais l'instinct de survie lui donna un regain d'énergie pour s'échapper par la portière arrachée et sauter dans les fourrés.

À quatre pattes, tordu de douleur, il rampa dans la montée pour essayer de s'éloigner de Kurt et du 4 × 4 endommagé. Il finit par s'arrêter pour examiner ses blessures. Il était dans un piteux état : des coupures partout, une brûlure énorme sur l'abdomen où il avait percuté le volant. Souffrait-il d'une hémorragie interne ? Comme il n'entendait pas Kurt, il s'allongea au milieu des fougères ruisselantes de pluie tandis que les arbres tourbillonnaient au-dessus de lui. La pluie cessa et il n'entendait toujours rien. S'était-il échappé ? Pourquoi Kurt ne le suivait-il pas ? Avait-il abandonné ou se montrait-il délibérément silencieux, prévoyant de tendre une embuscade à Leon s'il se dirigeait vers la Toyota ?

Nauséeux, Leon comprit qu'il avait peut-être heurté Kurt sur le sentier. Mais il ne pouvait pas y penser. Ne pouvait pas y retourner. Si Kurt l'attendait, il n'aurait pas de deuxième chance.

Il se releva, parce qu'il n'avait pas le choix. Il ne pouvait pas rester là. Malgré le retour du silence, Kurt risquait toujours de se lancer à sa poursuite. Il avança d'un pas titubant, les jambes en coton. Il devait traverser la forêt et trouver une autre sortie.

44

Ce fut Max qui vit la Toyota passer. Il se trouvait près de la clôture de la cour, à la récré, avec Lily Moon, pendant une accalmie. Ils venaient de voir un hélicoptère voler au-dessus d'eux quand le Land Cruiser de Leon surgit dans la rue.

— Hé, dit-il à Lily lorsqu'il reconnut le logo des parcs nationaux sur la portière du conducteur. C'est Leon.

Ils avaient grimpé sur la clôture pour le saluer d'un signe de la main mais Leon les ignora. Penché sur le volant, il roulait à toute allure, alors il ne les avait peut-être pas vus. Max trouvait ça étrange. Leon lui disait toujours bonjour, et il n'avait pas pu manquer de les remarquer, Lily et lui, qui agitaient follement les bras sur la barrière.

La sonnerie retentit et ils rentrèrent en classe en traînant des pieds. Wendy était là, pour l'aide à la lecture. Elle venait une fois par semaine depuis qu'elle avait appris, pour Jaden. Elle voulait soi-disant s'assurer que Max ne prît pas de retard, mais lui savait qu'elle voulait le garder à l'œil. Il trouvait ça ennuyeux, car il pouvait très bien se débrouiller seul. Le directeur aussi le surveillait, tout comme les professeurs, et Lily Moon était son amie – ce qui était une bonne chose car elle était forte. Dès qu'ils croisaient Jaden, elle le fusillait du regard et il s'éloignait.

— Il a peur de moi, disait-elle.

Pour Max, Jaden avait surtout peur du père de Lily, parce que Mooney était effrayant – tous les enfants le pensaient.

Wendy avait emmené Suzie à la séance de lecture, et Mlle Myrtue lui avait donné un coloriage. Sa mère voulait toujours entendre Max lire en premier.

— Tu ne peux pas interroger quelqu'un d'autre, pour une fois ? lui demanda-t-il quand elle s'assit à côté de lui.

Le pull de sa mère dégageait une odeur de cigarette, en plus de son parfum sucré.

— Allez, Max, commençons.

Il n'arrivait pas à se concentrer car il pensait à Leon. Soudain, Max prit conscience d'une chose : ce n'était pas Leon qui conduisait la Toyota.

Sa mère s'impatientait.

— Allez, Max. Fais un effort.

— Maman… Lily et moi, on a vu la voiture de travail de Leon à la récré, mais ce n'était pas lui qui conduisait.

Sa mère plissa le front avant de hausser les épaules.

— Il y a plein de gardes forestiers, tu sais.

— Je crois que c'était Kurt, dit-il. C'était Kurt dans la voiture de Leon.

Wendy eut l'air contrariée.

— Impossible. Tu as dû te tromper.

Plus il y pensait, plus il était sûr de lui.

— Kurt n'a rien à faire dans la voiture de Leon, pas vrai ?

— Non, admit-elle avant de se lever et de tirer son téléphone de son sac à main rose. Je vais appeler Fergus. Même si tu te trompes, mieux vaut le prévenir.

Elle sortit de classe et Max se contenta de fixer son livre au lieu de le lire. Pourquoi Kurt conduirait-il la voiture de Leon ? Comment avait-il pu mettre la main dessus ? Et où était Leon ? Pourquoi avait-il laissé Kurt la prendre ?

Lorsque sa mère revint, elle était blême, malgré la couche de maquillage sur son visage. Elle alla trouver Mlle Myrtue, avec qui elle discuta à voix basse. La maîtresse jeta un coup d'œil à Max, puis sa mère vint lui annoncer qu'elle partait.

— Il a dit quoi, Fergus ? voulut-il savoir.

— Qu'il te remerciait et qu'il allait se renseigner.

Max savait qu'elle ne lui disait pas tout. Elle lui adressa un faux sourire pour le rassurer mais il remarqua son regard inquiet.

— Est-ce que Leon va bien ?

— Je ne sais pas. Je t'en parlerai plus tard.

— Non. Maintenant, maman.

Son visage était grave.

— Il a disparu, Max. Le groupe d'intervention spécial de la police est parti à sa recherche.

Max repensa à l'hélicoptère.

— Est-ce qu'il est blessé ?

— Peut-être.

Max était mort d'inquiétude.

— Je peux venir aussi ? Je dois savoir ce qu'il lui est arrivé.

Sa mère soutint de nouveau son regard. Elle savait à quel point Leon comptait pour lui.

— D'accord. Je vais parler à ta maîtresse.

Dehors, la pluie avait cessé mais le ciel était trouble. Max reconnut une odeur de fumée dans l'air. D'habitude, la pluie chassait cette odeur, alors Max se demanda s'il y avait une maison en feu quelque part ; ça arrivait parfois, dans le coin. Sa mère disait que c'était un désastre que tant de maisons brûlent en Tasmanie. Cela s'expliquait parce que les gens avaient des cheminées ouvertes et qu'ils ne faisaient pas attention – tout le monde n'avait pas de pare-feu devant son foyer. Même si les gens savaient que c'était un problème, ils pensaient que cela ne leur arriverait jamais, à eux.

Wendy, Suzie et Max se dirigeaient vers la sortie lorsque le garçon entendit la sirène de la caserne des pompiers. Il courut au portail et regarda en haut de la rue. De la fumée marron moutonnait dans le ciel.

— Ça a l'air tout près, dit sa mère. Sans doute en ville.

Elle prit Suzie dans ses bras et ils marchèrent rapidement vers la rue principale. Le 4 × 4 de Toby les dépassa, fonçant vers la caserne. Peu après, le camion de pompiers sortit du bâtiment, gyrophares allumés, sirène hurlante.

Le nuage de fumée qui se déployait dans le ciel sentait si mauvais que Max n'était pas certain de vouloir s'approcher. Mais sa mère fonçait comme si elle était attirée par un aimant.

Elle coupa par le square, traînant Suzie derrière elle tel un chien au bout d'une laisse.

Max courait avec elles, traversa la passerelle et se pressa sur le sentier gravillonné menant en ville. Le temps qu'ils atteignent la rue principale, ils entendirent un rugissement comme si un dragon avait été lâché sur la ville, tel que dans *Bilbo le Hobbit*. La fumée était noire et rageuse.

— C'est l'une des boutiques, dit sa mère.

Sur le trottoir d'en face, des gens se tenaient sur le bord de la route, observant le feu. Max eut si mal au ventre qu'il crut s'être pris une balle. Le petit restaurant de Miki brûlait, les flammes qui en jaillissaient évoquaient les griffes d'une bête sauvage attaquant les fenêtres et s'échappant de sous la toiture. Le camion de pompiers se trouvait au milieu de la rue ; Toby et les autres pompiers volontaires se pressaient pour rattacher les lances à eau.

— Il y a quelqu'un à l'intérieur ? demanda Wendy. Quelqu'un a pensé à Miki ?

Elle avait perché Suzie sur sa hanche ; la petite fille

pleurait mais on l'entendait à peine dans le grondement de l'incendie.

Des visages épouvantés se tournèrent vers Wendy : celui de Trudi, les yeux écarquillés et tristes telle une chouette ; celui de Liz, la mère de Lily. Et d'autres encore.

— Elle est peut-être à l'intérieur, hurla Wendy. Kurt l'enferme toujours.

— Personne n'a pu survivre là-dedans, ma belle, répondit un homme.

— Pourquoi les pompiers n'entrent pas pour la sauver ? demanda Max à sa mère.

Quand elle se tourna vers lui, elle avait une mine à faire peur.

— Ils ne peuvent pas entrer pour l'instant, dit-elle en posant une main sur son épaule. C'est trop dangereux.

Tout le monde fixait l'incendie d'un air horrifié. La chaleur qui s'en dégageait était terrible. Max se cramponna à la main de sa mère.

Dès que Toby et les pompiers eurent installé les lances, ils projetèrent des jets d'eau et d'écume sur la boutique. Max entendit de la glace se briser, de l'eau frémir, des flammes rugir. Il regretta de ne pas être resté à l'école. Il aurait voulu se cacher les yeux mais il était incapable de se détourner – il était comme hypnotisé.

Un pompier disposait des plots sur la voirie pour empêcher les gens de s'approcher trop près de l'incendie. Puis la voiture de police arriva. Fergus et son assistant descendirent du véhicule.

— Qu'est-ce qu'ils font là ? demanda Max à sa mère. Ils ne devraient pas être en train de secourir Leon ?

— Un groupe d'intervention spécial est parti à sa recherche. Fergus et Ken ne sont pas formés pour ça.

— Quel genre de groupe ?

Wendy ne répondit pas.

Les deux policiers firent reculer les gens pour éviter qu'il y ait des blessés. Le cœur de Max palpitait. Quand allaient-ils sauver Miki ? Wendy pleurait. Est-ce que ça voulait dire que Miki était morte ? Sa gorge se noua et ses yeux se remplirent de larmes. En haut de la rue, près de la quincaillerie, une voiture bleu clair s'arrêta au bord de la route. Max la reconnut : il connaissait tous les véhicules de la ville. Elle appartenait à la dame de l'office de tourisme. Il vit Miki en sortir, chancelant comme une ivrogne, le visage tuméfié. Elle avait un œil à moitié fermé et une marque rouge sur la joue.

Sa mère aussi l'avait vue.

— Oh, Dieu merci elle est vivante ! souffla-t-elle. Bon sang ! Regardez ce qu'il lui a fait ! Quel connard !

Elle sanglota doucement et poussa Suzie vers Max.

— Veille sur ta sœur. Je vais l'aider.

Max se cramponna à Suzie pendant que sa mère se précipitait vers Miki. Suzie se débattait comme une pieuvre ; elle voulait rester avec leur mère et le frappa si fort qu'elle lui fit mal. Pourtant, il ne la lâcha pas. Il vit Wendy prendre Miki dans ses bras et lui dire quelque chose, mais la jeune femme la fixa comme si elle lui était inconnue, avant de se libérer et de se précipiter vers la boutique.

Toby l'intercepta d'un bras en calant la lance à eau sous l'autre. Miki regardait autour d'elle tel un animal sauvage. Max voulait la rejoindre mais il était coincé avec Suzie, qui hurlait à présent. Il se réjouit quand sa mère se tourna vers lui, car il savait qu'elle allait venir récupérer sa sœur. Il la lâcha pour foncer vers Miki.

Elle avait contourné tout le monde et s'était arrêtée près de Trudi et Liz pour regarder le feu. Plus bas dans la rue, Max reconnut la Toyota de Leon.

Kurt était là. Il gravissait la pente en boitant, les épaules basses, le visage dur comme le roc. Il était affreux à voir. Son pantalon était déchiré et tout rouge, une entaille lui barrait le visage, du sang poissait ses cheveux et coulait dans son cou. Max était le seul à l'avoir repéré. Il le vit aussi saisir Miki par le bras et la tirer vers le bas de la rue comme une poupée de chiffon. Elle ne voulait pas le suivre. Max le voyait à la façon dont elle se penchait en arrière, comme si son frère et elle tiraient à la corde. Mais même blessé, Kurt était encore assez fort pour contraindre Miki à le suivre.

Max sut aussitôt ce qu'il devait faire. Il se faufila entre les gens, les poussant parfois hors de son chemin. Il dépassa les plots et sentit le souffle brûlant du brasier sur sa peau tandis que les flammes bondissaient vers le ciel. Il cherchait Fergus en hurlant son nom si fort qu'il eut l'impression qu'on lui avait raclé la gorge avec l'un des sarcloirs que son père rangeait dans la remise.

Là, il aperçut enfin Fergus et Toby. Max fonça vers eux puis hésita un instant en repérant l'équipement suspendu à sa ceinture : pistolet, matraque, menottes, radio, Taser.

Fergus baissa les yeux vers lui et Max lui hurla quelques mots dans l'oreille.

Puis le policier braqua son regard en contrebas, sortit son arme et se déplaça plus vite que Max l'avait jamais vu faire. Tout le monde recula comme si on venait de libérer un serpent.

Au bas de la rue, Fergus fonça vers la Toyota, suivi de près par Ken. Miki était assise sur le siège passager. Max voyait son visage blessé dans le pare-brise. Les deux agents braquaient leurs armes sur la voiture en criant. Comme dans les films, sauf que cela se produisait sous ses yeux. Max craignait qu'il n'y ait une fusillade car il savait que Kurt possédait une carabine – tout le monde le savait. Il voulait que Miki ait le temps de sortir de voiture et de se mettre à l'abri avant le début des coups de feu.

Max avait l'impression que le frère et la sœur se battaient dans l'habitacle. Miki tentait de saisir les bras de Kurt, peut-être pour l'empêcher d'attraper son arme. Il la frappa au visage et elle se recroquevilla comme un chien. D'autres cris fusèrent. Fergus rugit presque aussi fort que l'incendie.

Puis la portière s'ouvrit côté conducteur et Kurt descendit doucement, les mains en l'air, tel un criminel.

Fergus lui hurla de se tourner et de poser les mains sur le capot. Max pensait que Kurt n'en ferait rien – il avait la lèvre retroussée et son regard était plus dur que deux balles brillantes. Malgré tout, il obtempéra. Fergus lui passa les menottes. C'est là que les jambes de Max se mirent à flageoler. Il voulait que Fergus jette la clé dans les égouts afin que Kurt n'ait plus jamais les mains libres. Après ce qu'il avait fait à Miki, c'était tout ce qu'il méritait.

Fergus et Ken traînèrent Kurt dans la rue jusqu'à la voiture de police et le poussèrent à l'intérieur. Miki descendit de la Toyota en chancelant et resta là, sur le trottoir, les bras ballants. Max n'arrivait pas à deviner si elle se réjouissait que son frère ait été arrêté. Elle ne savait peut-être pas quoi en penser pour le moment puisque sa maison était en feu. Max voulait la rejoindre et lui prendre la main, mais il était mal à l'aise : elle n'avait pas l'air normal, avec son visage plein de bleus. Puis il eut honte de lui parce qu'il savait qu'à sa place, elle n'aurait pas hésité.

Les mains dans les poches, il marcha dans sa direction et resta près d'elle. Elle ne semblait pas se rendre compte qu'il était là, si bien qu'il sortit la main de sa poche et prit la sienne. Alors même que l'incendie diffusait une chaleur infernale, les doigts de Miki étaient froids et inertes, comme si le sang avait cessé de les irriguer. Il lui serra la main et elle baissa les yeux vers lui, son œil injecté de sang ressemblait à celui d'une créature dans un film d'horreur.

Pendant ce temps, Toby et les autres pompiers déversaient de l'eau et de la neige carbonique sur la boutique, et les flammes continuaient de tout dévorer comme si elles n'allaient jamais s'arrêter.

45

En ce début de soirée, Toby sortait une meule de foin pour ses vaches. La journée avait été longue et il avait bien besoin d'une bière, mais les vaches avaient froid et faim, et elles ne pouvaient attendre. Il était fatigué. Tout avait dégénéré depuis qu'on l'avait appelé à la caserne ce matin-là. Il s'était passé tant de choses. Kurt pourchassant Leon avec sa carabine. Le groupe d'intervention spécial de la police arrivant en hélicoptère, suivi d'un autre groupe au sol. Kurt arrêté dans la rue commerçante.

Pendant ce temps, Toby s'était battu une heure contre le feu qui avait ravagé la boutique de Kurt, puis il s'était joint au groupe de recherche pour retrouver Leon. Ensuite, les autorités avaient pris le relais et un autre hélicoptère avait été mobilisé, avec des maîtres-chiens. Ils avaient demandé des volontaires pour former le groupe qui quadrillerait la forêt, et Toby s'était présenté avec de nombreux habitants de la ville. Lorsqu'il les avait passés en revue, un sentiment de fierté l'avait envahi. C'était un groupe hétérogène mais, ensemble, ils formaient une communauté solidaire et soudée.

Près du grand arbre, ils avaient dépassé le 4 × 4 de Kurt. Puis ils avaient formé une chaîne humaine et passé les buissons au peigne fin en appelant Leon, redoutant le pire. Shane découvrit le téléphone du garde forestier dans la forêt, non loin du 4 × 4, rien d'autre. Toby espérait que le pauvre homme n'était pas en train de se vider de son sang quelque part. Il avait le pressentiment que Kurt lui avait tiré dessus.

En fin d'après-midi, Toby avait pris congé pour rentrer chez lui, où il avait beaucoup à faire. Il devait récupérer les enfants après leurs activités périscolaires. Et préparer le dîner puisque Steph finissait tard. Et couper du bois. Nourrir les bêtes. Il s'était senti coupable d'abandonner les recherches mais les bénévoles ne manquaient pas et il savait qu'ils se débrouilleraient sans lui.

Il finit de dérouler la dernière meule de foin et se pencha pour ramasser la ficelle : il ne voulait pas que les vaches l'avalent, elles risquaient une occlusion intestinale. D'habitude, être au grand air, dans le pré, lui remontait le moral, mais pas aujourd'hui. Il s'inquiétait pour Leon et Mooney l'avait déçu, car il n'avait pas participé aux recherches. Ça n'aurait pourtant pas dû l'étonner. Mooney était égoïste – Toby n'aurait rien dû attendre de lui. En fait, les seules qualités de Mooney, c'étaient sa femme et ses filles. Mais Leon faisait partie de la ville, maintenant, et il était grand temps que Mooney l'accepte. Les gens n'allaient plus tolérer son mauvais caractère.

Lorsqu'il rangea la ficelle derrière le siège du tracteur, Toby aperçut une forme au sol, là-haut, à l'orée de la forêt. Il ne parvint pas à l'identifier. Une couverture arrachée par le vent à une corde à linge ? Une vache couchée ? Étrange.

Il remonta la pente sur son tracteur, dont les roues crachaient de la boue dans le pré fangeux. Il dut ouvrir puis fermer deux portails à vaches et ce ne fut que lorsqu'il s'en approcha de près qu'il reconnut la silhouette d'un homme. Sa poitrine se comprima.

Il gara le tracteur en travers de la pente abrupte, sauta à terre et se pencha sur le corps, la gorge nouée. Sur le terrain de footy, Leon avait tâté le pouls de Mooney. Là, c'était à Toby de prendre le sien. Il posa ses doigts sur la peau froide du cou de Leon et poussa un soupir de soulagement en sentant un battement et en voyant le torse de son coéquipier se soulever et retomber doucement.

Il sortit son téléphone pour prévenir Steph, qui était à la maison avec les enfants, à l'abri de ce vent infernal. Il lui demanderait d'appeler une ambulance, puis il trouverait un moyen de mettre Leon à couvert.

46

Deux jours après l'incendie, Miki fut autorisée à entrer dans les ruines de sa boutique. Lorsqu'elle foula le tapis de cendres et de débris sur la dalle de béton, elle eut l'impression d'être un fantôme oscillant entre le présent et le passé. Son esprit voletait autour de son corps, se remémorait d'autres ruines, auxquelles il comparait celles-ci. En moins de deux ans, elle avait accompli un cycle – deux cycles, en fait. Elle finissait de nouveau sans rien, à part les vêtements qu'elle portait.

Cette fois-ci, elle n'était plus la même. Elle était plus âgée et plus forte, et elle avait des amis, de l'expérience, de l'assurance. Elle savait qu'elle pourrait recommencer à zéro car elle l'avait déjà fait. Elle savait aussi que le plus important dans la vie ne pouvait être brûlé. La liberté. La volonté. L'amitié. La détermination. Le courage. Toutes ces choses dont Kurt l'avait privée. Pourtant, elle s'inquiétait toujours pour son frère. C'était la seule famille qui lui restait. Son seul ami d'enfance. Le sauveur qui l'avait tirée de l'incendie. Son tuteur. Son guide. Elle se demandait comment il s'en sortait dans le centre de détention : est-ce qu'il lui en voulait, ou est-ce qu'il en voulait juste à la vie ? Miki lui rendrait bientôt visite. Mais pas tout de suite. Pas encore.

Elle avança à petits pas dans les cendres, étonnée que les pompiers aient réussi à empêcher les flammes de se propager aux boutiques voisines.

Les limites de la parcelle étaient définies par les bords de la dalle. Comme lorsque la ferme avait brûlé, il ne restait pas grand-chose : la carcasse métallique fondue de la friteuse, du fer tordu tombé du toit, des poutres brûlées, quelques morceaux de mobilier tordus. Leur maison – les pièces dans l'arrière-boutique – avait été annihilée. Tous les murs, détruits. L'armoire de classement de Kurt, disparue. Tout avait été effacé. Un inconnu regardant le désastre n'aurait pas eu idée de ce qui avait brûlé. De ce que cet endroit avait abrité. Il n'aurait pas pu deviner qu'elle avait été enfermée là. Que Kurt l'avait frappée à cet endroit.

Miki fut surprise par le vide qu'elle éprouvait, l'absence d'émotions. La dernière fois, elle avait été dévastée par la perte de ses parents. À l'époque, elle connaissait si peu le monde… mais, grâce à son commerce et ses clients, elle avait gagné en sagesse. Après la ferme, elle avait eu hâte de tout recommencer avec Kurt, mais cet espoir ne s'était pas réalisé. Cette fois-ci, elle était plus sereine.

Pendant que Geraldine attendait dans l'allée, Miki errait dans les décombres, en pensant à la vie que Kurt et elle avaient partagée entre ces murs perdus. Il n'y avait pas eu que du mauvais. Quelques instants lumineux dans les ténèbres. Quelques moments de bonheur, même. Qui lui semblaient lointains, à présent. Rien n'était tel qu'elle le pensait. Elle soupçonnait Kurt de ne jamais avoir eu l'intention d'acheter une ferme. Et peut-être qu'il n'aimait même pas les arbres. Elle doutait de tout ce qui le concernait, à présent.

Elle ne pouvait pas prétendre qu'elle le comprenait, et elle était triste de le connaître si peu. Comme elle, il avait souffert d'avoir vécu en reclus durant leur enfance, et il en avait été blessé. L'isolement n'était pas sain, ça, Miki en était sûre. Les gens avaient besoin les uns des autres, de l'opportunité de faire leurs propres choix, leurs propres erreurs. Alors pourquoi avait-il été si important pour Kurt de la contrôler ? Avait-il tenté de recréer leur vie passée dans la ferme ? Pour imiter leur père ? Ou avait-il joui du pouvoir qu'il détenait sur elle ?

Pendant trop longtemps, Miki l'avait laissé la restreindre et la dominer sans le défier. Dans le but de mener une vie paisible, comme sa mère le lui avait enseigné. Pourtant, la paix n'était jamais arrivée, au contraire. Miki avait connu le chagrin et la tristesse, les restrictions, la solitude.

À présent, elle devait lâcher prise. La perte et le chagrin, comprit-elle, étaient les ingrédients d'une renaissance. Elle devait les surmonter avant de pouvoir grandir.

Elle pouvait recommencer.

Comme soulagée d'un fardeau, elle se hasarda à sortir par la porte arrière, qui n'était plus verrouillée mais partie en fumée. Puis elle descendit lentement les marches de béton. La seule partie de la boutique dévastée qu'elle voulait vraiment voir, c'était la pièce de Kurt, au sous-sol, la seule épargnée par les flammes. Elle fut déçue : la police avait déjà tout emporté. Tout ce qui avait de l'importance devait se trouver là-bas, parmi le butin de Kurt. Elle avait espéré découvrir quelque chose qui lui aurait expliqué pourquoi il l'avait traitée ainsi. Elle avait espéré trouver ses précieux livres, mais il les avait peut-être jetés, finalement. Elle avait espéré pouvoir récupérer le porte-documents en cuir noir de leur père – qui savait où il était, à présent ?

Dans l'après-midi, Fergus vint chez Geraldine pour l'interroger. Même si le visage de Miki était encore douloureux, il commençait à dégonfler. Malgré tout, elle repéra le malaise de Fergus lorsqu'il s'assit sur une chaise, dans la cuisine de Geraldine. Il ne savait visiblement pas quel œil regarder : son œil droit injecté de sang ou son œil gauche au beurre noir ? L'égratignure sur sa joue n'était pas non plus belle à voir – Kurt n'y était pas allé de main morte. Il ne faisait jamais les choses à moitié.

Elle prit entre ses mains la tasse de thé que Geraldine avait préparée pour la calmer. Elle se sentait nerveuse car elle savait que Fergus allait lui énoncer toutes les charges retenues contre Kurt. Geraldine était certaine que Kurt ferait de la prison, et elle pensait qu'il le méritait, mais Miki n'aimait pas imaginer son frère derrière les barreaux. Lorsqu'elle s'en était confiée à son amie, celle-ci l'avait guidée jusqu'au miroir de la salle de bains.

— Voilà ce qu'il t'a fait, avait-elle déclaré. Il recommencera.

Miki, soudain envahie d'un calme étrange, regarda Fergus. Il était grand, comme Kurt, en plus enrobé : bourrelets contre muscles, double menton contre mâchoire carrée, moustache en guidon contre peau glabre. Il se racla la gorge.

— Je suis désolé pour tout ce que tu as subi, Miki. Je vois que tu es dans un sale état. Kurt n'aurait jamais dû te faire ça.

Devant l'évier, Geraldine s'essuyait rageusement les mains sur un torchon. Ses lèvres étaient pincées et Miki savait qu'elle était furieuse. Elle aurait préféré que Fergus attende davantage avant de se présenter ici avec toutes ces « informations primordiales » à propos de Kurt et de l'incendie. Mais Miki s'en moquait. Elle n'avait pas peur du policier, même si elle ne lui avait jamais adressé la parole si ce n'était pour le servir au restaurant. Rien de ce qu'il pourrait dire ne la surprendrait. Pendant qu'elle attendait que Fergus s'exprime, elle prit conscience qu'il n'y aurait plus de *fish and chips* dans sa vie, plus de portes verrouillées pour l'entraver.

— J'ai pensé qu'il valait mieux que je vienne en personne te dire ce que nous avons découvert sur ton frère. Ensuite, je t'interrogerai pour m'assurer de ton innocence.

— Elle n'est pas sa complice, Fergus, s'indigna Geraldine. Si c'est ce que tu sous-entends.

Elle le foudroya du regard en roulant le torchon en boule dans ses mains.

— Et tu ne devrais pas mener un interrogatoire dans une cuisine. Ça pouvait attendre la semaine prochaine, que Miki se sente mieux. Vous auriez pu le faire là-bas, au commissariat.

— Je pensais que Miki se sentirait moins menacée, dit-il, penaud. On peut reporter, si elle ne s'en sent pas la force.

— Ça va, les rassura Miki.

Une semaine de plus n'y changerait rien.

Il la dévisagea d'un air sérieux.

— Savais-tu que ton frère possédait une pièce au sous-sol ?

— Oui, mais je n'y étais jamais entrée avant ce matin. Il gardait la porte verrouillée.

Fergus hocha la tête.

— C'est bien ce que je pensais. Nous avons dû forcer le cadenas. Sais-tu ce qui se trouvait à l'intérieur ?

Elle secoua la tête.

— Il n'y avait rien, tout à l'heure. Je sais que Kurt y entreposait sa carabine et ses appareils de musculation. Et les réserves pour le restaurant.

Fergus replia ses grosses mains sur la table, la mine grave. Ses doigts étaient épais comme des saucisses. Ses mains aussi rousses que ses cheveux.

— Il y entreposait une partie de sa drogue, aussi, Miki. Tu le savais ?

Comment aurait-elle pu le savoir ?

— Et il avait une maison à Hobart où il préparait ses produits avant de les vendre : un laboratoire pourvu d'un système d'irrigation et des salles de séchage pour la marijuana. Leon a découvert sa plantation dans la forêt l'autre jour. Nous avons trouvé des liens avec un circuit de trafic de drogue.

Miki eut l'impression que tout lui tombait dessus d'un coup. Fergus se mit à lister les charges retenues contre Kurt. Délits liés à la production et vente de drogue. Agression. Tentative de meurtre – Leon avait témoigné depuis son lit d'hôpital, expliquant que Kurt lui avait tiré dessus à de nombreuses reprises pour essayer de le tuer. Incendie volontaire, pour avoir brûlé la boutique en mettant le feu à la friteuse.

À la fin de l'énumération de Fergus, Miki était épuisée. Sa vision était trouble et l'uniforme de Fergus scintillait dans la lumière vive de la cuisine de Geraldine. Elle était sur le point de s'excuser pour aller se reposer lorsque Fergus sortit des objets de sa sacoche et les lui tendit : ses trois livres et le porte-documents en cuir de son père.

Elle fixa le porte-documents, le cœur battant. Fergus avait réussi à la surprendre, finalement – elle avait cru toutes ces choses disparues. Il plaça le tout sur la table et le poussa vers elle.

— Nous les avons trouvés dans la réserve.

Miki n'ouvrirait pas le porte-documents tant que

Fergus serait là. Elle le remercia donc d'une petite voix. Il était important pour elle de paraître calme, malgré son tsunami intérieur.

Geraldine avait dû le comprendre. Elle escorta Fergus jusqu'à la porte.

— Dites-lui de m'appeler si elle a des questions, conclut-il. Elle est sans doute sous le choc.

Son amie revint dans la cuisine et posa sa douce main sur son épaule.

— Je serai dans le jardin, si tu as besoin de moi. Prends ton temps.

La maison était plongée dans le silence tandis que Miki fixait la mallette noire, immobile. Elle entendait la pendule en cristal de Geraldine égrener les secondes sur le manteau de la cheminée, le grincement grave du frigo, le bourdonnement du néon de la cuisine.

Elle leva une main, la posa sur la mallette. Elle ne l'avait jamais touchée. Son père comme son frère la mettaient sous clé. Mais elle avait toujours su qu'elle était importante. Tremblante, elle tira la fermeture éclair et l'ouvrit.

La feuille du dessus n'était autre que le bail de la boutique, ce qui arracha un soupir de soulagement à Miki : ça, au moins, c'était légal. Le document suivant était plus intéressant : la photocopie d'un accord pour un virement mensuel de deux mille dollars sur un compte au nom de Kurt. Il était signé d'une écriture en pattes de mouche indéchiffrable. Quelque chose s'ouvrit en elle, comme un coffre-fort rempli d'espoir.

Un nouveau soulagement : ce versement-là ne venait pas de la drogue de Kurt.

En examinant l'autorisation, elle vit son nom au milieu des écritures. *Ces paiements sont pour subvenir aux besoins de Mikaela Gretel Muller, payables mensuellement jusqu'à ce qu'elle atteigne l'âge de vingt et un ans, à moins qu'elle ne choisisse de rentrer en contact plus tôt.*

Rentrer en contact ? Le cœur de Miki fit un bond dans sa poitrine. Qui pouvait lui donner cet argent ?

Les mains tremblantes, elle posa le document sur le côté. En dessous : son acte de naissance. À l'état civil. Nom de famille : *Muller.* Prénoms : *Mikaela Gretel.* Et, en dessous, les noms de ses parents : *Klaus* et *Heather Muller.*

En dessous, Miki trouva une enveloppe portant son nom. Elle la retourna et découvrit qu'elle avait été ouverte puis recachetée – Kurt avait dû lire la lettre. Elle la tira, la déplia et parcourut les premiers mots :

Chère Mikaela, je suis ta grand-mère, même si tu ne me connais probablement pas.

Elle était écrite à la main et datée d'un mois après l'incendie qui avait coûté la vie à ses parents.

Les larmes aux yeux, elle fut incapable de poursuivre. Elle tremblait. Elle avait l'impression que des bourrasques soufflaient sur elle comme dans la montagne.

Elle prit un instant pour se ressaisir, reposa la lettre et plaça ses mains sur le porte-documents. Il y avait une bosse dans la poche arrière. Autre chose ? Elle y glissa la main et en tira un paquet de cartes de vœux attachées avec un ruban bleu, les mêmes rubans que la mère de Miki lui mettait dans les cheveux lorsqu'elle était petite.

Le paquet s'éparpilla sur la table quand elle défit le nœud. Il s'agissait de cartes d'anniversaire aux numéros pailletés. Miki les passa en revue. Une pour chaque année de sa vie jusqu'à ses seize ans. Elle en ouvrit une et reconnut la même écriture illisible que sur la lettre :

À ma chère Mikaela pour tes 6 ans.

Avec tout mon amour, de la part de ta mamie.

Mikaela ferma les yeux, attentive aux bruits qui l'entouraient, le calme dans la maison, les mouvements dehors : une voiture qui passait dans la rue ; le vent grondant contre les fenêtres ; le martèlement de Geraldine qui bêchait son jardin ; les voix des enfants chez le voisin, qui se disputaient avant d'éclater de rire soudainement.

C'était ça, la vie, pas vrai ? Des larmes, puis des rires. Des bleus, puis la convalescence. La solitude, puis l'amitié.

Miki inspira profondément, en proie à une énorme vague d'émotion, sachant qu'elle allait découvrir ce qu'elle avait toujours voulu savoir. Elle prit la lettre et lut :

Chère Mikaela,

Je suis ta grand-mère, même si tu ne me connais probablement pas.

J'ignore ce que tes parents ont pu te dire sur moi, mais j'ai toujours eu envie de te rencontrer, et j'espère qu'un jour tu liras cette lettre. J'étais proche de ta mère jusqu'à ce qu'elle rencontre ton père, alors, tout a changé. Elle s'est éloignée de notre famille et j'ai perdu presque tout contact avec elle. Jeune femme, elle a acquis ses propres valeurs et principes, et considérait que notre mode de vie, à ton grand-père et moi, était trop matérialiste. Elle nous a donc tourné le dos pour se dévouer à son mari et à sa foi. J'en fus très triste mais j'ai respecté sa décision et gardé mes distances, malgré mes doutes quant à la sagesse d'une telle décision. J'ai l'impression de ne pas avoir eu le choix, de toute façon.

Quand on est parent, on veut aider nos enfants, même s'ils nous rejettent, si bien que je l'ai soutenue de la seule façon possible – sous la forme d'une contribution financière pour ton éducation. Une crise cardiaque m'a pris ton grand-père alors qu'il n'avait que quarante-deux ans, mais heureusement, nous avions mené de belles carrières. J'ai ainsi pu continuer à te soutenir financièrement. Ta mère n'a jamais refusé l'argent. Je suis certaine qu'elle voulait le meilleur pour toi, et j'ai été heureuse de pouvoir y contribuer.

À la mort de tes parents, Kurt m'a informée qu'il devenait ton tuteur, et que tu ne souhaitais pas me rencontrer. Comme j'ignore si cela est vrai, j'ai décidé de poursuivre ma contribution dans l'espoir qu'une partie de cet argent te parvienne, ou du moins qu'il rende ta vie plus confortable.

J'ai aussi mis une coquette somme de côté pour ton

avenir. J'ai beaucoup regretté que ta mère ait arrêté ses études après s'être convertie à la religion de ton père. J'ai toujours cru en l'importance de l'éducation et en son pouvoir libérateur pour les filles, et j'ai depuis longtemps compris que tes conditions de vie devaient compliquer ton accès aux études supérieures.

Si tu reçois un jour cette lettre, Mikaela, je veux que tu saches que je souhaite faire ta connaissance – à ta convenance, évidemment. Je n'ai aucune exigence.

Avec tout mon amour,
De la part de ta grand-mère,
Brenda Jones

Des larmes glissèrent sur les joues de Miki et souillèrent le papier. La douleur qu'elle avait ressentie quand Kurt l'avait frappée avait été complètement différente de celle-ci. Un volcan de tristesse venait d'entrer en éruption en elle. Pourquoi ses parents ne lui avaient-ils jamais dit qu'elle avait une grand-mère ? Elle ne pouvait le comprendre – était-ce vraiment à cause de leur religion, comme le suggérait cette lettre ? Pourtant, Dieu prônait l'amour et l'acceptation, l'importance de la famille. Si ses parents avaient été proches de Dieu, comment avaient-ils pu couper les ponts avec leur famille ? Et qu'avait ressenti sa mère en perdant contact avec sa propre mère ? Quelle tragédie ! Miki ne pouvait imaginer qu'on puisse oublier un lien si important. Si l'incendie n'avait pas emporté ses parents, Miki et sa mère seraient toujours proches. Elle la pleurerait toute sa vie.

Et que devait-elle déduire de sa relation avec Kurt ? Il avait reçu de l'argent qui lui était destiné et l'avait dépensé pour lui-même. Pas étonnant qu'il n'ait pas voulu qu'elle quitte la maison, car ces versements réguliers auraient été interrompus. La pension de sa grand-mère avait financé le restaurant et ses autres acquisitions. Les deux 4 × 4. Le nouveau bateau. Les appareils de musculation. Alors, d'où venait ce besoin de vendre de la drogue ? Était-ce là sa stratégie pour gagner sa vie une fois que Miki aurait pris son indépendance ? Elle commençait à comprendre beaucoup de choses.

Elle se demandait à présent si Kurt tenait vraiment à elle, ou si elle avait juste été un moyen pour parvenir à ses fins. Une source de revenus ? Non, il devait bien éprouver des sentiments pour elle. Ils avaient partagé tant de choses. Leur enfance. La perte de leurs parents et de la ferme. La forêt. Est-ce que tout cela ne comptait pas ?

Tout à coup, elle prit conscience, dans un nouvel accès de chagrin, que Kurt ne lui aurait jamais parlé ni de sa grand-mère ni de l'argent. Il aurait perçu la pension le plus longtemps possible et, peut-être, aurait-il fini par la laisser partir. Elle le voyait clairement, à présent qu'il avait brûlé la boutique, non seulement pour détruire les preuves de son trafic de drogue mais aussi pour se débarrasser de cette lettre.

Alors pourquoi ne l'avait-il pas jetée plus tôt ? Et pourquoi avait-il conservé le porte-documents ? Une pointe de culpabilité ? Cela ne suffisait pas à l'absoudre.

Elle baissa les yeux vers les cartes d'anniversaire en se demandant pourquoi sa mère les avait gardées. Elle voulait sans doute que Miki les lise un jour et apprenne la vérité.

C'était un cadeau de sa mère. Une grand-mère. Quelqu'un qui tenait à elle.

Laissant la lettre et les cartes sur la table, elle se leva et sortit dans le jardin de Geraldine. Après la pluie, les roses le long de la clôture s'étaient redressées, leurs têtes roses se balançant dans le vent qui s'engouffrait dans la rue. Le front froid était passé et, même si le ciel restait gris, il s'était éclairci, promettant un redoux.

Tournée vers les montagnes où les nuages bas couleur acier s'amoncelaient, Miki aperçut l'esquisse d'un arc-en-ciel. Vrai ou imaginé à travers la brume de ses larmes, peu importait. Tout ce qu'elle savait, c'était que la rivière qui coulait en elle, comme le torrent dans les montagnes, était profonde et riche de vie, d'attentes et d'espoir.

Épilogue

Un mois après son calvaire dans la forêt, Leon accrocha son kayak sur le toit de sa voiture et descendit au bord de l'eau. Ce n'était qu'à cinq minutes de chez lui mais, bizarrement, il n'avait jamais pris le temps de le faire au cours des mois qu'il avait vécus ici. Aujourd'hui, cependant, l'eau l'appelait et il avait hâte de grimper dans son bateau.

Le trajet le fit passer devant le terrain de footy où tant de drames s'étaient joués cette année. Puis devant les fermes verdoyantes où poussaient les nouvelles cultures, devant une vieille scierie abandonnée, un verger regorgeant de feuilles couleur citron vert, jusqu'à une route gravillonnée descendant au fleuve. L'estuaire était si vaste qu'il ne ressemblait pas du tout à un fleuve – plus à une crique ou un lac. Il s'arrêta sur un accotement verdoyant et se demanda s'il avait déjà vu une eau si calme et lisse, où les nuages et le ciel se reflétaient si parfaitement.

Le fleuve était là depuis toujours, et Leon ne savait

pas trop pourquoi il n'en avait pas profité plus tôt. Il avait peut-être redouté de raviver sa nostalgie de l'île Bruny, qui lui avait terriblement manqué lorsqu'il était arrivé ici. Il pouvait se l'admettre, à présent. Il avait regretté le sifflement doux des vaguelettes s'écrasant sur les rochers plats et gris d'Adventure Bay. Le vaste océan Austral écumant au pied des falaises, près du phare. Les sorties paisibles en kayak sur le canal, lorsqu'il dérivait au milieu des cygnes. Même le fait de porter son kayak pour traverser des vasières grouillant de crabes à marée basse lui avait manqué. Désormais, le moment était venu de mettre son bateau à l'eau, ici, de l'autre côté du canal, où sa nouvelle vie prenait enfin forme. S'il portait encore les stigmates de sa terrible épreuve dans la forêt, il guérissait peu à peu.

Après s'être garé près de l'eau, il descendit le kayak de la galerie et le traîna jusqu'à la berge. Le fleuve semblait de verre et, lorsqu'il entendit le doux bruit du bateau glissant sur l'eau, il eut l'impression de rentrer chez lui ; jusqu'à présent, il lui avait manqué quelque chose.

Cramponné aux bords de l'habitacle, il grimpa dans le kayak et s'assit lentement sans trop remuer. Le bateau ploya sous lui, comme s'il accueillait son poids avec bienveillance. Ils avaient oublié comment fonctionnait leur relation, mais cela revenait vite.

Prenant la pagaie à deux mains, il se propulsa et le bateau glissa sur l'eau. C'était calme, si calme, et l'eau l'attendait. Il plongea la pagaie dans de légers bruits d'éclaboussures lorsque la pale pénétra la surface. Il progressait bien, de manière fluide : le kayak voulait avancer.

Alors qu'il pagayait, un cormoran effrayé s'envola d'un arbre et battit des ailes le long de la rive. Une brise se leva et Leon la pénétra, le vent caressant sa peau de ses doigts légers. La lumière argentée franchit le fleuve jusqu'aux collines lointaines, ourlant les troncs blancs des arbres qui semblaient s'embraser. Le silence régnait, à peine entamé par les pépiements des oiseaux et la cadence de sa pagaie fendant l'eau.

Leon suivit la berge un moment, glissant sous des eucalyptus décharnés qui tendaient les bras. Puis il gagna le milieu du fleuve, où il trouva son rythme et commença à se réchauffer, ses muscles s'adaptant à la tâche à accomplir. Plus tard dans l'après-midi, il appellerait cette gentille vétérinaire et l'inviterait en balade. Il était prêt à connaître de nouvelles amitiés.

Il était ici chez lui, à présent.

REMERCIEMENTS

Je tiens à remercier tout particulièrement les poètes John Karl Strokes et Jane Baker pour les épigraphes de ce roman. Merci de m'avoir autorisée à citer vos jolis mots.

L'écriture d'un roman est un voyage essentiellement solitaire, mais il n'aurait pas pu être accompli sans le soutien de mes amis et de ma famille, ni sans les conseils d'autres personnes. Je remercie la fabuleuse équipe d'Allen & Unwin, mon éditeur australien, pour ses contributions à ce roman. Et en particulier, Jane Palfreyman pour m'avoir poussée à découvrir le cœur de l'histoire. Angela Handley et Kate Goldsworthy, pour leurs suggestions précises. Un grand merci également à Sarah Rigaud, mon éditrice française de la maison d'édition Les Escales, pour les conseils parfaits qu'elle m'a donnés au moment opportun à propos de la fin du roman.

La version finale a été rédigée alors que j'étais en résidence d'artistes à la Boyd Property de Bundanon, près de Nowra. Ce fut une précieuse fenêtre temporelle pour m'immerger dans la nature et l'art, et je remercie le Bundanon Trust de m'avoir offert cette chance. J'ai aussi passé du temps à écrire à la Cairns Bay Waterfront Retreat, sur le fleuve Huon, en Tasmanie du Sud-Est.

Pour son soutien moral et ses encouragements dans les moments difficiles, toute ma gratitude à Fiona Inglis, de Curtis Brown Australia, et à la merveilleuse Deb Stevens, ma confidente et amie. Un grand merci également aux membres du groupe d'écriture Ramekins pour m'avoir acceptée parmi eux et pour m'avoir donné des conseils touchants et prévenants sur l'écriture et la vie. Biff Ward, Robyn Cadwallader, Jenni Savigny et Dianne Lucas, je me réjouis de vous compter parmi mes amis littéraires.

Plusieurs amis et collègues m'ont fourni des conseils techniques : Stephanie Robertson m'a apporté ses lumières sur les abeilles et l'apiculture ; Judy Clarke a partagé ses connaissances sur les diables de Tasmanie et leur capture ; Andrew McKee a répondu à mes questions sur la police ; Denise Kraus a vérifié les faits médicaux du roman ; et Mandy McKendrick a contrôlé les régionalismes propres à la Tasmanie.

Plusieurs livres ont inspiré et imprégné l'écriture de ce roman : *Engaging the Giants. A History of Sawmill and Tramways of Tasmania's Southern Forests* (Scott Clennett) ; *Following Their Footysteps : Exploring Adventure Bay* (ed. C.D. Turnbull) ; *A Short History of Tasmania* (Lloyd Robson) ; *Voyages to the Southern Seas* (Danielle Clode) ; *Into the Woods* (Anna Krien) ; *Tasmania's Recherche Bay* (Bob Brown) ; *A History of Tasmania* (Henry Reynolds) ; *Into that Forest* (Louis Nowra) ; *In Tasmania* (Nicholas Shakespeare) ; et *The Forgotten Islands : One Man's Journey into a Truly Gothic Australia* (Michael Veitch).

De nombreux autres amis m'ont soutenue pendant l'écriture de ce livre, dont Cindy Trewin, Alex Sloan, Jane Hodder, Marion Halligan, John Stokes, Kaaron Warren, Sarah Mason, Nigel Featherstone, Dan O'Malley, Sulari

Gentill, Karly Lane, Kelli-anne Bertram, Craig Cormick, Jack Heath, Sarah Coleman, Heather Scott-Gagan, Alice Kenney, Sara Toscan, Jill Petherbridge, Sarah Toohey, Stella Clarke, Arianne Lowe, Deb Williams, Fiona Starr, Charlie Webb, Jess Winsall, Lynda Newman, Jeanne O'Malley, Denise Kraus, Felicity Sander, Emma et Mark Tahmindjis, Marina Tyndale-Biscoe and Lynne Whitehead. Je vous remercie pour votre amitié et votre patience, pour m'avoir écoutée et encouragée.

Merci également à mes amis sur Facebook et Twitter pour toutes vos conversations et vos commentaires, et pour m'avoir changé les idées quand j'en avais besoin (et parfois même quand je n'en avais pas besoin).

Pour leurs corrections et leurs suggestions, je remercie également Marjorie Lindenmayer et Jim Viggers.

Ce roman a fait un bond en avant décisif grâce au sens de l'observation et à la perspicacité de ma sœur, Fiona Anderson, qui en a lu des versions antérieures et m'a indiqué avec tact ce qui n'allait pas et m'a fait de brillantes suggestions.

Par-dessus tout, pour leur amour et leurs encouragements, je remercie ma famille : David, Nina et Ryan. David a lu le manuscrit plus de fois que quiconque et m'a ramassée à la petite cuiller quand il le fallait. J'ai une dette immense envers lui. Nina et Ryan m'ont accompagnée tout au long de ce voyage, même s'ils ne s'en sont pas toujours rendu compte. Leur humour et leur humanité me permettent de rester en contact avec le monde.

De la même auteure
aux éditions Les Escales :

La Mémoire des embruns, 2015.
La Maison des hautes falaises, 2016.
Le Murmure du vent, 2017.

PAPIER À BASE DE FIBRES CERTIFIÉES

Le Livre de Poche s'engage pour l'environnement en réduisant l'empreinte carbone de ses livres. Celle de cet exemplaire est de :
350 g éq. CO_2
Rendez-vous sur www.livredepoche-durable.fr

Composition réalisée par MAURY-IMPRIMEUR

Achevé d'imprimer en France par
CPI BRODARD & TAUPIN (72200 La Flèche)
en mars 2020
N° d'impression : 3038016
Dépôt légal 1re publication : avril 2020
LIBRAIRIE GÉNÉRALE FRANÇAISE
21, rue du Montparnasse – 75298 Paris Cedex 06

13/3342/2